ARCHE

›Ich versuche jeden zu retten, der zu retten ist‹, schrieb der deutsche Wehrmachtsoffizier Wilm Hosenfeld im Jahr 1944 an seine Ehefrau Annemarie. Einer, der ihm sein Leben verdankte, war der polnische Pianist Władysław Szpilman. Doch es waren weit mehr Menschen im besetzten Warschau, die aufgrund des mutigen Einsatzes von Wilm Hosenfeld überlebten. Dafür wurde er 2008 von der Gedenkstätte Yad Vashem als Gerechter unter den Völkern geehrt. Wilm Hosenfelds eigenes Leben endete tragisch: Sieben Jahre nach Kriegsende starb er in sowjetischer Gefangenschaft. Seine Familie sah er nie wieder. Für diese erste Biographie über Wilm Hosenfeld wertete Hermann Vinke zahlreiche Briefe sowie dessen Warschauer Tagebuch aus. Er sprach mit Szpilmans Witwe, die bis zu ihrem Tod 2020 in Warschau lebte. Es ist die zu Unrecht fast vergessene Lebensgeschichte eines Mannes, der zunächst ein überzeugter Nazi war und schließlich tief bewegt und erschüttert von Leid und Elend die Menschlichkeit über Eid und Befehle stellte.

Hermann Vinke, geboren 1940 in Rhede (Ems), studierte Geschichte und Soziologie, war Redakteur bei Zeitungen und beim *NDR* in Hamburg. Er war außerdem *ARD*-Fernostkorrespondent in Japan, USA-Korrespondent in Washington, Leiter des *ARD*-Studios Berlin / Ostdeutschland, Programmdirektor Hörfunk bei *Radio Bremen* Radiokorrespondent für Ostmitteleuropa. Vinke ist Autor preisgekrönter Sachbücher, u.a. erhielt er 1980 für *Das kurze Leben der Sophie Scholl* den Deutschen Jugendbuchpreis. Im Arche Literatur Verlag erschienen *Cato Bontjes van Beek. Ein Porträt* (2003) und *Fritz Hartnagel: Der Freund von Sophie Scholl* (2005). Hermann Vinke lebt in Bremen.

Hermann Vinke

ICH SEHE IMMER DEN MENSCHEN VOR MIR

Das Leben des deutschen Offiziers Wilm Hosenfeld

ARCHE

Editorische Notiz

Zitate aus den Briefen, Aufzeichnungen und Tagebucheintragungen wurden den heute geltenden Rechtschreibregeln angepasst, fehlende Kommata ergänzt und grammatikalische Ungenauigkeiten und Fehler ausgeglichen. Für polnische Namen von Personen und Orten gilt jeweils die polnische Schreibweise, auch wenn diese im Originaltext, etwa im Kassiber von Wilm Hosenfeld aus der Gefangenschaft, anders geschrieben wurden. Es handelt sich um formale Eingriffe. Inhaltliche Veränderungen der ursprünglichen Textfassung sind damit nicht verbunden.

Das Zitat auf Seite 7 wurde dem folgenden Band entnommen: Etty Hillesum, »Das denkende Herz der Baracke. Die Tagesbücher 1941–1943«, Freiburg i. B., 2014

MIX
Papier aus verantwortungsvollen Quellen
FSC® C014496

ISBN 978-3-7160-4037-9

Ungekürzte Taschenbuchausgabe

Umschlaggestaltung: Annemike Werth, Hamburg
Umschlagmotiv: aus dem privaten Archiv der Familie Hosenfeld
Gesetzt aus der Sabon LT Pro
Satz: Greiner & Reichel, Köln
Druck und Bindung: GGP Media GmbH, Pößneck
Printed in Germany

www.arche-verlag.com
www.facebook.com/ArcheVerlag
www.instagram.com/arche_verlag

Inhalt

Einleitung

Ich sehe immer den Menschen vor mir

Es würde aber schon genügen, wenn es nur einen Menschen gäbe, der wert ist, »Mensch« zu heißen, um an den Menschen, an die Menschheit zu glauben.

Julius Spier, jüdischer Emigrant in den Niederlanden, 1941 zu Etty Hillesum, Jüdin, die zwei Jahre später in Auschwitz ermordet wurde.

Der Zweite Weltkrieg ging zu Ende, als es im November 1944 in Warschau in einem Gebäude, in dem die Wehrmacht gerade ihre Kommandantur einrichtete, zu einer außergewöhnlichen Begegnung kam. Der deutsche Hauptmann Wilm Hosenfeld entdeckte in dem Haus den polnischen Pianisten Władysław Szpilman, der sich unter dem Dach versteckt hatte und kurz vor dem Verhungern war. Hosenfeld, im Zivilberuf Pädagoge, lieferte den jüdischen Musiker nicht aus. Vielmehr versorgte er ihn über mehrere Wochen hin mit Lebensmitteln und sicherte damit sein Überleben.

In kaum einer anderen europäischen Metropole haben die Deutschen im Zweiten Weltkrieg so gewütet wie in Warschau. Von der einst mondänen, kulturell blühenden Metropole war fast nur noch ein schwelender Trümmerhaufen geblieben. In einem Inferno von Massenmord und Zerstörung hatte Hitler die polnische Hauptstadt im Herbst dem Erdboden gleichmachen lassen. Die deutschen Besatzer, Zehntausende von Soldaten und Sicherheitskräften, hatten in einem gnadenlosen Vernichtungsfeldzug die Führungsschicht des Landes weitgehend liquidiert und Völkermord an den Juden verübt.

Und doch gab es Ausnahmen unter den Deutschen – Menschen wie Wilm Hosenfeld, dessen Lebensgeschichte bislang noch kaum ins Bewusstsein der Öffentlichkeit gedrungen ist. Allein eine kurze Szene in Roman Polańskis preisgekröntem Film »Der Pianist« über das Leben Szpilmans, der damit weltberühmt wurde, machte erstmals auch auf die mutige Rettungstat des deutschen Offiziers aufmerksam, wenn auch ohne Namensnennung.

Hosenfeld (1895–1952) bewahrte nicht nur Władysław Szpilman (1911–2000), sondern zahlreiche andere polnische Bürger, darunter weitere Juden, vor dem sicheren Tod. Vor dem Hintergrund von Mord und Totschlag wirkt der Offizier heute wie eine Lichtgestalt in einer finsteren Zeit. Wahrscheinlich waren es über 60 Menschen, die dank seiner Hilfe überleben konnten. Er war Retter und in gewisser Weise Opfer zugleich, denn er selbst konnte nicht gerettet werden, sondern starb in sowjetischer Gefangenschaft, ohne seine Familie wiedergesehen zu haben.

Die vorliegende Biographie »Wilm Hosenfeld – ›Ich sehe immer den Menschen vor mir‹« rückt die außergewöhnliche Lebensgeschichte dieses Mannes in den Blickpunkt, eine Geschichte von bewundernswertem Mut, von Widersprüchen, grausamen Zufällen und am Ende von tiefer Tragik. Es wird gezeigt, dass und wie es auch unter den barbarischen Verhältnissen möglich war, das christliche und humane Gewissen zu bewahren und dafür einzutreten. Wilm Hosenfeld, der erst spät für sein mutiges Tun

Anerkennung fand – die Holocaust-Gedenkstätte Yad Vashem ehrt ihn seit 2008 als »Gerechten unter den Völkern« –, gehört zu diesen Ausnahmen. Sein »Rettungswiderstand« leuchtet deshalb umso klarer als ein Vorbild für Gegenwart und Zukunft.

Der in der Rhön geborene Lehrer und Offizier verbrachte die Kriegsjahre ausschließlich in Polen, wo er zunächst ein Lager für polnische Kriegsgefangene aufbaute und anschließend eine Sport- und Berufsschule für Wehrmachtsangehörige leitete. Diese sechs Jahre wurden zum Wendepunkt seines Lebens, in denen er sich von einem begeisterten Anhänger des Feldherrn Hitler schon bald zu einem der schärfsten und klarsichtigsten Kritiker des NS-Regimes entwickelte. Von Anfang an zeigte sich Hosenfeld unter Missachtung aller dienstlichen Vorschriften und persönlichen Risiken den Polen gegenüber als hilfsbereit, großzügig und entschlussfreudig, wenn es galt, Menschen vor dem Terror seiner Landsleute zu bewahren.

Es gibt wohl kaum einen anderen Wehrmachtsoffizier, der die Verbrechen der Nazis im Zweiten Weltkrieg so umfassend dokumentiert hat wie Hosenfeld. Der Pädagoge führte Tagebuch und schrieb über 800 Briefe nach Thalau in der Rhön, wo er selber an der Dorfschule unterrichtet hatte. Er wurde damit zum Chronisten des mörderischen Alltags im besetzten Warschau, des Aufstands im jüdischen Getto 1943 und des Warschauer Aufstands im Jahre 1944. Die meisten Briefe gingen an seine Frau Annemarie, geborene Krummacher (1898–1971), eine Pazifistin, die in einer Künstlerfamilie in Worpswede bei Bremen aufgewachsen war und während des Krieges auf sich allein gestellt die gemeinsamen fünf Kinder großzog.

Wesentliche Grundlage des vorliegenden Buches ist dieser Briefwechsel zwischen ihm und seiner Frau, ferner das einzigartige Warschauer Tagebuch. Seine Briefe, Notizen und Tagebücher erschienen 2004 als Dokumentation »Wilm Hosenfeld – ›Ich versuche jeden zu retten‹ – Das Leben eines deutschen Offiziers in Briefen und Tagebüchern«. Das umfangreiche Werk von fast 1200 Seiten – der Anhang allein umfasst über 200 Seiten –, das der Historiker Thomas Vogel im Auftrag des Militärgeschichtlichen Forschungsamtes in Potsdam herausgegeben hat, schuf die erste wissenschaftlich fundierte Grundlage für eine Beschäftigung mit Wilm Hosenfeld.

Außerdem standen dem Autor neben einem Interview mit der Witwe des geretteten Pianisten, Halina Szpilman, den Informationen seines Sohnes Andrzej Szpilman und Archivmaterial der gesamte Briefwechsel sowie Unterlagen und Dokumente aus dem Archiv der Familie Hosenfeld zur Verfügung. Zahlreiche Gespräche und Interviews, u.a. mit Kindern des Ehepaares Hosenfeld, ergänzen das Material. Die Briefe von Annemarie Hosenfeld werden erstmals ausgewertet und veröffentlicht. Auch sie besaß ein ausgezeichnetes Talent zum Schreiben. Sie sagte während seiner Kriegsgefangenschaft über ihren Mann: *Wenn der Vater nach Hause kommt, wird er Schriftsteller.*

Im ersten Teil des Buches geht es um die Prägungen, die Wilm Hosenfeld im katholischen Elternhaus, durch die Wandervogel-Bewegung und seine Teilnahme am Ersten Weltkrieg erfahren hat. Er war Patriot und nach dem Krieg Pädagoge mit Leib und Seele, wie seine Aufsätze und Berichte aus der Zeit der Wandervogel-Bewegung, die Wilm und Annemarie Krummacher 1918 zusammengeführt hatte, zeigen.

Teil II des Buches beschreibt Wilm Hosenfelds kritische Gefolgschaft dem Naziregime gegenüber. Der Offizier war ein Kind seiner Zeit. Den Machtantritt Hitlers und auch den Kriegsbeginn 1939 hatte er zunächst begrüßt, weil er sich davon eine Wiedergutmachung für die Niederlage von 1918 und eine neue Ordnung in Europa versprach. Mehr als einmal erlag Hosenfeld den Propaganda-Tiraden von Hitler und Goebbels. Zwei Zitate verdeutlichen, wie sich seine Wandlung vollzog. Nach den Erfolgen der Wehrmacht beim Westfeldzug im Frühsommer 1940 schrieb er noch seiner Frau: *Hitler ist ein großes Genie. Er soll die Operationen selbst leiten und die ganzen strategischen Pläne entwerfen, das ist fast nicht zu glauben.* Ende Dezember 1943 notierte er in seinem Tagebuch: *Als Schande muss jeder Mensch es heute empfinden, dass er auch nur im Geringsten dieses System bejahte.*

Obwohl Mitglied der SA, des NS-Lehrerbundes und seit 1935 auch der NSDAP, stellte Hosenfeld sich mehrfach quer zur Parteilinie und geriet beruflich zeitweise ins Abseits. Sein Gewissen und seine Vorstellung vom Zusammenleben der Menschen wollte er sich nicht verbiegen lassen. Das Vorgehen der deutschen Besatzungsmacht gegen Polen öffnete ihm schließlich die Augen und führte zum völligen Bruch mit dem NS-Regime. Sein moralischer und ethischer Kompass blieb während des Krieges intakt.

Die polnische Hauptstadt ist der eigentliche Schauplatz der Lebensgeschichte von Wilm Hosenfeld. Während des Krieges hat Hosenfeld seine Familie in Thalau in der hessischen Rhön mehrfach besucht. »Heimaturlaub« hieß das Zauberwort, das ihn, seine Frau und die Kinder elektrisierte, sobald die Vorgesetzten das Gesuch unterschrieben hatten. Ansonsten blieb das Schreiben von Briefen die einzige Verbindung zwischen ihnen. Die lange Trennung von seiner Frau und den Kindern bestimmte den Briefwechsel, der zwar kein Ersatz für Nähe und Zusammensein war, aber doch ein festes Band zwischen ihnen schuf und dazu beitrug, auch Krisen in ihrer Beziehung zu überwinden.

Der dritte Teil stellt Hosenfelds Gefühl von Mitschuld wie seinen Rettungswiderstand in den Mittelpunkt. Das Schreiben, oftmals täglich, half ihm, die eigenen Maßstäbe zu überprüfen und sich seiner Rolle in der von deutschen Truppen besetzten und von deutschen Bürokraten verwalteten Hauptstadt Warschau bewusst zu werden. Er hielt engen Kontakt zu Polen, deren Patriotismus er bewunderte, und versuchte, die polnische Sprache zu erlernen. Dabei ermöglichte ihm vor allem sein katholischer Glaube eine besondere Nähe zur Bevölkerung, obwohl jedes »Fraternisieren« streng verboten war. Auf bewegende Weise haben die von ihm geretteten und beschützten Menschen sich bei ihm bedankt. Dazu gibt es Fotos und Zeugnisse, die hier erstmals veröffentlicht werden.

Im vierten Teil des Buches wird die sieben Jahre dauernde Kriegsgefangenschaft von Hosenfeld dokumentiert sowie die vergeblichen Versuche, seine Entlassung zu erreichen, um sein von Schlaganfällen bedrohtes Leben zu retten. Die Verurteilung durch die sowjetische Militärjustiz zu 25 Jahren Lagerhaft im Jahre 1950 kam einem Todesurteil gleich.

In die Lebensgeschichte von Wilm Hosenfeld werden in diesem Buch auch Stationen der Leidensgeschichte von Władysław Szpilman während des Krieges – bis zu der schicksalshaften Begegnung der beiden – mit aufgenommen. Grundlage hierfür sind neben Polańskis 2002 gezeigtem Film »Der Pianist« die seit 1998 auf Deutsch vorliegenden Erinnerungen von Władysław Szpilman, »Der Pianist – Mein wunderbares Überleben«. Das Buch war 1946, also gleich nach dem Krieg, erstmals in Polen unter dem Titel »Tod einer Stadt« erschienen. Es war jedoch *durch Eingriffe der Zensur verunstaltet* worden, wie Andrzej Szpilman, der Sohn des Pianisten, während sein Vater im Ausland auf Tournee war, später schrieb. Wilm Hosenfelds Name tauchte darin nicht auf. Vielmehr wurde der Retter als Österreicher dargestellt. Im kommunistisch regierten Polen sollte das Bild von den Nazi-Verbrechern intakt bleiben. Ein guter Deutscher passte nicht dazu, nicht einmal als Ausnahme.

Da in Polen selbst offenbar auch später kein Interesse an einer Neuausgabe bestand, hatte Andrzej Szpilman, der inzwischen in Deutschland lebte, sich 1997 darangemacht, das Buch in deutscher Sprache herauszubringen. Indem der Sohn des Pianisten darin Wilm Hosenfeld als Deutschen und beim Namen nannte, wollte er nicht nur seinem Vater, sondern auch dessen Retter gerecht werden.

Szpilmans Sohn konnte den Liedermacher Wolf Biermann dafür gewinnen, zur deutschen Ausgabe der Erinnerungen seines Vaters einen umfangreichen Essay beizusteuern. Wegen der Briefe Hosenfelds hatte er sich an die Kinder von Wilm Hosenfeld gewandt, um einige davon zu veröffentlichen. Uta Hosenfeld, die jüngste Tochter, hatte eine Holzkiste mit allen Briefen an sich genommen, als Annemarie Hosenfeld ihre eigene Wohnung aufgab. Sie überließ die Briefe und Aufzeichnungen schließlich ihrem ältesten Bruder, dem Arzt Helmut Hosenfeld.

Auch er, der älteste Sohn Wilm Hosenfelds, stand als Unterstützer Andrzej Szpilman zur Seite. Bereits 1984, als Władysław Szpilman noch lebte, hatte der Arzt die Familie Szpilman in Warschau aufgesucht und sich vom Pianisten das Versteck in dem Gebäude an der Aleja Niepodległości zeigen lassen, wo dieser 1944 seinem Retter begegnet war. Als Helmut Hosenfeld auch den ehemaligen Umschlagplatz sehen wollte, den Szpilman seit der gewaltsamen Trennung von seinen Eltern und Geschwistern im Jahre 1942 nicht mehr aufgesucht hatte, habe dieser gezögert. Helmut Hosenfeld konnte ihn schließlich doch dazu bringen, mitzukommen. *Ich war vielleicht etwas unsensibel, aber ich sagte zu Szpilman, wissen Sie, wir kommen nicht als Touristen zu Ihnen, auch nicht als Ihr Besuch. Für mich ist diese Reise eine Wallfahrt zu den Stätten, wo Deutsche den Polen so viel angetan haben, wo Sie meinem Vater begegnet sind und wo so viel Unglück durch die Deutschen geschehen ist.*

Teil I

Katholizismus und Körperkultur

1. Ein Dorf in Hessen

Wilm Hosenfeld verfasste unter dem Datum 17. Dezember 1943 in Warschau einen Aufsatz, der offensichtlich für seine Kinder bestimmt war: »Als Vater ein kleiner Junge war«. Für ihn war das Schreiben auch eine Rückbesinnung auf die eigenen Wurzeln, auf seinen Lebensweg, der ihn aus einem beschaulichen Bauerndorf in der preußischen Provinz Hessen-Nassau herauskatapultiert hatte ins Zentrum eines verbrecherischen Vernichtungskrieges.

Hosenfeld wurde am 2. Mai 1895 in dem Ort Mackenzell unweit der Stadt Hünfeld am Rande der Rhön als siebtes von neun Kindern geboren und wuchs in einer katholisch-konservativ geprägten Umgebung auf. Sein Vater, Adalbert Hosenfeld, (1857–1938), entstammte einer Bauern- und Handwerkerfamilie. Der Vater seiner Mutter Friederike Hosenfeld, geborene Krick (1857–1930), war ein außergewöhnlich begabter Lehrer gewesen.

Adalbert Hosenfeld hatte sich zum Dorfschulmeister von Mackenzell emporgearbeitet. Die Eltern betrieben eine kleine Viehwirtschaft, was damals keineswegs ungewöhnlich war, denn das Gehalt eines Lehrers reichte für den Unterhalt einer Familie meistens nicht aus.

In der Silvesternacht des Jahres 1899, an der Schwelle zum 20. Jahrhundert, stand das neunte Kind des Ehepaares kurz vor der Geburt. Die Mutter hatte, bevor die ersten Wehen einsetzten, noch das Vieh versorgt. Den Rest der Arbeit im Stall und im Haushalt überließ sie den älteren Töchtern. Die Niederkunft zog sich dann bis nach Mitternacht in das neue Jahr 1900 hinein.

Wilm Hosenfeld, damals fünf Jahre alt, schildert in dem Rückblick auf die eigene Kindheit zunächst das Silvestertreiben der Burschen und Mädchen mit Peitschenschwingen und Schüssen aus alten Vorderladern. Das alles mitten im Dorf bei Schnee und Eis. Dann widmete er sich, damals noch Wilhelm genannt, der Geburt des neuen Erdenbürgers, seines jüngsten Bruders. Dieser war noch am frühen Morgen des 1. Januar 1900 in der Ortskirche auf den Namen Rudolf getauft worden. Mit dem Kleinkind konnte Wilhelm zunächst wenig anfangen. Als Rudolf etwas älter war, neckte und ärgerte er ihn gern. Hosenfeld: *Und weil er selbst* (Wilhelm) *genug Wichse* (Schläge) *bekam, wendete er bei seinem Bruder dieselben Methoden an.*

Die Eltern erzogen ihre Kinder streng nach der katholischen Lehre. Durchaus üblich war damals die körperliche Züchtigung. Das erledigte der *immer gefürchtete Vater*, der zu Hause wie auch in der Schule uneingeschränkt das Sagen hatte und im Unterricht die eigenen Kinder in gleicher Weise behandelte wie alle anderen. Wilm Hosenfeld schreibt in dem Aufsatz über sich in der dritten Person. Danach war er ein zu Streichen aufgelegter Junge. Das Elternhaus mied Wilhelm, wann immer er konnte. Lieber half er gleichaltrigen Bauernjungen im Wald beim Schlagen von Holz oder auf dem Feld bei der Runkelrübenernte.

Wenn Vater Adalbert durchs Dorf ging, versteckte Wilhelm sich mit seinen Freunden hinter einem Scheunentor oder einer Hauswand. In der Schule sei er nie bevorzugt worden, berichtet er. Wilhelm bekam seine Schläge, *wurde gefragt und gescholten wie die anderen und fürchtete sich genauso vor dem Lehrer, wenn er auch sein Vater war, wie die andern.*

Bei Ausflügen mit der Familie, etwa zu den Verwandten, sei er lieb zu seinen Kindern gewesen und habe sich als ein *grundgütiger Mensch* gezeigt. In der Rückschau auf die eigene Kindheit versucht Wilm Hosenfeld, seinem Vater gerecht zu werden. Es sei wohl nur die Herbheit in seinem Wesen oder die bäuerliche Erziehung gewesen, die ihn dazu gebracht habe, die Kinder so streng zu behandeln, statt ihnen seine Gefühle zu zeigen.

Als Wilm Hosenfeld nach dem Ersten Weltkrieg um die Hand von Annemarie Krummacher anhielt, schrieb er am 30. Dezember 1919 in einem Brief an seine künftigen Schwiegereltern in Worpswede: *Er* (sein Vater) *fürchtet, Annemarie ist nicht die richtige Frau für einen Landlehrer, natürlich, wie er sie sieht. Er kennt mich zu wenig. Meine Welt ist ihm fremd. Er wird sie kaum verstehen. Nur ganz langsam muss er zu uns herüberfinden; aber doch nie ganz. Er wird in mir immer seinen Jungen sehn, der's anders macht, mithin mehr oder minder falsch.*

Als Pädagoge lehnte Wilm Hosenfeld die Erziehungsmethoden seines Vaters ab, vor allem die Schläge mit dem Rohrstock. Was die Eltern ihm mit auf den Weg gaben, waren der Respekt vor ihnen und das katholische Christentum mit seinen Zehn Geboten. Das prägte ihn, und daran hielt er fest.

Seinen christlichen Überzeugungen blieb er selbst in schwersten Stunden treu, zumal sie ihm Halt und Orientierung bedeuteten. Damit war seine Einstellung gegenüber der polnischen Bevölkerung während des Zweiten Weltkrieges vorherbestimmt: Wilm Hosenfeld sah in den Polen nicht die Sklaven der deutschen Eroberer, sondern ebenbürtige Menschen. Mit ihrem katholischen Glauben dachten und handelten die meisten von ihnen wie er.

Der unmittelbare Einfluss des Elternhauses ging ohnehin zurück, als Wilhelm mit elf Jahren die Grundschule verließ und nach Hünfeld wechselte, um dort die Lateinschule zu besuchen. Im Unterricht steckte er, wie zuvor noch in Mackenzell, nicht mehr alles weg, was die Lehrer ihm zumuteten. Sein Gerechtigkeitsgefühl rebellierte, als einer der Pädagogen ihm eine Ohrfeige gab. Aus Protest blieb er vorübergehend dem Unterricht fern.

Wilhelms Berufswunsch stand ziemlich früh fest. Er wollte in die Fußstapfen seines Vaters treten, ohne dessen Methoden zu übernehmen. Er wollte es besser machen und beweisen, dass es möglich war, ohne körperliche Züchtigung Kinder zu erziehen. Die Fragen einer modernen Pädagogik beschäftigten ihn in den folgenden Jahren intensiv. In einer sogenannten Präparandenanstalt in Fritzlar bereitete Hosenfeld sich von 1910 bis 1913 gründlich auf das Studium der Pädagogik vor. Ein Jahr vor Ausbruch des Ersten Weltkrieges verzeichnete das katholische Lehrerseminar in Fulda ihn schließlich als Studenten. Wilhelm Hosenfeld besaß ein eigenes Zimmer und begann, sich neu zu orientieren.

Zu den Strömungen, die schon vor der Jahrhundertwende Jugendliche in ihren Bann gezogen hatten, gehörte die Wandervogel-Bewegung. Junge Menschen entdeckten Natur und Umwelt ganz neu. Sie sammelten sich am nächtlichen Lagerfeuer, sangen Lieder und gingen ungezwungen miteinander um. Die lärmenden Fabrikhallen, die beengten Wohnverhältnisse in der Stadt und überhaupt das ganze Spießertum im kaiserlichen Deutschland – das alles wollten sie hinter sich lassen.

Die Wandervögel verstanden sich als eine Bewegung jenseits von Politik und gesellschaftlicher Konvention. Charakteristisch waren Loblieder auf das Deutschsein, gedankliche Höhenflüge in Form von Gedichten und Selbstbehauptung im Alltag. Aber schon das Pochen auf Eigenständigkeit bedeutete für die Welt der Erwachsenen Unruhe und Aufruhr. Sie sahen die alte Ordnung mit ihren preußischen Tugenden wie Gehorsam und Pflichtbewusstsein in Gefahr.

Die Bewegung, die aus unterschiedlichen Strömungen bestand, hatte jedoch wenig mit Umsturz und Revolution zu tun, eher schon mit einem Aufbäumen gegen die Altvorderen, die der Jugend alles vorschreiben und sie in ihre eingefahrenen Gleise zwängen wollten. Wilhelm Hosenfeld, schlank, sportlich, kontaktfreudig und unternehmungslustig, fühlte sich auf Anhieb den Wandervögeln verbunden; da war vieles, was ihn anzog: die freie Natur, der offene, ungezwungene Umgang der jungen Erwachsenen untereinander, ihr Schwärmen für Freiheit und Selbstbestimmung. Das enge Korsett abstreifen und neue Wege für das eigene Leben entdecken, das bewog ihn mitzumachen, ihn, der von seiner Mutter das Gefühlsmäßige, das feine Gespür für Nuancen geerbt hatte; ferner die Freude, auf andere Menschen zuzugehen, und zudem die Gabe, Geschehnisse in seiner Umgebung genau zu beobachten und zu beschreiben.

Unter dem Einfluss der Wandervogel-Bewegung änderte Hosenfeld seinen Vornamen in Wilm. Das war kürzer und einprägsamer als Wilhelm. An dem berühmten Treffen der neuen deutschen Jugendbewegung auf dem Hohen Meißner bei Kassel im Oktober 1913 anlässlich des hundertsten Jahrestages der Völkerschlacht bei Leipzig hat er nicht teilgenommen. Die »Meißner-Formel« dürfte er sich allerdings zu eigen gemacht haben, vor allem den Satz: »Die Freideutsche Jugend will aus eigener Bestimmung, vor eigener Verantwortung, mit innerer Wahrhaftigkeit ihr Leben gestalten.«

Diese Ideale traten gewissermaßen neben seinen katholischen Glauben und wurden zum zweiten Anker seines Lebens; sie blieben es auch dann noch, als die Bewegung selbst längst ihre Bedeutung eingebüßt hatte. Diesem Aufbruch widmete er ebenfalls einen längeren Aufsatz mit dem Titel »Die deutsche Jugendbewegung«, den er allerdings erst nach Ende des Ersten Weltkrieges zu Papier brachte, wahrscheinlich 1921 oder 1922. Wohl in der Hoffnung, der Geist der Jugendbewegung lasse sich trotz des barbarischen Krieges wiederbeleben, zählte er auf, was die Bewegung alles zustande gebracht habe.

Der Wandervogel habe eine neue Art von Gemeinschaft geschaffen und eine eigene Wandertechnik entwickelt, schrieb Hosenfeld. Ferner habe er das Volkslied und den Volkstanz neu belebt. *Er trieb zuerst Jugendpflege im idealsten Sinne, errichtete die ersten Jugendherbergen, trieb Körperkultur und wetteiferte in Leibesübungen.* Und schließlich: *Er gab dem Verhältnis der Geschlechter einen einfachen, natürlichen kameradschaftlichen Charakter.* Zur Welt der Erwachsenen zog er eine klare Grenze: *Die Jugend will aber nicht das dumpfe Gefäß sein, in das die ältere Generation widerspruchslos ihre Ideale und Lebensanschauungen hineinfüllen darf. Sie glaubt sich jetzt stark und urteilsfähig genug, um sich ihre eigene Jugendkultur zu schaffen.*

Der Großstadt *mit ihrer geschäftigen Unrast, ihrer Seelenlosigkeit und ihrer Versklavung des Menschen* stellte Hosenfeld die *inneren Kräfte der Jugendseele* gegenüber, das Wandern, die Fahrten in die Weite und das Alleinsein in der Natur.

Der Wandervogel verstand sich also als Gegenbewegung zur Industrialisierung und Kommerzialisierung, die Europa, voran England und Deutschland, eine ungeahnte wirtschaftliche Blüte beschert hatten. Und gleichzeitig war die Jugendbewegung Teil eines antibürgerlichen Zeitgeistes. Seit dem Deutsch-Französischen Krieg 1870/71 herrschte vier Jahrzehnte lang Friede. In dieser Zeit entwickelte Deutschland sich zu der führenden Industrienation Europas. Die Fortschritte auf den Gebieten der Technik, Wissenschaft und Medizin waren atemberaubend. Alles und jedes schien möglich und machbar. Die Eisenbahn ließ die Entfernungen schrumpfen. Kunst und Kultur testeten die Grenzen des Erlaubten und überschritten sie. Frauen erkämpften sich Rechte, die ihnen jahrhundertelang verwehrt worden waren.

Das Feuer der neuen Zeit loderte auch in den hehren Parolen des Wandervogels. Zugleich schwang darin Opferbereitschaft mit, das Einstehen für ein Ziel, wenn es denn nur groß und edel genug sei. Die Liebe zum Vaterland war ein solches Ideal. Die Säulen der Gesellschaft – Schule, Kirchen, das Militär, die Machthaber bis zum Kaiser hin – hatten die Vaterlandsliebe tief in die Seelen junger Menschen eingepflanzt. Diese Tugend war jederzeit abrufbar. Es genügte, die Gefahr für das Vaterland in grellen Farben zu zeichnen.

2. Der Erste Weltkrieg – *Gern und froh gehorcht*

Der Wandervogel blieb, zeitlich gesehen, im Leben von Wilm Hosenfeld trotz des nachhaltigen Einflusses, den dieser auf ihn ausübte, zunächst nicht viel mehr als eine Episode. Denn der Ausbruch des Ersten Weltkrieges am 1. August 1914 beendete alle Aktivitäten, die ein neues Lebensgefühl ermöglichen sollten. Junge Männer wie der 19-jährige Hosenfeld, die noch kurz zuvor von Freiheit und Selbstbestimmung geschwärmt hatten, eilten in Scharen freiwillig in die Kasernen.

Im Fall des angehenden Pädagogen Hosenfeld, der in Fulda gerade mal die Hälfte seines Studiums zurückgelegt hatte, ging alles ganz schnell. Die Ausbildung wurde vorzeitig beendet. In einem Rückblick, den er im November 1917 unter der Überschrift »Erinnerungen aus dem Feld« zu Papier brachte, schrieb er von der großen Begeisterung, die im Sommer 1914 geherrscht habe: *Jetzt war der Krieg die Losung. Hei, wer wäre da nicht gefolgt.*

Das Vaterland rief eine ganze Generation zu den Waffen. Da gab es auch für Wilm Hosenfeld kein Halten mehr. Die Eltern erwarteten ohnehin, dass er und sein Bruder Martin sich freiwillig meldeten. Bereits am 21. August 1914 trug Wilm Hosenfeld beim preußischen Infanterie-Regiment Nr. 167 in Kassel die graue Uniform des Heeres. Die Grundausbildung durchlief der Rekrut mühelos. Während andere über Schinderei, Demütigungen und Schikanen klagten, erlernte Hosenfeld das Waffenhandwerk ohne Gegenwehr. *Unsere Instrukteure hatten ihre helle Freude an diesen Rekruten, und von der Härte militärischer Disziplin habe ich nichts gespürt, da wir immer gern und froh gehorchten.*

Mit seiner höheren Schulbildung stand Hosenfeld der Weg zum Offiziersrang von Anfang an offen. Der Aufstieg innerhalb der Militärhierarchie bedeutete ihm einiges. Sein erster Fronteinsatz führte ihn Anfang November 1914 in eine der heftigsten Schlachten des Krieges in Flandern. Dort sollte das Heer den Riegel französischer, britischer und belgischer Einheiten um die Stadt Ypern durchbrechen und bis zur Kanalküste vorstoßen, um den Rücken frei zu bekommen für das eigentliche Ziel: die Eroberung von Paris.

Was Hosenfeld während der Zugfahrt zum Kriegsschauplatz sah, dämpfte seine Begeisterung. Belgische Frauen streckten beim Anblick der deutschen Soldaten die Zunge heraus und machten mit der Hand *eine Bewegung des Halsabschneidens.* Beim Marsch an die Front kehrte noch einmal das Hochgefühl zurück, am Krieg teilnehmen zu dürfen. *Jetzt empfand ich's zum ersten Male mit ganzer Wucht und Tiefe, welch starke Liebe und Treue mich mit dem Vaterland verband. Dankbarkeit und Stolz zugleich gaben Kraft und hohen Mut und festen Willen.*

Gleich beim ersten Angriff in Flandern wurden Kraft, Mut und Durchhaltewille des Soldaten auf die Probe gestellt. Im Verlauf eines nächtlichen Vormarschs ins Niemandsland über glitschige Rübenfelder und schlammige Wassergräben verlor Hosenfeld zeitweise den Kontakt zum Vordermann, irrte orientierungslos im Gelände umher, geriet zwischen Stacheldraht und Telefonleitungen, sah fremde Gestalten auf sich zukommen und dachte bereits an die *Schmach der Gefangenschaft* und die *Nutzlo-*

sigkeit seines *Soldatenseins*. Das Pfeifen der Kugeln versetzte ihn in Angst. Im Morgengrauen sah er zwischen aufspritzenden Dreckfontänen Soldaten hin und her laufen, bis sie plötzlich zu Boden fielen. Waren es die eigenen Kameraden oder Franzosen? Und es dauerte nicht mehr lange, bis er auf den ersten Toten stieß. Der Anblick verstörte ihn. *Seine Augen blicken starr in den grauen Himmel, mich blickt die Ewigkeit an.*

In Flandern erlitten beide Seiten, Alliierte wie Deutsche, schwere Verluste. Die heftigen, zeitweise auch mit Gasmunition geführten Kämpfe gingen schließlich in einen Stellungskrieg über. Seit dem gescheiterten Angriff Anfang November 1914 auf Langemarck verharrte Hosenfeld mit seiner Einheit in dem nahe gelegenen Dorf Poelkapelle, von wo aus er regelmäßig mit einzelnen Kameraden die Wache an der vordersten Frontlinie ablöste. So auch am Abend vor dem 24. Dezember 1914. In einem Artikel für die »Fuldaer Zeitung« (24. 12. 1928) schilderte Hosenfeld später, wie er die »Vier Kriegs-Weihnachten« verbracht hatte. Von November 1914 bis April 1915 nahm Wilm Hosenfeld am Grabenkrieg in Westflandern teil. Nach dem zermürbenden Warten, unterbrochen durch Artilleriebeschuss und einzelne Gefechte, sollten die deutschen Verbände im Frühjahr 1915 mit einer neuen Offensive den Durchbruch erzwingen.

Am 24. April 1915 wurde Hosenfeld in der Nähe eines Bauernhofes von Schrapnellkugeln am rechten Bein, an der Brust und der Schulter verletzt. Helfer brachten ihn zum Verbandsplatz. Im Malteser-Lazarett in Aachen, wo er seinen 20. Geburtstag feierte, unterzog sich Wilm Hosenfeld einer mehrwöchigen Behandlung. Die Schusswunden verheilten recht schnell. Denn bereits Ende Juni 1915 erhielt Hosenfeld einen neuen Marschbefehl. Dieses Mal ging es in Richtung Osten, also an die zweite Front, der sich Deutschland mit seinem Verbündeten Österreich-Ungarn von Beginn des Krieges an gegenübersah. Hosenfeld verschlug es zunächst nach Litauen und Kurland, also ins Baltikum, wo es galt, russische Truppen aus einzelnen Ostseestädten zu vertreiben. Kowno (Kaunas) kam im August 1915 unter deutsche Kontrolle. Etwa drei Monate später geriet die Verfolgung der Russen an dem Fluss Düna südlich von Riga ins Stocken, und Hosenfeld verbrachte die folgenden Wochen in einem eher ruhigen Stellungskrieg. *Unser Leben ist ganz gemütlich,* schrieb er. *Wir sind meist junge Kerle. Frieden will's doch nicht werden.*

Bevor Hosenfeld im September 1916 nach siebentägiger Bahnfahrt in der Nähe von Hermannstadt in Siebenbürgen eintraf, war er auf der Leiter der Militärhierarchie wieder ein Stück weitergekommen. Der Ernennung zum Gefreiten folgte der Unteroffiziersrang, womit er befugt war, einen Trupp von etwa einem Dutzend Soldaten anzuführen. Seit April 1916 war er Träger des Eisernen Kreuzes II. Klasse, womit sein *tapferes Verhalten vor dem Feind auf dem östlichen Kriegsschauplatz* hervorgehoben wurde.

In Rumänien ging der Krieg zwar weiter, zunächst verhalten, dann wieder mit unverminderter Härte. Zum ersten Mal kämpfte Hosenfeld an der Seite von Österreichern und Ungarn, deren Reitertruppen ihn mit ihrem Schneid und den prächtigen Uniformen mächtig beeindruckten. Der Vormarsch in den Transsilvanischen Alpen glich anfangs einer Wanderschaft. Die eigentlichen Kämpfe begannen Ende September 1916. Als die Rumänen zurückwichen, nahm Hosenfelds Einheit die Verfolgung bis in die Nähe von Kronstadt auf.

Die Rückzugsgefechte waren mörderisch. Und der Anblick des Kampfplatzes, der zerfetzten Menschen und der Pferde, die sich im Todeskampf aufbäumten, raubte dem jungen Soldaten fast den Verstand. Den Tieren *besorgten wir den Liebesdienst und schossen ihnen eine Kugel ins Auge. Aber bei den Menschen kann ich das doch nicht* ... Beim Umherirren auf dem Gelände stieß er auf einen Mann, den er zunächst für tot gehalten hatte. Es war ein Rumäne mit einem Durchschuss am Oberschenkel, der ihn um Hilfe anflehte. Hosenfeld gab ihm Streichhölzer und Zigaretten, holte Wasser, ein Stück Brot und einen Mantel. Kaum war er ein paar Schritte gegangen, hörte er, wie der Verwundete anfing, laut zu weinen. *Nie werd ich dieses schöne Mannesantlitz mit den dunklen Augen, die deutlicher sprachen als der beredtste Mund, vergessen.*

Hosenfelds Vorschlag beim Kompanieführer, mit mehreren Leuten aufzubrechen, um den Verwundeten zu bergen, stieß zuerst auf Ablehnung. Doch am nächsten Tag erfuhr er, dass ein rumänischer Verwundeter mit einem Oberschenkeldurchschuss geborgen worden sei.

In den letzten drei Monaten des Jahres 1916 entschied sich das Schicksal der rumänischen Streitkräfte. Sie mussten Kronstadt räumen und zogen sich über die Pässe der Transsilvanischen Alpen zurück. Die Deutschen setzten nach. Dabei traf Hosenfeld öfter auf Siebenbürger Sachsen, die seit Jahrhunderten in Rumänien lebten und ihre Sprache und Kultur weitgehend bewahrt hatten. *Hätte ich je geahnt, dass ich einmal hierherkommen sollte, wo Deutsche wohnen mit unbekanntem, vornehmem Nationalstolz, der hier größer ist als daheim.*

Ende November 1916 drangen die deutschen Truppen tief in den Süden des Landes bis in die Walachei vor. Für Hosenfeld endete dieser Vorstoß Anfang Dezember in der

Stadt Ploieşti am Fuße der Karpaten, etwa 60 Kilometer nördlich von Bukarest, das sich den Deutschen fast ohne Gegenwehr ergeben hatte. Seine dritte Kriegsweihnacht erlebte er in einem Akazienwald in der rumänischen Moldau. Salven von Granaten hatten Bäume zerfetzt, der Boden war durchzogen von Granatlöchern und Schützengräben. Der Gegner lag 1500 Meter entfernt. Am ersten Weihnachtstag nahm Hosenfeld an einem katholischen Feldgottesdienst teil. In seinem Tagebuch hielt er fest: *Kein Gotteshaus der Welt hätte so viel Andacht wecken können als hier der sternbesäte Himmel, die dunkle Erde, der schweigende Wald, das lodernde Feuer.* Eine wunderbare Ruhe sei in sein Herz gezogen, heißt es weiter, *in dieser Umgebung, Schlacht, Tod und Grauen um uns, vor und zwischen uns.*

Ende Januar 1917 steigerte sich die Kälte ins Unerträgliche. *Aus Nordosten wehte ein steifer, eisigkalter Wind. Er hielt Tage und Nächte an. Es war ein Sturm, ein Orkan, der durch alle Schützenkleider ging, die Glieder erstarrten.* Viele erlitten Erfrierungen. Nach der Eroberung von Focşani begann erneut ein Stellungskrieg. Ruhr und Cholera grassierten. Hosenfeld, inzwischen zum Vizefeldwebel aufgestiegen, musste vier Wochen lang, und zwar bis Ende April 1917, ins Lazarett. Sobald er halbwegs genesen war, genehmigten ihm die Vorgesetzten einen Heimaturlaub von drei Wochen. Der Zufall fügte es, dass sein älterer Bruder Martin auch gerade in Mackenzell war. *Am Himmelfahrtstag war die ganze Familie wieder mal seit Jahren zusammen, worüber im Hause große Freude herrschte. Der Tag des Abschieds rückte auch wieder heran, und am 1. Juni* (1917) *fuhr ich.*

Über Breslau, Kronstadt und Ploieşti erreichte Hosenfeld Focşani. Als er bei seiner Kompanie in einem Dorf am

Südrand der Karpaten eintraf, herrschte warmes Sommerwetter. Der Krieg legte eine Pause ein. Zeit für Hosenfeld, Land und Leute genauer zu beobachten. Die rumänische Bevölkerung tat ihm leid. Er ging auf die Menschen zu und versuchte, mit ihnen in Kontakt zu kommen. Was er sah, war Verzweiflung, Trauer, aber kein Hass. Er bewunderte den Fleiß der Bauern und ihr handwerkliches Geschick.

Anfang August 1917 wurde Hosenfeld bei einem Vorstoß der deutschen Truppen in der Bukowina im Nordosten Rumäniens gegen russische Einheiten erneut verletzt. Er erlitt einen Durchschuss am linken Bein und verlor die Verbindung zu seinem Zug. Unter Aufbietung aller Kräfte wollte er dem Kugelhagel entkommen, aber vergeblich. Er stürzte zu Boden und kroch auf allen vieren in ein Maisfeld, wo zwei Kameraden ihn fanden.

Ein Lazarettzug brachte ihn in der zweiten Augusthälfte 1917 nach Gera. Vom Krieg hatte er vorerst genug: *Ich freue mich wie ein Kind auf die Heimat und kann mein Glück nicht fassen.* Sein Vater reagierte ebenfalls erleichtert: *Drücke Dich nur solange es geht im Lazarett. Ich freue mich, dass Du mit dem »Heimatschuss« der großen Gefahr entkommen bist.* Wilm Hosenfelds große Sorge war allerdings, mit einem steifen Bein weiterleben zu müssen. Nie wieder wandern zu können – das war für ihn eine schreckliche Vorstellung. Gegen Ende September wechselte er zum Ersatz-Truppenteil nach Jena.

Die gründliche Nachsorge in Jena bedeutete zugleich Muße. Hosenfeld nutzte die Zeit, um seine Erinnerungen an den Krieg aufzuschreiben. Ihm ging es darum, die Ereignisse festzuhalten, ohne sie zu verherrlichen oder sich selbst gar als Helden darzustellen. Andererseits lag ihm nicht daran, sich kritisch mit dem Krieg auseinanderzusetzen und nach dem Sinn des Mordens und gegenseitigen Abschlachtens zu fragen. Wilm Hosenfeld blieb Patriot und zugleich ein begeisterter Anhänger der Wandervogel-Bewegung. Bereits vom Lazarett in Jena aus knüpfte er Kontakte zu Gleichgesinnten und nahm an einem *Gauführertag* des Verbandes Thüringen teil. Dabei lernte er Otger Gräff kennen, einen wortgewaltigen Anführer der Bewegung, der aus seiner völkischen und antisemitischen Einstellung keinen Hehl machte. Nach der Veranstaltung notierte Hosenfeld in seinem Tagebuch: *Er will uns ältere Wandervögel zu einem deutschvölkischen, reinblütigen Bund zusammenschließen, in dem von ihm gegründeten Jungdeutschen Bund.*

Da Hosenfeld als *felddienstuntauglich* eingestuft war, bestand keine Aussicht mehr, an die Front zurückzukehren. Den Jahreswechsel 1917/18 verbrachte er im Garnisonslazarett in Weimar. Dort gelang es einem Chirurgen, die Nervenbahnen in dem an der Front verletzten Bein so weit wiederherzustellen, dass er wieder normal gehen konnte.

Die letzte Kriegsweihnacht im Kreis ebenfalls verwundeter Kameraden blieb ihm noch lange in Erinnerung. Der Pastor hatte an Heiligabend gemeint, das deutsche Schwert habe von seiner Schärfe noch nichts eingebüßt. Das Jahr 1917 sei ein weiteres Ruhmesblatt an dem Kranze der deutschen Siege. Hosenfeld sah das anders: *… diese Weihnachtspredigt gefällt uns nicht. Wir sind alle so müde. Uns kann man keine Stimmung vormachen. So nicht!*

Am ersten Weihnachtstag wurde ihm bei einer Begegnung mit einem katholischen Kaplan bewusst, dass ein neuer Lebensabschnitt bevorstand: *Und ich merkte, welch untätiges, stumpfes und wildes Leben hinter mir liegt. Das ist nun vorbei. Für mich ist der Krieg aus. Die Glocken heute Morgen, die mir drei Jahre nicht geklungen, sie riefen mir den Frieden zu, den Frieden des bürgerlichen Lebens.* Im Mai 1918 verfügten die Vorgesetzten seine Entlassung aus dem aktiven Militärdienst. Für ihn war der Krieg zu Ende, für seine Kameraden dauerte er noch bis zum Waffenstillstand im November 1918.

3. Wandervogel und Künstlertochter – ein glückliches junges Paar

Jetzt konnte Wilm Hosenfeld endlich nach vorn blicken und Pläne für die Zukunft schmieden. Denn er hatte eine Frau kennengelernt, die für ihn mehr als eine flüchtige Begegnung werden sollte: Annemarie Krummacher. Hosenfeld hatte sie am 8. August 1918 bei einem Wandervogel-Treffen in einer ehemaligen Kolonialschule im hessischen Witzenhausen zum ersten Mal gesehen. Wilm habe anfangs eine etwas einfache, treuherzige Art an den Tag gelegt, erzählte sie später ihrem Sohn Detlev leicht ironisch-distanziert. Er sei unternehmungslustig und stets zu Späßen aufgelegt gewesen, wohl auch, um den Mädchen in der Gruppe zu gefallen. Eines Abends habe er dann sehr ernsthaft über den Krieg in Rumänien erzählt, die Kämpfe dort und seine Verwundung, und das habe sie mehr als alles andere beeindruckt.

Der angehende Lehrer mit den dunklen Haaren und der sportlichen Figur gefiel ihr jedenfalls besser als die anderen jungen Männer aus dem Wandervogel, die sich um sie bemüht hätten. Nicht einver-

Wilm Hosenfeld, etwa 1918, in Wandervogel-Kluft. Typisch dafür der Schillerkragen und kurze Hosen

standen war Annemarie Krummacher allerdings mit seiner völkisch-nationalen Einstellung. Sie selber, am 6. April 1898 in Berlin-Wilmersdorf geboren, war im Künstlerdorf Worpswede bei Bremen aufgewachsen und hatte zusammen mit ihrer um ein Jahr jüngeren Schwester Gertrud den freiheitlichen Teil der Wandervogel-Bewegung erlebt.

Ihr Vater war der Maler und Schriftsteller Karl Krummacher, der einer protestantischen Pastorenfamilie entstammte und zum Kreis der Worpsweder Maler gehörte, die um die Jahrhundertwende die Künstlerkolonie mit ihren Werken deutschlandweit bekannt gemacht hatten: Otto Modersohn, Fritz Overbeck, Fritz Mackensen, Heinrich Vogeler und Hans am Ende. Der Maler Carl Vinnen hatte Krummacher überredet, von Berlin nach Worpswede überzusiedeln, zumal dieser in der Hauptstadt von seiner Tätigkeit als Kunst- und Theaterkritiker kaum leben konnte. Heinrich Vogeler besorgte eine Wohnung, und Karl Krummacher verlegte sich weitgehend auf das Malen. Seine impressionistischen Bilder verkauften sich gut. Mit den meisten Künstlern bestanden enge freundschaftliche Verbindungen. Man half sich gegenseitig und feierte gemeinsam Feste.

Als Otto Modersohn nach dem Tod seiner ersten Frau die Malerin Paula Becker heiratete und beide für Monate nach Paris gingen, nahmen die Krummachers wie selbstverständlich Elsbeth, Modersohns Tochter, bei sich auf. Annemarie ging mit der gleichaltrigen Elsbeth in dieselbe Klasse. Die Familie Krummacher musste in Worpswede dreimal umziehen und kam schließlich auf einem großen Bauernhof unter, den Annemarie als paradiesisch empfand, wie sie später berichtete: *Zu dem umfangreichen Besitztum, in dem wir frei schalten und walten konnten, gehörten außer unserem Wohnhaus Diele, Hof und Garten und Wiesen und ein Wäldchen ... Manchmal schob ich meinen Puppenwagen durch die schmalen, dunkelerdigen Gartenwege, an den stark duftenden Jasminbüschen vorüber, zu dem Goldregenbaum, dessen schwere goldgelbe Blütentrauben bis zum Boden reichten.*

Viele Gäste gingen damals in ihrem Elternhaus ein und aus. ... *junges, übermütiges Künstlervolk. Sie musizierten, malten und diskutierten und schätzten die Gastlichkeit meiner Eltern.* Mal diente die große Diele als Atelier, wenn sich die Worpsweder Maler dort zum Zeichnen versammelten, mal als Platz zum Tennisspielen, wenn es draußen regnete oder zu kalt war.

Kurz nach Paula Modersohn-Beckers Rückkehr aus Paris – es war wenige Wochen vor ihrem Tod – ermunterte sie Annemarie Krummacher und ihre Stieftochter Elsbeth, sie auf dem Weg zu einer alten Frau zu begleiten, die mit ihrem entstellten Gesicht bei den Kindern als böse und hässlich verschrien war. Die Mädchen sträubten sich. Aber die Malerin überredete sie mitzukommen. *In der armseligen Behausung schlug uns beißender Torfrauch entgegen. Voll geheimer Angst und kindlicher Neugier lauschte ich dem Gespräch der Frauen am offenen Herdfeuer. Paula Modersohn unterhielt sich mit der Alten im Worpsweder Platt. Ich erlebte staunend, wie das arme Weiblein alle Scheu verlor und ihre Sorgen der mitfühlenden Zuhörerin aufdeckte. ... Unvergesslich bleibt mir das schöne, seelenvolle, von Güte verklärte Antlitz der großen Frau und Künstlerin. So sah ich sie zum letzten Mal.*

Annemarie kam mit vielen außergewöhnlichen Menschen in Kontakt. Sie lernte Clara Rilke-Westhoff und Heinrich Vogeler kennen und den Barkenhoff, die von Vogeler gegründete sozialistische Kommune. Vom Barkenhoff fühlten sich viele angezogen, die neue Formen der

Kunst und des Zusammenlebens ausprobieren wollten. Nach dem Tod von Paula Modersohn zog Otto Modersohn ins benachbarte Fischerhude und heiratete Louise Breling. Die Krummacher-Kinder besuchten ihn dort und hielten die Verbindung aufrecht. Annemarie besaß eine schöne Sopranstimme und bekam Gesangsunterricht. Nach dem Besuch einer Privatschule in Sondershausen, auf der sie u. a. Englisch und Französisch lernte, studierte sie in Bremen Sozialpädagogik. Sie wollte beruflich auf eigenen Beinen stehen, interessierte sich für Kunst und Literatur. Ihre Schwester Gertrud war ebenfalls musikalisch, konnte Klavier spielen, sehr gut zeichnen und eignete sich graphische und kunstgewerbliche Fertigkeiten an.

Karl Krummacher und seine Frau Anna, geborene Brodkorb, achteten auf eine solide Ausbildung der Kinder und ließen ihnen genügend Freiraum für ihre eigene Entwicklung. Wann immer sich die Gelegenheit bot, unternahmen die Schwestern auf eigene Faust oder mit einer Wandervogel-Gruppe Ausflüge und Reisen quer durch Deutschland.

Schon bald nach ihrem ersten Zusammentreffen empfanden Annemarie Krummacher und Wilm Hosenfeld eine große Zuneigung zueinander. Ihre gegensätzlichen Auffassungen vom Wandervogel spielten keine besondere Rolle mehr. Gewiss, sie kamen aus ganz unterschiedlichen Welten. Annemarie Krummacher gehörte zum weltoffenen, fortschrittlichen Flügel der neuen Jugendbewegung und lehnte, beeinflusst durch die Pazifistin und Schriftstellerin Bertha von Suttner, den Krieg grundsätzlich ab. Wilm Hosenfeld dagegen bekannte sich zum völkisch-nationalen Teil des Wandervogels, ohne sich jedoch den Antisemitismus dieser Richtung zueigen zu machen.

Dennoch entdeckten sie viele Gemeinsamkeiten – etwa ihr Interesse an Kunst, Literatur und Musik und nicht zuletzt an der freien Natur. Ihre Tochter Uta Hosenfeld, Psychologin, vertrat 2005 in einem Vortrag die Auffassung, der Pazifismus der Mutter habe Wilm Hosenfeld sogar fasziniert. *Meine Mutter gehörte eher diesem freideutschen, diesem linken Spektrum des Wandervogels an, und die beiden haben sich immer und immer wieder viele Anregungen geben können, Austausch, geistigen Austausch. Und ich denke, für meinen Vater war meine Mutter das Alter Ego.*

Hosenfeld hatte vorher schon andere Mädchen und Frauen kennengelernt, aber vergeblich diejenige gesucht, die ihm *fürs Leben gehören soll.* Bei keiner sei er *restlos glücklich geworden*, gestand er einem Freund. In seinen persönlichen Beziehungen folgte Hosenfeld nicht unbedingt den Vorschriften der Kirche: *Was unsere katholische Kirche anbelangt, bin ich noch vollkommen von ihrem Wert überzeugt, doch in manchem gewähre ich mir eine eigene Meinung und lebe nach dem Grundsatz: Glaube an Gott, doch nicht ans*

1920: Annemarie und Wilm Hosenfeld nach ihrer Hochzeit

Dogma. An anderer Stelle wurde er noch deutlicher: *Ich halte es nicht für nötig, die Gesetze der Kirche, der Heilsanstalt, unbedingt zu befolgen, wenn ich an deren Stelle etwas Besseres zu setzen habe und mein inneres Gesetz mir recht gibt.*

Bei Annemarie Krummacher war er von Anfang an sicher, die Richtige gefunden zu haben. Schon bald legte auch sie ihre Zurückhaltung ab. Ein halbes Jahr nach dem Kennenlernen verlobten sie sich. Sie zögerten, ihre Eltern von der geplanten Heirat in Kenntnis zu setzen, denn ihnen war klar, welche Schwierigkeiten einer Eheschließung im Weg standen. Die Eltern von Wilm Hosenfeld hielten Annemarie Krummacher für eine höhere Bürgerstocher und deswegen für ungeeignet, dem künftigen Dorfschullehrer als Frau zur Seite zu stehen. Vor allem aber lehnten sie die Beziehung ihres Sohnes zu einer Protestantin ab.

Erst im Herbst 1919 erklärten sie sich. Vor einer kirchlichen Trauung, wie Wilm Hosenfeld sie sich wünschte, mussten bestimmte Hürden überwunden werden. Die katholische Kirche erwartete von der Braut, dass sie künftige Kinder katholisch erziehen würde. Es fiel ihr nicht ganz leicht, aber Annemarie Krummacher gab schließlich nach und trat auch dem katholischen Glauben bei. Denn für Wilm Hosenfeld wäre es damals schwierig gewesen, katholischen Religionsunterricht zu erteilen und gleichzeitig mit einer protestantischen Frau verheiratet zu sein.

Vorbehalte gab es allerdings auch bei ihren Eltern. War der künftige Ehemann ihrer Tochter überhaupt in der Lage, eine Familie zu ernähren? Denn in den ersten Nachkriegsjahren herrschte in Deutschland große Not, und das Gehalt eines Junglehrers reichte kaum für eine Person. Am 23. Mai 1920 gaben sich Annemarie Krummacher und Wilm Hosenfeld in der katholischen Kirche St. Johannis in Bremen das Jawort. Abgesehen von dem Zugeständnis der Braut hatten sie alle Bedenken und Einwände gegen ihren Bund beiseitegeschoben und sich durchgesetzt. Beide empfanden große Leidenschaft füreinander. Sie waren ein glückliches junges Paar – trotz der absehbaren materiellen Schwierigkeiten.

Bald wurden die Familienbande noch enger. Annemarie Hosenfelds Schwester Gertrud hatte sich in Martin Hosenfeld, Wilms älteren Bruder, verliebt und ihn schließlich ebenfalls in der Bremer St. Johanniskirche geheiratet. Beide waren 1921 bei der Taufe von Helmut Hosenfeld, dem ältesten Sohn von Annemarie und Wilm, Paten gewesen.

Wilm Hosenfeld war beeindruckt von der offenen Atmosphäre und Toleranz, die in der Worpsweder Verwandtschaft herrschten. Im Gespräch mit dem Bruder seines Schwiegervaters Otto Krummacher, einem Naturwissenschaftler, stellte er zwar gewisse Gegensätze zu seinen eigenen politischen Ansichten fest: *Er ist Freimaurer und Sozialdemokrat, beides setzt eine übervölkische Anschauung voraus, der ich mit meiner auf völkischer Grundlage beruhenden Weltanschauung zum Teil Anerkennung erweise. Natürlich lehnt er auch jede kirchliche Bindung ab.* Sein Gesprächspartner habe jedoch nicht den geringsten Versuch unternommen, ihn zu beeinflussen. *Das ist's auch, was eine Unterhaltung mit ihm so angenehm macht. Trifft man auf Gegensätze, dann achtet einer des anderen Ansicht, und dabei bleibt's.*

4. Lehrer mit Leib und Seele

Trotz der Prägung durch das katholische Elternhaus und der häufig betonten *völkischen Weltanschauung* blieb Wilm Hosenfeld ein Suchender, hungrig nach Wissen, neuen Ideen und neuen Erkenntnissen. Bereits 1912 bis 1913 hatte er bei Reclams Universum die »Weltrundschau« abonniert, die in Wort und Bild über neueste technische Errungenschaften und wissenschaftliche Forschungen berichtete. Nimmt man die lange Liste der Bücher, Zeitschriften und Zeitungen, die er in den 1920er Jahren las, so fallen zunächst Titel auf, die mit dem Wandervogel, mit Natur- und Landeskunde, der deutschen Klassik und dem Ersten Weltkrieg zu tun haben. Vereinzelt sind darunter auch Periodika etwa des Alldeutschen Verbandes, der zu den Kriegstreibern gehört hatte, sowie Untersuchungen zur Juden- und Rassenfrage.

Im Vordergrund stand für ihn jedoch die Reformpädagogik. Er trat zwar in die Fußstapfen seines Vaters und wurde ebenfalls Lehrer. Aber er wollte es anders machen. Sein pädagogisches Leitmotiv lautete: *Ich tue mein Möglichstes und stelle mich nicht auf das Prinzip des Drills ein, sondern auf die Pflege der Persönlichkeit des Kindes. Das Kind hat doch wahrhaftig mehr davon, wenn ich ihm Kräfte wecke und sie ausbilde, als wenn ich gemäß papierner Vorschrift eine mechanische Fähigkeit beibringe, die wie alt gewordener Verputz später doch wieder abfällt.*

Bezeichnend für seinen Tatendrang war die Gründung

einer eigenen Wandervogel-Gruppe, die Hosenfeld *Nest* nannte. In einem von ihm in Rudolphshan angemieteten alten Wohnhaus trafen sich an Wochenenden und in den Ferien Pädagogen aus einem weiten Umkreis, um über eine Reform der Schulbildung zu diskutieren. Zu den Teilnehmern gehörte Adolf Reichwein, der später einer der entschiedensten Verfechter eines modernen Unterrichts war und Hosenfeld durch Reden und Schriften beeinflusst hat.

Seine erste Stelle als Referendar hatte Hosenfeld im Mai 1918 in Rudolphshan angetreten. In dem kleinen Dorf unweit von Mackenzell in Nordhessen lösten die Wandervogel-Treffen allerdings eher Befremden aus. Manche Einwohner und auch der Pfarrer mutmaßten alles Mögliche, nur nicht, dass es dabei um das Wohl der Kinder ging. Dem Pastor gefiel außerdem nicht, dass das Haus auch zum Treffpunkt von Jungen und Mädchen wurde. Das gehörte sich seiner Ansicht nach nicht. Wilm Hosenfeld hatte sich schon nach wenigen Monaten von seinem Wandervogel-Projekt trennen müssen und war nach Roßbach, einem Dorf im Spessart im Kreis Gelnhausen, gewechselt, wo sein ältester Sohn Helmut geboren wurde und er im Februar 1921 seine Zeit als Referendar beendete. Nach bestandener Lehrerprüfung wurde er ins Beamtenverhältnis übernommen.

Damit war die junge Familie fürs Erste materiell abgesichert, wenngleich das Gehalt, das Wilm Hosenfeld ab Sommer 1921 auf seiner ersten festen Lehrerstelle in der Dorfschule Kassel unweit von Roßbach bezog, keine großen Sprünge erlaubte. Die beiden Ortsteile gehören heute zu Biebergemünd im Spessart nordöstlich von Frankfurt.

Auch im Dorf Kassel hatte es Hosenfeld nicht leicht mit seinen Reformideen. Die Schule bestand aus mehreren Klassen. Die meisten seiner Kollegen hielten wie selbstverständlich an den überkommenen Unterrichtsmethoden fest: *Der Lehrer, der Herrscher, der Monarch, der Despot, die Schüler die Untertanen ohne Anteil an der Unterrichtsgestaltung. Natürlich sind die Kinder nichts andres als Untertanen, und Untertanengeist steckt in ihnen. Gehorsam aufs Wort, ohne Überlegung; Unwahrhaftigkeit, Gefallsucht, Verlogenheit, Verstellung, urteilslos, ohne eigene Meinung, charakterlos.*

Als junger Pädagoge schrieb Wilm Hosenfeld weiter regelmäßig auf, was ihn innerlich bewegte, aufwühlte, in Zorn versetzte oder ihm auch Freude bereitete. Es sind lebendige Berichte eines wachen und manchmal ungeduldigen Geistes. In der Aufzeichnung vom 21. November 1921 heißt es weiter: *Gestern war der Pfarrer da. Wie sie* (die Kinder) *da artig sind, wie sie ersterben vor ihm in Ergebenheit und Tadellosigkeit. Und das alles ist Maske. Ich strafe nicht mit dem Stock, auch Strafarbeiten gebe ich nicht viel, und es ist oft unmöglich, Aufmerksamkeit zu erzielen. Habe ich aber einige Strafen erteilt, ist alles bei der Sache, wenigstens äußerlich …*

Dennoch gab es auch Erfolgserlebnisse. Als er im Dezember 1921 im Unterricht den »Erlkönig« von Johann Wolfgang von Goethe vortrug und eindrucksvoll Geschichten über die Entstehung und das Umfeld des Gedichts erzählte, habe zunächst atemlose Stille geherrscht. Die Kinder hatten ihn verstanden und äußerten spontan, es sei sehr schön gewesen. Seine Intention war es, die Schülerinnen und Schüler zum Reden zu bringen. Sie sollten erzählen, was ihnen auf dem Herzen lag, sollten die Natur beschreiben und den Alltag mit eigenen Augen wahrnehmen, nicht durch die Brille der Erwachsenen.

Er zeigte ihnen, wie man Obstbäume pflanzt und durch Pfropfen veredelt. Eines Tages stellte er eine Hobelbank ins Klassenzimmer. Die Kinder sollten daran arbeiten – was bei seinen älteren Kollegen nur Kopfschütteln auslöste. Sie konnten oder wollten nicht begreifen, worum es ihm ging. Der Schulrat trat auf den Plan und kontrollierte unangemeldet seinen Unterricht – offenkundig mit dem Ziel, ihn in seinem Reformeifer zu bremsen. Hosenfeld spürte das Misstrauen, das ihm entgegenschlug. *Er* (der Schulrat) *ist geschäftsmäßig und kalt, kehrt wohl auch den Vorgesetzten hervor, den er gern verbergen möchte, der ihm aber doch aus allen Knopflöchern herausschaut. Er müsste doch für das Neue und Eigenartige, das ein Lehrer in seiner Schule anfasst, ein Auge haben, wenn auch nicht gleich ein Herz.* Der Kontrollbesuch verfehlte sein Ziel: Von seiner Reformpädagogik ließ der junge Lehrer sich nicht abbringen.

Zu Hosenfelds Vorbildern gehörte der Schweizer Erzieher Johann Heinrich Pestalozzi (1746–1827). An Pestalozzi bewunderte er, dass es diesem stets um das Wohl der anderen, nicht um sein eigenes Wohl gegangen sei und dass er seine Ziele nie aus den Augen verloren habe. *Was leisten wir für andere, wenn wir keinen Lohn dafür bekommen,* fragte er nach der Lektüre eines Buches

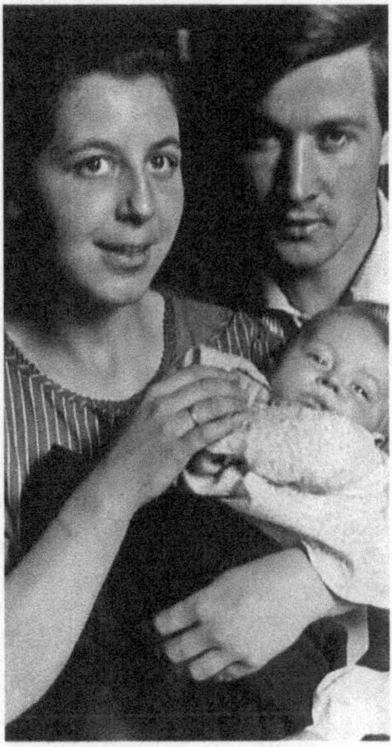

Mai 1921 in Roßbach: Das Ehepaar Hosenfeld mit seinem zehn Wochen alten Sohn Helmut

über Pestalozzi. *Was tun wir dem Werk, der guten Tat, dem hohen Gedanken zuliebe?* An einer Stelle zitierte Hosenfeld Pestalozzi mit den Worten: »*Keine Kraft des Lebens entwickelt sich durch Wortbelehrung, sondern immer nur durch Tathandlung, Liebe durch Liebe, Glaube durch Glauben, Denken durch Denken, Tun durch Tun.*«

Ein besonderes Anliegen war ihm die Weiterbildung junger Erwachsener. Vor dem Ersten Weltkrieg hatte es auf diesem Gebiet bereits Fortschritte gegeben, die der Krieg dann zunichtemachte. Berufsschulen im heutigen Sinne waren 1920 zwar offiziell eingeführt worden, aber das Angebot auf dem Land blieb dürftig oder existierte gar nicht. In Kassel organisierte Hosenfeld anfangs einen Abendkurs in Obstanbau und erweiterte sein Angebot auf Geschichte und Literatur, als er merkte, dass auch dafür Interesse bestand. Gerade auf dem Lande sei es wichtig, mehr zu lernen, betonte er immer wieder.

Nach den schlechten Erfahrungen in Rudolphshan mit der Wandervogel-Gruppe wusste er, dass neue Projekte ohne Einbindung der Geistlichkeit und der Gemeindevertreter kaum Chancen auf Erfolg haben würden. Die Nähe zur Stadt Frankfurt ermöglichte einen Gedankenaustausch mit gleichgesinnten Lehrern und Anhängern des Wandervogels. Tatsächlich gelang es ihm, im Winter 1923 im Ort eine Fortbildungsschule mit einem breiten Fächerangebot einzurichten, die einmal pro Woche abends Fortbildung ermöglichte. Jugendliche und junge Erwachsene zwischen 15 und 25 Jahren konnten zwischen Volkswirtschaft, Geschichte, Staatsbürgerkunde sowie Deutsch und Literatur wählen.

Nach mühsamer Vorarbeit war eine Art Berufs- und Volkshochschule entstanden. Die gute Resonanz ermutigte den Pädagogen, weiterzumachen und über das Dorf Kassel hinaus zu planen und Fortbildungsschulen als Modell in Hessen zu verankern. An manchen Abenden las er einen Artikel aus der Zeitung vor, z. B. über die Rentenmark, die 1923 zur Eindämmung der Hyperinflation eingeführte neue Währung, die ein Jahr später von der Reichsmark abgelöst wurde, und brachte so eine Frage-und-Antwort-Runde in Gang. *Ich möchte aber diese Burschen geistig aufrütteln, ihrem Denken mal eine andere Richtung geben*, notierte er in seinem Tagebuch. *Sie stecken da den ganzen Tag in ihrer Arbeit, was es nun ist, der eine macht Besen, der andere geht in den Wald und schlägt Holz, der andere ist Handwerker und so weiter. Es ist alles Arbeit, die rohe Kräfte erfordert, der Geist liegt brach.*

Von Wilm Hosenfeld gibt es eine Reihe von Redemanuskripten, die sein Bemühen um die Erziehung von Kindern und Jugendlichen, aber auch um das Mitwirken der Eltern unterstreichen. *Schulung des Geistes*, das war für ihn Teil des Aufbruchs in die neue Zeit, die mit der Weimarer Republik, der ersten Demokratie auf deutschem Boden, begonnen hatte. In einer Ansprache im Frühjahr 1924 war von der *Schicksalswende unseres Vaterlandes* die Rede. *Das alte Reich mit seiner Macht und Kraft ist zusammengebrochen. Ein neuer Staat mit neuer Kraft wird auferstehen. Lasst uns diese Zeit wach erleben, lasst uns hineinhorchen in der Ereignisse Getriebe.* Was heute pathetisch klingen mag, war damals immerhin ein Bekenntnis zur Weimarer Demokratie – nicht selbstverständlich in den unruhigen 1920er Jahren.

Bei der Einschulung einer neuen Klasse im Frühjahr 1924 warb Hosenfeld um das Vertrauen der Eltern und bat sie, die Schule nicht als feindseliges Schreckgespenst anzusehen. Erste Aufgabe der Lehrer sei es, den Kindern Mut zu machen und auf ihre Fähigkeiten und Bedürfnisse einzugehen. Bei den häuslichen Schulaufgaben sollten die Eltern *nicht ungeduldig werden, schimpfen und in einem fort tadeln, ach, was bist du so dumm, aus dir wird's doch gar nichts, und was der Redensarten noch mehr sind. Damit ist gar nichts getan. Im Gegenteil, dem Kind wird der Mut genommen, und dann ist viel verloren. Eher loben als tadeln.*

Das Dorf Kassel blieb für annähernd sechs Jahre ein schwieriges Betätigungsfeld für Wilm Hosenfeld. Immerhin bekam er dort zum ersten Mal die Gelegenheit, seine Vorstellungen von einer zeitgemäßen Schul- und Erwachsenenbildung in die Praxis umzusetzen. Ab Frühjahr 1927 nutzte er die Chance, eine eigene Schule zu leiten, um seine Ideen noch konsequenter zu verwirklichen, in dem Ort Thalau südöstlich von Fulda.

Thalau, ein eher ärmliches Bauerndorf mit etwa 400 Einwohnern, lag nicht weit von Mackenzell entfernt, wo seine Eltern lebten. Das Schulgebäude, ein solides Fachwerkhaus aus dem Jahre 1909, stand gleich neben der Kirche. Die Lehrerwohnung lag im ersten Stock über den Klassenräumen, in denen bis zu 90 Kinder unterrichtet wurden. Hosenfeld hatte eine zweite Lehrkraft zur Seite. Ansonsten war er sein eigener Herr.

Was am Anfang keineswegs sicher war, ergab sich erst im Laufe der Zeit – der Ort Thalau wurde zum Lebensmittelpunkt der Familie und blieb es für Annemarie Hosenfeld und ihre Kinder bis in die 1950er Jahre. In Kassel war die Tochter Anemone geboren worden. In Thalau kam 1927 Detlev, 1932 Jorinde und fünf Jahre später Uta zur Welt. Die wachsende Kinderzahl bedeutete für Annemarie Hosenfeld einen prall gefüllten Arbeitstag. Für eigene Interessen an Kunst, Musik und Literatur blieb nur noch wenig Raum.

Auch wenn der Frau des Lehrers eine Haushaltshilfe zur Seite stand, nahm die Arbeit nie ein Ende. Die Betreuung der Kinder war das eine. Zur Schule gehörte ein großer Garten, wo Gemüse angebaut und Obst geerntet wurde; ferner eine Scheune für die Hühner, Ziegen und ein Schwein, das gemästet und geschlachtet wurde. Neben dem Schulunterricht und der Erwachsenenbildung widmete Wilm Hosenfeld sich dem Dorfleben. Er leitete den Gesangverein und organisierte Festveranstaltungen. In der Kirche war er Organist. Zu Hause kümmerte er sich um den Garten und machte die Imkerei zu seinem besonderen Hobby. Die Bienenstöcke warfen in den meisten Jahren so viel Honig ab, dass auch Freunde und Verwandte damit versorgt werden konnten.

Wilm Hosenfeld nahm seine eigenen Kinder, auch wenn diese noch gar nicht schulpflichtig waren, gelegentlich mit in den Unterricht. Das entlastete seine Frau und lockerte zugleich den Unterricht auf. Jorinde Krejci, geborene Hosenfeld, erinnert sich im Gespräch an die frühe Schulzeit:

Als ich drei, vier Jahre alt war, hat mich unser Vater manchmal mit in seine Klasse genommen. Ich durfte mich zu den großen Mädchen setzen oder saß neben ihm am Pult. Unter dem Pult stand ein mit Sand gefüllter Kasten. Da waren kleine Bäume, winzige Häuser, Höfe usw. – die brauchte er, um das Dorf, die Nachbarorte und die Landschaft zu erklären. Die Kinder durften das dann aufbauen. In der Pause gingen wir rauf zur Mutter, frühstückten mit ihr, und anschließend schickte sie mich wieder in die Klasse. Im Musikunterricht habe der Vater Gitarre oder Klavier gespielt und mit den Kindern Volkslieder eingeübt, berichtet die Tochter weiter. Es gab eine Flötengruppe. Zwei Schülerinnen spielten Geige.

Ihr Bruder Detlev schwärmt rückblickend von einer unbeschwerten, schönen Kindheit und Jugend in Thalau. *Wir haben so viel Freiheit gehabt. Dann die schöne landschaftliche Umgebung. Im Winter Rodeln oder Skilaufen. Im Sommer badeten wir in einem See in der Nähe der Wasserkuppe, dem Zentrum der Segelflieger. Dann die Haustiere, der riesige Garten. Gegenüber lag eine schöne Wiese mit alten Obstbäumen.*

Mochten die Kinder sich glücklich und geborgen fühlen – für ihre Mutter bedeutete Thalau eine große Umstellung, in die sie sich am Anfang nur schwer fügen konnte. Von der Versetzung ihres Mannes in einen Ort, der noch kleiner war als das Dorf Kassel bei Frankfurt, war sie nicht begeistert. Sie empfand die Bauern zunächst als abweisend und verschlossen. Umgekehrt dürften diese die Frau des Dorflehrers als überheblich angesehen haben. Jedenfalls dauerte es, bis man sich annäherte.

Thalau war in vielerlei Hinsicht das Gegenteil von Worpswede. Stärker als zuvor in Roßbach und Kassel spürte Annemarie Hosenfeld den Unterschied zwischen dem bäuerlichen Leben in Hessen und dem Treiben der Maler und Künstler in Norddeutschland. Einen gewissen Ausgleich boten die häufigen Besuche von Verwandten und Freunden – aus Worpswede, Mackenzell, Fulda und anderen Orten. Das Gästebuch aus den 1920er Jahren enthält Skizzen, Zeichnungen und

1930 in Thalau: Wilm und Annemarie Hosenfeld mit ihren Kindern Helmut, Detlev und Anemone vor dem Gartenhaus gegenüber der Schule

ganze Aufsätze über die gemeinsam verbrachten Stunden und Tage. Auch wenn ihr der Aufwand mit Hausputz, Kochen und Backen manchmal zu viel wurde – Annemarie Hosenfeld pflegte ein offenes Haus, in dem ihre Kinder schon früh lernten, mit anzupacken und den Eltern zu helfen.

Mit ihrem Mann konnte sie natürlich über alles reden. Aber Wilm Hosenfeld war viel beschäftigt und oft unterwegs. Er organisierte Gedenkveranstaltungen, etwa den *Verfassungstag* im August 1929, zehn Jahre nach der Verabschiedung der Weimarer Verfassung. Er sprach aus diesem Anlass über den Wiederaufbau in Deutschland, die drückenden Lasten der Kriegsschulden und schloss mit dem Appell: »*Diesem neuen Staat soll unser Herz gehören!*« Ein besonderes Anliegen war ihm, die Erinnerung an den Krieg wachzuhalten. Wenn er über die verwundeten und toten Kameraden sprach, dann kamen die eigenen Fronterlebnisse wieder hoch. So sagte er in einer Rede zum Volkstrauertag im Februar 1932: »*Das ist lange her, aber des Nachts, wenn der Lärm unserer arbeitsreichen Tage verklungen, tritt der oder jener wieder vor uns hin, mit zerschmetterter Stirn dieser, jener mit dem kreisrunden Loch in der Brust, der dort kaum zu erkennen, bleich und schmutzig alle. Wir werden diese Bilder nicht mehr los, sie werden immer wieder aufsteigen, immer wieder! Und immer wieder werden wir darüber staunen, dass es uns verschonte, dass es uns nicht traf.*« Die Bilder des Krieges blieben haften. Aber einen radikalen Bruch mit dem mörderischen Geschehen vollzog er nicht. Das massenhafte Sterben im Krieg als sinnlos zu verurteilen, dazu konnte er sich erst viel später unter dem Eindruck des Zweiten Weltkrieges durchringen.

Teil 2

Kritische Gefolgschaft

1. *Ich gehöre in diese Reihen, ich spüre es.*

Als Adolf Hitler am 30. Januar 1933 an die Macht kam, gehörte Wilm Hosenfeld nicht zu denen, die glaubten, der Anführer der NSDAP werde nur kurze Zeit im Amt bleiben und dann einer neuen Führung die Regierung überlassen. In seiner Rede zum Volkstrauertag am 20. Februar 1932 hatte der Pädagoge die innere Zerrissenheit des deutschen Volkes und die politischen Leidenschaften beklagt, die die Menschen aufwühlten. Was der Machtwechsel wirklich bedeutete, konnten er und andere mit ihm kaum abschätzen. Hosenfeld hatte die Weimarer Demokratie stets öffentlich verteidigt. Er, der Reformpädagoge, dürfte ein typischer Zentrum-Wähler gewesen sein, also ein Anhänger des politischen Flügels der katholischen Kirche. In den Augen vieler Deutscher war die Weimarer Republik alles andere als eine Erfolgsgeschichte gewesen, schon wegen der Massenarbeitslosigkeit. Vielleicht würde es Hitler gelingen, die harten innenpolitischen Gegensätze zu überwinden und für einen wirtschaftlichen Aufschwung zu sorgen. So dachten viele.

Zudem fielen die scharfen Attacken des neuen Machthabers gegen den Versailler Vertrag von 1920, der dem Deutschen Reich kaum zu bewältigende Lasten aufbürdete, auf fruchtbaren Boden. Die Reparationen galt es abzuschütteln, damit Deutschland wieder hoffnungsvoll in die Zukunft blicken konnte. Auch diese Richtung kam bei einem beachtlichen Teil der Bevölkerung gut an. Für Wilm

Hosenfeld galt außerdem: Zwischen seiner völkisch-nationalen Weltanschauung und der Blut-und-Boden-Ideologie der Nazis gab es durchaus Berührungspunkte. Die Propagandawelle, mit der die NSDAP das Land überrollte, hat vermutlich auch bei ihm gewirkt. Jedenfalls stand er nicht abseits.

Am 15. April 1933 schloss er sich der SA an. Der Sturmabteilung fühlte er sich schon deswegen verbunden, weil ihr zum Teil auch ehemalige Soldaten aus dem Ersten Weltkrieg angehörten. Hatte er Kenntnis von den Knüppelorgien und Saalschlachten, die dieser Trupp in Städten wie Berlin gegen Kommunisten, Sozialdemokraten und Gewerkschafter richtete? In seinem abgeschiedenen Rhön-Dorf konnte davon keine Rede sein. Dort ging alles ganz friedlich zu. Doch in den Zeitungen stand einiges.

Nach der Auflösung des Katholischen Lehrerbundes trat er dem Nationalsozialistischen Lehrerbund/NSLB bei. Ob er sich der Mitgliedschaft hätte entziehen können, bleibt unklar. Der Erwartungsdruck seitens der neuen Machthaber dürfte gewiss sehr groß gewesen sein. Außerdem wollte er unbedingt weiter als Lehrer tätig sein – schon deshalb, weil er diese Aufgabe als seine eigentliche Berufung ansah, aber auch aus verständlichen materiellen Erwägungen heraus, denn er trug Verantwortung für eine große Familie. Alles dies hinderte ihn jedoch nicht, Kritik etwa an dem Bestreben des NS-Regimes zu üben, die Jugenderziehung unter seine Kontrolle zu bringen. Das Prinzip »Jugend soll von Jugend geführt werden« hielt Hosenfeld für falsch, weil dadurch der Einfluss der Schule und des Elternhauses zurückgedrängt werde.

Die Mitgliedschaft in der NSDAP im Jahre 1935 hatte einen etwas anderen Hintergrund. In den Augen seiner regimetreuen Kollegen hatte Hosenfeld sich vor seinem

Beitritt unbotmäßig verhalten, als er in einer Lehrerversammlung erklärte, das Buch »Der Mythus des 20. Jahrhunderts« von Alfred Rosenberg sei wissenschaftlich widerlegt. Rosenberg galt als eine Art Chefideologe der NSDAP, weil er die christliche Lehre durch eine Religion ersetzen wollte, die auf dem rassistischen Blut-und-Boden-Mythos beruhte. Zur Strafe war Hosenfeld die Fortbildungsschule, also der Berufsschulunterricht, genommen worden, was auch eine Verringerung seines Einkommens bedeutete.

Für die Schulungen musste eigens ein Lehrer von außen nach Thalau anreisen, was Hosenfeld als eine bittere und ungerechte Maßregelung ansah. Möglicherweise ist sein Eintritt in die NSDAP damit zu erklären, dass er nach dem Zwischenfall zumindest nach außen hin Zweifel an seiner Loyalität zur NS-Bewegung zerstreuen wollte. Nach dieser Maßregelung war er mehr denn je enttäuscht und ernüchtert und erhob nach seinem Beitritt Einspruch bei der NSDAP-Gauleitung Kurhessen. Der für den Bezirk Fulda zuständige Kreisleiter antwortete ihm am 16. November 1936, für den *»weltanschaulichen Unterricht auf nationalsozialistischer Grundlage«* könne Hosenfeld noch nicht eingesetzt werden. Das sei kein Misstrauensvotum. *»Ich möchte vielmehr jedem Menschen genügend Zeit lassen, sich tatsächlich zum Nationalsozialismus durchzuringen und Hemmungen zu beseitigen. Wenn Sie selbst zugeben und das auch von anderer Seite bestätigt wird, dass Sie noch mit sich zu ringen haben, so kann ich diese Ehrlichkeit und Offenheit nur anerkennen.«*

Ausdrücklich – diese Betonung klang eher wie eine Drohung – verzichtete der Kreisleiter auf ein Parteiordnungsverfahren. Das heißt, seine Mitgliedschaft in der NSDAP wäre schon nach einem Jahr beendet gewesen und hätte ihn vermutlich seinen Beruf gekostet. Für ihn stand also einiges auf dem Spiel. Und er wusste, dass er fortan unter Beobachtung stand.

Die pompösen Rituale des NS-Regimes mit seinem totalen Machtanspruch nahm Hosenfeld wahr und beteiligte sich daran. So reiste er als SA-Sturmführer im September 1936 zum »Reichsparteitag der Ehre« nach Nürnberg und reihte sich ein in die Marschkolonnen der etwa 500 000 Teilnehmer. Sein jüngerer Bruder Rudolf begleitete ihn. In seinen Aufzeichnungen findet der Parteitag nur spärlichen Niederschlag. Lediglich der Waffenschau der Wehrmacht widmete er einen Eintrag: *Die neuzeitlichen Waffen werden im Gefecht gezeigt. Tanks* (Panzer) *und Tankabwehr. Luftwaffe. Mich regt das Schauspiel auf. Wehe, wenn es ernst würde, mit solchen Waffen Krieg zu führen.*

Lobreden auf Hitler kamen bei ihm selten vor. Das mag daran liegen, dass seine Frau den politischen Aufsteiger und neuen Machthaber von Anfang an entschieden ablehnte. Hitlers Hasstiraden, sein geiferndes Gebrüll, seine verzerrte Mimik und falsche Gestik waren ihr einfach zuwider. Wilm Hosenfeld dagegen hatte für ein bestimmtes Zeremoniell eine Schwäche. So lauschte er zusammen mit seinen Schulkindern am 9. November 1937 ergriffen am Radio einer Übertragung der Feierlichkeiten aus Anlass des 14. Jahrestages des sogenannten Hitler-Putsches. Hitler hatte bereits 1923 von München aus versucht, die Weimarer Republik zu stürzen.

Bei der Schilderung dieser Zeremonie in seinem Tagebuch übernahm Hosenfeld unkritisch das bombastische Nazivokabular; da ist von der *Blutfahne* die Rede, der Hakenkreuzfahne, die beim Putsch angeblich mit Blut befleckt wurde, ferner von den *Blutordenträgern*, also den

Teilnehmern des Aufstands. Während das Horst-Wessel-Lied, die Hymne der NSDAP, erklang, wurden die Namen der gefallenen Nationalsozialisten verlesen. *Als letzter wird er* (Horst Wessel) *genannt. Nein, diese Helden sind nicht gestorben, sie leben. Über ganz Deutschland wird ihr Name gerufen. Sie marschieren alle mit. Und mein Herz marschiert mit. Ich gehöre in diese Reihen, ich spüre es.* Ähnlich beeindruckt von dieser ins Mystische überhöhten Toten- und Heldenverehrung waren nach seinen Angaben die Schulkinder.

Dass hinter diesem Heldenkult mit Trommelwirbel und Fanfarenstößen das klare politische Kalkül stand, die Bevölkerung und vor allem die Jugend auf einen Opfergang durch einen neuen Krieg vorzubereiten, wurde Hosenfeld erst bewusst, als der Krieg längst begonnen hatte. Auch in einem anderen zentralen Bereich der NS-Ideologie ließ er sich ein Stück weit verleiten, bis er begriff, welch verheerender Vernichtungswille dahintersteckte: der Wahn von der Überlegenheit der germanischen Rasse und der Minderwertigkeit anderer Völker und Religionen, insbesondere der jüdischen Religion. Bei einer Schulentlassungsfeier Anfang April 1938 rief er den Jugendlichen zu: *»Ihr jungen Männer und Frauen, lasst bei der Wahl eures zukünftigen Ehegatten nicht die Gesetze des Blutes außer Acht. Denn die Gesetze des Blutes sind meist entscheidend über Gesundheit und geistige Anlagen, den Charakter eurer Nachkommen. Der nationalsozialistische Staat öffnet uns die Augen für die Fragen des Erbgutes.«*

Ein Zugeständnis an den braunen Zeitgeist? Also eher ein Lippenbekenntnis? Wahrscheinlich eher nicht. In einer Skizze für den Biologieunterricht entwarf Hosenfeld die Zielsetzung der offiziellen Rassenpolitik: *Kampf dem Geburtenrückgang, Kampf der erblichen Unterwertigkeit,*

Kampf der Rassenmischung. Intensiv beschäftigte der Pädagoge sich mit der Volkskunde, die ebenfalls im Trend der NS-Zeit lag. Mit diesem Gebiet befasste er sich allerdings schon seit längerem. Daraus schöpfte er Stoff für den Unterricht – Geschichten und Erzählungen, mit denen er das Interesse der Kinder zu wecken versuchte. Wenn Hosenfeld nach Auffassung seiner Frau in seiner Anpassung an das Regime den Bogen überspannte, kam von ihr scharfe Kritik. *... sie sieht genau meine Fehler, neuerlich wird auch Helmut* (ältester Sohn) *zu meinem Richter. Das ist eine gute Bremse. Ich habe ja auch schon einige Erfahrung. Wenn sie sich dazu aufschwingen könnte, aktiv mit mir zu arbeiten, mir zu helfen, als immer nur zu richten, dann könnte ich noch viel mehr und viel freudiger schaffen. – Gerade die Volkstumsarbeit im Dorf ist eine dankbare Aufgabe, die der Arbeit des Lehrers Anerkennung bringt.*

Dennoch war er kein kritikloser Anhänger der NSDAP. Vielmehr eckte er immer wieder an. Manches passte ihm überhaupt nicht. Zum Beispiel, dass nicht mehr er selber die Initiative ergreifen und Aktivitäten planen konnte, sondern dass es die Partei mit ihren Unterorganisationen war, die ihre Anhänger ständig in Bewegung hielt: Sitzungen des NS-Lehrerbundes, SA-Führerbesprechungen und SA-Wettkämpfe, Appelle und Aufmärsche und immer wieder Reden.

Irgendwann hatte er das Gefühl, dass der ganze Aktionismus ins Leere lief. *Mir geht es immer so, wenn ich in einer größeren Gemeinschaft bin, dann befällt mich ein Gefühl des Alleinseins und des Überdrusses,* notierte er nach einer SA-Führerbesprechung am 5. Mai 1938 in Schmalnau bei Fulda. Drei Tage später schrieb er: *SA-Sporttag. Fulda. Ich habe ihn mitgemacht. Er hat mir von neuem die ganze Sache verleidet. Ich habe keine Freude mehr daran. Die Sinnlosigkeit kommt mir immer mehr zum Bewusstsein.*

Das Gefühl, letztlich doch nicht dazuzugehören, verfolgte ihn. In dem bereits erwähnten Bericht über die Veranstaltung zur Erinnerung an den Hitler-Putsch von 1923 geht seine Begeisterung nahtlos über in eine nüchterne Feststellung: *Ich gehöre in diese Reihen, ich spüre es. Schon immer bin ich dabei gewesen. Es ist mein Schicksal, dass man mich nicht haben will. Das ist ein großes Unrecht, das man uns katholischen Menschen antut. Wenn wir unsere Überzeugung in religiöser Beziehung nicht preisgeben, sind wir keine ganzen Nationalsozialisten.*

Mit Sorge beobachtete Hosenfeld, dass zum einen sein Einfluss auf die Erziehung von Kindern und Jugendlichen zurückging. *Wir Lehrer spielen in der Jugendführung eine klägliche Rolle,* stellte er fest. *Ich glaube, wir sind selten so aufs tote Gleis geschoben worden wie heute.* Die straff geführte Hitlerjugend sollte die gesamte deutsche Jugend ideologisch und organisatorisch erfassen. Hosenfelds eigener Sohn Helmut war HJ-Jungführer. Andere Jugendorganisationen wurden verboten. Aber noch mehr alarmierte ihn der ständige Druck auf die katholische Kirche. Diese hatte zwar durch das Konkordat vom 20. Juli 1933 zwischen dem Deutschen Reich und dem Vatikan schon früh versucht, sich mit dem Regime zu arrangieren, um katholische Bekenntnisschulen und Klöster aufrechterhalten zu können. Doch Hitler dachte nicht daran, seinen Einfluss auf Bildung und Erziehung mit einer der beiden großen Kirchen zu teilen.

Aufmerksam verfolgte Wilm Hosenfeld die Protestschreiben der deutschen Bischöfe gegen die Kirchenpolitik des Regimes. In der im März 1937 veröffentlichten Enzyklika »Mit brennender Sorge« verurteilte Papst Pius XI. die Verfolgung von Katholiken in Deutschland, den Führerkult um Hitler und die Rassenpolitik. Das Regime rächte sich, indem es in Klöstern begangene Sittlichkeitsvergehen vor Gericht öffentlich machte.

Bei den Versammlungen des NS-Lehrerbundes befand Hosenfeld sich in einer schwierigen Lage. Eigentlich hätte er aufstehen und sich entsprechend seiner Überzeugung klar für die katholische Bekenntnisschule aussprechen müssen. Am 5. Mai 1937 stellte er nach einer solchen Versammlung deprimiert fest: *Die katholischen Lehrer gehen alle fort. Ein jeder sucht sich zu drücken. Nicht ein einziger steht mannhaft für sein Bekenntnis ein. Auch ich nicht. Die Feiglinge ließen mich doch im Stich, und warum soll ich mich für eine verlorene Sache einsetzen.* Klar erkennt er bereits zu diesem Zeitpunkt: *Die Partei arbeitet mit Lüge, Verdrehung und Verleumdung und, wo das nicht genügt, mit Terror.*

Bei anderer Gelegenheit blieb Hosenfeld demonstrativ sitzen, als nach einer im Wirtshaus übertragenen Hitler-Rede die Gäste sich erhoben und *Sieg Heil!* riefen. Den offenen Gedankenaustausch, den er so sehr liebte, vermisste er schmerzlich. Stattdessen fand er sich in einem Klima der Angst und des Misstrauens wieder, wie er nach einer Konferenz des NS-Lehrerbundes am 5. Februar 1938 in Gersfeld feststellte: *Ich habe das Bedürfnis, ab und zu mit Kollegen über Schulfragen zu reden, aber mit wem? Es ist fast nicht einer dabei, der mein Vertrauen genießt. Überhaupt ist eine kameradschaftliche Bindung untereinander so gut wie nicht da. Es traut keiner dem andern. Eine ehrliche Meinung zu äußern, ist ja auch gefährlich.*

Trotz aller Ernüchterung dachte Wilm Hosenfeld vorerst nicht daran, sich vom NS-Regime abzuwenden oder gar einen Bruch zu vollziehen. Seine Stimmung schwankte häufig zwischen Niedergeschlagenheit und Begeisterung. Die von Hitler betriebene Angliederung Österreichs an das Deutsche Reich im März 1938 fand seine volle Billigung. Den fast zur gleichen Zeit stattfindenden Heldengedenktag nutzte er, die Dorfbevölkerung in einer Ansprache auf das Ereignis einzustimmen, mit dem der hundertjährige Traum vom Großdeutschen Reich in Erfüllung gegangen sei.

Die künstlich entfachte Krise um das Sudetenland, die westliche Grenzregion der Tschechoslowakei, wo viele Deutsche lebten, stürzte Hosenfeld im Herbst 1938 wieder in tiefe Besorgnis. Gebannt verfolgte er die Rede, die Hitler am 26. September 1938 im Berliner Sportpalast hielt, in der dieser in einem aggressiven Ton seinen Anspruch auf das Sudetenland unterstrich. In sein Notizbuch notierte er seine Befürchtungen: *Kriegsgefahr! Heute Abend Hitlerrede. Sie hat uns nicht gefallen. Er redet maßlos, überheblich, man kann sagen, seine Art ist wenig vornehm, überlegen. Ausdrücke wie »demokratisches Lügenmaul« sind unwürdig eines großen Staatsmannes, der ein großes Volk vertritt. Er will nicht nachgeben. Wir befürchten, dass es Krieg gibt.*

Die Notiz lässt erkennen, dass er sich in der Einschätzung einer drohenden Kriegsgefahr mit seiner Frau einig wusste. Die künstlich aufgeheizte Lage machte ihm plötzlich bewusst, dass der Diktator das Land mit einem Federstrich in den Krieg stürzen konnte. Das Volk könne ihn nicht daran hindern, schrieb er am 27. September 1938; es werde nicht einmal gefragt. *Ganz anders die Demokratie mit dem Parlament.* Seine Sorge um *das eigene Schicksal und das der Familie, aber noch mehr fast um das des Volkes* steigerte sich von Tag zu Tag. Welche Folgen ein Krieg haben würde, wusste Hosenfeld aus eigener Erfahrung. *Wir stürzen jedes Mal, wenn der Rundfunk Nachrichten bringt, an den Lautsprecher. Annemarie ist so niedergeschlagen, dass sie bei der geringsten Gemütsbewegung weint.*

Erst als England, Frankreich und Italien einlenkten und im Münchner Abkommen vom 29. September 1938 das Sudetenland freigaben, atmeten die beiden erleichtert auf. Die Kriegsgefahr schien gebannt, zumindest für Wilm Hosenfeld, der nicht an einen großen Krieg glauben mochte. Dass Adolf Hitler über die Zugeständnisse der drei Westmächte fast enttäuscht war, konnten sie nicht wissen. Der Diktator hätte die Schlagkraft der Wehrmacht gern unter Beweis gestellt. Das holte er dann ein halbes Jahr später nach, indem er die Rest-Tschechoslowakei besetzte.

Im Herbst 1938 überschlugen sich die Ereignisse. Die Reichspogromnacht am 9. November mit Übergriffen und Brandanschlägen gegen jüdische Geschäfte, Synagogen und andere Einrichtungen machte Wilm Hosenfeld fast sprachlos. Eine solche Gewalt- und Mordserie hatte er nicht für möglich gehalten. *Judenpogrome in ganz Deutschland. Es sind fürchterliche Zustände im Reich, ohne Recht und Ordnung, dabei nach außen Heuchelei und Lüge.* Aus Empörung über die anhaltenden Hasstiraden im »Stürmer« bestellte er das Hetzblatt, das er einige Monate abonniert hatte, wieder ab.

Anders als ihr Mann ahnte Annemarie Hosenfeld, was kommen würde, auch wenn sie ihre Ängste immer wieder unterdrücken konnte. Sie wusste, dass er einerseits den Krieg im Innersten ablehnte und andererseits durchaus bereit war, noch einmal die Uniform anzuziehen, falls das »Vaterland« ihn rufen würde. Mit diesem Zwiespalt würde sie bald leben müssen – lange Kriegsjahre.

Wilm Hosenfeld war im April 1937 gemustert und als bedingt tauglich eingestuft worden. Sein Kommentar: *Ich fühle mich aber tauglich.* Schon vorher hatte er an Luftschutzübungen teilgenommen. Als SA-Scharführer befehligte er größere Formationen, die regelmäßig exerzierten. *Das macht Spaß*, schrieb er am 25. April 1937 in sein Tagebuch. *Überhaupt macht mir die Führung einer größeren Einheit Freude.* Gut zwei Jahre später, am 4. Juni 1939, besuchte Hitler die Stadt Kassel. Mit der SA-Standarte 418 war Hosenfeld abkommandiert worden, um vor Ort die Absperrungen zu sichern. Der Einsatz war militärisch organisiert. Erst danach ging es lockerer zu. Seinem ältesten Sohn Helmut, der seinen Arbeitsdienst ableistete, schrieb er aus Kassel: *Wenn ich so unter den Kameraden bin, dann bin ich im Grund ganz einsam. Ich staune oft darüber, wie die meisten Menschen bei einem Krug Bier und dergleichen als Individuum aufhören und zum geselligen Wesen werden können.*

Am 26. August 1939 erhielt Wilm Hosenfeld in Thalau seinen Gestellungsbefehl. Hitler hatte die Mobilisierung befohlen. Noch am selben Tag verabschiedete er sich von seiner Frau. Annemarie Hosenfeld war bedrückt. Ihr Mann war 44 Jahre alt. Warum musste er noch einmal in den Krieg ziehen, fragte sie sich. Wenige Stunden später holte Wilm Hosenfeld im Depot der Artilleriekaserne in Fulda seine Ausrüstung ab: Gewehr, Gas-

Feldwebel Wilm Hosenfeld
im August 1939 in Fulda

maske, Seitengewehr usw. Fortan gehörte er der 3. Kompanie des Landesschützen-Bataillons an.

Seiner Frau schrieb er noch am selben Tag den Satz, den er so oder so ähnlich in den folgenden Jahren noch oft wiederholen sollte: *Um mich brauchst Du Dir keine Sorgen zu machen. Es ist nur schade, dass wir getrennt sind.* Noch immer war Wilm Hosenfeld überzeugt, dass Hitler es nicht zum Ernstfall kommen lassen würde. *An den Krieg glaube ich nicht, trotz aller ernsten Vorzeichen. Ich habe so das Gefühl, als wollte Hitler den ganzen Riesenapparat einer Mobilmachung mal spielen lassen. Im Grunde wird er jede Verhandlungsmöglichkeit ergreifen.*

Eine gewisse Gutgläubigkeit zeichnete ihn aus, wie er einmal selbstkritisch einräumte. Ende Mai 1918, also schon bald nach seiner Entlassung aus dem aktiven Militärdienst, hatte er notiert: *In allen Menschen suche ich immer das Beste und Schönste. Ich halte jeden für gut und edel und mache mir aus ihm ein Idealbild.* Seine wunderbare Gabe, auf Menschen zuzugehen, sie anzuerkennen und zunächst nur das Gute in ihnen zu sehen, hatte eine Kehrseite, eine bestimmte Vertrauensseligkeit, die er gelegentlich auch auf die Politik übertrug und später dann bitter bereute. *Meine allzu große Offenheit ist ein Fehler, durch den ich später viel Unangenehmes, Ärger, Enttäuschung und Schmerz mir zugezogen habe.*

Wie die meisten Deutschen erkannte Hosenfeld bis an die Schwelle des Zweiten Weltkrieges nicht, dass Hitler den Krieg seit seinem Machtantritt systematisch geplant hatte, um ihn dann bei der erstbesten Gelegenheit entschlossen in Gang zu setzen. Feldwebel Wilm Hosenfeld, Veteran des Ersten Weltkrieges, in dem er zweimal verwundet worden war, hat den Zweiten Weltkrieg von Anfang bis zum bitteren Ende mitgemacht, allerdings nicht im aktiven Einsatz an der Front, was er sich immer wieder wünschte, sondern in der »Etappe«, wie der nachgeordnete Bereich der Wehrmacht genannt wurde.

Ähnlich wie den Deutschen erging es vielen Polen. Sie wollten einfach nicht glauben, dass der Krieg unmittelbar bevorstand, obwohl der Ton von deutscher Seite immer aggressiver wurde und die Gefahr zum Greifen nahe schien. Es lag außerhalb ihrer Vorstellungskraft, dass ein einzelner kriegswütiger Staatsmann einfach auf den Knopf drücken und eine gewaltige Streitmacht zur Zerstörung Polens in Gang setzen würde. Gewiss, es gab Vorkehrungen gegen einen Überfall. Die Fenster mussten verdunkelt werden. Gasschutzmasken lagen griffbereit. Truppen standen in Alarmbereitschaft.

Doch andererseits – die Restaurants und Bars waren bestens besucht. Orchester spielten auf, und es wurde getanzt und gefeiert, fast noch ausgelassener als sonst. Und tagsüber herrschte doch eher Normalität. In Warschau fuhren die Menschen wie an jedem Werktag mit der Straßenbahn zur Arbeit. Im Polnischen Rundfunk probten die Musiker Stücke für den nächsten Live-Auftritt im Radio. Władysław Szpilman, der junge aufstrebende Pianist, 27 Jahre alt arbeitete bis Ende August 1939 unter Hochdruck im Studio, und zwar bis in den späten Abend hinein. Müde und erschöpft kehrte er am letzten Augusttag in die elterliche Wohnung an der Śliska-Straße zurück und legte sich bald schlafen, bis im Morgengrauen aus der Ferne Explosionen zu hören waren. Er dachte an eines der Manöver, die jetzt regelmäßig stattfanden, drehte sich zur Seite, las ein paar Seiten aus einem Buch, als plötzlich seine Mutter in der Tür stand und fast stammelnd die Worte hervorbrachte: *»Steh auf! Krieg ... er hat angefangen.«*

2. Aufbau eines Kriegsgefangenenlagers in Polen

Mit Beginn des Zweiten Weltkrieges geriet Polen in eine Zangenbewegung, aus der es für das Land kein Entkommen gab. Vom Westen stürmten am 1. September 1939 Divisionen der deutschen Wehrmacht, unterstützt von Marine und Luftwaffe, gegen das Land. Im Osten rückte die Rote Armee der Sowjetunion vor und besetzte Ostpolen. Im geheimen Zusatzprotokoll zum Hitler-Stalin-Pakt vom 23. August 1939 hatten beide Staaten ihre Interessengebiete in Ostmitteleuropa und im Baltikum abgesteckt. Josef Stalin war zum Verbündeten und Komplizen Adolf Hitlers geworden, der damit freie Hand für seine Eroberungspolitik bekommen hatte. Zwei Diktatoren trieben ein abgekartetes Spiel. Ihr erstes Opfer war Polen.

Leichten Herzens hat Hosenfeld die Uniform der Wehrmacht nicht wieder angezogen, wenngleich ihn stets ein heimlicher Wunsch verfolgte, der durch sein vorzeitiges Ausscheiden aus dem Militärdienst Anfang 1918 nicht in Erfüllung gegangen war: Er wollte Offizier werden.

In Thalau, dem kleinen Dorf in der Rhön, wo er immerhin zwölf Jahre Leiter der Dorfschule gewesen war, ließ er im Herbst 1939 seine Frau und fünf Kinder zurück. Das heißt, sein ältester Sohn Helmut leistete inzwischen in Kirtorf im hessischen Vogelbergkreis den Reichsarbeitsdienst ab, den »Ehrendienst am deutschen Volke«, der für alle 18- bis 25-Jährigen Pflicht war.

Der Abschied auf dem Bahnhof in Fulda war allen

schwergefallen. Wilm Hosenfeld hatte vorher nicht nur in der Schule alles geregelt, sondern weitgehend auch in der Familie. Wie selbstverständlich hatte Annemarie Hosenfeld sich seiner *ordnenden Hand* gefügt, die anstehenden Entscheidungen zwar mit ihm besprochen, sie aber letztlich doch ihm überlassen. *Als der Zug abfuhr, ging ich mit meinen drei schluchzenden Kindern durch die dunkle Stadt,* schrieb sie am 10. September 1939 an ihren Mann. *Im verdunkelten Zug fuhren wir heimwärts, schutzlos und verlassen von jetzt ab. – Jorinde schlief in meinem Schoß, meine Seele war bei Dir, und ich betete um Kraft für mich. Hand in Hand ging ich mit meinen Kindern heimwärts, und als ihr tiefer Kinderschmerz, ihr Weinen leise wurde, fand ich Trost für uns.*

Annemarie Hosenfeld versuchte, sich abzulenken und sich auf ihr neues Leben zu besinnen, aber das fiel ihr schwer. Denn wer sollte die Lücke schließen, die ihr Mann hinterließ? *Jeder Raum unseres Hauses, jeder Weg im Garten, jeder Baum, jede Blume, sie sprechen von Dir, von Deiner Güte zu uns. Nie sah ich einen stolzeren, edleren und süßeren Mann, und darum bin ich glücklich auch im Leid.*

Kaum hatte sie ihren Brief beendet, hörte sie am Radio von Luftangriffen auf Warschau. Sie wusste, dass Wilm Hosenfeld in Richtung Osten abgereist war, aber seinen Aufenthaltsort kannte sie nicht. Und ihre gerade zurückgewonnene Zuversicht war wieder dahin. Zu allem Unglück erreichten sie aus ihrem Heimatort Worpswede schlechte Nachrichten. Ihre Mutter hatte einen zweiten Schlaganfall erlitten und lag in einem Bremer Hospiz im Sterben. Einige Tage zögerte Annemarie Hosenfeld, aber dann folgte sie der dringenden Bitte ihres Vaters und machte sich auf den Weg nach Norddeutschland.

Der Anblick ihrer Mutter erschütterte sie zutiefst: das Gesicht entstellt, der Körper im Todeskampf. Mit ihrer Schwester Gertrud wechselte sie sich am Krankenbett ab. Kurz vor ihrem Tod erlangte die Mutter noch einmal das Bewusstsein zurück und erkannte die Umstehenden. Damit war es ein friedlicher Abschied.

In Bremen sah Annemarie Hosenfeld bereits deutliche Spuren des Krieges. Grünanlagen und öffentliche Plätze waren von Laufgräben durchzogen. Bevor sie nach Thalau zurückkehrte, besuchte sie in der Hansestadt die Kirche St. Johannis, wo 19 Jahre zuvor ihre Trauung stattgefunden hatte. Ihrem Mann schrieb sie am 23. September 1939: *Du wirst Dir denken können, wie mich das bewegt hat. Aber es gab mir Trost. Ich muss leben und gesund sein. Wie die nächsten Tage aussehen, weiß niemand. Mich drängt es heimzufahren. Die Liebe zu Dir und den Kindern hält mich. Wilm, bete für den Frieden, bete für uns.*

Von Frieden konnte allerdings keine Rede mehr sein. Mit einer gewaltigen Streitmacht überrollte die deutsche Wehrmacht das Nachbarland. Trotz tapferer Gegenwehr musste Polen sich innerhalb weniger Wochen geschlagen geben. Eines der größten Probleme war schon während der Kampfhandlungen die Unterbringung der vielen Kriegsgefangenen – eine Aufgabe, der sich auch der Feldwebel Wilm Hosenfeld widmen sollte. Die letzten 100 Kilometer bis zu seinem Bestimmungsort Pabianice südlich der Industriestadt Łódź legte das Vorauskommando, dem er angehörte, mit einem Armeewagen zurück.

Unterwegs begegneten den deutschen Soldaten Flüchtlingstrecks, und Hosenfeld spürte bereits das ganze Elend des Krieges, das die Polen als Erste traf. *... auf hochbepackten Wagen sitzen sie, davor ein mageres Pferd,*

Männer, Frauen und immer eine Schar Kinder dabei, das sind noch die Beneidenswertesten, viele laufen zu Fuß, meist barfuß, sie sind schon tagelang unterwegs, haben nichts zu essen. Dann sieht man Mütter mit Kindern auf dem Arm, Kinder hinterherlaufend, schwere Bündel schleppend. Manche ziehen hochbeladene Handwagen, Kinderwagen und dergleichen immer neben der Landstraße her in dem Staub, den die Fahrzeuge in einem fort aufwirbeln.

In Pabianice stand Hosenfeld vor der Aufgabe, auf einem stillgelegten Fabrikgelände ein Lager für polnische Kriegsgefangene einzurichten. Die Stadt selbst mit ihren 60 000 Einwohnern wies Kampfspuren auf: ... *zerschossene Häuser und Brandruinen, aus denen die Fensterhöhlen wie ausgestochene Augen tot und leer zum Himmel blicken.* Zunächst galt es, Quartiere für sich und seine Kameraden zu finden. Mit einem Trupp von Soldaten ging Hosenfeld von Haus zu Haus und requirierte die Unterkünfte. Die Einwohner mussten Platz machen, in andere Räume umziehen oder anderswo eine Bleibe suchen. Er selber kam bei einem deutschen Kaufmann unter, dessen Angehörige bei Kriegsbeginn nach Zittau in der Oberlausitz gereist waren. Ihm fehle es an nichts, berichtete er seiner Frau: Schlafzimmer, Bad, Küche, ein gedeckter Tisch. *Nur Du, meine liebe, gute, süße Annemie, müsstest hier sein und die lieben Kinder.*

Die Unterbringung der Kriegsgefangenen, die zu Tausenden nach Pabianice strömten, erforderte sein ganzes Organisationstalent. Viele hatten tagelange Märsche hinter sich, waren ausgehungert und völlig erschöpft. Bei der Ankunft wurde selektiert, die polnischen Offiziere wurden von den Mannschaften getrennt, Volksdeutsche von den

Polen und Juden von allen anderen. Juden mussten sofort schwere körperliche Arbeit verrichten, etwa Schützengräben zuschaufeln, die zur Verteidigung von Pabianice angelegt worden waren. Die Volksdeutschen bekamen Entlassungspapiere, erledigten Hilfsdienste und konnten sich ansonsten frei bewegen.

Immer neue Massen schüttete die Nacht in das Lager hinein. Aus dem Dunkel tauchen die Gestalten auf, abgemagert und schleppenden Ganges, in ihren grünlich braunen, verschmutzten Blusen; die meisten in langen Mänteln von gleicher Farbe, die meist bis auf die Stiefel herabhängen, zerrissen, verdreckt, die Gesichter müde und grau, abgestumpft gegenüber dem Schicksal. So quellen sie hervor aus dem Dunkel, treten für einen Augenblick in mein Gesichtsfeld, verschwommen, schattenhaft, wie eine Vision, und verschwinden wieder in der Finsternis des Lagers.

Auf dem weiträumigen Fabrikgelände mit seinen Backsteinbauten und Lagerhallen herrschte zunächst ein gewaltiges Chaos. Bis Ende September 1939 waren dort in mehreren Schüben über 10 000 Kriegsgefangene eingetroffen. Hosenfeld übernahm es, das Lager mit Stacheldraht und Maschinengewehrposten zu sichern und in der Stadt Kochkessel und Lebensmittel zu besorgen. Innerhalb kurzer Zeit richtete er zusammen mit seinen Kameraden eine Großküche mit 30 Kesseln ein und schaffte Pferde-, Rind- und Schweinefleisch sowie Kartoffeln und Sauerkraut herbei. Dreimal täglich war Essensausgabe für die Kriegsgefangenen. *… das Wetter ist kalt und regnerisch geworden,* notierte der Feldwebel Ende September 1939, *und diese armen polnischen Gefangenen, die tagelang vom eisernen Ring der deutschen Truppen eingeschlossen waren, in Dreck und Kälte herumgelegen haben und müde* *und ausgehungert sind, haben keinen anderen Wunsch, als sich irgendwo »hinhauen« zu können.*

Du glaubst ja nicht, was diese Massen einen Hunger hatten, berichtete er seinem Sohn Helmut. *Allmählich kriegen wir sie satt. In den Maschinensälen und anderen Räumen sind die Gefangenen untergebracht. Es ist ein Jammer, diese armen Menschen zu sehen, aber wir sind machtlos gegen das Elend. Hoffentlich bricht keine Seuche aus.* Mitgefühl zeigte er nicht zuletzt auch den Juden gegenüber, die zum Teil schikaniert und misshandelt wurden. *Mich empört die rohe Behandlung.*

September 1939: Polnische Kriegsgefangene auf dem Weg in das Lager Pabianice

Schnell fanden die Kriegsgefangenen heraus, dass Hosenfeld alles andere als kaltherzig war. *Ich glaube, die Leute sehen es mir an, dass ich mit ihnen leide,* heißt es in einem Brief an seine Frau, *wo ich mich sehen lasse, sind sie um mich herum und sagen mir ihre Wünsche, ich schnauze keinen an und suche zu helfen, wo ich kann.* Zwei junge Frauen, die ihre Männer suchten, bestürmten ihn, sie ins Lager zu lassen. Hosenfeld setzte sich über alle Vorschriften hinweg und ließ sie durch einen Nebeneingang auf das Gelände. Doch ihre Suche blieb erfolglos. Aber sie bedankten sich. ... *am liebsten hätten sie mich umhalst, und ich hätte es auch gerne getan, aber mir schossen die Tränen in die Augen, und ich ließ sie stehen. Bei anderen hatte ich das Glück, die Gesuchten zu finden.*

Außerhalb des Lagers kam eines Tages eine Frau auf ihn zu und erklärte, sie könne die Arbeit in Haus und Hof nicht mehr allein bewältigen, und bat ihn inständig, ihren Mann aus dem Kriegsgefangenenlager freizulassen. Hosenfeld ließ sich den Namen geben: Stanisław Cieciora. Er sagte der Frau, sie solle nach drei Tagen wiederkommen, dann könne sie ihren Mann mit nach Hause nehmen. Hosenfeld hielt Wort. Die Polen dankten es ihm mit einer jahrelangen Freundschaft.

Seine zupackende, unkomplizierte Art beeindruckte offenkundig seine Vorgesetzten. Denn Hosenfeld übernahm schon nach wenigen Wochen die Leitung des Lagers, wenn auch nur für eine kurze Zeit. Zufrieden stellte er fest, dass die Gefangenen bereitwillig mitmachten, wenn es darum ging, das Gelände aufzuräumen und in Gruppen mit Bewachung auf den Feldern Kartoffeln und Getreide zu ernten. *Das Leben hat gesiegt über den Krieg,* schrieb er in sein Tagebuch. *Segen der Ordnung! Segen der Arbeit!*

Mit den vielen Menschen in seiner unmittelbaren Umgebung fühlte Wilm Hosenfeld sich gewissermaßen wieder in seinem Element. Auch wenn er Teil der deutschen Besatzungsmacht war, konnte er helfen. Der Kontakt zu polnischen Kindern wie Erwachsenen fiel ihm leicht. Das waren nicht seine Feinde. Auf einen Brief seiner jüngsten Tochter Uta reagierte er mit dem Satz: *Ich nehme manchmal die Polenkinder auf den Arm und denke an meine kleinen Mädchen.* Einem Jungen, der an einem öffentlichen Platz die Wasserpumpe in Gang setzte, damit Hosenfeld sich den Staub vom Gesicht waschen konnte, schenkte er ein Geldstück, und dieser freute sich riesig. Manche sprachen Deutsch. Ansonsten sprangen Volksdeutsche als Dolmetscher ein. Irgendwie kam immer eine Verständigung zustande.

Beim Gottesdienst in der Pfarrkirche von Pabianice mischte er sich unter die Gläubigen. *Wie eigenartig das ist, zwischen den polnischen Frauen und Müttern an der Kommunionbank zu knien und mit ihnen das Haupt vor dem Sakrament zu neigen. Wir schlagen zusammen an die Brust, sprechen in verschiedener Sprache das »Jesus, dir leb ich«, und kein Hass ist zwischen uns, vielmehr spüre ich, wie sie den deutschen Soldaten ins Herz und ins Gebet einschließen und mir gut sind.* Im Lager erlaubte er den Kriegsgefangenen, Andachten und Messen abzuhalten. *... diese geschlossene religiöse Haltung* der polnischen Katholiken beeindruckte ihn, während er gleichzeitig die *ungläubige, zersplitterte Weltanschauung* der Deutschen beklagte.

Natürlich kannte Hosenfeld das Fraternisierungsverbot, das die Wehrmacht jedem Soldaten auferlegte. Aber es kümmerte ihn nicht. Seine Hochachtung vor den Polen nahm zu, je öfter er mit ihnen in Berührung kam: *Polen wird ja wohl von der Landkarte verschwinden, aber das polnische Volk wird nicht verschwinden.* Das Land werde mit Deutschland einen Ausgleich finden, vielleicht sogar eine gemeinsame Zukunft.

Zwischen seinem persönlichen Verhalten und seiner politischen Einstellung zum NS-Regime klaffte weiter eine große Lücke. Gleich zu Beginn des Überfalls auf Polen zog er historisch unhaltbare Parallelen zum Auftakt des Ersten Weltkrieges. Kaiser Wilhelm II. habe sich noch in letzter Stunde um Frieden bemüht. Seit 1902 sei England jedoch den *rücksichtslosen Weg der Einkreisung* gegangen. Gleichzeitig unterstellte er Hitler Friedensabsichten, denn dessen Forderungen an England, die Schutzmacht Polens, seien annehmbar und bescheiden gewesen.

Weder stimmte der Bezug zu 1914 – das kaiserliche Deutschland hatte sich die Einkreisung eingeredet, um aufrüsten und Krieg führen zu können – noch die Behauptung von den friedlichen Absichten Hitlers. Die Entscheidung zum Überfall auf Polen stand seit Monaten fest. Hitler trieb nur die Sorge um, wie er sich in vertraulicher Runde vor Generälen ausdrückte, *dass mir noch im letzten Moment irgendein Schweinehund einen Vermittlungsplan vorlegt.*

Wilm Hosenfeld glaubte der deutschen Propaganda und verstieg sich zu einem Appell, den er seinem Sohn Helmut per Brief übermittelte: *Alle weltanschaulichen innerpolitischen Gegensätze haben zurückzutreten, jeder hat ein Deutscher zu sein, der für sein Volk zu stehen hat.* Seine Bewunderung für Hitler steigerte sich noch, als Ende September 1939 der Sieg über Polen feststand: *Nie hat ein deutscher Staatsmann eine größere Rolle gespielt als heute der Führer. Denke einmal,* schrieb er dem Sohn weiter, *wenn der Führer die Kraft des deutschen Volkes in seiner Gesamtheit, die heute für den Krieg organisiert ist, nach dem Krieg für den Frieden einsetzt und Werke des Friedens geschaffen werden mit derselben Unbedingtheit, mit der heute Krieg geführt wird, welche große, beglückende Zukunft steht dann noch vor uns.*

Das war, wie aus der historischen Rückschau natürlich leicht zu erkennen ist, reines Wunschdenken. Denn die von Hitler mobilisierte geballte Energie eines ganzen

Volkes zielte ausschließlich auf Vernichtung und Zerstörung. Aber damals dachten Millionen von Deutschen wie Wilm Hosenfeld. Sie vertrauten der Verbrecherclique, die sich an die Spitze des Staates gesetzt hatte. Nur allzu bereitwillig ließen sich viele nicht nur verführen, sondern auch zu eigenen Verbrechen verleiten. Und genau da lag die Grenze für Wilm Hosenfeld. Niemals und zu keinem Zeitpunkt während der ganzen Kriegsjahre ließ er sich zu Übergriffen an Polen hinreißen. Sein ethischer Kompass blieb intakt.

Hosenfeld unternahm gedankliche Ausflüge in die große Politik auf der Basis von Propaganda ohne wirkliche Kenntnis der Tatsachen und Hintergründe. Konsequenzen für sein eigenes Handeln waren damit nicht verbunden. Was er zu tun oder zu lassen hatte, ließ er sich von niemandem vorschreiben. Seine Überlegungen vertraute er seinen Briefen und seinem Tagebuch an. Ansonsten beanspruchten ihn der Alltag in Pabianice und die Probleme, von denen seine Frau aus Thalau berichtete. Sie hatte Geldsorgen. Für die Fahrt nach Worpswede musste sie sich sogar einen Betrag leihen. Die Kleidung der Kinder, der Schulbesuch, die Lebensmittel – alles kostete, auch wenn der Garten und die eigene kleine Viehwirtschaft einiges hergaben.

Detlev, der zweitälteste Sohn, musste jetzt manches erledigen, was vorher Sache des Vaters gewesen war. *Meine unbeschwerte und fast idyllische Kindheit in dem großen Schulhaus mit den Bodenräumen, die der Vater eigens für uns ausgebaut hatte, dem Garten und der angrenzenden Wiese war mit Kriegsbeginn schlagartig zu Ende. Weil unsere Mutter nicht besonders praktisch veranlagt war, hatte ich viele Pflichten zu Hause. Ich kümmerte mich um die Kaninchen und die Bienen.* Und das alles neben der Schule. Ab 1940 besuchte Detlev das Gymnasium in Fulda. Mit dem Fahrrad ging es bis Schmalnau, von dort mit der Rhönbahn weiter nach Fulda. Zeit für Kontakte mit Klassenkameraden blieb kaum.

An der Mutter bewundert Detlev Hosenfeld rückblickend vor allem ihr Interesse an Kunst und Literatur. Das habe sie aus ihrem Elternhaus in Worpswede mitgebracht. Der Sohn betont zugleich ihre große musikalische Begabung. *Sie konnte wunderbar singen.* Doch der Alltag im Krieg habe der Mutter einiges abverlangt. Als Beispiel nennt er den Aufwand, den allein das Brotbacken erforderte: *Mit einem Leiterwagen brachte sie den Teig zum Backhaus, das am anderen Ende des Dorfes lag. Dann wurde gebacken. Es dauerte, bis sie zurückkam.* Nach dem Urteil von Detlev Hosenfeld und seiner Schwester Jorinde war die Mutter in den ersten Kriegsmonaten mit ihrer Situation völlig überfordert: die Trennung von ihrem Mann, den sie innig liebte und der ihr ständig fehlte, die Hauswirtschaft, das Wohlergehen der Kinder, Entscheidungen über dieses und jenes – alles oblag ihrer Verantwortung. Bezeichnend ist ein Satz aus einem ihrer Briefe: *Wenn ich nur wüsste, welche Hühner geschlachtet werden sollen.*

Und es dauerte, bis Annemarie Hosenfeld mit einigen Bauern im Dorf warm wurde. In ihren Augen waren die meisten stur und egoistisch, und mit denen wollte sie nichts zu tun haben. Die Leute hätten ihn längst vergessen, behauptete sie in einem Brief an ihren Mann. Er solle sich nur keine Illusionen machen über die Thalauer, auch nicht über seine ehemaligen Schüler. Die Menschen in Norddeutschland seien viel treuer und aufrichtiger, meinte sie.

Ihre Einstellung änderte sich, als im Laufe des Krieges auch aus Thalau immer mehr junge Männer eingezogen wurden und einige nicht zurückkehrten, weil sie vermisst oder gefallen waren. Die Sorge um die Soldaten, zu denen dann ebenfalls ihr ältester Sohn Helmut gehörte, brachte die Menschen einander näher und versöhnte Annemarie Hosenfeld schließlich mit ihnen.

3. Terror auf Schritt und Tritt – *Das Unglück schneidet mir ins Herz.*

In den ersten Wochen nach Kriegsbeginn stockte der Briefverkehr zwischen Thalau und Pabianice. Beide schrieben sich eifrig, aber die Post blieb tagelang irgendwo liegen. Im Oktober 1939 normalisierte sich der Postbetrieb. Die Briefe zwischen Annemarie, die er »Annemie« nannte, und Wilm Hosenfeld bildeten ein festes Band. Darin konnten sie die tiefen Gefühle festhalten, die sie füreinander empfanden. Es sind sehr oft Liebesbriefe, in denen sie ihre Sehnsucht nach der fehlenden körperlichen Nähe ausdrückten oder auch Erinnerungen an vergangene glückliche Tage austauschten. Gelegenheit zum Telefonieren gab es selten, höchstens bei besonderen Anlässen oder vor einem Heimaturlaub, wenn sie Zeitpunkt und Ort des Zusammentreffens verabredeten.

Da sie sich manchmal im Abstand von nur zwei oder drei Tagen schrieben, passierte es, dass die Post sich kreuzte. Wilm Hosenfeld nummerierte seine Briefe. Sein Schreibpensum war enorm, sodass seine Kameraden sich wunderten, wenn er sich in jeder freien Minute zurückzog, statt mit ihnen in geselliger Runde zusammenzusitzen. Durch die Schilderungen seiner Frau blieb er über die häusliche Situation und die Entwicklung der Kinder stets auf dem Laufenden. Ihre Zeilen haben nicht selten einen klagenden und verzweifelten Ton, weil sie sich mit der Trennung nicht abfinden konnte. Somit oblag es Wilm Hosenfeld, sie immer wieder zu trösten und ihr über schwierige Phasen hinwegzuhelfen. Manchmal widersprach er ihr auch:

Du hast wohl oft geklagt, dass Du es besonders schwer hättest. Das ist nicht wahr. Du leidest bloß stärker; auch bei geringen Anlässen, die einen anderen Menschen gar nicht so beunruhigen, wirst Du bis ins Innerste erschüttert. Gott gibt Dir nicht mehr, als Du tragen sollst in seinem Ratschluss. Darum weiß ich, dass ich trotz allem eine liebe, süße, glückliche Annemie wiedersehen werde, Dein, Dich im Herzen tragender Wilm. (Brief, 6. Oktober 1939)

Der für beide so wichtige Briefwechsel, der neben den Tagebuch-Aufzeichnungen fast vollständig erhalten geblieben ist, war gleichzeitig manchmal eine Quelle von Missverständnissen und Auslöser von Ängsten. Eine offenkundig harmlos gemeinte Bemerkung von Wilm Hosenfeld, wonach er ein polnisches Mädchen gerne in den Arm genommen hätte, nahm seine Frau zum Anlass, ihn zur Treue zu ermahnen und vor erotischen Abenteuern zu warnen. An einer Stelle schrieb sie voller Verzweiflung: *Wo bist Du, mein Mann, im fremden Land. Vielleicht auf Wache, vielleicht in einem fremden Bett. Meine Tränen rinnen auf das weiße Blatt – einmal wird Friede sein! Einmal wird mein Geliebter kommen! Einmal, so sagen alle Kinder. Einmal beginnen alle Märchen.*

Im Laufe der Zeit wurde sie jedoch selbstsicherer. In ihren Briefen klang manchmal ein anderer Ton an. In ihrem Brief vom 6. November 1939 informierte sie ihn über die beruflichen Aussichten der ältesten Tochter Anemone. Sie solle Krankenpflege lernen und einen Kurs für Schreibmaschine und Stenographie besuchen. *Bitte, schreibe mir sofort Deine Ansichten, sollten sie mit meinen übereinstimmen, so schreibe Anemone das einmal vernünf-*

tig. Ich werde nichts unternehmen ohne Dein Einverständnis. Dann ging sie auf seinen jüngsten Brief mit der Nummer 38 ein. Den lese sie immer wieder. *Mit einem göttlichen Leichtsinn vergesse ich alle Sorgen mit den Kindern, dem Haushalt und auch die große Sorge um das Vaterland, um alle unsere lieben Soldaten (im Westen bereitet sich was vor, sagen mir viele Leute) – und lege mich ins Bett und gehöre meinem Liebsten. Ist das das Muster eines Soldatenbriefes? Eine deutsche Frau soll, eine deutsche Frau muss, hu, die Fuldaer Zeitung, die Frauenschaftshyänen! … Schreibe mir einmal, wo Du die schönen Frauen kennenlernst. Im Theater? In Gesellschaften? Im Film? Auf der Straße? Triffst Du Dich mit ihnen? Wissen sie, dass Du uns hast?*

Selten äußerte Annemarie Hosenfeld sich in ihren Briefen zum Krieg, wenngleich sie dazu eine klare Meinung hatte. Mit einem raschen Kriegsende rechnete sie nicht, obwohl nach dem schnellen Sieg über Polen die Hoffnung aufkeimte, Hitler könne sich mit dieser Eroberung zufriedengeben, nachdem er vorher schon Österreich und die Tschechoslowakei seinem Machtbereich angegliedert hatte. Sie verfolgte die Geschehnisse aufmerksam, tauschte sich aus mit den Frauen anderer Soldaten und hörte die BBC oder Radio Beromünster.

Ihr Sohn Detlev hatte vom Radiogerät im Wohnzimmer ein Kabel zu einem Lautsprecher in die Küche gelegt, sodass sie auch dort die Reden der NS-Größen, Auslandsprogramme oder Konzerte hören konnte. Sie wusste zum Beispiel, dass Belgien und die Niederlande Deutschland ein Friedensangebot unterbreitet hatten, das Hitler jedoch ablehnte. *Der Krieg ist sinnlos,* heißt es in einem ihrer Briefe. *Im Westen liegen sich die Riesenheere monatelang gegenüber, diese Gespanntheit ist nervenzerrüttend.*

Als Wilm Hosenfeld ihr am 8. Oktober 1939 mitteilte, sein Kompanieführer habe ihn zum Offizier vorgeschlagen, reagierte sie zurückhaltend: *Wenn es möglich ist, versuche doch, dass Du nicht zum Offizier befördert wirst, denn dann besteht die Möglichkeit, dass Du im Westen eingesetzt wirst. Die grausame Fortsetzung dieses entsetzlichen Krieges scheint mir Gewissheit zu sein* … Ihr Mann erwiderte, sein Sold werde steigen, wenn er zum Offizier befördert werde. Eine Versetzung sei damit nicht zwangsläufig verbunden. Er könne den Wahnsinn nicht begreifen, meinte er weiter, wenn der Krieg auch im Westen Wirklichkeit werde. Seine Frau, die kurz zuvor das sogenannte Mutterkreuz in Bronze erhalten hatte, stimmte ihm rückhaltlos zu. In ihrem Brief vom 18. Oktober 1939 heißt es: *Wozu braucht Herr Hitler unsere Kinder? Nur als Kanonenfutter! Und wenn Du noch einen Jungen oder ein Mädel haben willst, mein Mann, ich will es mit hundert Freuden tragen, aber niemals soll es in diesem »herrlichen« deutschen Vaterland geboren werden. Ich bin nicht verbittert, denn ich habe keinen Menschen verloren, aber mir tut das Schicksal weh der anderen, von denen man jetzt viel hört.*

Auf diese Zeilen reagierte Wilm Hosenfeld am 10. November 1939. Er nahm an, dass sie den Brief unter dem Eindruck einer Rede Hitlers geschrieben hatte. Die Ansprache habe ihn ebenfalls erschüttert, erwiderte er. *Ich habe nur kurze Zeit zugehört, entnehme ihr aber, dass der Führer den Krieg will. Die Aussicht auf Frieden entschwindet immer mehr, das Unheil nimmt seinen Fortgang.*

Am 17. November 1939 erhielt Annemarie Hosenfeld Besuch von einem Unteroffizier, der zum Kreis von Kameraden ihres Mannes gehörte. Sie freute sich darauf, durch ihn etwas Neues aus Polen zu erfahren, und wurde bitter enttäuscht. Denn der Soldat schwärmte von Hitler und dem Nationalsozialismus und erteilte ihr *weltanschauliche Unterweisungen*, die sie voller Empörung zurückwies. Die unerfreuliche Begegnung nahm sie zum Anlass, ihre Einstellung zum NS-Regime unmissverständlich darzulegen. Dass der Unteroffizier Hitler geradezu angehimmelt habe, fand sie unerträglich, und sie fragte ihren Mann, ob er etwa auch so denke: *Dann werden wir uns trotz aller Liebe nicht verstehen können. Hast Du Vertrauen zu dieser Führung?* Erneut warf sie ihm vor, unbedingt Offizier werden zu wollen. Als Feldwebel sei er ihr aber hundertmal lieber denn als Leutnant. Diesen Ehrgeiz solle er lieber den aktiven jungen Soldaten überlassen. *Deine Lebensaufgabe ist eine andere.*

An seiner Haltung gegenüber der Wehrmacht und der NS-Politik übte sie heftige Kritik. *Warum beteuern Deine Kameraden immer wieder, dass Du so brennend gern Soldat bist? Ist Dir das wirklich genug, einen kurzen Urlaub hier zu sein, um wieder gern in Polen Soldat zu werden? Wilm, ich kann das nicht glauben, ich will es nicht glauben! Dann denke ich, wie fanatisch Du Dich für die SA einsetztest. Du musstest Soldat spielen. Du musstest nur Kriegsbücher lesen. Du meldetest Dich heimlich zur Übung als Reserveoffizier.* Drei oder noch mehr Jahre Trennung, das sei schwer zu ertragen. Unter diesen Umständen sei sie nicht die richtige Frau für ihn, erklärte sie und fügte hinzu: *Ich halte diesen Krieg für sinnlos. Jede Regierung, die nicht versteht, ihrem Volk Frieden zu sichern, taugt nichts, denn das Volk will Frieden.*

Annemarie Hosenfeld unternahm alles, um zu verhindern, dass ihr Sohn Helmut gleich nach dem Arbeitsdienst ebenfalls eingezogen wurde. Sie verschaffte ihm zum Wintersemester 1939 einen Studienplatz an der Universität Göttingen. Helmut Hosenfeld studierte Medizin und wurde nach dem Krieg Kinderarzt. Allerdings konnte die Mutter ihn nur vorübergehend vor dem Militärdienst bewahren, denn sie wusste, dass er auch als Student jeweils zwei Mal für eine bestimmte Zeit eingezogen würde.

Helmut Hosenfeld machte mit seiner Berufswahl gewissermaßen den Anfang. Denn alle fünf Kinder von Annemarie und Wilm Hosenfeld haben medizinische Berufe ergriffen, was vermutlich damit zusammenhängt, dass sie früh und unter den besonderen Erfordernissen von Krieg und Nachkriegszeit lernen mussten, füreinander und für andere einzustehen.

Wilm Hosenfeld nahm zu den Vorwürfen seiner Frau durchaus Stellung. Sie mache sich zu viele Sorgen, erwiderte er. Als Soldat tue er nicht mehr, als von ihm verlangt werde. Was er in seinem Inneren denke, das solle keiner wissen. *Ich sage Dir nur das eine, ich habe mich manchmal geschämt, deutscher Soldat zu sein.* Im Brief könne er nichts von seinen Gedanken mitteilen. Sie kenne ihn doch. Er sei in allen Fragen eins mit ihr. Tatsächlich änderte sich seine Haltung, und zwar unter dem Druck der Ereignisse in seiner unmittelbaren Umgebung. Im Pabianice betätigte Hosenfeld sich weiter als Wohltäter und Menschenfreund. Als aus Thalau ein Paket eintraf, teilte er den Inhalt, u. a. Äpfel und Nüsse, mit drei polnischen Kriegsgefangenen, die als Ärzte bzw. Hilfsärzte im Krankenrevier tätig waren. Er ließ sich berichten, wie sie unter dem Krieg gelitten hatten, welche ihrer Angehörigen vermisst oder umgekommen waren.

Beim Ortskommandanten von Pabianice konnte Hosenfeld die Freilassung weiterer polnischer Kriegsgefangener durchsetzen. Eine Frau, die ihren Mann und zwei

Söhne in Empfang nehmen durfte, drückte ihm als Zeichen ihrer Dankbarkeit einen Zwanzig-Złoty-Schein in die Hand, den er sofort zurückgab mit der Bitte, sie solle eine Messe für ihn lesen lassen. Eine andere Frau griff zu ihrem Parfümfläschchen und sprühte ihn damit ein, ohne dass Hosenfeld sich wehren konnte; sie wollte sich ja nur bedanken. Noch Tage später roch er den Duft.

Ende Oktober 1939 war das Kriegsgefangenenlager in Pabianice bereits wieder aufgelöst worden. Alles hatte ganz schnell gehen müssen. Die Gefangenen marschierten in Kolonnen zum Bahnhof, wo Züge bereitstanden, um sie nach Deutschland zu bringen. Die Wehrmacht brauchte für den bevorstehenden Westfeldzug zusätzliche Soldaten. Somit fehlten Arbeitskräfte in Industrie und Landwirtschaft. Polnische Kriegsgefangene und Zwangsarbeiter mussten die Lücken füllen, wobei polnische Offiziere weiter interniert wurden.

Für Feldwebel Hosenfeld und seine Kameraden begann eine Zeit der Ungewissheit. Die Kommandos wechselten. Zunächst erhielten sie den Auftrag, in einem Waldgebiet etwa 30 Kilometer von Pabianice entfernt gegen Wild- und Holzdiebe vorzugehen. Auf dem Weg dorthin staunte Hosenfeld über die Hilfsbereitschaft der Polen, als ihr Fahrzeug bis an die Achsen im Morast versank und ein Bauer es mit seinem Pferdegespann aus dem Dreck zog.

Bei einem Zwischenstopp in einem Dorf strömten plötzlich Kinder, die gerade aus der Schule kamen, auf die deutschen Soldaten zu. *Es kam mir doch sonderbar vor, als ich plötzlich inmitten der lachenden, frohen Kinderschar stand, die uns neugierig und gar nicht schüchtern umstanden und auf uns losplauderten, als müssten wir alles verstehen.* Situationen wie diese bewogen ihn, sich ein Wörterbuch schicken zu lassen und Polnisch zu lernen.

Während seine Kameraden in einem Forsthaus unterkamen, kehrte Wilm Hosenfeld nach Pabianice zurück. Seit der Auflösung des Gefangenenlagers stand er nicht mehr ständig unter Zeitdruck. Er nahm sich noch mehr Zeit für die Briefe und Aufzeichnungen. Zum Einkaufen fuhr er mit der Straßenbahn nach Łódź und knüpfte neue Kontakte zur Bevölkerung. Dabei lernte er eine Polin kennen, die sich hilfesuchend an ihn gewandt hatte, da ihr Mann kurz zuvor von der Gestapo verhaftet worden war.

Bei seinen Bemühungen, der Frau zu helfen, erfuhr er, dass es sich keineswegs um einen Einzelfall handelte. Vielmehr fand nach vorbereiteten Fahndungslisten landesweit eine Welle von Verhaftungen statt. Volksdeutsche denunzierten Polen bei der deutschen Geheimpolizei, um sich für angebliches Unrecht zu rächen. Außerdem – was geradezu ungeheuerlich war – gingen SD und Einsatzgruppen massiv und systematisch gegen die polnische intellektuelle Oberschicht vor. Am 10. November 1939 berichtete Hosenfeld seiner Frau: *Eine ohnmächtige Wut, ein lähmender Schrecken zieht von Haus zu Haus, in denen ein Pole wohnt, der über dem Durchschnitt steht. Es geht gar nicht um Vergeltung, es hat den Anschein, als ob man die Intelligenz ausrotten will …*

Hosenfeld erlebte die erste Terrorwelle des deutschen Vernichtungsfeldzuges in Polen und war fassungslos, obwohl ihm das ganze Ausmaß mit Tausenden von Toten gar nicht bekannt war. *Wie gern bin ich Soldat gewesen, aber heute möchte ich den grauen Rock in Fetzen reißen. Wir sollen den Schild halten, hinter dem diese Verbrechen an der Menschheit geschehen können?* Mit »Schild« meinte er die Wehrmacht, die er für unschuldig hielt – ein Irrtum, wie er später feststellen musste.

Der Krieg gegen Polen war zwar zu Ende, aber die

Spur der Gewalt, Zerstörung und Vernichtung wurde immer breiter. Am 16. November 1939 notierte er in Pabianice: *Seitdem ich die Schandtaten der SS gesehen habe, ist es für mich gewiss, dass wir diesen Krieg nicht gewinnen dürfen und auch nicht können, denn uns fehlt die sittliche Kraft dazu. Wenn der Geist der brutalen Gewalt triumphiert, wird er im Innern des Reiches alle Gegenkräfte vernichten. Alle Gräuel, die in den Kellern der GPU* (sowjetische Geheimpolizei) *in Russland spielten, kehren bei uns nun ein.*

Wilm Hosenfeld begegnete dem Terror auf Schritt und Tritt und weigerte sich, davor die Augen zu verschließen. Aus Łódź, der Stadt mit dem größten Getto in den vom Deutschen Reich besetzten Gebieten, erfuhr er im November 1939, dass Juden zum Bahnhof getrieben wurden, beladen mit ihrem Gepäck, erkennbar an einer Armbinde, die selbst Kinder tragen mussten. Sie wurden in Viehwaggons gepfercht und abtransportiert, angeblich zur Umsiedlung nach Russland. Über die rohe Behandlung durch das deutsche Bahnpersonal empörte er sich. Der Jude werde weniger geachtet als ein Stück Vieh, schrieb er. Zufällig hörte Hosenfeld, wie ein Offizier einen Gestapo-Beamten angesichts der Welle von Verhaftungen fragte, ob er der Meinung sei, mit solchen Methoden diese Menschen für den Aufbau gewinnen zu können. Daraufhin habe der Polizist erwidert, ob er etwa glaube, dass auch nur einer von denen zurückkomme. Sie würden alle auf der Flucht erschossen.

Wenige Tage später erreichte Hosenfeld mit seinem Vorauskommando die Kleinstadt Kałyszyn in Masowien 50 Kilometer östlich von Warschau, um Unterkünfte für seine Kompanie zu beschaffen. Allerdings gab es dort kaum noch intakte Häuser. Denn die Wehrmacht hatte wenige Wochen zuvor bei ihrem Feldzug fast die gesamte Stadt in Schutt und Asche gelegt und die jüdischen Einwohner deportiert. Hosenfeld kam mit seinen Soldaten in einem Pfarrhaus unter, wo bereits Flüchtlinge aus dem von der Roten Armee besetzten Ostpolen Platz gefunden hatten. Beim Vikar legte er, wie er seiner Frau mitteilte, eine Beichte ab, obwohl dieser kaum Deutsch verstand. Hosenfeld nahm seine Lateinkenntnisse zu Hilfe.

Nächste Station war die Stadt Węgrów, 240 Kilometer von Pabianice entfernt. Dort übernahm die Wehrmacht polnische Kasernen, die den Polenfeldzug unbeschadet überstanden hatten. Das Stadtgebiet selbst glich eher einer Trümmerlandschaft. Zwischen Brandruinen und zerstörten Häusern spielte eine deutsche Militärkapelle Märsche und Melodien aus Opern und Operetten. Polnische Kinder und alte Männer hörten zu. Wilm Hosenfeld war das Absurde dieser Situation bewusst. Was die Einwohner dringender brauchten als ein Platzkonzert mit Marschmusik waren Lebensmittel und Kohle für den bevorstehenden Winter.

Ruinen entlang der Dorfstraße unweit von Węgrów

Am Bahnhof der Kleinstadt erlebte der Feldwebel die Ankunft eines Zuges mit Flüchtlingen aus den polnischen Gebieten, die dem Deutschen Reich angegliedert wurden und der »Germanisierung« unterlagen; das heißt, aus den neu geschaffenen Reichsgauen Danzig-Westpreußen und Wartheland wurde die einheimische Bevölkerung vertrieben, um Raum für deutsche Siedler zu schaffen. *Aus dem zum Platzen gefüllten Zug stürzten die armen Menschen heraus, ihre kläglichen Habseligkeiten mit sich schleppend, wankende Greisinnen und Greise, Männer, Frauen und viele, viele Kinder. In einem Kinderwagen saß ein kleines Mädchen, fast erdrückt von den Packen und Decken und Sachen, aber es war ein so süßes, wonniges Kindchen mit so leuchtenden, frohen Kinderaugen, dass ich gar nicht wegsehen mochte.* In diesem Moment fühlte er sich hilflos, kramte Bonbons aus seiner Tasche und gab sie dem Kind.

Solche Eindrücke schilderte Hosenfeld zumeist in den Briefen an seine Frau. Seinem Tagebuch vertraute er darüber hinaus die ohnmächtige Wut an, die er beim Anblick der Flüchtlinge empfand. Eine Frau suchte verzweifelt nach warmem Wasser für ihr Kleinkind. Ein alter Mann fragte ihn, wohin sie gehen sollten. Ein Bauer berichtete, er sei gerade mit Pferd und Wagen aus dem Wald gekommen; da hätten die Deutschen ihm zehn Minuten gegeben, seine Frau, die Kinder und die Großeltern zu sammeln und das Nötigste an Gepäck mitzunehmen. Sie seien völlig mittellos, hätten nichts zu essen und wüssten nicht wohin.

Und ich kann ihnen nicht helfen, notierte er verbittert. *Das Unglück schneidet mir ins Herz. So sieht die Umsiedlung aus, von der man so große Töne redet. Im Bahnhofsgebäude drängen sich die Menschen, sie suchen Schutz vor der Kälte. Ein großer, hagerer Mann mit einer schwarzen Pelzmütze auf dem feinen Kopf schaut mich mit erns-*

ten Augen an. Er muss in mir auch so einen Unmenschen sehen, oder meint er, dass ich ein gutes Herz habe? Ich hätte gerne mit ihm geredet, aber ich scheue mich, ihn anzusprechen. Er ist einer von den Intellektuellen, die man ausrotten will.

Warum reißt man diese Menschen aus ihren Behausungen, wenn man nicht weiß, wo man sie unterbringen soll, fragte Hosenfeld sich. *Einen Tag lang stehen sie in der Kälte, sitzen auf den Bündeln, ihren kärglichen Habseligkeiten, man gibt ihnen nichts zu essen. Da liegt System darin, man will diese Menschen krank, elend, hilflos machen, sie sollen umkommen. Was der Krieg verschont hat, will man so umbringen, auf diese ruchlose Weise. Woher ist dieser teuflische Plan, wer kann so mit Menschen umgehen?* Zunächst machte er das NS-Regime für das Unglück verantwortlich. Aber dann besann er sich und schrieb: *Und doch sind wir alle schuld, nein, wir sind alle belogen und hintergangen worden. Eine tiefe Traurigkeit legt sich mir in die Seele.*

Zwischen dem 13. und 16. Dezember 1939 schrieb er mehrere Briefe und längere Aufzeichnungen. Er hielt es kaum aus, das Los der Flüchtlinge mitansehen zu müssen und nichts für sie tun zu können. In seinem Gepäck hatte er Brot und Käse mitgebracht, aber es reichte natürlich nicht für die vielen Menschen. Hosenfeld suchte immer wieder das Gespräch und erfuhr weitere Einzelheiten. Drei Frauen hätten während der Zugfahrt entbunden. Eine habe versucht, sich die Pulsadern aufzuschneiden. In einem Waggon lag ein Toter. Während er mit den Leuten redete, traf bereits der nächste Zug mit neuen Flüchtlingen auf der Bahnstation in Węgrów ein. *Wie viele Schicksale, wie viel Unglück bringt jeder Zug dieser Ausgestoßenen? Ich treffe viele Soldaten, Eisenbahner, Offiziere, sie sind voller Mitgefühl und Empörung, einer sagt: »Man schämt sich, ein Deutscher zu sein.«*

Was Wilm Hosenfeld seiner Frau über die Vertreibung der Polen und die Drangsalierung der Juden berichtete, schockierte sie. Annemarie Hosenfeld äußerte die Befürchtung, das Gleiche werde in Deutschland passieren. Die Bevölkerung werde irregeführt. *Ich meine, es sei nicht Gottes Wille, dass wir in dieses Unglück immer sicherer hineinrasen, wir müssen uns auflehnen.* Wie so oft, wenn sie verzweifelt war, ging sie in die Kirche, um ihre Gedanken zu ordnen und Trost zu finden. Als beim Gottesdienst der Organist das »Largo« von Händel spielte, verlor sie die Fassung und weinte bitterlich. Aus ihren Briefen geht immer wieder hervor, wie verzweifelt sie über den Fortgang des Krieges war: *Was sind das für Narren gewesen, die diesen Krieg für eine Lösung der Völkerzwistigkeiten ansahen.* Sie glaubte der Propaganda kein Wort. Ende November zog sie gegenüber ihrem Mann ein bitteres Fazit ihrer Hoffnungen und Ängste: *Dass Du einmal auf Urlaub kommst, kann ich mir wohl vorstellen, aber dass Du wie immer bei uns sein könntest, dass Du nicht mehr Soldat bist, daran glaube ich nicht mehr. Wenn Du heute nach Hause kommst, sollst Du nichts wissen von meiner Zerrissenheit, ich kann nicht mehr weinen, ich kann nicht mehr beten, ich kann nicht mehr hoffen …*

Anfang Dezember 1939 riss eine sehnlich erwartete Nachricht sie aus ihrer düsteren Stimmung: Wilm Hosenfeld kündigte seinen Weihnachtsurlaub an. Er werde die Feiertage in Thalau verbringen, teilte er mit. Das Wiedersehen mit seiner Frau und den Kindern verhieß Glück auf Zeit, keineswegs das Ende aller Sorgen, aber immerhin die Gelegenheit zum Gespräch, statt Briefe zu schreiben.

4. Meinungsverschiedenheiten über den Westfeldzug

Der erste Heimaturlaub, dazu noch über Weihnachten und Neujahr, bedeutete für die Familie Hosenfeld Festtage, wie sie sie seit langem nicht mehr erlebt hatte. Die Sorgen, Ängste und Nöte der zurückliegenden vier Monate rückten in den Hintergrund, auch die Befürchtung vor einer Ausweitung des Krieges nach Westeuropa. Wilm Hosenfeld, der Ehemann und Vater, 46 Jahre alt, der sich um alle und alles kümmerte, war heimgekehrt. Sofort bildete er wieder den natürlichen Mittelpunkt der Familie, wenngleich nur für kurze Zeit. Denn die Tage flogen nur so dahin.

Vielleicht waren die Erwartungen vor allem bei Annemarie Hosenfeld zu groß gewesen. Die 42-Jährige hatte seiner Ankunft kurz vor Weihnachten 1939 geradezu entgegengefiebert. Jedenfalls kam es vor der Abreise ihres Mannes am 4. Januar 1940 noch zu einer Szene, zu einem Wortwechsel, den sie später in ihren Briefen bedauerte. Noch mehr als bei ihrer Trennung zu Kriegsbeginn belastete der neuerliche Abschiedsschmerz die beiden. Annemarie Hosenfeld begleitete ihren Mann bis Fulda, wo sie im Hotel »Hessischer Hof« für einige Stunden ein Zimmer nahmen. Nachts um zwei Uhr verließ der Schnellzug Fulda in Richtung Dresden. *Wie langsam fuhr der Zug aus der Bahnhofshalle, ich stand und stand, bis das rote Licht ganz in der Ferne verschwunden war. Kein Mensch war auf dem Bahnsteig, ich schritt wie im Traum die Stu-*

fen der Treppe hinab und ging mechanisch in den hässlichen verrauchten Wartesaal und sah unsere beiden Stühle noch so stehen, wie wir sie verließen. Es war halb vier Uhr. Ich setzte mich und die grenzenlose Verlassenheit kam über mich …

Wilm Hosenfeld ging es ähnlich. Während der Bahnfahrt spürte er, wie sehr ihm Frau und Kinder jetzt fehlten, vor allem die beiden jüngsten Töchter Jorinde und Uta. *Ich stand noch eine lange Zeit im Gang des Zuges und starrte gegen die blinde Fensterscheibe; ich spürte das Weh fast körperlich. Und immer weiter, unerbittlich weiter fort trug mich der Zug.* Einen längeren Aufenthalt in Dresden nutzte er, um sich abzulenken. Er besichtigte den Zwinger und kaufte Kleidung und Schuhe für die Kinder. Die Waren wollte er von Węgrów aus nach Thalau schicken. Vieles in Deutschland war knapp geworden, nicht nur Lebensmittel. In einer weiteren nächtlichen Bahnfahrt erreichte er die Stadt Sokołow in Ostpolen. Von dort ging es mit einem Pferdeschlitten nach Węgrów.

Erster Heimaturlaub Weihnachten 1939, Annemarie und Wilm Hosenfeld

Feldwebel Hosenfeld war inzwischen zur Kompanie zurückversetzt worden. Mit einigen Offizieren bewohnte er ein ehemaliges Lehrerhaus in Węgrów. In den ersten Wochen des neuen Jahres standen Geländeübungen und Unterrichtseinheiten auf dem Programm, Gasschutzlehrgänge und dergleichen. Wegen der bitteren Kälte mit Schnee und bis zu 20 Minusgraden konnten die Soldaten sich nicht lange draußen aufhalten. Hosenfeld dachte an Skilaufen, wie er es aus seiner Heimat kannte. Allerdings fehlten ihm dafür die Bretter.

Der harte Winter machte der Bevölkerung von Węgrów zu schaffen, vor allem den jüdischen Einwohnern, die benachteiligt und diskriminiert wurden. Die Kohlenvorräte schmolzen dahin, Getreide und Kartoffeln ebenfalls. Abends wurde der Strom abgeschaltet. Die deutschen Soldaten litten allerdings keine Not. Hungernde Kinder suchten ihre Nähe, um nach den Mahlzeiten von den Resten etwas abzubekommen. *Die Judenkinder sind auch jeden Tag zur Stelle, sie arbeiten, was ihnen unter die Finger kommt, nur damit sie etwas zu essen kriegen,* berichtete der Feldwebel seiner Frau. Auch ein älterer Jude machte sich mit allerlei Tätigkeiten nützlich und bekam dafür Verpflegung für sich und seine Angehörigen. Sobald er einen deutschen Soldaten sah, zog der alte Mann seine Pelzmütze vom Kopf und grüßte mit »Heil Hitler!« Hosenfeld, der sich öfter mit ihm unterhielt, ließ sich mit »Kompanie-Johann«, wie der Mann genannt wurde, fotografieren und schickte das Bild nach Thalau.

Nicht nur mit seiner Frau, auch mit den Kindern tauschte er Briefe. Als die älteste Tochter Anemone dem Vater geschrieben hatte, die Polen seien die schlimmsten Feinde Deutschlands, antwortete dieser am 29. Februar 1940 freundlich, aber bestimmt: … *ich kann sie ganz gut leiden. Dass sie ihr Vaterland lieben, ist doch schön. Die Gräuel* (der Deutschen) *waren scheußlich und sind nicht zu verstehen. Ich war dieser Tage in einer polnischen Familie, ich hatte einige deutsche Illustrierte mitgebracht, da waren Kriegsbilder drin, unter anderem ein Bild, wo ein gefallener polnischer Soldat abgebildet ist; das Mädchen weinte und sagte: »Das ist vielleicht mein Bruder, wir haben noch keine Nachricht von ihm, wir wissen nicht, ob er noch lebt oder ob er tot ist.« Viele Leute wissen nichts über den Verbleib ihrer Soldaten, das ist hart.*

Zu einer Reihe von polnischen Familien hielt Hosenfeld Kontakt. Mit einigen entstand sogar eine enge Freundschaft, die den Krieg überdauerte. Von Anfang an bemühte er sich, Polen zu helfen, wann immer sich die Gelegenheit dazu bot. So gelang es ihm, Joachim Prut, einen ehemaligen polnischen Offizier, aus der Gestapohaft zu befreien. Dessen Frau hatte sich in Pabianice nach der Verhaftungswelle in ganz Polen hilfesuchend an Hosenfeld gewandt. Die näheren Umstände dieser Befreiung sind nicht bekannt.

Hosenfeld mit »Kompanie-Johann«

Zwischen dem 9. und 13. März 1940 besuchte er die Familie in Pabianice. Die Bahnfahrt hatte ihn über Warschau geführt, wo er in den Strom der Flüchtlinge aus dem von der Sowjetunion besetzten Ostpolen geriet. Die Züge waren restlos überfüllt. Viele Reisende mussten am Bahnsteig zurückbleiben. *Das deutsche Militär hat immer Vorzug, wir hätten uns breitmachen können, nach der Vorschrift mussten wir sogar allein bleiben, aber wir ließen doch mehrere Leute ins Abteil, besonders Frauen und junge Mädchen sind den Soldaten gefällig.*

Neben Hosenfeld hatte eine junge Polin gesessen, mit der er schnell ins Gespräch gekommen war. Sie war 31 Jahre alt, verheiratet, groß, schlank und blond. Der Feldwebel beschrieb sie im Tagebuch als hübsch und *sehr sinnlich*. Sie nahm seine Mütze und setzte sie sich auf den Kopf. *In ihrem ganzen Wesen verspürte ich die Annäherung; ich selbst, durch die lange Enthaltsamkeit und ohnedies für Frauen eingenommen, konnte mich nur schwer erwehren. Als ich ausstieg, winkte sie mir zu. Wenn ich gesagt hätte, sie sollte mit mir kommen, hätte sie sicher ihre Reise unterbrochen.*

In Pabianice traf er auf eine völlig verängstigte Familie Prut. Einerseits war die Dankbarkeit über die Freilassung von Joachim Prut nach wie vor groß. Aber die Befürchtung, erneut verhaftet oder deportiert zu werden, überwog. *Die Menschen leben in einer quälenden Ungewissheit. An nichts können sie Freude haben. Die Angst, dass sie verschickt werden, lähmt jede Lebensäußerung.* Bei einem Behördengang in Pabianice wurde Hosenfeld Zeuge, wie ein Beamter, ein Volksdeutscher, auf einen am Boden liegenden Juden einschlug und ihn mit Füßen trat.

Zurück in Węgrów, ging Hosenfeld in der großzügig bemessenen freien Zeit wieder seiner Lieblingsbeschäftigung nach, dem Schreiben und Lesen. In seinen Briefen charakterisierte er andere Feldwebel und Offiziere, zu denen er meistens auf Distanz blieb. Nur selten ließ er sich zum Schachspiel oder zu einer Skatrunde überreden. Über einen Hauptmann, der sein unmittelbarer Vorgesetzter war, schrieb er: *Das ist der typische Nazi, voller Voreingenommenheit gegenüber Andersdenkenden, überaus höflich, aber falsch und devot. Gegen Vorgesetzte liebedienerisch, gegen Untergebene brutal, unbeherrscht, lässt sich gehen, wo er's machen darf. Ich befinde mich in geheimer Opposition, die er merkt. Obwohl noch korrekt gegen mich, fühle ich den Stachel gegen mich.*

Für seine Briefe nutzte er jetzt gelegentlich die Schreibmaschine. Das Üben an der Maschine brachte überdies etwas Abwechslung in seinen Alltag, den er zunehmend als eintönig empfand. Seine Frau überraschte er mit dem Vorschlag, der Bürgermeister von Thalau solle ihn als Lehrer anfordern. Dann könne er den Militärdienst quittieren. Annemarie Hosenfeld blieb skeptisch. Sie reichte das Gesuch sofort weiter, der Bürgermeister von Thalau befürwortete es. Aber beim zuständigen Schulrat in Fulda stieß der Antrag auf wenig Begeisterung, bis er nach wochenlangem Hin und Her schließlich abgelehnt wurde.

Während in Deutschland die Vorbereitungen für den Westfeldzug bereits auf Hochtouren liefen, stellte Wilm Hosenfeld in der verschneiten ostpolnischen Kleinstadt Węgrów noch Überlegungen an, ob der Krieg tatsächlich ausgeweitet werde. Nach einer Rede Hitlers am 30. Januar 1940 im Berliner Sportpalast, in der er wüste Drohungen gegen Großbritannien und Frankreich ausgestoßen hatte, vermutete der Feldwebel zwar, dass es im Frühjahr zum großen Schlag gegen die Nachbarn kommen werde. Aber er war sich nicht sicher. *Die Kriegslage hat sich zu unseren Gunsten verschoben. Es ist möglich, dass doch noch friedliche Lösungen eintreten.* Am 16. März 1940 schrieb er seinem Schwiegervater Karl Krummacher: *Ich glaube nicht, dass es im Westen zu einer deutschen Offensive kommt.*

An ein Treffen zwischen Hitler und Mussolini am 18. März 1940 am Brenner-Pass knüpfte Hosenfeld die Hoffnung, dass die politische Hochspannung in Verhandlungen münden werde, wobei er Deutschland in einer starken Position sah. *Es ist eine große geschichtliche Stunde für unser Volk, und die Trümpfe, die wir in der Hand haben, werden wir nicht ohne Gewinn aus der Hand geben, der Führer am allerwenigsten.*

Annemarie Hosenfeld lenkte im Frühjahr 1940 sein Augenmerk weg von der großen Politik auf die eher alltäglichen Dinge in Thalau. In der Rhön hatte der Winter ebenfalls gewütet, mit ungewohnten Kältegraden. Straßen und Wege waren verschneit, Wasserleitungen eingefroren. Skier und Schlitten kamen zum Einsatz, auch, um Briefe und Päckchen zur Post zu bringen. Manchmal gab Annemarie Hosenfeld Soldaten aus der Kompanie ihres Mannes, wenn diese auf Heimaturlaub waren, die Post für ihn mit. Da in Deutschland auch andere Frauen diese Möglichkeit nutzten, entwickelte sich parallel zur Heimat- und Feldpost ein Pendelverkehr mit Briefen und Paketen, der im Frühjahr 1940 zwar von der Wehrmacht untersagt, aber letztlich nicht wirklich unterbunden wurde.

Gegen Ende Februar 1940 löste sich in Thalau und Umgebung die Natur aus der Umklammerung von Frost und Schnee und schickte Frühlingsboten. Tauwetter setzte ein; *... auf einmal sind die riesigen Schneemassen verschwunden, und breite Streifen von den braunen Äckern gucken aus all dem Weiß hervor. Dazu ein blauer Früh-*

lingshimmel. Man könnte vergessen, dass es Krieg ist. Da wird die Sehnsucht wach nach dem Frühling, nach Sonne und Sorglosigkeit. Über die Kinder konnte Annemarie Hosenfeld fast nur Gutes berichten. Helmut, der Älteste, der inzwischen in Frankfurt sein Medizinstudium fortsetzte, absolvierte erfolgreich seine Zwischenprüfungen. Noch blieb er von der Einberufung zum Kriegsdienst verschont. Detlev kam in der Schule gut zurecht, besonders in den Fächern Englisch und Deutsch. Uta, die Jüngste, entwickelte sich zu einem fröhlichen, temperamentvollen Kleinkind, das stets zu Späßen und Streichen aufgelegt war und von der Mutter gelegentlich »verhauen« wurde, wenn diese keinen anderen Ausweg mehr wusste. Jorinde sei lieb und reizend; ... *ich kann mir immer das feine schmale Gesichtchen betrachten mit den großen Augen, die einmal hell, einmal dunkel erscheinen.*

Die Kinder forderten die Mutter, gaben ihr aber gleichzeitig Halt und bereiteten ihr immer wieder Freude. Und dennoch klagte sie in fast jedem Brief darüber, dass Wilm Hosenfeld ihr nicht zur Seite stand. *Du ahnst nicht, wie ich mich nach Dir sehne,* bekannte sie. *Ich leide so unsagbar unter der Trennung. Ich kann nicht mehr schreiben, das viele Weinen schadet mir.* An anderer Stelle heißt es: *Ich muss so viele schwarze Schatten und böse Traumgesichter fortjagen, so viel Tränen weinen, ehe ich im Arm meines Liebsten wieder lachen kann.*

Ganz konnte und wollte sie die politischen Ereignisse jedoch nicht zur Seite schieben. Denn in Thalau wurden immer mehr junge Männer zur Wehrmacht eingezogen. Gleichzeitig mussten Familien immer öfter Soldaten aufnehmen. Die damit verbundene Unruhe übertrug sich auch auf die Frau des Dorflehrers, der in Polen seinen Militärdienst versah. *Von den Vorbereitungen für den Früh-*

jahrskrieg im Westen hört man überall und allerhand. Mich packt oft die Angst, dass ich wie erstarrt im Bett liege und mein Herz wie einen lauten Hammer höre. – Wilm, Helmut, Helmut, Wilm! Weiter kann ich nicht denken, man wird stumpf gegen anderer Leid und Not.

Trotz einer von der Wehrmacht angekündigten Urlaubssperre durfte Wilm Hosenfeld am 30. März 1940 seine zweite Heimreise antreten. Die zweitjüngste Tochter Jorinde sollte am »Weißen Sonntag« erstmals zur Kommunion gehen – in katholischen Familien ein großer Festtag –, und außerdem war die Hochzeit von Wilms jüngerem Bruder Rudolf angesagt. Ostern hatte Hosenfeld noch in Węgrów verbracht. Hohe kirchliche Feiertage, die er nicht im Kreis seine Familie verbringen konnte, versetzten ihn stets in eine melancholisch-depressive Stimmung. Trost suchte er dann in der Liturgie. Beim Ostergottesdienst in der Klosterkirche des Ortes mischte er sich wieder unter die polnische Bevölkerung. *Es erschütterte mich, als die jungen Geistlichen auf der Orgel das Credo anstimmten, und das Alleluja klang so froh und befreiend und herzlich durch die Räume … Zwischen den singenden Geistlichen standen junge Frauen und Mädchen, die einmal verstohlen zu den feinen Gesichtern und dann wieder zu mir hinschauten, um sich wieder in ihr Gebetbuch zu vertiefen.*

Nach einer nächtlichen Bahnfahrt über Berlin traf Wilm Hosenfeld am Morgen des 31. März 1940 in Fulda ein. In der Reichshauptstadt hatte er einen Zug verpasst und konnte nicht damit rechnen, dass jemand ihn abholte. Zu seiner großen Überraschung und Freude stand seine Frau an der Sperre. Gemeinsam fuhren sie nach Thalau, wo die Kinder sie begrüßten. Ihre Erwartung an diesen Heimaturlaub hatte Annemarie Hosenfeld vorher in einem langen Brief geäußert: *Unsere Kampfzeit haben wir hinter uns, ich glaube, die Zeit der Trennung hat uns reif gemacht. Ich will nicht mehr kämpfen müssen um Dich, ich möchte jetzt die Gewissheit haben, dass Du mir gehörst, und in dieser Sicherheit werde ich stark und ruhig und stetig werden. Wir kennen jeder die Schwächen des anderen und seine Vorzüge, so, wie Du bist, so trage ich Dein Bild im Herzen, so habe ich Dich lieb und bin stolz auf Dich.*

Als Wilm Hosenfeld Mitte April 1940 zu seinem Standort zurückkehrte, war der Westfeldzug bereits in vollem Gange. Allerdings marschierte die Wehrmacht nicht, wie allgemein erwartet worden war, gegen die westeuropäischen Nachbarn, sondern zunächst gegen Dänemark und Norwegen. Der wegen schlechter Witterung mehrfach verschobene Angriff begann am 9. April. Da Dänemark sich nicht lange wehrte, konzentrierten sich die deutschen Streitkräfte auf Norwegen. Nach der Besetzung der Häfen von Oslo, Bergen und Trondheim leisteten die Norweger über Wochen hinweg erbitterten Widerstand, der von der deutschen Propaganda jedoch verschwiegen wurde. Daher gewann Hosenfeld den Eindruck, beide Länder würden im Handstreich erobert und bald seien England und Schottland an der Reihe.

Am Standort Węgrów herrschte nicht mehr der winterliche Müßiggang wie zuvor. Dem Feldwebel oblag es, in einem dicht gedrängten Programm neu einberufene Jahrgänge für den Krieg auszubilden. *Die Ausbildung der neuen Rekruten macht mir Spaß, obwohl es den ganzen Tag Anspannung erfordert. Das sind alles keine jungen Leute mehr, die meisten verheiratet, haben selbständige Berufe, stehen alle im Beruf und Erwerbsleben. Es rührt mich geradezu, wie willig und bereit sie alles machen, um die Zufriedenheit der Vorgesetzten zu erhalten.*

Die knappe freie Zeit verbrachte er häufig mit dem Kommandeur, der unterhalten werden wollte, im Kasino. Es war nicht üblich, vor ihm vom Tisch aufzustehen und die Runde zu verlassen. Am 24. April 1940 erhielt Hosenfeld die Mitteilung, dass er zum Leutnant befördert worden sei. Was er sich seit langem gewünscht und was wegen seiner Verwundung im Ersten Weltkrieg nicht geklappt hatte, geschah schließlich weitgehend ohne eigenes Zutun. Die Voraussetzungen dafür waren längst erfüllt. Seiner Frau gegenüber erwähnte er die Beförderung nur am Rande, obwohl ihn die Nachricht mit Genugtuung erfüllt haben dürfte. Andererseits war ihm bewusst, dass sie diesen Aufstieg mit gemischten Gefühlen aufnehmen würde. *Soll ich Dir nun Glück wünschen zu Deiner Beförderung?*, fragte sie. *Das Leben ist für Dich vorläufig etwas angenehmer, uns rückst Du immer ferner, ich kann nur traurig sein darüber.*

Dem Leutnant blieb nicht verborgen, dass manche seiner Kameraden ihm den Offiziersrang nicht gönnten. Seinem Tagebuch vertraute er an: *Ich merke, dass man mich stark kritisiert, ich bin zu aktiv, ich muss zurückhaltender sein und nicht auffallen.* Hosenfeld hatte sich angewöhnt, die Übungen im Gelände auf einem Pferd zu absolvieren. Beim Reiten gab er seine Kommandos und konnte gleichzeitig die im Frühling aufblühende Natur genießen. Mit einiger Sorge beobachtete er allerdings, wie die Kompanie sich mehr und mehr von der polnischen Bevölkerung abschottete. Die Quartiere wurden mit hohen Drahtzäunen gesichert. Gleichzeitig hatte er den Eindruck, dass mehr Polen als zuvor eine feindselige Haltung an den Tag legten. Bislang hätten viele gehofft, Deutschland werde den Krieg verlieren. Doch die Erfolge der Wehrmacht in Dänemark und Norwegen hätten diese Erwartung zunichtegemacht.

Die Enttäuschung der Polen dürfte sich durch die Blitzkriege der deutschen Wehrmacht in den folgenden Wochen noch verstärkt haben. Am 10. Mai 1940 begann der Angriff auf Belgien, die Niederlande, Luxemburg und Frankreich. Ziel war es, Frankreich innerhalb weniger Wochen zur Kapitulation zu zwingen. Hitler wollte einen Zwei-Fronten-Krieg, der Deutschland 1918 zum Verhängnis geworden war, unbedingt vermeiden. Nach einem Sieg über Frankreich hoffte er, sich mit Großbritannien arrangieren zu können, um dann gegen die Sowjetunion zu marschieren. Wilm Hosenfeld bewertete den Überfall auf neutrale Länder wie Belgien und die Niederlande anfangs zurückhaltend: *Ein Kampf auf Leben und Tod ist es nun doch geworden. Ich kann den Gedanken an die Vorgänge, die sich im Westen abspielen, nicht loswerden. Es liegt mir wie ein Alpdruck auf der Seele.*

Doch schon bald konnte er seine Bewunderung für das Tempo der Eroberung nicht unterdrücken. *Es ist ja geradezu unglaublich, mit welcher Schnelligkeit die deutschen Truppen vordringen. Die Franzosen und Belgier scheinen auch keine große Kriegslust zu haben.* Hitler blieb für ihn das Genie, das die strategischen Pläne entworfen habe und die Operationen selber leite, wie die Propaganda wahrheitswidrig behauptete. *Eine Organisation! Fabelhaft! Und diese Waffentaten im Westen. Junge, Junge! Wer wäre da nicht gern dabei!*

Aber dann bremste er seine Begeisterung, weil ihm klarwurde, was in seinem Fall ein aktiver Fronteinsatz für seine Familie bedeuten würde – insbesondere jetzt, wo seine Frau im Krankenhaus lag. Der starke seelische Druck, dem sie sich ständig ausgesetzt fühlte, war nicht ohne Folgen geblieben. Annemarie Hosenfeld hatte eine Fehlgeburt erlitten. Weil die Schmerzen nicht aufhörten, musste sie sich am 21. Mai 1940 in Fulda einer Operation unterziehen. Erst danach ging es ihr wieder besser. Vergeblich hatte er einen Sonderurlaub beantragt, um ihr beizustehen. Jetzt wollte er sie nicht noch mehr beunruhigen. *... meine Abenteuerlust, wenn ich's mal so nennen soll, erfährt eine Abkühlung in dem Gedanken an Dich und an die Kinder. Ich brauche mich nicht vor Dir zu rechtfertigen. Du kennst mich in meiner Auffassung von Pflicht und Ehre, und vor einem andern Menschen brauche ich keine Rechtfertigung. Es soll mir recht sein, wenn wir hier das Kriegsende erleben.*

Seine Frau war alles andere als begeistert vom Vormarsch der Wehrmacht im Westen. Im Krankenhaus hörte sie von schweren Verlusten einer Infanterieeinheit aus Fulda. *Wer kann sich da noch über Siege freuen!*, schrieb sie ihrem Mann vom Krankenbett aus. Am 23. Mai 1940 durfte sie zum ersten Mal aufstehen. *Ich sitze am Erkerfenster in der Sonne und sehe auf blühende Kastanien, Flieder und Rotdornbüsche. Im Garten spielen Kinder. – Und dort draußen in Frankreich und Belgien verbluten unsere deutschen Soldaten, sterben täglich Tausende von blühenden Menschen.* Schon vorher hatte Annemarie Hosenfeld deutlich gemacht, wie sie den Fortgang des Krieges beurteilte: *Wir hören jeden Tag Nachrichten, und jeden Abend beten wir das schöne Gebet aus dem Feldgesangbüchlein für die Soldaten. Ich kann nicht froh werden über die großartigen Siege. Frauen und Mütter können nie vergessen, dass so unendlich viel Blut fließen muss.* Einerseits konnte sie verstehen, dass Wilm gern Soldat war. *Aber hast Du nicht genug getan für Dein Vaterland? Wenn es sein muss, werde ich es ertragen, weil es Gott zulässt. Freiwillig? Das würde ich nicht verstehen.*

Wilm Hosenfeld fügte sich in seine Lage abseits vom

großen Kriegsgeschehen. Eine andere Wahl hatte er ohnehin nicht. Über seine Weiterverwendung entschieden Vorgesetzte, die er kaum kannte, geschweige denn beeinflussen konnte. *Ich sitze in meinem einsamen Stübchen; der Bursche hat Feuer angemacht, der Regen rauscht auf die Zinkblechpfannen, mit denen das Dach gedeckt ist, und der Wind heult in derben Stößen um das Haus. Mein Blick geht über die graue Landschaft, nach Westen, hin zu Euch.*

Ende Mai 1940 wechselte er von Węgrów in die ebenfalls überwiegend von Juden bewohnte Kleinstadt Jadów, etwa 30 Kilometer weiter östlich auf der Strecke nach Białystok. Dort durfte er für einige Wochen eine Kompanie anführen. *Jeden Morgen reite ich vor der Kompanie ins Gelände zu den Felddienstübungen und spritze in der Gegend herum. Am schönsten sind die großen Gefechtsübungen.* Das Exerzieren im freien Gelände lenkte ihn ab von den Sorgen um seine Frau und dem Kriegsgeschehen im Westen. Neben den Übungen blieb Zeit für Gespräche. Mit einem Feldwebel aus Stuttgart tauschte er sich über die Gedichte von Rainer Maria Rilke und die Bilder von Paula Modersohn-Becker aus, die ihm durch seine Frau vertraut waren. Anfang Juli 1940 kündigte sich ein heißer Sommer an, und Wilm Hosenfeld nutzte freie Stunden jetzt öfter zum Baden.

Zugleich erfuhr er Näheres über seine Weiterverwendung. Zu seiner großen Enttäuschung verlor er das Kommando über die Kompanie und wurde einer Wachkompanie zugeteilt. Das bedeutete Abschied von der aktiven Truppe, was dem Leutnant überhaupt nicht gefiel. Jetzt hielt ihn kaum noch etwas in Polen. *Siehst Du, liebe Frau, das möchte ich mal mit Dir bereden … Eben erfahre ich, dass die Wachkompanie, der ich zugeteilt bin, nach War-*

schau kommt. Das ist ein kleiner Trostblick. Ein Trost für den Augenblick und zugleich eine schicksalsschwere Entscheidung, was die kommenden Kriegsjahre anging. Denn der Leutnant Wilm Hosenfeld wurde ins Zentrum eines Vernichtungskrieges versetzt. Er war Zeuge und gehörte zugleich der Wehrmacht an, die an vorderster Stelle mitverantwortlich war für das größte Verbrechen im 20. Jahrhundert, die Vernichtung der europäischen Juden und der polnischen Oberschicht.

5. Standortwechsel

Die 1930er Jahre hatten für Władysław Szpilman hoffnungsvoll begonnen. Das bereits in Warschau aufgenommene Klavierstudium setzte der 1911 in Sosnowiec in Schlesien geborene Musikstudent an der Akademie der Künste in Berlin fort. Seine Lehrer waren Leonid Kreutzer und Artur Schnabel. Szpilman besaß nicht nur Talent, sondern auch eine gehörige Portion Ehrgeiz. Er nahm zudem Stunden bei Franz Schreker, um bald eigene Stücke komponieren zu können. Außer der Klassik interessierte ihn die gehobene Unterhaltungsmusik mit ihren französischen und amerikanischen Einflüssen.

Szpilman war Ende Januar 1933 tief in das Musikleben der Reichshauptstadt eingetaucht, als Hitler die Macht übernahm und ihm, dem Juden, keine andere Wahl ließ, als nach Polen zurückzukehren. An der Chopin-Musikhochschule übernahm Aleksander Michałowski seine weitere Ausbildung, bis schließlich der Polnische Rundfunk ihn 1935 als Pianisten beschäftigte. Mit seiner Vielseitigkeit und seiner Kunst zum Improvisieren machte er sich schnell einen Namen. Damals mussten bei Live-Sendungen im Radio manchmal Pausen von zwei bis drei Minuten überbrückt werden, um für die Übertragung neuer Musikstücke Mikrophone umzustellen und Musiker zu platzieren. Solche Übergänge gingen dem jungen Pianisten leicht von der Hand, sodass die Zuhörer den Wechsel wenn überhaupt, dann höchstens als angenehm wahrnahmen.

Bald war Szpilman ein gefragter Künstler, der Solisten und auch ganze Orchester begleitete und mühelos zwischen Jazz, Chanson und Klassik wechselte. Bei der Pariser Weltausstellung 1937 gehörte der Pianist zu der Delegation polnischer Musiker, die Szymanowskis »Symphonie Concertante« vor einem internationalen Publikum aufführten. *Bis 1939 komponierte mein Vater außerdem die Musik zu einer Reihe von Kinofilmen, zudem viele Lieder, Chansons und Songs, die sich einer großen Popularität erfreuten,* schrieb sein Sohn Andrzej Szpilman. *Schon vor dem Krieg trat er mit dem weltberühmten Geiger Bronisław Gimpel auf sowie mit Henryk Szeryng und Ida Händel.*

Wenn er nicht auf Tournee war, lebte Władysław Szpilman in der Wohnung seiner Eltern im dritten Stock eines Mietshauses an der Śliska-Straße in Warschau, zusammen mit seinem Bruder Henryk und den beiden Schwestern Regina und Halina. Der Vater spielte leidenschaftlich Geige. Für ihn wie für die ganze Familie gewann die Musik in den Jahren der Verfolgung immer mehr an Bedeutung, weil diese der Zerstörungswut der Besatzer entzogen blieb.

Juden waren in Warschau seit der Kapitulation Ende September 1939 für die deutsche Polizei und die SS zum Freiwild geworden. Schon bald hatte es die ersten Razzien und willkürliche Verhaftungen gegeben. Ohrfeigen, Fußtritte und andere Misshandlungen auf offener Straße waren keine Seltenheit. Juden verloren nach und nach alle Rechte. Sie durften abends nicht mehr auf die Straße gehen, keine Züge benutzen, kein Telefon besitzen. Immer neue Verordnungen und Verbote engten ihren Freiraum, ihr tägliches Leben systematisch ein. Die Besatzungsmacht eignete sich Geld, Wertgegenstände und Immobilien der

Juden an. Voller Verzweiflung verließen viele die Hauptstadt. Leerstehende Wohnungen und Häuser kündeten von einem Exodus, den die Deutschen planvoll vorantrieben.

In dieser Situation fasste die Familie Szpilman einen folgenschweren Entschluss: Die Eltern von Władysław Szpilman, dessen Schicksal später so dramatisch von Hosenfeld gewendet wurde, entschieden sich gegen eine Flucht. Sie wollten mit ihren vier erwachsenen Kindern so lange wie möglich in Warschau ausharren – in der Erwartung, ihre Lage werde sich eines Tages bessern, spätestens dann, wenn die Amerikaner in den Krieg eingriffen, worauf sie inständig hofften.

Am 23. September 1939 hatte Szpilman zum letzten Mal live im Polnischen Rundfunk gespielt, als das Gebäude bereits unter Granatfeuer lag. Um 15.15 Uhr stellte der Sender seinen Betrieb ein. Władysław und seine Geschwister Henryk, Regina und Halina waren zunächst froh, dass die Eltern sich zum Bleiben entschlossen hatten. Alles zurücklassen – die Wohnung, das Klavier, die Möbel? Manche der in das sowjetisch beherrschte Ostpolen geflohenen Juden waren nach Warschau zurückgekommen.

Doch ihre Lage wurde nicht besser. Ständig steigerten die Deutschen ihre Schikanen. Władysław Szpilman und sein Bruder Henryk empörten sich über die Anweisung, wonach jüdische Männer sich vor jedem deutschen Soldaten verbeugen sollten. Sobald sie eine graue Uniform auch nur von weitem sahen, bogen sie in eine Nebenstraße ein, um nicht grüßen zu müssen. Ihr Vater dagegen fügte sich. Er ging den Besatzungssoldaten nicht aus dem Weg, sondern grüßte sie mit einem strahlenden Lächeln und einer tiefen Verbeugung und löste damit nicht selten eine gewisse Verunsicherung aus. Es war blanke Ironie, die allerdings von den Deutschen kaum bemerkt wurde.

Die Pflicht zum Verbeugen war entwürdigend, und nicht jeder konnte damit so elegant umgehen wie der alte Herr. Als noch bedrückender erwies sich jedoch die Anordnung der Deutschen über das Tragen weißer Armbinden mit dem Davidstern. Damit stigmatisierte und brandmarkte die Besatzungsmacht einen Bevölkerungsteil, der seit Jahrhunderten die Kunst und Kultur Polens wesentlich mitgeprägt hatte. Aber nicht genug. Geradezu alarmierend wirkte im Winter 1939/40 das Eintreffen von Zügen mit Juden aus den westpolnischen Gebieten, die angeblich für die »Germanisierung« vorgesehen waren. Was hatte das zu bedeuten? In der Stadt kursierten erste Gerüchte über die Einrichtung eines Gettos. Bei eisigen Temperaturen hatte man die Menschen ohne Wasser und Nahrung in die Waggons gepfercht. Szpilman schreibt in seinen Erinnerungen »Mein wunderbares Überleben«: *Es gab Transporte, wo kaum noch die Hälfte am Leben und nur mit furchtbaren Erfrierungen davongekommen war. Die andere Hälfte bestand aus Leichen; steif gefroren standen sie zwischen den Lebenden und stürzten erst zu Boden, wenn sich die Lebenden bewegten.*

Die Errichtung eines »Jüdischen Wohnbezirks in Warschau«, wie die Nationalsozialisten das etwa drei Quadratkilometer große Gebiet im Zentrum der Hauptstadt nannten, wurde mit hygienischer Fürsorge begründet. Welch ein Zynismus! Das Viertel werde mit einer Mauer umgeben, *damit der Typhus und andere jüdische Krankheiten nicht auf die sonstigen Teile der Stadt übergreifen.* Ab Sommer 1940 strömten immer mehr Menschen in den Bezirk. Nichtjüdische Bewohner mussten ihre Häuser verlassen. In einem ohnehin überbevölkerten Stadtteil sollten jetzt über eine halbe Million Menschen Platz finden. *Die dunklen Straßen wimmelten von Gestalten mit wei-*

ßen Armbinden. Alle waren aufgeregt und rannten fieberhaft hin und her wie Tiere im Käfig, die noch nicht eingewöhnt sind. Die Familie Szpilman konnte sich zunächst damit trösten, dass sie nicht umziehen musste. Die Straße, an der sie wohnte, lag bereits im Bereich des Gettos, ein bitterer Trost in einem Meer von Verzweiflung. In der Nacht vom 15. auf den 16. November 1940 wurden die Tore der drei Meter hohen Getto-Mauer geschlossen. SS-Leute übernahmen die Wache. Für Juden gab es kein Entrinnen mehr.

Wilm Hosenfelds Wechsel von Jadów, dem letzten Standort in Ostpolen, nach Warschau im Sommer 1940 verlief nicht ganz reibungslos. Der Leutnant, der die letzten Tage noch auskosten wollte, war allein ausgeritten, was streng verboten war, um bei strahlendem Wetter den polnischen Bauern bei der Heuernte zuzusehen. Mit den Vorschriften nahm Hosenfeld es eben nicht so genau. Da er erst bei Einbruch der Dunkelheit zurückkehrte, hatte sein Vorgesetzter eine Suchaktion angeordnet, die noch in letzter Minute gestoppt wurde. Der Standortwechsel verzögerte seine Urlaubspläne. Ursprünglich wollte er Anfang Juli 1940 wieder zu seiner Familie nach Thalau reisen. Der Heimaturlaub verschob sich jedoch in die zweite Julihälfte – sehr zur Enttäuschung seiner Frau.

Annemarie Hosenfeld hatte ihren Mann bereits per Brief darauf eingestimmt, was ihn in Thalau erwartete, und zwar jede Menge Arbeit im Garten, wo Gemüse und Früchte üppig gewachsen waren und zum Teil schon geerntet wurden. *Salat und Radieschen essen wir schon lange, Spinat habe ich schon fast ein ganzes Beet abgeerntet. Die Kohlrabi kann ich auch schon bald kochen. Die Erbsen, erste Sorte, blühen tüchtig. Die Buschbohnen habe ich gehäuft. Die Kartoffeln sind gehackt. Die Himbeeren haben gut angesetzt. Erdbeeren blühen.* Auch die Bienen waren fleißig gewesen. Über 120 Pfund Honig gaben die Waben beim Schleudern her.

Auf die Gartenarbeit hatte Wilm Hosenfeld sich gefreut. Kaum war er angekommen, legte er sich ins Zeug. Auch die Kinder packten mit an. Für zwei Wochen bildeten sie alle wieder eine große Familie, wenngleich nicht immer eine harmonische. Denn auch in diesem Heimaturlaub gab es Reibereien und gelegentlich Auseinandersetzungen. Annemarie Hosenfeld fühlte sich mit ihren Sorgen und Ängsten manchmal nicht ernst genommen. Nach ihrer Meinung hatte sie unter dem Krieg viel stärker zu leiden als ihr Mann, weil sie die Verantwortung für die fünf Kinder, den Haushalt und den Garten weitgehend allein tragen musste.

Die älteren Kinder hatten die Spannungen zwischen den Eltern durchaus bemerkt. In einem Brief versuchte Wilm Hosenfeld, seinem Sohn Helmut die Ursachen dafür zu erklären. *Mutter und ich sind so ganz verschiedene Naturen; wir können nicht so ruhig und gemächlich dahintrotten, wie es Eheleute, die einen so großen Sohn und eine Tochter von sechzehn Jahren und noch drei kleine Kinder ihr Eigen nennen, nun endlich lernen müssten. Das wird nie so sein.* Dann zog er einen drastischen Vergleich heran, um den Unterschied zu verdeutlichen: *Mutter ist ein feuriges junges Ross, das dahinfegt, wenn es sich seiner Fesseln ledig fühlt, und ich bin ein langsamer, stetiger Ackergaul, der seinen Weg möglichst zielbewusst und stetig gehen möchte.* Dass der von beiden gezogene Wagen gelegentlich ramponiert werde, liege doch auf der Hand.

Auch Annemarie Hosenfeld erkannte deutliche Gegensätze, als sie nach dem Heimaturlaub ihres Mannes rückblickend feststellte: *Die Schatten, die über unserem letzten Beisammensein lagen, die sind nicht verwischt. Ich liebe Dich, tiefer und opferbereiter und inniger als früher, aber ich sehe so klar, wie verschieden wir sind, wie weit wir uns auch in diesem Jahr auseinandergelebt haben.* An anderer Stelle schrieb sie, bisweilen habe sie sich an seiner Eitelkeit gestoßen. Von einer Wand war die Rede, die sich zwischen ihnen aufbaue.

Am 1. August 1940 trat Wilm Hosenfeld in Warschau seinen Dienst an. Der Kontrast zu den jüdisch geprägten Kleinstädten Jadów und Węgrów in Ostpolen konnte größer kaum sein. Die Wunden, die der Krieg knapp ein Jahr zuvor der polnischen Hauptstadt geschlagen hatte, waren noch längst nicht vernarbt. Als er die vielen Trümmer sah, spürte Hosenfeld Zorn angesichts der Sinnlosigkeit solcher Zerstörungen. Inzwischen hatte die Besatzungsmacht sich in der Weichselmetropole eingerichtet, war im Besitz von Regierungs- und Verwaltungsgebäuden sowie mondänen Hotels, übte Kontrolle und Gewalt aus. Deutsches Militär beherrschte das Straßenbild. Polen mussten an jeder Kreuzung achtgeben, um nicht buchstäblich unter die Räder zu kommen. Warschau pulsierte wieder, allerdings unter einem fremden Takt.

Auf Wilm Hosenfeld stürmten viele neue Eindrücke ein, und noch öfter als sonst vertraute er diese seinem Tagebuch an. Als Briefpartner wählte er jetzt häufiger seinen Sohn Helmut, von dem er mehr Verständnis in militärischen Fragen erwartete als von seiner Frau. Die schneidigen Offiziere der deutschen Luftwaffe beeindruckten ihn. Überhaupt kreuzten jetzt viel häufiger als sonst hohe Militärs seine Wege. Nach einer Sitzung im historischen Palais Radziwiłł, dem ehemaligen Sitz des polnischen Ministerrates, schrieb er: *Ich kam mir so klein und winzig vor unter den hohen Tieren, Obersten, Majoren; sogar ein Fliegergeneral saß mit am Tisch. Ein Fliegeroberstleutnant ist der verantwortliche Mann. Wie selbstbewusst und sicher diese Soldaten sind, so ohne Hemmung und Beschwerung.* Ihm, dem Reserveoffizier, war bewusst, dass er zu dieser Kategorie von Soldaten nicht gehörte. Innerlich hatte er sich davon längst entfernt. *Sie sind nichts anderes als Soldaten. Das bin ich nicht. Meine Leistung liegt auf andrem Gebiet, aber das gilt nichts; deswegen ist unsereiner belastet und unsicher. Es gäb nichts Schöneres, als in die alte Lebensaufgabe zurückkehren zu dürfen.*

Von einer Rückkehr in seinen Lehrerberuf konnte vorerst keine Rede sein. Denn auf ihn wartete ein neues vielseitiges Aufgabenfeld. Als Offizier einer Wachkompanie kontrollierte er im Stadtgebiet von Warschau den Wachdienst an militärischen Einrichtungen und Nachschubdepots wie Tanklagern. Mit den Soldaten vor Ort kam er gut zurecht und war außerdem beliebt. Er lobte und tadelte auch, wenn es notwendig war, fand immer wieder ein aufmunterndes Wort für seine Kameraden und spielte gelegentlich eine Runde Skat mit ihnen – vor allem bei seinen nächtlichen Inspektionen, wenn die Stunden sich hinzogen.

Außerdem versah er zeitweise Dienst als »stellvertretender Ordonnanzoffizier« des Kommandeurs, dem er mit seinen vielfältigen Erfahrungen zur Hand gehen konnte. So wurde er unter anderem für Kurierdienste eingesetzt. Einmal brachte er in einem besonderen Abteil der Bahn geheime Unterlagen nach Berlin. Schließlich wuchs er in eine Aufgabe hinein, die sich bald zu seinem Hauptbetätigungsfeld entwickeln sollte. Hosenfeld organisierte und beaufsichtigte sportliche Wettkämpfe deutscher Soldaten, die sich körperlich ertüchtigen sollten, bevor sie wieder eingesetzt wurden. Zu diesem Zweck hatte die Besatzungsmacht Sportanlagen an der Łazienkowska-Straße im südöstlichen Stadtbezirk nahe der Weichsel beschlagnahmt. Nicht weit davon entfernt befand sich ein Gebäudekomplex mit Kasernen, aus denen die polnische Armee vertrieben worden war und die jetzt vom Wach-Bataillon genutzt wurden. Dort war anfangs auch Wilm Hosenfeld untergebracht, bevor er in den Sportkomplex umzog.

Sein erstes Sportfest in Warschau erlebte er bereits am 18. August 1940. Soldaten aus den vier Distrikten des Generalgouvernements – Warschau, Krakau, Lublin und Radom – nahmen an den Wettkämpfen teil. Hosenfeld beobachtete die Spiele von der Ehrenloge aus, wo ihn SA-Gruppenführer Ludwig Fischer, Distriktchef von Warschau, mit Handschlag begrüßte. Das war der Mann, der wenige Wochen später das Warschauer Getto errichten ließ.

An Abwechslung fehlte es Hosenfeld nicht. Besprechungen im Sportstadion, Ausreiten an der Weichsel, Konzerte im Café »Club«, zu dem nur Deutsche Zutritt hatten; Abendessen im vornehmen Hotel »Europa«, das eigentlich »Europejski« hieß und im Stadtzentrum direkt neben der Kommandantur lag. Vor dem Krieg wohnten dort häufig ausländische Diplomaten. Inzwischen nahmen im Hotel durchreisende Offiziere Quartier, die nach den Worten von Hosenfeld wie Fürsten untergebracht waren. Ein solch prunkvolles Gebäude habe er noch nicht gesehen. Der Leutnant ließ sich allerdings nicht blenden. *In der Unterhaltung mit den Offizieren tritt zutage, wie rein äußerlich das Leben aufgefasst wird. Der Lebensgenuss, die äußere Anerkennung, Erfolg sind Triebfedern, die zu Leistungen Ansporn geben.*

Den Kontakt zur polnischen Bevölkerung ließ Hosenfeld sich auch in Warschau nicht verbieten. Er besuchte eine polnische Familie, die er Monate zuvor während einer Bahnfahrt getroffen hatte. Und er hatte ein waches Auge auf die Menschen. Sie begegneten ihm täglich auf der Straße, und er sah in ihre Gesichter: *Das Leben geht äußerlich seinen Gang, aber man spürt und sieht den Polen an, wie die Fesseln schmerzen; das Niederdrückendste muss für dieses Volk sein, dass gar nicht abzusehen ist, wann es einmal anders wird. Meiner Meinung nach spielen sich die Deutschen zu sehr als Herren auf; man will gar keine Verständigung; der Pole hat nur Knecht zu sein, wie von verantwortlicher Stelle einmal betont wurde.*

Der Hochmut der Besatzer hing auch mit der vorausgegangenen Siegesserie der Wehrmacht beim Westfeldzug zusammen. Manche Offiziere hielten die deutsche Truppe inzwischen für unbesiegbar und wollten nicht begreifen, dass Großbritannien nach der Niederschlagung Frankreichs hinhaltenden Widerstand leistete und der von Hitler Anfang August 1940 befohlene verschärfte Luft- und Seekrieg gegen England sein Ziel verfehlte. An eine Landung auf der Insel war vorerst nicht zu denken.

Gegen Ende August 1940 erhielt Wilm Hosenfeld einen Auftrag, der ihn in den folgenden Wochen mehrfach beschäftigte und ihn wieder nach Ostpolen, in den Warthegau und nach Ostpreußen führte. Als Verbindungsoffizier wirkte er an der Vorbereitung eines Filmprojektes über das Schicksal der Wolhynien-Deutschen vor dem Zweiten Weltkrieg mit. Seine Aufgabe bestand darin, mit einem Team von Filmleuten mögliche Drehorte und Schauplätze für den Aufbau originalgetreuer Kulissen auszusuchen und später von der Wehrmacht Handwerker für den Bau der Filmkulissen abzuziehen. Wie er zu dem Auftrag kam, geht aus seinen Aufzeichnungen nicht hervor. Allerdings

Bei seiner Reise durch Ostpreußen mit Filmleuten wird Wilm Hosenfeld im September 1940 von Schulkindern umringt

ist anzunehmen, dass sein Organisationstalent, seine Kontaktfreudigkeit und seine soldatische Haltung dabei eine Rolle spielten.

Reichspropagandaminister Joseph Goebbels hatte die Wien-Film GmbH mit der Produktion beauftragt. Regisseur war Gustav Ucicky, ein Deutschösterreicher, der sich mit einer Reihe von populären Filmen bereits einen Namen gemacht hatte. Auch Fotografen, Kameraleute und Bühnengestalter gehörten der Gruppe an. Die erste mehrtägige Fahrt mit den Filmleuten führte nach Masowietzki, Węgrów und Wyszków. Die Erkundung verlief offenbar nicht sonderlich erfolgreich. Es entstanden zwar viele Fotos, aber es gab noch keine Vorstellung, wo die Aufbauten für den Propagandafilm errichtet werden sollten. Der Regisseur dachte an einen Marktplatz in historischer Umgebung. Anfang September wurde die Suche fortgesetzt. Dieses Mal ging die Reise über Łódź nach Posen, von dort nach Thorn und schließlich nach Sensburg in Ostpreußen. In Łódź setzte Hosenfeld sich von der Gruppe ab und fuhr nach Pabianice, um sich zu informieren, wie es der Familie Prut ging. Diese lebte weiter in der Ungewissheit und Angst vor der Deportation.

Mit dem Architekten Walter Röhrig, der später die Kulissen für den Film aufbauen sollte, kam der Leutnant näher in Kontakt. Von den anderen hielt er sich, soweit es ging, fern, denn abends wurde meistens ordentlich gebechert. Als Drehort für die Außenaufnahmen wurde schließlich der Marktplatz der Kleinstadt Chorzele (Chorzellen) südlich von Allenstein bestimmt. Der Film mit dem Titel »Heimkehr« entstand 1941 hauptsächlich in Wiener Studios, und zwar mit prominenter Besetzung, darunter Paula Wessely, Attila Hörbiger und Carl Raddatz.

Seiner Frau schickte Wilm Hosenfeld fast täglich einen Reisebericht und kaufte ihr als Andenken einen Rosenkranz aus Korallen. *Tagelang flitzen wir schon durch die weite ostdeutsche und polnische Landschaft. Jeden Augenblick wechseln die Bilder, aber es bleibt doch stets dasselbe, Weite, Himmel, Landstraßen, Dörfer, Menschen, Städte.* In Rudczanny am Niedersee in Ostpreußen traf er auf Menschen, die vor den Luftangriffen auf Berlin nach Ostpreußen geflüchtet waren – hauptsächlich Frauen mit ihren Kindern, die sich zwar in Sicherheit wähnten, aber vor einer ungewissen Zukunft standen.

Am 5. September 1940 kehrte Hosenfeld nach Warschau zurück und war froh, wieder seinen regulären Dienst machen zu können. *Heute Nachmittag ließ ich mir meinen Fuchs satteln und bin zwei Stunden allein an der Weichsel entlanggeritten. Der Strom fließt breit und ruhig dahin, ein Dampfer mit Schleppkränen zieht neben mir stromaufwärts, die Vögel schreien im Ufergebüsch, Menschenlärm ist weit ab. Mit meinem Pferd und meinen Gedanken bin ich allein.*

Obwohl er ihr während der Reisen fast täglich geschrieben, ein schönes Souvenir in Aussicht gestellt und in fast jedem Brief seine Sehnsucht nach ihr beteuert hatte, ließ Annemarie sich von seiner Rolle als Verbindungsoffizier beim Filmprojekt nicht beeindrucken. Im Gegenteil: *Mir gefällt das nicht. Du bist Soldat jetzt, dafür müssen wir Dich entbehren. Ich halte diese Tätigkeit für unwichtig im Krieg, eines alten Offiziers für unwürdig. Gerd* (ihr Bruder) *hat mir erzählt, wie Frankreich zerstört ist. Ich sah Aufnahmen von den zerstörten Häusern in Bremen. Wäre es nicht richtiger, dass Soldaten dort Aufbau leisten, anstatt einen Teil eines polnischen Marktplatzes für Filmzwecke umzubauen.* Es sei überflüssig, in diesen Zeiten Tendenzfilme zu drehen. Junge deutsche Mädchen würden gezwungen, in unterirdischen Bunkern Munition herzustellen. *Solche feisten Lebemänner aber können in der Welt herumreisen und Filmmotive suchen! – Wenn Deine Kameraden Dich um diese Stellung beneiden, gib sie doch gern ab!*

Tatsächlich rückte der Krieg durch die alliierten Luftangriffe immer näher. Bremen, Berlin und andere Städte gerieten ins Visier der Bomber. Das war die Antwort auf den deutschen Luftkrieg gegen England. Ab September 1940 hatte die Luftwaffe fast ohne Unterbrechung wochenlang nächtliche Angriffe gegen London geflogen, um die Bevölkerung zu demoralisieren und Industrieanlagen zu zerstören. Doch der Widerstand der Engländer blieb ungebrochen.

Am 27. September 1940, als der »Dreimächtepakt« zwischen Deutschland, Italien und Japan verkündet wurde, wollte Annemarie Hosenfeld von ihrem Mann wissen, was davon zu halten sei. *Ich glaube, dass jetzt Amerika sich hütet mitzumachen. Aus der hiesigen Gegend sind viele Soldaten nach Polen gekommen. Was bedeuten die großen Militärverschiebungen nach Polen?*

Es lag außerhalb der Vorstellungskraft vieler Menschen, dass Hitler längst dabei war, noch eine weitere Front aufzumachen, und zwar gegen den Koloss Sowjetunion, der im deutschen Sprachgebrauch immer noch »Russland« genannt wurde. Auch Wilm Hosenfeld rechnete nicht ernsthaft mit einem Angriff auf Stalins Riesenreich, wenngleich er Hitler nach wie vor in einer starken Position sah und von dessen Drohgebärden durchaus angetan war. Gleichzeitig beklagte der Offizier die Folgen des Krieges und suchte verzweifelt nach dem Sinn von Leid und Zerstörung. *Jeden Tag hält der Tod seine grimmige Ernte unter den jungen Männern, jeder Tag bringt neue Verwüstung und Unheil über feindliche Städte. Immer neue Opfer fordert der Krieg. Gott schweigt: Die Herzen der Menschen sind verhärtet. Er überlässt sie ihrem Verderben. Die Geschichte ist ein einziges Totenfeld des Hasses und des Triumphes der Not, die sich die Menschen selbst bereiten.*

Fast magisch zog es Hosenfeld immer wieder zum Grabmal des Unbekannten Soldaten in Warschau. Es lag in der Nähe der Kommandantur, wo Hosenfeld seine nächtlichen Patrouillen begann. … *ich mache die Runde bei den Nachtposten und trete in das gedämpfte Licht am Grabmal des Unbekannten Soldaten und grüße den toten Feind wie einen Bruder. Die roten Blumen leuchten in dem blauen Licht, nein, sie leuchten nicht, sie liegen da, wie mit Tränen benetzt; sie verwelken und trauern in dieser Gestalt der Vergänglichkeit und zeigen das Antlitz des Todes viel mehr als in ihrer prahlenden Frische, als ich sie vor ein paar Stunden noch sah.*

Mit den Vorbereitungen für den Überfall auf die Sowjetunion nahm auch die Planung für einen noch grausameren und barbarischen Feldzug konkrete Gestalt an: die Vernichtung der europäischen Juden. Auch dabei kam Polen und seiner Hauptstadt Warschau eine besondere Rolle zu.

Mit den Filmleuten hatte Wilm Hosenfeld Ende August 1940 in Warschau auch das berüchtigte Pawiak-Gefängnis im Nordwesten der Stadt besucht, wo hauptsächlich politische Häftlinge untergebracht waren, darunter viele Juden. Pawiak unterstand der deutschen Sicherheitspolizei, die für ihre Brutalität bekannt war. Folter und Morde waren an der Tagesordnung. Beim Gang durch die Gefängnisflure bekamen die Filmleute zu sehen, was sie sehen sollten: Pakete mit Brot und Speck, von denen die Gefangenen, darunter Kinder, aber offensichtlich nichts abbekamen. Bleiche, ausgehungerte Gestalten traten Hosenfeld entgegen und erregten sein ganzes Mitleid. Ein acht Jahre alter jüdischer Junge sagte ihm, sie wünschten sich ein größeres Stück Brot.

Folgt man den Aufzeichnungen und Briefen von September bis Dezember 1940, dann hat Wilm Hosenfeld von der Entstehung des Warschauer Gettos zunächst kaum Notiz genommen. Wie spätere Aussagen von Zeitzeugen belegen, unterhielt er dennoch in dieser Zeit und darüber hinaus zahlreiche Kontakte zu jüdischen und nichtjüdischen Familien in Polen. Unter dem Datum 30. September 1940 heißt es im Tagebuch: *... die polnische Schwiegertochter der Jüdin Frau Sachs übernimmt den Auszug. Alle Juden kommen ins Getto.* Die junge Frau hatte er zusammen mit ihrem Mann Hans Sachs und ihrem Sohn bei einer Bahnfahrt getroffen. Sie waren, wie ihre nächsten Angehörigen, aus Łódź deportiert worden und versuchten verzweifelt, mit ihrem Gepäck einen Platz im Zug zu bekommen. Hosenfeld hatte ihnen geholfen und dem Jungen eine Mundharmonika geschenkt.

Am 16. November 1940 traf er beim Ehepaar Luckhaus, mit dem er sich angefreundet hatte, die junge Frau zufällig wieder. Ihr Mann arbeitete inzwischen als Ingenieur in Russland und könne nicht zurück, schrieb Wilm Hosenfeld in einem Brieffragment. Sie überreichte Hosenfeld eine Puppe für seine Tochter Uta, über die er im Zug gesprochen hatte. Er war überrascht und sah sie fragend an. *Sie wünschte sich zwar auch so gerne ein kleines Mädchen, aber sie müsste sich jetzt von ihrem Mann scheiden lassen. Sie holte das Bild ihres Mannes aus der Tasche und weinte. Von Luckhaus erfuhr ich den ganzen Sachverhalt. Ihr Vater war österreichischer Offizier im Ersten Weltkrieg gewesen, hatte in Italien gekämpft und ist in Łódź Direktor einer Volksschule gewesen, die Mutter Direktorin eines Mädchenlyzeums. Sie selbst war Sportstudentin, ein Bruder ist in Warschau gefallen, ein Bruder in deutscher Gefangenschaft. Den Eltern hat man alles weggenommen und sie völlig mittellos über die Grenze ins Gouvernement abgeschoben. Die leben sehr dürftig irgendwo auf einem Dorf und haben das kleine Kind bei sich. Der Zufall lässt mich die Frau wiedersehen und mich die Lebensschicksale kennenlernen. Was für eine Tragik!*

Auch die Situation des Ehepaares Luckhaus bedrückte ihn. *Er ist Deutscher, fühlt sich aber nicht zugehörig, leidet unter dem Unglück der Polen, des Volkes, dem seine Frau angehört. Die Frau hasst die Deutschen mit echter vaterländischer Gesinnung und mit der Inbrunst des gläubigen, unterdrückten, freiheitsberaubten Unterworfenen.*

Eduard Luckhaus (1910–1975), ehemals aktiver Sportler und Sportpädagoge, fand als »Volksdeutscher« Beschäftigung in der Sportabteilung der Distriktverwaltung

Warschau und hatte dienstlich öfter mit Hosenfeld zu tun. Er vertraute dem Offizier und schüttete ihm sein Herz aus. Luckhaus stand noch immer unter dem Eindruck der Belagerung Warschaus durch die deutschen Truppen ein Jahr zuvor. In einem Stadtteil, der weitgehend zerstört wurde, hatten er und seine Frau Krystyna mit ihrem Kind den Angriff nur unter großen Gefahren überlebt. Jetzt standen sie vor einer ungewissen Zukunft.

Später wurde Eduard Luckhaus zur Wehrmacht eingezogen, wie aus den Recherchen des Historikers Thomas Vogel hervorgeht. Seine Frau, ebenfalls Sportpädagogin, gehörte dem Hilfskorps der polnischen Armee an. Sie half verfolgten Landsleuten und stand in Verbindung mit der polnischen Untergrundarmee, die 1944 den Aufstand gegen die deutsche Besatzung unternahm.

Mit einer weiteren Familie bestand während des Krieges ebenfalls eine enge Freundschaft, in die auch Annemarie Hosenfeld eingebunden war. Die Polin Zofia Cieciora war eine der Frauen, die ein Jahr zuvor in Pabianice mit Hilfe von Wilm Hosenfend ihre Männer aus dem deutschen Kriegsgefangenenlager freibekommen hatten. Beide Ehepaare tauschten Briefe und Päckchen und trafen sich am Wohnort der Cieciora auf einem Landgut in Samter bei Posen. Der Bruder von Stanisław Cieciora war Priester im polnischen Untergrund und stand auf der Fahndungsliste der Gestapo, befand sich also in akuter Lebensgefahr. Wilm Hosenfeld wusste, wenn auch nicht sofort, Rat.

Pfarrer Antoni Cieciora im Ornat

Er gab ihm den Namen »Cichocki« und beschäftigte ihn später als Polnischlehrer an der von ihm geleiteten Sport- und Berufsförderschule.

Im November 1940 wollte Zofia Cieciora behilflich sein, ein polnisches Mädchen als Haushaltshilfe nach Thalau zu schicken. Annemarie Hosenfeld hatte sich zunächst in Deutschland um Ersatz bemüht, als ihr bisheriges Dienstmädchen kündigte. Doch vergebens, denn Arbeitskräfte waren wegen des Krieges kaum noch zu bekommen. Daraufhin bat sie ihren Mann händeringend, in Polen Ausschau zu halten. Doch das erwies sich als schwierig, denn dort kursierten abschreckende Geschichten über die Art und Weise, wie polnische »Fremdarbeiter« in Deutschland behandelt wurden. Die von Frau Cieciora gefundene Lösung – eine junge Kellnerin, die sie persönlich kannte, war bereit, nach Thalau zu gehen – scheiterte schließlich an der deutschen Bürokratie. Das zuständige deutsche Arbeitsamt hätte zustimmen müssen.

In den Briefen, die er im November und Dezember 1940 nach Thalau schickte, zeigte sich Hosenfeld niedergeschlagen und mutlos. *Manchmal sitze ich am Tisch und brüte vor mich hin und mag mich nicht unterhalten ... ich bleibe leer. Wie ein Fremder, der hier nichts zu suchen hat, renne ich durch die Stadt.* An anderer Stelle heißt es: *Früh war ich mit der Kompanie zum Exerzieren. Der Nebel legt sich aufs Gemüt, oder ich weiß nicht, was es ist. Ich bin so müde und gleichgültig.* Sein Zustand hing vermutlich auch mit gesundheitlichen Problemen zusammen, die ihm seit einigen Wochen zu schaffen machten. Hosenfeld litt immer wieder unter starken Kopfschmerzen, Sehstörungen und Sprachhemmungen – Symptome, deren Ursache auch nach eingehenden Untersuchungen nicht erkannt wurde.

Der Arzt riet ihm, wenigstens zeitweise mit dem Rauchen aufzuhören. Auch auf das Reiten sollte er vorerst verzichten. Also nahm Hosenfeld öfter das Fahrrad, um sich in der Stadt zu bewegen, oder ging einfach zu Fuß. Das damit verbundene Risiko kümmerte ihn nicht. Er sah mehr als andere, die mit dem Auto durch Warschau fuhren.

Über Wochen zogen sich die medizinischen Untersuchungen hin. Sie ergaben aber keinen klaren Befund. *Ich sehe zu gesund aus,* meinte er lakonisch. Die Ereignisse in seiner nächsten Umgebung trugen ebenfalls nicht zu seinem Wohlbefinden bei. Die »Volksdeutschen« mit ihrer ständig zur Schau getragenen nationalen Gesinnung gingen ihm auf die Nerven. *Dabei können ihre Kinder kaum ein Wort Deutsch,* notierte er. Als zwei junge Polen, die einen deutschen Soldaten daran hindern wollten, ein polnisches Mädchen zu vergewaltigen, vor ein Erschießungskommando gestellt werden sollten, packte ihn erneut der Zorn. *Denken darf man nicht, sonst könnte man jede Lust am Soldatenleben verlieren. Was ist das für eine Rechtsauffassung!* Die beiden wurden vermutlich erschossen.

Die anhaltend depressive Stimmung verstärkte in ihm erneut den Wunsch, den Einsatz in Warschau zu beenden und höchstens noch Dienst in einer Kaserne in Deutschland zu schieben. In ein Lazarett wollte er sich nicht einweisen lassen. Stattdessen beantragte er Erholungsurlaub, der ihm für die zweite Dezemberhälfte genehmigt wurde. Immerhin war es der dritte Urlaub im Laufe des Jahres 1940. Denn auch im Oktober hatte er zwei Wochen in Thalau verbracht. Zwei Heimreisen im Jahr waren die Regel.

6. Das Getto – *Eine einzige Anklage gegen uns*

Der neuerliche Heimaturlaub von über zwei Wochen tat Wilm Hosenfeld gut. Die gesundheitlichen Beschwerden ließen nach. Im Vergleich zu Warschau, wo die Gewalt gegenüber den Polen ihn auf Schritt und Tritt verfolgte, war das Leben in Thalau mit der Familie geradezu idyllisch. In seinem Tagebuch schilderte er einen »Großwaschtag«: *Wir helfen alle mit. Mir ist es eine große Freude, alles in Ordnung zu bringen. Ich räume den Boden auf, ziehe Drähte zum Wäscheaufhängen, dichte die Kellerfenster, mache in der Waschküche sauber und wringe mit Helmut die großen Wäschestücke aus, die für die kleinen Hände Annemies zu groß sind. Was ist das für ein friedliches Schaffen.*

Mitte Dezember 1940 mussten Detlev und Anemone noch zur Schule. Die Ferien begannen erst kurz vor Weihnachten. Der Vater richtete den beiden das Frühstück und brachte sie auf den Weg. *Es tut mir leid, die zwei in die Kälte hinauszuschicken, aber die Anstrengungen härten ab.* Jorinde Krejci erinnert sich, wie der Vater sie 1943 ebenfalls während eines Heimaturlaubs umsorgte. *Ich besuchte damals die höhere Schule in Fulda und hatte einen sehr weiten Weg dorthin; zwei Kilometer zu Fuß und 18 Kilometer mit der Bahn. Es war Winter, und es lag hoher Schnee. Um 6 Uhr stand ich auf, zog mich an und ging in die Küche – der einzige Raum, der schon warm war. Vater hatte den Ofen geheizt, Milch gekocht und das Früh-*

stück bereitet. Draußen leerte er den Aschekasten aus. Und als er zurückkam, sagte er: »Willst du heute nicht zu Hause bleiben? Der Schnee liegt so hoch. Bleib doch einfach hier!« Ich fand seine Fürsorge so rührend und sagte: »Aber Vater, ich muss doch in die Schule gehen.«

Die Urlaubstage verliefen dieses Mal harmonisch – bis auf den Abschied am Bahnhof in Fulda, wo Annemarie Hosenfeld wieder vom Schmerz über die Trennung überwältigt wurde und sich bitter beklagte.

Zurück in Warschau, holte die brutale Wirklichkeit der deutschen Besatzung Wilm Hosenfeld schnell wieder ein. Von Krystyna Luckhaus erfuhr er Anfang Januar 1941, dass in Chełm, ihrer Heimatstadt östlich von Lublin, etwa 300 Insassen einer psychiatrischen Anstalt von der SS und der Gestapo ermordet worden waren. Beim Besuch eines in Polen tätigen deutschen Unternehmers hörte der Offizier vom Schicksal eines jungen polnischen Arztes, der nachts aus dem Bett geholt, nach Auschwitz verschleppt und vier Wochen später dort umgebracht worden war. Das KZ Auschwitz diente seit Sommer 1940 als Sammellager für polnische Intellektuelle und Widerstandskämpfer. Dort wurden bis Kriegsende etwa 70000 Menschen ermordet. Das eigentliche Vernichtungslager Auschwitz-Birkenau entstand im Laufe des Jahres 1941.

Solche Nachrichten häuften sich und drückten auf Hosenfelds Stimmung. Seit Wochen bemühte er sich nun schon, für dienstunfähig erklärt zu werden, um nach Deutschland zurückkehren zu können. Der Neurologe, der ihn mehrfach untersuchte, machte ihm jedoch kaum Hoffnungen. *Ich fragte den Arzt aber rundweg, was er mit mir machen wollte. Er meinte, dass ich wohl als garnisonsdienstfähig entlassen würde. Er will aber unbedingt erst noch einen Spezialapparat anwenden. Ich reite jetzt auch nicht mehr mit. Er wollte mich ins Lazarett nehmen, aber das habe ich abgelehnt.* Es kam, wie der Neurologe vorausgesagt hatte. Am Ende schrieb er ihn »garnisonsdienstfähig fürs Feld«, was nichts anderes bedeutete, als dass Hosenfeld weiterhin in Warschau seinen Dienst versehen musste. *Das zerstört nicht nur Dir, liebe Frau, viele Hoffnungen, sondern es drückt auch mich derart nieder, dass ich zu nichts mehr Lust verspüre. Am meisten aber machst Du mir Sorge und der Gedanke, dass Du der Belastung durch die Trennung von mir nicht mehr gewachsen bist.*

Einige der Briefe, die Annemarie Hosenfeld in den ersten Wochen des neuen Jahres nach Warschau schickte, verstärkten seine Befürchtungen in dieser Hinsicht. Wilm Hosenfeld suchte verzweifelt nach einer Lösung, aber es gab keine. Dazu musste seine Frau eine neue Hiobsbotschaft verkraften. Sohn Helmut, Student der Medizin, erhielt seinen Gestellungsbefehl, der allerdings erst in drei Monaten wirksam werden sollte. Damit wurde zur Gewissheit, was Annemarie Hosenfeld immer wieder hinausschieben wollte: *Nun muss mein Junge Soldat werden, wir müssen ihn in ein unbekanntes Schicksal ziehen lassen, vielleicht in den Tod.* Das war zu viel für sie. Am 20. Januar 1941 schrieb sie ihrem Mann: *Ich kann nicht mehr beten, der Tag kommt, der Tag geht, ich erwarte von keinem mehr etwas. Die Kinder haben keine liebe Mutter, mich berührt kaum noch etwas. Vielleicht bin ich körperlich am Ende meiner Kräfte. Ich hätte gestern immer weinen können vor Rührung, dass andere Menschen gut zu mir sein wollten, die Verwandten, der fremde Offizier.*

Der Brief war, wie manche anderen Briefe, eine Momentaufnahme ihrer völligen Verzweiflung, die sie immer wieder überwinden musste, um den Alltag in Thalau zu bestehen. Bei dem von ihr erwähnten Offizier handelte es sich um einen Oberleutnant, den sie durch Zufall in Fulda kennengelernt hatte; er lud sie ins Kino und in ein Café ein und machte ihr offensichtlich den Hof. Annemarie Hosenfeld ließ es geschehen. Ihrem Mann berichtete sie ausführlich von der Begegnung. *Wir erlebten einen sehr schönen Nachmittag. Er erzählte von dem Frankreichfeldzug, er erzählt fesselnd und klar, und ich habe ihm gern zugehört. Er hat manche Ähnlichkeit mit Dir, das schätze ich an ihm, und dann ist er auch wieder wie Gerd* (ihr Bruder). Zum Abschied habe er sie sogar geküsst. *Ich weiß, dass Du überhaupt nicht eifersüchtig sein kannst. Trotzdem soll mich ein fremder Mann nicht küssen.*

Eine unmittelbare Reaktion von Wilm Hosenfeld auf den Brief seiner Frau ist nicht bekannt, eher einige Zeilen, die auch als eine Mahnung zu verstehen waren: *Ich hoffe, dass Du wieder ganz munter, stark und tapfer bist und die Widerwärtigkeit der Zeit begreifst und bestehst.* Gleichzeitig äußerte er Verständnis für ihren Wunsch, aus ihrer Enge herauszukommen und, wie er sich ausdrückte, den *Pulsschlag der Zeit* mitzufühlen.

Für Wilm Hosenfeld blieb die Familie der eigentliche Bezugspunkt seines Lebens – trotz der durch den Krieg verursachten Trennung. Ein Auseinanderbrechen hätte er gewiss als seine größte persönliche Niederlage empfunden. Deshalb bemühte er sich auch von Warschau aus stets um den Zusammenhalt. So bedachte er zum Beispiel die Kinder bei besonderen Gelegenheiten mit Briefen und Geschenken. Am 25. Januar 1941 schrieb er der ältesten Tochter Anemone zum 17. Geburtstag: *Wenn ich die Kinder auf der Straße sehe, manchmal gehen sie zur Schule, dann gehe ich hinter ihnen her und höre ihre Reden, von denen ich nichts verstehe, aber unwillkürlich denke ich, das könnten unsere kleinen Mädchen sein. ... Eins macht mich immer wieder zufrieden, der Gedanke, dass es Euch gutgeht, dass Ihr vom Krieg verschont geblieben seid und nicht das schreckliche Leid so vieler Familien erlebt habt, wie es mir hier auf Schritt und Tritt begegnet.*

Hosenfeld hatte öfter Begegnungen mit Schülerinnen und Schülern. In Warschau gab es zwei deutsche Volksschulen. Dort hatte er manchmal zu tun. Außerdem suchte er polnische Privatschulen auf, um Belegungsmöglichkeiten für die Wehrmacht zu erkunden. In einem Fall löste sein Besuch Panik aus, weil die Leiterin, eine Ordensschwester, ihn für einen Gestapo-Beamten hielt. Es gelang ihm schnell, sie zu beruhigen.

Seine Frau ließ er an seinem Alltag teilnehmen, indem er seinen Tagesablauf und die verschiedenen Aktivitäten ausführlich schilderte. Als Offizier vom Dienst war er für alles und jedes zuständig: *Das Telefon läutet in einem fort. Bald ist da ein Soldat verunglückt, der ein Sanitätsauto nötig hat; da ist ein Fahnenflüchtiger festgenommen worden. Eine Dienststelle fragt an, ob heute gesetzlicher Feiertag ist und ob die Mannschaften bis 12 Uhr Ausgang hätten. Ein anderer will deutsches Geld in polnisches umwechseln und fragt, wo die Stelle ist, bei der er wechseln kann. Der Kurier will die Kurierpost haben. Ich werde angerufen, ich soll Geheimsachen beim Armee-Oberkommando abholen. Von Krakau meldet sich ein Oberregierungsrat an, er will ein Quartier gemacht haben, 15 Soldaten ebenfalls. Ein Generalstabsarzt ist zwischen x – y verunglückt, sofort einen Wagen abschicken. Zwei betrunkene Soldaten sitzen in einem Lokal und schlagen alles kaputt. Feldgendarmerie benachrichtigen ...*

Auch über seine Kinobesuche berichtete Hosenfeld. Zu einem Spielfilm über Otto von Bismarck bemerkte er etwa, dieser Streifen sei ideal für den Unterricht über Weltgeschichte. *Er hat mir gut gefallen. Weißt Du, was ich gar nicht mehr mag bei diesen vaterländischen Filmen? Das Militärische, Kriegerische. Und wie hätte mich das früher gerade gepackt. Auch die Wochenschauen, in denen nun ausgiebig viel vom Kriegsgeschehen berichtet wird, werden einem gleichgültig.*

Über den Film »Sieg im Westen«, der mit Material aus den Wochenschauen den Westfeldzug verherrlichte, notierte der Offizier in seinem Tagebuch: *Nichts Wesentliches, was man vom Krieg nicht schon wusste. Das Ganze eine Aneinanderreihung von Filmdokumenten. Einseitig; nicht die Furchtbarkeit des Krieges zur Geltung gebracht aus propagandistischen Gründen.* Seine ursprüngliche Bewunderung für die Siegesserie im Westen war einer gewissen Nachdenklichkeit gewichen. Auch gegenüber Hitler ging er auf Distanz, wie seine Reaktion auf die Rede zeigte, die der Reichskanzler am 24. Februar 1941 im Münchner Hofbräuhaus hielt.

Hosenfeld missfiel, dass Hitler sich selbst mit Lorbeeren überschüttet und die Verdienste früherer Staatsmänner in ein schlechtes Licht gerückt habe. Das sei überheblich und ungerecht. *Das deutsche Volk steckt jetzt in einer Zwangsjacke, aus der es sich nicht befreien kann; nur deshalb ist die sogenannte große Einigkeit möglich. Man soll sich aber nicht täuschen und glauben, es sei eine ideelle Einigkeit oder gar eine gewachsene.* Diese Einsicht hielt ihn jedoch nicht davon ab, weiter an einen Sieg Hitler-Deutschlands zu glauben. Die politischen Dinge in Europa würden so geregelt, dass eine lange Friedenszeit folgen werde.

Von dem, was Hitler in seinem Buch »Mein Kampf« angekündigt habe, sei schon überraschend viel verwirklicht worden, schrieb er seinem Sohn Helmut. Hosenfeld erwartete für die Zukunft eine *Auseinandersetzung mit dem russischen Regierungssystem*, also mit dem Kommunismus. Außerdem werde die Judenfrage gelöst. *Nach Hitler wird kein Jude mehr in Europa sein.* Ein ungeheuerlicher Satz, dessen Bedeutung ihm von Monat zu Monat stärker bewusst wurde. Seine Gefolgschaft und sein Glaube an einen Sieg des NS-Regimes gerieten allerdings erst dann ins Wanken, als Hosenfeld das ganze Ausmaß der Verbrechen in seiner unmittelbaren Umgebung bewusst wurde. Am 3. März 1941 erhielt er erstmals Einblick in das Warschauer Getto. In dem abgeriegelten Stadtviertel verfügte die Wehrmacht über ein Magazin mit Betten, Matratzen, Tischen und Stühlen. Seine Aufgabe bestand darin, die Möbel zu einer Schule im Stadtteil Praga zu transportieren, wo neue Quartiere für Soldaten entstanden. Was Hosenfeld im Getto sah, erschütterte ihn zutiefst: *Furchtbare Zustände, eine einzige Anklage gegen uns. Die Menschen müssen vegetieren und verhungern. Wie in einem Ameisenhaufen kriechen sie durch die schmutzstarrenden Straßen. Verlumpt und verelendet. Jüdische Ordnungspolizei greift energisch durch.*

Die Menschen im Getto waren abgeschnitten von ihrem bisherigen Leben und fanden sich in einer unwirklichen Welt wieder, die anfangs noch den Anschein von Normalität hatte. Juden konnten ein Restaurant aufsuchen oder in ein Café gehen. Es gab Kino- und Theateraufführungen. Wer noch Geld oder Wertsachen besaß, ließ es sich, solange es ging, gutgehen. Und gleichzeitig herrschte eine lähmende Ungewissheit darüber, was die Zukunft bringen würde. Der Gedanke, dass etwas Furchtbares geschehen werde, sei ein immerwährender Alptraum gewesen, schrieb Szpilman. Im sogenannten Kleinen Getto, wo die Familie Szpilman wohnte, waren die Verhältnisse zunächst noch halbwegs erträglich. Dort lebte überwiegend Intelligenz und wohlhabende Bourgeoisie, *verhältnismäßig wenig verlaust und das Ungeziefer vertilgend, das man sich im Großen Getto zuzog.*

Das eigentliche Drama spielte sich anderswo ab, und zwar im Großen Getto. Dort, im Norden von Warschau, seien die vielen schmalen, übelriechenden Gassen und Straßen vollgestopft *mit dem Gewimmel armer Juden, die im Elend, in Schmutz und Enge hausten.* Razzien und willkürliche Verhaftungen gab es überall im jüdischen Bezirk. SS und Gestapo holten junge Männer aus den Häusern und schickten sie auf Baustellen, wo Juden fast immer die dreckigste und gefährlichste Arbeit verrichten mussten. Władysław Szpilman versuchte, solchen Kommandos zu entgehen, weil er um seine Hände fürchtete. Eine Verletzung oder ein Bruch am Handgelenk hätte das endgültige Ende seiner ohnehin gefährdeten Karriere bedeutet.

Im Getto an Informationen zu kommen, war äußerst wichtig. Szpilman beschreibt das Schicksal eines Mannes, den er regelmäßig aufsuchte, weil es bei ihm stets Neuigkeiten gab. Jehuda Zyskind, ein Lebenskünstler und Optimist, schaffte es zum Beispiel, Presseerzeugnisse ins Getto zu schleusen. Zudem stand er mit Untergrundgruppen in Verbindung, die er mit Schriften versorgte. Er war ein Hüne von Gestalt und betätigte sich als Hauswart, Fuhrmann, Händler, Schmuggler und gewiefter Organisator. Wann immer der Pianist nur noch düster in die Zukunft blickte, am Leben im Getto verzweifelte und keinen Sinn mehr in seinem Dasein sah, gelang es Zyskind mit wenigen Sätzen, ihm wieder ein Stück Zuversicht zu vermitteln. Der Mann, der ihm so oft Mut zugesprochen hatte, wurde im Winter 1942 verhaftet. *Auf dem Tisch la-*

gen eben Stöße geheimen Materials, und Jehuda mit Frau und Kindern sortierten sie. Sie wurden alle, den kleinen dreijährigen Symche eingeschlossen, an Ort und Stelle erschossen.

Die materielle Lage der Familie Szpilman verschlechterte sich schon nach wenigen Monaten. Geld, Schmuck, sogar das Klavier – alles war auf dem Schwarzmarkt verkauft worden, um das nackte Überleben zu sichern. Obwohl er das Dasein im Getto wie einen Mühlstein empfand, den er täglich bewegen musste, um überhaupt weiterleben zu können, raffte Władysław Szpilman sich auf. Er musste Geld verdienen, um die Existenz der Familie zu sichern. *Meine Kriegskarriere als Pianist begann ich im Café »Nowoszesna« (Moderne), das mitten im Herzen des Gettos, in der Nowolipki-Straße, lag.* Der Weg dorthin führte durch enge Gassen und streckenweise entlang der Gettomauer. Elendsgestalten, Bettler und Schmuggler begegneten ihm auf Schritt und Tritt.

Eines Tages wurde er Zeuge, wie ein Kind durch eine Öffnung im Mauerwerk zurück ins Getto kriechen wollte, nachdem es seine Ware bereits durch das Loch befördert hatte; es blieb jedoch an einem Mauervorsprung hängen und fing an zu schreien. Szpilman zog mit voller Kraft an dem kleinen Körper. Auf der anderen Seite war jedoch ein Polizist auf den Kleinen aufmerksam geworden und prügelte auf ihn ein. Als der Musiker ihn endlich befreit hatte, starb das Kind unter seinen Händen. Der Polizist hatte ihm das Rückgrat zertrümmert.

Im Café selbst gingen sogenannte Schmugglerkönige, die sich noch jeden Luxus leisten konnten, ein und aus. Für seine Musik interessierte sich kaum jemand. Manchmal wurde Szpilman gar gebeten, mit dem Klavierspiel aufzuhören. Man habe Wichtiges zu besprechen und könne sein eigenes Wort nicht verstehen. Deshalb nahm der Pianist die erste Gelegenheit wahr, das Lokal zu wechseln. Im Café an der Sienna Straße verkehrten jüdische Intellektuelle, die seine Musik schätzten.

Zu den Stammgästen zählten dort Maler, Wissenschaftler und Pädagogen. Dort lernte Szpilman auch Janusz Korczak kennen, den Schriftsteller und Erzieher, der zuvor Waisenhäuser gegründet und mit seinen Büchern und Sammelaktionen zugunsten elternloser Kinder bereits großes Ansehen erworben hatte. Im Getto, in das er sich freiwillig begeben hatte, habe Korczak seine Mission fortgesetzt. *Damals, als wir uns mit ihm in der Sienna unterhalten haben, ahnten wir noch nicht, dass sein Leben so großartig, mit einer so strahlenden Leidenschaft enden wird.* Janusz Korczak ging zusammen mit seinen Kindern in den Tod.

Auch außerhalb des Gettos litten polnische Kinder Hunger und bittere Not. Das Quartier von Wilm Hosenfeld lag im Erdgeschoss einer Kaserne. Die Fenster waren mit Eisenstäben vergittert. Schon früh am Morgen kamen Kinder ans Fenster und bettelten um Brot. Manchmal wurde es ihm zu viel, und er versuchte, die Kleinen zu verscheuchen. Aber dann musste er an die eigenen Kinder denken und schnitt von seinem Brot einen Kanten ab und gab ihn zwei Mädchen – *denen konnte ich nicht widerstehen*. Wenn er sonntags unterwegs war, nahm er manchmal einige Scheiben mit, um nicht mit leeren Händen dazustehen, falls Kinder ihn ansprachen.

Wenn er Bettler sah, konnte er nicht einfach an ihnen vorbeigehen. In der Nähe der Weichselbrücke, die zum Lazarett der Wehrmacht führte, herrschte reger Publikumsverkehr. Dort sah er einen Blinden, der die Passanten um Hilfe bat; ferner einen Jungen mit *grässlichen Narben im Gesicht*, eine Frau mit einem Kleinkind auf dem Schoß und eine weitere Person mit zwei kleinen Mädchen, die Kirchenlieder sangen. Sie alle litten offenbar große Not und hofften auf Almosen.

Anfang März 1941 entstand in Warschau eine jener Situationen, die Hosenfeld innerlich aufwühlten. Der polnische Regisseur und Schauspieler Igo Sym, von der Besatzungsmacht hofiert und damit beauftragt, ein deutschsprachiges Theater in Warschau aufzubauen, war am 7. März in seiner Wohnung erschossen worden, wahrscheinlich von einem Mitglied der polnischen Untergrundarmee. Sym galt als Kollaborateur; er hatte an den Vorbereitungen für den Film »Heimkehr« mitgewirkt, für den er Schauspieler engagieren sollte. Von daher kannte Hosenfeld ihn. *Daraufhin sind einige hundert Geiseln festgenommen worden mit der Drohung, dass sie erschossen werden, wenn bis heute Abend sich der Täter nicht meldet,* berichtete Hosenfeld seiner Frau zwei Tage nach dem Attentat. Reichspropagandaminister Goebbels, der das Filmprojekt in Auftrag gegeben hatte, schaltete sich ein; wohl auf seine Veranlassung hin wurden 21 Geiseln erschossen.

Der Racheakt kam einige Tage später im Büro von Eduard Luckhaus im Palais Brühl am Sitz der Distriktverwaltung zur Sprache. Ein anwesender Oberleutnant vertrat die Ansicht, wegen des Mordes an dem bekannten Theatermann seien zu wenige Polen erschossen worden. Engländer und Franzosen hätten in vergleichbaren Situationen viel härter reagiert. Hosenfeld notierte in seinem Tagebuch: *Das sind so naive Hirne. Wenn wir uns auf diese niedrige Stufe stellen, dann kämen die Völker auf das Niveau der Kannibalen. Abwechselnd müssten sich die Völker dann ausrotten.*

Im Frühjahr 1941 verstärkten sich die Anzeichen für den bevorstehenden Angriff Deutschlands auf die Sowjetunion. Aufmerksam registrierte Hosenfeld die Veränderungen in seiner Umgebung: u.a. Truppenkonzentrationen und gleichzeitig Abzug von Teilen des Bataillons, dem er angehörte. Daraus zog er den Schluss, dass es im Sommer zum Krieg gegen die Sowjetunion kommen werde. *Da mit einer längeren Dauer zu rechnen ist, werden wir uns mit der Ukraine und dem Donezk-Becken eine wirtschaftliche Basis sichern wollen. Russland bleibt eine ständige Bedrohung für uns, entzieht sich den vertraglichen Abmachungen, indem es uns nichts liefert, reorganisiert sein Heer und ist ohnehin gegen uns eingestellt.* Auch in diesem Fall folgte Hosenfeld ganz der Linie der deutschen Propaganda. Weder stellte die Sowjetunion eine Bedrohung für Deutschland dar, noch verhielt sie sich vertragsbrüchig. Im Gegenteil, es war die deutsche Seite, die zugesagte Industriegüter nicht lieferte.

Außer den Anzeichen, die auf einen bevorstehenden Ostfeldzug hinwiesen, gab es noch weitere Neuigkeiten. Wilm Hosenfeld wurde zum Sportoffizier bei der Kommandantur Warschau ernannt. Neben der Kontrolle über den Wachdienst und verschiedenen organisatorischen Aufgaben gehörte der Sportbetrieb jetzt offiziell zu seinem Bereich. Ganz nebenbei erfuhr er, dass die Wien-Filmgesellschaft inzwischen wie geplant die Kulissen für den Film »Heimkehr« aufgebaut hatte. Als die Dreharbeiten endlich beginnen sollten, setzte jedoch Tauwetter ein und das malerische Schnee-Panorama schmolz in kurzer Zeit dahin. Schauspieler und der ganze Film-Tross mussten unverrichteter Dinge abziehen. Über 100 000 Reichsmark waren in den Sand gesetzt worden.

Zu den erfreulichen Ereignissen zählte im März 1941

die Aussicht auf einen weiteren Heimaturlaub in der zweiten Monatshälfte. Die Nachrichten aus Thalau klangen seit einiger Zeit wieder so, dass Wilm Hosenfeld nicht ständig in Sorge sein musste. Seine Frau hatte sich wieder gefangen, obwohl sie schwere Wochen bestehen musste, denn die beiden Töchter Jorinde und Uta lagen mit hohem Fieber danieder und bereiteten der Mutter viele schlaflose Nächte. Manchmal sehnte sie sich nach Worpswede zurück, an die weitgehend unbeschwerte Kindheit. *Das Leben ist wundersam. Zum Arbeiten habe ich gar keine Lust. Ich möchte wieder ein Mädchen sein und mit nackten Beinen über die Heide laufen und in der Sonne liegen, das Leben verträumen und abends unter Männern sitzen und Musik hören und Dichtung.*

Doch die Realität in ihrer nächsten Umgebung war eine andere. In demselben Brief vom 7. März 1941 berichtete sie von der Beerdigung eines alten Mannes aus Thalau, der im Ort offenbar großes Ansehen genoss: *Die Menschen sangen und beteten, die Angehörigen weinten, und in all dem Frieden hörte man ununterbrochen Geschützdonner. Grobknochig, schwerfällig mit harten verarbeiteten Zügen stand dieses Bauernvolk dort. Ich hätte sie malen mögen, diese herben, schlichten Arbeitsmenschen! Wie fremd und zerbrechlich war ich unter ihnen und lebe schon 14 Jahre mit ihnen!*

7. Sportoffizier und Gasoffizier – *Kampfspiele der Wehrmacht*

Der Frühling 1941 gab Annemarie Hosenfeld neuen Auftrieb. Zwar konnte sie den Krieg nicht ganz ausblenden – an manchen Tagen überschlugen sich die Sondermeldungen über die Erfolge der deutschen Wehrmacht in Nordafrika und auf dem Balkan. Dennoch genoss sie das Aufblühen der Natur. *Die Arbeit draußen macht mir viel Freude,* berichtete sie ihrem Mann, den sie über die Gartenarbeit weiter auf dem Laufenden hielt. ... *die Vögel zwitschern, meine kleinen Mädchen spielen bei mir, der Himmel ist blau und sonnig, und über allem liegt ein unendlicher Friede. Die Obstbäume tragen dicke Knospen, und die Büsche haben alle schon dichtes Grün.*

In den Briefen, die sie weiter regelmäßig nach Warschau schickte, schilderte sie auch den Schabernack, den die Kinder mit ihr trieben, und den Spaß, den die Kleinen untereinander hatten. Annemarie Hosenfeld stand wieder ein Hausmädchen zur Seite. Diese Unterstützung brauchte sie auch deswegen, weil im Mai 1941 ihr Vater Karl Krummacher sie für drei Wochen in Thalau besuchte. Der Künstler trug viel zur Unterhaltung bei, indem er den Kindern Geschichten aus Worpswede erzählte. Er freute sich, wenn er einer Familie aus der Nachbarschaft seinen Text vorlesen konnte. Aber er war auch anspruchsvoll und nahm kein Blatt vor den Mund. So warf er seiner Tochter vor, die Ehe habe sie geistig unbeweglich gemacht. *Vielleicht,* meinte sie. *Aber was würde es ausgerechnet ihm nützen, wenn ich ihn mit literarischen Vorträgen unterhalten könnte. Das Zimmer wäre kalt, die Schuhe nicht geputzt, und er müsste auf seinen Haferbrei und all den Kram verzichten.*

Doch manchmal spürte sie schon das Bedürfnis, sich geistig stärker zu betätigen und zum Beispiel Menschen und Landschaft in ihrer unmittelbaren Umgebung zu beschreiben. Das Erleben sei oft so stark, dass sie selber darüber staune. Wobei ein Ausschnitt der Natur schon genügte, sie in Entzücken zu versetzen. *Eine Wiese mit Sumpfdotterblumen und ein blauer Himmel, die können mich für ein paar Stunden trunken machen vor Freude. – Nicht immer, ach, lange nicht immer.* Ihr Schreibtalent richtete sie auf die vielen Briefe, die sie im Laufe der Kriegsjahre verfasste. Auf der einen Seite klagte sie darin in immer neuen Wendungen über die Trennung von Wilm Hosenfeld: *Wie fremd und fern ist mir Dein jetziges Leben, wie bitter ist es für mich, nichts mehr mit Dir teilen zu können. Ich weiß nicht, was das Schicksal von mir noch verlangt. Manch-*

Karl Krummacher mit Tochter Annemarie und Enkeltochter Jorinde in Thalau

mal denke ich, ich wäre längst gestorben und ein Doppelbild mit meinem Körper lebte noch, dieser Körper sucht seine Seele, aber sie ist fort. Und auf der anderen Seite verstand sie es, in bewegenden Worten ihre grenzenlose Liebe und das ungestillte Verlangen nach ihm auszudrücken. Einige Zeilen von ihm reichten, sie aus ihrer trüben Stimmung herauszureißen: *Du hast mir eine große Freude mit Deinem lieben, lieben Brief gemacht. Ich möchte auch bei Dir sein, ich wollte Dein Gesicht in meine Hände nehmen und Deinen warmen Mund küssen und Deine weichen dunklen Haare und Deine Augen und Dir sagen, dass Du nur bei mir zu Hause bist.*

Dass der Krieg und damit die Trennung vielleicht noch Jahre dauern würden, damit müsse man sich abfinden. *Abfinden ist das richtige Wort, denn ich bringe diese Opfer nicht aus freiem Entschluss und Begeisterung oder aus Einsicht.* Aufmerksam verfolgte Annemarie Hosenfeld die Ereignisse in ihrer nächsten Umgebung. Militärlastwagen passierten in Kolonnen die Straßen in und um Thalau. An der Schule wurde sie Zeuge, wie der Schularzt einen Jungen auf eine mögliche Zwangssterilisation hin untersuchte, die das NS-Rassegesetz »zur Verhütung erbkranken Nachwuchses« zuließ. Die Lehrerin versuchte, das Kind vor dem Eingriff zu bewahren; sie sagte, er sei zwar nicht besonders klug, aber im praktischen Leben werde er später sicher ganz tüchtig sein. Der Mediziner fragte den Jungen, was die Hauptstadt von Italien sei. Als er keine Antwort erhielt, befahl er der Schwester, ihn zur Sterilisation vorzumerken.

In einigen der Briefe, die sie im Mai 1941 schrieb, äußerte Annemarie Hosenfeld sich zu der Bekanntschaft, die sie Wochen zuvor in Fulda gemacht hatte. Eigentlich sollte die Beziehung zu Oberleutnant Hans Müller (Name geändert) längst beendet sein. Müller verabredete sich mit ihr zumeist in Fulda. Dort besuchten beide Konzerte und Theateraufführungen. Sie selber ging mit der Freundschaft ganz offen um. Ihre beiden älteren Kinder, Anemone und Helmut, fanden den Umgang der Mutter mit dem Offizier überhaupt nicht gut und ließen sie das auch spüren. Über Müller schrieb sie: *Er ist kein gewöhnlicher Mensch, er ist feinfühlig und gut, er ist männlich und aufrichtig*. In ihrem Brief vom 19. Mai 1941 versprach sie ihrem Mann, sie wolle in dieser Angelegenheit stets offen zu ihm sein. Sie könne gut verstehen, dass er nichts von Müller wissen wolle, und wenn ihre großen Kinder es verwerflich fänden, dass ihre Mutter mit einem anderen Mann eine Freundschaft habe, so wolle sie darauf verzichten. *Sei mir ja nicht böse, Du hast auch wirklich keinen Grund dazu, denn ich schrieb ihm, dass dieses die vollständige Trennung bedeute, und er wird es achten. Leicht ist es mir nicht geworden, ihm weh zu tun.*

Kaum drei Wochen später bat sie ihren Mann, ihr die Freundschaft zu gönnen. *Er ist in Fulda und wir waren gestern Abend im Konzert. Ich traf manche Bekannte im Konzert. Ich verstehe mich sehr gut mit ihm und lerne in ihm einen reifen, vielseitig interessierten und guten Menschen kennen. Wir sprechen sehr viel von Dir, und er möchte Dich so gern kennenlernen. … Lieber Wilm, kannst Du es nicht verstehen, dass ich gern mit einem Menschen zusammen bin, der mich versteht und auf mich eingeht? Hast Du nicht auch Freunde gehabt in Polen, Pruts und Luckhaus und so weiter. Kannst Du nicht verstehen, dass man sich an einem Menschen manchmal aufrichten muss?*

In einem Brief an seinen Sohn Helmut bemühte sich Wilm Hosenfeld, dessen Befürchtungen zu zerstreuen, die Eltern würden sich auseinanderleben. Diese Sorge sei überflüssig. *Was mich betrifft, so habe ich der Mutter erzählt, dass ich hier verschiedene Bekannte habe, unter denen auch eine Frau ist, die ich besonders schätze, aber auch weiter nichts. Mutter hat die Sache sehr tragisch genommen und befürchtete eine Gefahr für unser eheliches und Familienglück. Die Beziehungen der Mutter zu dem Oberleutnant sind genauso bedeutungslos.* Wilm Hosenfeld versicherte weiter, die Liebe zu seiner Frau sei durch die Trennung eher noch gewachsen. Es gebe wenige Ehen, die so harmonisch und glücklich seien wie ihre. Gelegentliche Konflikte gehörten bei gegensätzlichen Temperamenten und unterschiedlichen Veranlagungen dazu.

Zu dem vom Sohn befürchteten Zerwürfnis zwischen den Eltern kam es nicht, auch nicht zu einer dauernden Entfremdung. Ohnehin fehlte es nicht an anderen Ereignissen, die ihre ganze Aufmerksamkeit beanspruchten. Der spektakuläre Flug von Rudolf Heß am 10. Mai 1941 nach England und sein Absprung mit dem Fallschirm über Schottland sorgten überall für Aufregung. Annemarie Hosenfeld berichtete, in Fulda seien Leute verhaftet worden wegen unvorsichtiger Äußerungen in diesem Zusammenhang. Sie hielt den Hitler-Stellvertreter für einen *anständigen, sympathischen Menschen.*

Als in den ersten Meldungen von einem Absturz die Rede war, kamen Wilm Hosenfeld gleich Zweifel. Im Kasino, wo er mit anderen Offizieren den Vorfall diskutierte, meinte er im Scherz, Heß wolle sicher nach England, und wurde kurz darauf bestätigt. Der Version Hitlers, der Heß für geistesgestört erklärte, misstraute er: *Ein Geistesgestörter vollbringt nicht den Flug nach Schottland, und ein Mensch mit klarem Verstand muss sich sagen, dass er seinem Vaterland ungeheuer schadet und nichts erreicht.*

Während die Diskussionen über den rätselhaften Flug von Rudolf Heß nach England andauerten, liefen die Vorbereitungen für den Ostfeldzug auf Hochtouren. Für Wilm Hosenfeld bestand kein Zweifel mehr, dass der Angriff auf die Sowjetunion höchstens noch eine Frage von wenigen Wochen sein würde. Auf dem Weg zu einem Wachposten beobachtete er, wie immer neue Truppen die Weichselbrücke in Richtung Osten überquerten. *Ich bin ausgestiegen und habe eine Stunde an der Straße gestanden und die Männer angeschaut, die da vorüberzogen. Was wird ihnen bevorstehen? Am liebsten wäre ich mitgegangen.*

Tagelang lagen ihm das Rattern der Militärfahrzeuge und der Hufschlag der Pferde im Ohr. Und er konnte sich von dem Anblick der Kolonnen kaum lösen. *Ich laufe neben den marschierenden Soldaten her. Ich möchte den Jungens die Hand geben, diese braven Kerle. 30 km sind sie schon marschiert; es soll die Nacht durchgehen. An der Sprache erkenne ich den Unteroffizier auf dem Pferde als Hessen. Neben ihm geht ein gesatteltes Pferd ohne Reiter. Mit einem Sprung wäre ich im Sattel.*

Dass die Soldaten in einen Krieg zogen, der von Anfang an auf Vernichtung angelegt war, konnte Hosenfeld im Frühjahr 1941 noch nicht wissen. Obwohl er eine Fülle von Aufgaben zu erledigen hatte, hielt ihn angesichts des Truppenaufmarsches nicht mehr viel in Warschau. Für ihn kam letztlich entweder die Rückkehr nach Thalau oder ein Einsatz an der Front in Frage, *damit ich einen tieferen Sinn für die Trennung von Dir erhielte, der in Anstrengung, Marsch und Entbehrung uns erwartet,* schrieb er seiner Frau. Dazu fühlte sich der fast 46-Jährige nicht zu alt und körperlich in einer guten Verfassung. *Immer bleibt der Stachel, ohne Dich zu leben und zu erleben. Wenn ich über den weiten Strom hinübersehe, die weißen Segel und die Schiffe daherkommen, oben schießen die Möwen und Schwalben, in dem Weidengebüsch singt eine Nachtigall, wie wunderbar wäre es, mit Dir hier zu sitzen und Deine Hand in der meinen zu spüren und unsre Herzen aneinanderschlagen zu hören! Aber so ist mir alles öd und leer und ohne Seele.*

Ein Fronteinsatz blieb ihm auch deswegen verwehrt, weil seine Vorgesetzten ihn nicht gehen ließen. Sie schrieben ihm beste Zeugnisse und wollten sein Organisationstalent und seine soldatischen Fähigkeiten in Warschau nutzen. Der Bataillonskommandeur begründete Hosenfelds Beförderung zum Oberleutnant so: *Geistig reger und vielseitiger Offizier, der sich als Rekrutenausbilder, Zugführer und stellvertretender Kompanieführer bewährt hat.* Ähnlich urteilte sein Regimentskommandeur. *Militärisches Können sehr gut. Energisches, sicheres Auftreten vor der Front. Guter Ausbilder; hat sich als stellvertretender Kompanieführer sehr bewährt.*

Vor allem für das Sportprogramm wollte der Regimentskommandeur den Offizier in der polnischen Hauptstadt halten. So organisierte Hosenfeld zum Volkssporttag am 25. Mai 1941 zahlreiche Wettkämpfe. Daran nahmen Sportgemeinschaften der SS, Polizei und Hitlerjugend teil. Zu den im Stadion gehaltenen Reden notierte er in seinem Tagebuch: *Die Ansprachen gehen nicht zu Herzen. Der Polizeioberst kann's nicht und der Hitlerjunge auch nicht.* Worin seine Aufgabe als Sportoffizier bestand, schilderte er am 31. Mai 1941 in einem Brief an seine Frau: *Die Sportgemeinschaft der Kommandantur erstreckt sich auf etwa 20 verschiedene Einheiten, die ich sportlich zu betreuen habe; die liegen in und um Warschau. Dazu habe ich die Verwaltung der Sportanlagen und die Aufsicht, vor allem aber obliegt mir der eigentliche Sportbetrieb, also Leichtathletik, Fußball, Handball, Tennis, Schwimmen, Wassersport. Es gibt eine endlose Lauferei, dazwischen Vortrag beim Kommandanten oder seinem Stellvertreter ... Morgen ist Eröffnung des Schwimmbades und des Bootshauses, verbunden mit Wettkämpfen.* Das Bootshaus lag unweit der Weichsel. Rudern und Segeln gehörte mit zum Programm, das der Sportoffizier nach und nach aufbaute und das bald von vielen Soldaten genutzt wurde.

Mit dem Sportbeauftragten des Generalgouvernements, einem Dr. Niffka, der auf Seiten der deutschen Zivilbehörden im besetzten Polen sein direkter Ansprechpartner war, geriet Hosenfeld aneinander, als dieser ihn aufforderte, dafür zu sorgen, dass das polnische Hoheitsabzeichen vom Stadion entfernt werde. Nach Ansicht des Beamten sollten alle Erinnerungen an den polnischen Staat ausgelöscht werden, auch die Denkmäler für den polnischen Komponisten Frédéric Chopin und den Nationaldichter Adam Mickiewicz. Hosenfeld entgegnete, die Deutschen müssten die geistigen Leistungen eines Volkes achten, auch wenn sie sich mit ihm im Kriegszustand befänden. Einem Kulturvolk stünde es besser an, Kulturdenkmäler zu respektieren, statt sie zu zerstören. Alles andere würde einen Rückfall in die Barbarei bedeuten. In seinem Tagebuch heißt es dazu: *Mit solcher Wichtigtuerei glauben die Leute den Krieg zu gewinnen.* Aus der Aufzeichnung geht nicht hervor, ob er sich durchsetzen konnte.

Wilm Hosenfelds Kritik am NS-System gewann immer mehr an Klarheit und Schärfe. Über den deutschen Film »Ohm Krüger«, einen der populärsten Spielfilme der 1940er Jahre, der den brutalen Kampf der Briten gegen die Buren in Südafrika zum Thema macht, empörte er sich und fragte, was Deutschland das Recht gebe, einen

Film mit einer derartigen antibritischen Propaganda herzustellen. *Ist der Vernichtungskampf gegen die Polen, ganz zu schweigen gegen die Juden, nicht dasselbe? Man kann eben nur sagen, alles, was uns nützt, ob Lüge oder Heuchelei, darf die Kriegspropaganda anwenden. Auf die Masse der Deutschen wirkt der Film sicher im gewollten Sinn, den Engländer für ein Scheusal zu halten. Aber warum bemühte sich der Führer so sehr um die Freundschaft mit England? Waren es 1933–1938 nicht dieselben Engländer? Genauso sind die Bolschewiken dieselben geblieben.*

Vernichtungskampf gegen Polen und Juden – dieser Eintrag in sein Tagebuch ließ an Deutlichkeit nichts zu wünschen übrig. In seiner neuen Funktion als Gasschutzoffizier, die er neben dem Sportbetrieb wahrnahm, reiste Hosenfeld in der letzten Maiwoche des Jahres 1941 zu einem Lehrgang nach Pabianice. Beim Aussteigen aus der Straßenbahn traf er die Tochter der Familie Prut, die ihn zu ihren Eltern nach Hause einlud. Das Wiedersehn mit den Freunden verlief herzlich und unbeschwert, sodass er sich spontan zum Bleiben entschloss.

Eigentlich sollte Hosenfeld auf dem Fabrikgelände, das er seinerzeit zum Lager für polnische Kriegsgefangene umgerüstet hatte, Quartier nehmen. Die Gebäude dienten inzwischen umgesiedelten Wolhynien-Deutschen, deren Schicksal der Film »Heimkehr« propagandistisch ausgebeutet hatte, als Unterkunft. Diese im 19. Jahrhundert in Wolhynien, dem ehemals polnischen, heute westukrainischen Gebiet, angesiedelten Deutschen warteten auf neue Unterkünfte im Warthegau.

Als Hosenfeld das Lager aufsuchte, überwältigten ihn zunächst die Erinnerungen an die Kriegsgefangenen, die anfangs am Zaun um Brot gebettelt hatten, bis er ihre Ernährung sicherstellen konnte. Auch dachte er an die

Gottesdienste im Lager, die ihn tief berührt hatten. Der polnische Pförtner erkannte ihn sofort wieder. Der Mann freute sich, ebenso seine Frau, die den deutschen Offizier überschwänglich begrüßte. Der Anblick der Wolhynien-Deutschen, die dort in den Fabrikhallen hausten, bedrückte ihn jedoch. Sie, die jetzt als »Volksdeutsche« galten, waren offenkundig schlecht versorgt und tief verunsichert, was ihre Zukunft anging.

Beim Gang durch die Stadt Pabianice stellte Hosenfeld fest, dass die meisten Geschäfte inzwischen von Deutschen übernommen worden waren. *Polen sind noch genug da, aber denen geht es wie überall schlecht. Sie drücken sich überall scheu zur Seite.* Sein Weg führte ihn durch das Getto mit etwa 8000 Juden. Ein alter Mann mit einem groben, fast entstellten Gesicht schnappte seinen Koffer, während ein jüdischer Polizist ihm den Weg wies. *Hunderte von Juden gingen an uns vorbei, immer die Mütze vom Kopf reißend, manche nahmen sie schon 10 Schritte vorher ab und machten dann einen demütigen Diener. Sie sind glücklich, dass sie arbeiten dürfen, sie machen Fliegeruniformen, sie kriegen auch Essen und werden bezahlt.* Wer allerdings nicht pariere, werde ins Getto nach Łódź gebracht, das man nach dem deutschnationalen General Karl Litzmann, einem Hitler-Anhänger, in Litzmannstadt umbenannt hatte.

In Łódź hatte die deutsche Besatzungsmacht über 200 000 Juden zusammengezogen. Die Bedingungen dort waren ähnlich katastrophal wie im Warschauer Getto. Die Überstellung nach Łódź bedeutete Vernichtung durch Arbeit. Das hatte sich längst herumgesprochen. Deswegen gewann Hosenfeld beim Gang durch das Getto von Pabianice den Eindruck, die Juden seien mit ihrem Los zufrieden. Das Getto selbst bestand nur noch bis Mai

1942. Die meisten Bewohner endeten im Vernichtungslager Chełmno (Kulmhof im Warthegau). Die Übrigen, das waren arbeitsfähige Juden, wurden von Pabianice zur Zwangsarbeit nach Łódź transportiert und später ebenfalls umgebracht.

Als Hosenfeld aus Pabianice zurückkehrte, glich Warschau einer belagerten Stadt. Auf Straßen und öffentlichen Plätzen war kaum noch ein Durchkommen. Überall blockierten Militärfahrzeuge den Verkehr. Im Stadtzentrum blieben selbst die Straßenbahnen stecken. Wilm Hosenfeld bemühte sich, den Sportbetrieb in Gang zu halten. An manchen Tagen stürmte so viel auf ihn ein, dass er Mühe hatte, die Fäden in der Hand zu halten. Seine Hilfsbereitschaft führte dazu, dass vieles auf seinem Schreibtisch landete, wofür er gar nicht zuständig war, etwa Anträge auf Sportkleidung und Sportgeräte. Das war Sache der Zivilverwaltung.

Mein Tagebuch weist viele leere Blätter auf. Heute sehe ich: Fronleichnam (12. Juni 1941, katholischer Feiertag)! *Wie ferngerückt ist diese Welt, die sich um dieses Wort erhebt. Wie ein ferner, schöner Zauber, ein fast unwirklicher Traum einer besseren Welt steigt die Erinnerung an diesen Tag in mir auf.* Bald darauf hielt er ein Foto seiner Tochter Jorinde in der Hand, das sie im weißen Kleid bei der Fronleichnamsprozession zeigte. Das Bild rührte ihn zu Tränen. Als sein Sohn Detlev ihn über die eher mageren Aussichten der Honigernte ins Bild setzte, antwortete er: *Dass der Garten und alle Obstbäume so schön blühen, freut mich. Wie gern wäre ich jetzt einmal zu Hause und würde im Garten und im Bienenhaus arbeiten, aber an Urlaub ist gegenwärtig nicht zu denken. Kein Mensch weiß, was es mit uns in nächster Zeit gibt. Alles steht auf dem Sprung.*

Seinem Sohn Helmut berichtete er von einer langen Unterredung mit einem Obergefreiten, der sich zur SS melden wollte. Hosenfeld riet dem 19-Jährigen dringend davon ab und schrieb bedauernd, es sei schade, dass junge Menschen so verhetzt seien, keinen Überblick mehr besäßen und nicht mehr unterscheiden könnten, was Recht und was Unrecht sei. Seinem Sohn, der sich noch in der Grundausbildung befand, erteilte er für den »Kommissbetrieb« ebenfalls Ratschläge. Seine innere Überlegenheit dürfe er nie zeigen und stattdessen stets klar und deutlich mit »Jawoll« antworten. Für dessen Wunsch, möglichst bald mit der Waffe dienen zu können, zeigte der Vater zwar Verständnis, fügte jedoch hinzu, es gebe Wichtigeres. *Nimm die Gelegenheiten wahr, die Dich Deinem Beruf näher bringen und Dir dafür nützlich sind, ein guter Arzt zu werden.*

Mit dem Überfall auf die Sowjetunion am 22. Juni 1941 löste sich die allgemeine Ungewissheit, auch die Spannung, die sich weltweit im Vorfeld des Angriffs aufgebaut hatte. *Krieg mit Russland!*, notierte Hosenfeld noch am selben Tag. Nicht die oft behauptete friedliche Lösung sei eingetroffen, sondern die kriegerische Auseinandersetzung, die Hitler gewollt habe. *Es muss eine radikale Lösung stattfinden, die kann nur auf gewaltsamem Wege erfolgen.* In einem Brief an seinen Sohn Helmut schilderte er die militärische Lage. Der Zeitpunkt sei gekommen, meinte Wilm Hosenfeld, mit dem Bolschewismus einerseits und der letzten kontinentalen Großmacht andererseits aufzuräumen. England bleibe der erbittertste Gegner Deutschlands und die Kriegserklärung der USA werde nicht mehr lange auf sich warten lassen. Das Niederringen der Sowjetunion eröffne die Möglichkeit, den Ostraum neu zu gestalten. *Ich sitze eben am Radio und höre die Propaganda-Kompanie-Berichte von den ersten Kämpfen. Unser Angriff ist ein ungeheurer Überfall, auf den der Russe seit Wochen wartete.*

Aus verschiedenen Quellen hatte Stalin tatsächlich deutliche Hinweise auf den bevorstehenden Angriff erhalten, diesen jedoch keinen Glauben geschenkt. Denkbar ist auch, dass der Kremlchef Hitler keinen Anlass für ein militärisches Vorgehen liefern wollte. Außerdem ließ der sowjetische Diktator Tausende von Offizieren hinrichten, insbesondere die Führung der Streitkräfte wurde weitgehend liquidiert. Jedenfalls traf der Vormarsch von über drei Millionen deutschen Soldaten die Sowjetunion unvorbereitet, sodass die 2,9 Millionen Mann starke Rote Armee in den ersten Monaten schwere Verluste hinnehmen musste.

In Warschau war der Kanonendonner der Front deutlich zu hören. Wilm Hosenfeld rechnete mit sowjetischen Luftangriffen auf die polnische Hauptstadt. Die ersten Bombardements ließen nicht lange auf sich warten. *Ich sehe von der Veranda die Rauchwolken aufsteigen. Gleich darauf kommen wieder zwei russische Flieger. Sehr hoch. Die ersten Verwundeten wurden hier schon eingeliefert. Nun ist auch der Krieg da.* In der Nähe des Flughafens wurde eine dichtbesetzte Straßenbahn von einer Fliegerbombe getroffen. Über 80 Fahrgäste waren sofort tot. Mit Schrecken erinnerte sich die Bevölkerung an die deutschen Luftangriffe im September 1939. Die Sondermeldungen über den schnellen Vormarsch der Wehrmacht bewogen Hosenfeld zu der Einschätzung, die kriegerischen Operationen würden wahrscheinlich nur wenige Wochen dauern. Seinem Sohn Helmut schrieb er, er werde für den Ostfeldzug wahrscheinlich gar nicht mehr gebraucht. So schnell kämen die deutschen Truppen voran.

Wilm Hosenfeld hatte sich inzwischen damit abgefunden, dass der Krieg im Osten ohne ihn stattfand. Er trainierte stattdessen für das Goldene Reichssportabzeichen: Laufen, Diskus- und Speerwerfen, Schwimmen und andere Disziplinen. Ende Juni 1941 reiste er nach Berlin, um an einem Kampfrichter-Lehrgang an der Reichsakademie für Leibesübungen teilzunehmen. Gleich am ersten Tag besichtigte er die für die Olympischen Sommerspiele 1936 errichteten Gebäude und Anlagen, darunter das mächtige Olympiastadion und das »Haus des Sports« mit der Reichsakademie für Leibesübungen. *Das ist eine riesige Anlage, wunderbar ausgestattet. In den nächsten Tagen werde ich das alles genau kennenlernen,* berichtete er seiner Tochter Anemone.

Am 4. Juli 1941 traf auch Annemarie Hosenfeld in Berlin ein. Ihr Mann hatte sie rechtzeitig auf den Lehrgang hingewiesen und vorgeschlagen, sie solle für die Reise schon mal Geld zurücklegen. Das Ausbildungsprogramm ließ genügend Zeit für gemeinsame Unternehmungen. Die beiden besuchten Kino- und Theateraufführungen und besichtigten Baudenkmäler, darunter das Ehrenmal für die Gefallenen des Ersten Weltkrieges in der Neuen Wache an der Straße Unter den Linden, wo bereits Kränze für die ersten beim Ostfeldzug gefallenen deutschen Soldaten lagen. Die Atmosphäre der 1931 errichteten Gedenkstätte weckte bei Wilm Hosenfeld Erinnerungen an die Gefechte, an denen er zwischen 1914 und 1917 teilgenommen hatte.

In den Morgen- und Vormittagsstunden absolvierte er die Trainingseinheiten und den theoretischen Unterricht. In den Pausen wurde eifrig über die beachtlichen Anfangserfolge an der Ostfront diskutiert, die das Oberkommando der Wehrmacht noch aufbauschte und die unter den Lehrgangsteilnehmern eine Hochstimmung auslösten.

Einige malten sich bereits die künftige Gestaltung Europas aus mit einer einzigen Großmacht: Hitler-Deutschland. Das sei nichts Ungewöhnliches und Neues, meinte Wilm Hosenfeld. Bereits Napoleon habe das im Auge gehabt, *aber wir haben heute eine ganz andre Macht und größere Stoßkraft.*

Annemarie Hosenfeld blieb eine Woche in Berlin. Dann trennten sich ihre Wege wieder. Sie verließ die Reichshauptstadt in Richtung Westen, ihr Mann in Richtung Osten. In Warschau stürzte sich Hosenfeld gleich auf die Vorbereitungen für die im Spätsommer in Warschau geplanten »Kampfspiele der Wehrmacht«. Kaum hatte er sich eingearbeitet, stand ein weiterer dreiwöchiger Lehrgang an der Heeres-Gasschutzschule in Celle bevor. Hitler legte wegen seiner eigenen Erfahrungen mit Gasangriffen im Ersten Weltkrieg besonderen Wert auf den Gasschutz.

Für Wilm Hosenfeld war das eher ein lästiges Kapitel. Das Hantieren mit der Gasmaske und der Umgang mit den verschiedenen chemischen Kampfstoffen im Ernstfall, all das lag ihm nicht. Aber er hatte sich diese zusätzliche Aufgabe nicht ausgesucht. Außerdem bot die Fahrt nach Celle, die er am 23. Juli 1941 antrat, wieder die Gelegenheit, nach Deutschland zu reisen und seine Familie zu treffen. Seine Frau wollte ihn besuchen, dieses Mal mit den Kindern Detlev, Jorinde und Uta, nach denen er sich so sehr sehnte. Ende Juli trafen die vier in Celle ein. In der Nacht zuvor wurde Wilm Hosenfeld erneut von Schwindelanfällen heimgesucht, was er nur seinem Tagebuch anvertraute. Fast zwei Wochen blieb die Familie zusammen. Dann kehrte Annemarie Hosenfeld mit den Kindern nach Thalau zurück.

Wilm Hosenfeld änderte seine Reisepläne, als er bei einem Telefongespräch erfuhr, dass sein Sohn Helmut in

Erfurt kurz vor dem Abmarsch an die Ostfront stand. Die beiden trafen sich dort. Annemarie Hosenfeld kam mit Detlev hinzu. Am 14. August 1941 verabschiedeten sie sich. Die Mutter steckte dem jungen Soldaten eine Rose in den Gewehrlauf und sagte in einem bittenden, fast befehlenden Ton: »*Helmut, mit diesem Gewehr schießt du auf keinen Menschen!*« Wilm Hosenfeld, der Vater, notierte: *Wie glücklich sind wir, dass wir den großen Jungen noch diese kurzen Stunden haben dürfen. Wir begleiten ihn an den Transportzug. Ich sehe sein liebes Gesicht noch immer vor mir, wie er an der Wagentür sitzt. Als der Zug dann fortfährt, möchte ich nachlaufen und ihn nur noch ein Mal sehen. Ein großer Schmerz erfüllt mich.*

Anschließend gönnte sich Wilm Hosenfeld noch zwei Tage in Thalau, bevor es nach Warschau zurückging. Er nutzte die Zeit, um mit Detlev Honig zu schleudern. Die *friedliche Beschäftigung* tat ihm gut. Während der Rückfahrt wurde ihm bewusst, welche neuen seelischen Belastungen seiner Frau bevorstanden. Annemarie Hosenfeld

Wilm Hosenfeld (l.) und seine Frau verabschieden im August 1941 in Erfurt ihren Sohn Helmut (über Detlev)

hatte gefragt, welchen Sinn es mache, dass die einen sich sportlich betätigten, während die anderen Soldaten sich totschießen ließen. Also bemühte er sich in den folgenden Wochen, sie davon zu überzeugen, dass ihrem Sohn an der Ostfront nichts zustoßen und Helmut gesund zurückkehren werde. Unterdessen wurde in Warschau die Sportwoche der Wehrmacht kurzerhand auf unbestimmte Zeit verschoben, während der reguläre Sportbetrieb weiterging.

8. Toleranz und Mitgefühl – *Wer hat uns den Hass gelehrt?*

Die Leitung der Sportschule in Warschau rückte im Sommer 1941 in den Mittelpunkt von Hosenfelds Aktivitäten, die inzwischen insgesamt ein beachtliches Ausmaß angenommen hatten. Er war Gasschutzoffizier. Ihm oblag weiter die Aufsicht über den Wachdienst. Regelmäßig war er in der Schreibstube der Kommandantur tätig und sollte zudem wegen der Luftangriffe auf Warschau Vorschläge für einen wirksamen Luftschutz erarbeiten. Sein Vorgesetzter, Generalmajor Walter von Unruh, übertrug ihm immer neue Aufgaben. Offenbar schätzte der General das Organisationstalent und die Einsatzfreude Hosenfelds.

Im Übrigen sorgten die sportlichen Wettkämpfe für Abwechslung und mehrten das Ansehen der Kommandantur, die mit einer eigenen Mannschaft antrat, etwa bei den Schwimm- und Leichtathletik-Meisterschaften am 23. und 24. August 1941, die Hosenfeld auch als Kampfrichter begleitete. Damit verbunden waren Empfänge bei den Repräsentanten der Zivilverwaltung des Generalgouvernements. Als Sportoffizier komme er mit Leuten aus den führenden Kreisen zusammen, berichtete Hosenfeld seiner Frau. *Früher war ich recht befangen, jetzt kann ich mich mit einer gewissen Selbstverständlichkeit dabei bewegen. Wenn man ein wenig kritisch ist, sieht man gleich hinter die Tapete und gewinnt Selbstvertrauen.* Seinem Sohn Helmut teilte er mit: *Ich habe jetzt eine richtige Schule, so wie ich mir das immer gewünscht habe.*

Offizieren und Mannschaften wurde im Herbst 1941 zudem ein Sportlehrgang angeboten. Die Vorbereitungen dafür waren aufwendig. Für den praktischen Teil konnte Hosenfeld einen Sportlehrer gewinnen. Für die Lehrveranstaltungen ließ er einzelne Wissenschaftler und Ärzte aus Deutschland anreisen; er selber hielt ebenfalls Vorlesungen. Der erste Lehrgang dieser Art im Generalgouvernement sorgte für Aufsehen. Anfragen aus Krakau und anderen Städten brachten den Leiter der Sportschule auf den Gedanken, solche Kurse auch anderswo anzubieten.

Sosehr ihn der Sport beanspruchte – sein besonderes Augenmerk galt doch dem Vormarsch der deutschen Truppen gegen die Sowjetunion. Schließlich marschierte sein Sohn Helmut beim Ostfeldzug mit. Die anfängliche Begeisterung des Oberleutnants für die Erfolge der Wehrmacht wich schon Mitte September 1941 einer deutlichen Skepsis. Hosenfeld hatte die Kampfmoral der Roten Armee unterschätzt und mit einem Umsturz des kommunistischen Systems gerechnet. Die Waffenerfolge an der Westfront gegen kleine Staaten und das kriegsmüde Frankreich hätten zu falschen Schlussfolgerungen verleitet, meinte er selbstkritisch. *In Russland treffen wir auf einen zahlenmäßig überlegenen, gut gerüsteten Feind, dem außerdem der ungeheure Raum zu Hilfe kommt. Wenn im Herbst keine Entscheidung für uns kommt, werden wir im Osten den Kampf verlieren.*

Gegenüber seiner Frau äußerte Wilm Hosenfeld, der Krieg werde sich noch lange hinziehen. Mit einer schnellen Entscheidung sei im Osten nicht zu rechnen. Natürlich bemühte er sich weiter, sie zu beruhigen. *Du musst Dir nicht so große Sorgen machen. Mir geht es aber nicht anders. Nachts ist man ein anderer Mensch, und wenn man im Bett liegt, überfallen einen die schlimmsten Gedanken.*

Regelmäßig berichtete Annemarie Hosenfeld, wer aus dem Dorf bzw. dem weiteren Bekannten- und Freundeskreis gefallen war. Jede dieser Nachrichten bereitete ihr schlaflose Nächte.

In einem anderen Zusammenhang fragte sie, wie das »Hirtenwort« des katholischen Feldbischofs Franz Justus Rarkowski zu verstehen sei, der den Krieg gegen die Sowjetunion als notwendigen Kreuzzug bezeichnet hatte. Wilm Hosenfeld erwiderte, er wehre sich gegen den Begriff »Kreuzzug«. Schließlich verfolge der Nationalsozialismus im eigenen Land das Christentum. Im Übrigen betrachte er die von Deutschland überfallenen Völker nicht als Feinde: *Ich habe keinen Hass weder gegen die Polen noch gegen die Russen. Wie rasch fällt das alles ab, wenn man dem Menschen gegenübersteht. Da sind gefangene Russen, die eine Transportkolonne mitgebracht hat. Die Soldaten behandeln sie wie ihre Arbeitskameraden. Wenn sie nicht durch ihre Uniformen auffielen, es wäre kein Unterschied.*

Seine Einstellung zum »Gegner« und zu den von der NS-Herrschaft verfolgten Menschen war von Respekt, Toleranz und einem tiefen Mitgefühl bestimmt. Nach einem Kurzbesuch beim Ehepaar Prut in Pabianice notierte er in seinem Tagebuch: *Er* (Prut) *glaubt nicht an einen deutschen Sieg und wünscht ihn auch nicht. Er ist in seinem Stolz als polnischer Offizier zu sehr gedemütigt und von glühendem Patriotismus erfüllt. Unsere menschlichen Beziehungen leiden dadurch nicht. Ich erfahre immer größere Gastfreundschaft.*

Das NS-System als Ganzes in Frage zu stellen und als die eigentliche Ursache für die Verbrechen und den Krieg anzusehen, so weit war Hosenfeld im Sommer 1941 noch nicht. Ihm ging es darum, den betroffenen Menschen zu helfen, und sei es durch kleine Gesten des Mitgefühls. Nach einer Fahrt mit Oberst von Hohenau zu einem Landgut außerhalb von Warschau sah er, dass die SS dort Juden aus dem Warschauer Getto beschäftigte. Sie würden wie Sklaven gehalten und müssten bei kleinsten Verstößen damit rechnen, ins Getto zurückgeschickt zu werden. *Der Junge, der mir mein Pferd abnahm nach dem Reiten, hatte ein so sympathisches Gesicht; ich schenkte ihm einen Złoty; er bedankte sich in bestem Deutsch. Ich habe immer Mitleid mit diesen Menschen.*

In der Hauptstadt wurde Hosenfeld, nachdem er auf einem Markt Obst eingekauft hatte, Zeuge eines Vorfalls, wie ihn Władysław Szpilman zuvor auf ähnliche Weise erlebt hatte – allerdings an der Innenseite der Getto-Mauer. Ein jüdischer Junge war durch ein Loch in der Mauer gekrochen, um Kartoffeln ins Getto zu schmuggeln. Ein Polizist entdeckte ihn, bevor er wieder auf die andere Seite kriechen konnte, warf ihn zu Boden und schlug das Kind zusammen. *Ich sah unter dem schlotternden langen Mantel des Jungen die dürren nackten Beine und das angstvolle Gesicht des Kindes. Mich ergriff der Gedanke, wenn das mein Detlev wäre, er könnte es gerade so gut sein. Am liebsten wäre ich ausgestiegen und hätte die Äpfel dem Jungen geschenkt. Ich habe mich geschämt, dass ich zu denen gehöre, die schuld an solchem Unglück sind oder es dulden, ohne zu helfen.*

Während eines zweiwöchigen Urlaubs Anfang Oktober 1941 in Thalau erfuhr Hosenfeld von einem Vorfall, der ihn ebenfalls alarmierte. Eine junge polnische Zwangsarbeiterin, die seit zwei Jahren auf einem Bauernhof in der Rhön arbeitete und als tüchtige Arbeitskraft galt, hatte es versäumt, das violette P-Abzeichen an ihrer Bluse zu tragen, das sie als Polin auswies. Wegen dieses geringen

Vergehens habe ein deutscher Hilfspolizist sie blutig geschlagen. Der Bauer und seine Frau hätten zugesehen. *Die edelsten Triebe der Nächstenliebe und Mitmenschlichkeit werden unserer Jugend ausgetrieben.* Dies sei nur ein Beispiel dafür, *auf welch primitive Stufe menschlicher Gesittung wir herabgesunken sind.*

Eine wichtige Informationsquelle für den Kriegsverlauf und die im Namen Deutschlands verübten Verbrechen waren die verwundeten Soldaten, die von der Ostfront zurückkehrten und in Lazaretten in Warschau behandelt wurden, bevor die Mediziner sie wieder fronttauglich schrieben. In den Gesprächen mit ihnen hörte Hosenfeld nicht nur Genaueres über das Ausmaß der deutschen Verluste, die von der Propaganda systematisch unterschlagen wurden; ein Obergefreiter etwa berichtete darüber hinaus, die Partisanengefahr in den umkämpften Gebieten habe stark zugenommen. Fast täglich gäbe es Sabotageakte, Kämpfe und Massenmorde. *Die schrecklichen Erschießungen der Juden erfüllten ihn mit Abscheu. In Gomel* (Weißrussland) *hätte man 5000 erschossen, auch Frauen und Kinder. »Das hat nichts mehr mit Krieg zu tun«, sagte er. Auf mich macht das einen lähmenden Eindruck. Wird sich das nicht einmal an uns und unsern Kindern rächen?*

Auseinandersetzung beim Mittagstisch wegen Erschießung von Juden und Gefangenen. Der knappe Satz aus seinem Tagebuch belegt, dass Hosenfeld sein Wissen nicht für sich behielt und die Mordtaten an der Zivilbevölkerung, an Juden und Kriegsgefangenen im Kreis seiner Kameraden scharf verurteilte. Große Vorsicht legte er insgesamt nicht an den Tag. Seine Frau machte ihn darauf aufmerksam, dass die Zensur Briefe von ihm geöffnet habe, was ihn aber nicht zur Zurückhaltung bewog. Ihr gegenüber gestand er, über die Zukunft mache er sich große Sorgen. Er sehe viel Rohheit, Dummheit, Lügen und Verblendung. Der Krieg sei mit Unrecht beladen. Propagandisten gebärdeten sich als Worthelden.

Zu einer Rede von Propagandaminister Joseph Goebbels, der einmal mehr den Sieg der Wehrmacht über die Sowjetunion beschworen hatte, bemerkte er: *Betrachtet man aber die Not im Land hier und bedenkt, dass wir nicht in der Lage sind, sie zu meistern, dass wir nur durch Terror, Not und Hunger regieren, dann kommt man zu der Ansicht, das kann auf die Dauer nicht gutgehen.* Viele seiner Äußerungen wären, wenn die Abwehr oder Gestapo sie entdeckt hätten, ihm gewiss als Defätismus ausgelegt und vom Kriegsgericht mit hohen Strafen geahndet worden.

Auch über die Situation in den Lazaretten der polnischen Hauptstadt äußerte der Offizier sich kritisch. Dort fehlte es an Ärzten, Krankenschwestern und Medikamenten. Die medizinische Versorgung und die Verpflegung der Verwundeten waren offenkundig völlig unzureichend. Wenn in der Etappe die Betreuung schon nicht klappte, wie würde es dann an der Front aussehen, wo inzwischen bis zu 30 Grad Kälte herrschten, fragte er sich.

Hosenfeld wurde inzwischen öfter an der Frontleitstelle gegenüber dem Hauptbahnhof von Warschau eingesetzt. Dort trafen Kämpfer von der Ostfront ein. Gleichzeitig wurden frische Truppen aus umgekehrter Richtung durchgeschleust. Dabei kam es immer wieder zu Stockungen und Staus. Ein Teil der aus dem Osten eintreffenden Einheiten brachte Fahrzeuge mit, die repariert werden sollten. Für die Soldaten bedeutete das längere Wartezeiten. Oberleutnant Hosenfeld schickte einen Teil von ihnen kurzerhand in den Urlaub, worüber die jungen Männer mehr als glücklich waren. Für die anderen organisierte er eine Betreuung, damit sie während der Wartezeit nicht zu Torheiten verlockt würden, die nach seinen Worten *meist beim Kriegsgericht enden.* Sein Vorgesetzter, Generalmajor von Unruh, war froh, dass an der Frontleitstelle die Dinge schon bald wieder in geordneten Bahnen liefen.

In der polnischen Hauptstadt wehen von den Laternenpfählen die Hakenkreuzfahnen. Mit diesem Satz begann Wilm Hosenfeld am 3. Dezember 1941 einen Bericht an seine Frau über die Deutsche Kulturwoche in Warschau. Die Besatzungsmacht stellte einiges auf die Beine, um deutsches Kulturgut zu präsentieren. Lesungen, Film- und Theateraufführungen gehörten zum Programm. Künstler und Schriftsteller, die beim NS-Regime hoch im Kurs standen, traten auf, so der durch Film und Theater populäre Schauspieler Heinrich George, der Gedichte vortrug. Wilm Hosenfeld konnte der Kulturwoche wenig abgewinnen. *Es ist mir bei allem zu viel Phrase, Überheblichkeit und Fassade.*

Allerdings, einen der angebotenen Filme sah er sich doch an: »Ich klage an«, ein im selben Jahr fertiggestellter Spielfilm unter der Regie von Wolfgang Liebeneiner, der auf raffinierte Weise Stimmung für das Euthanasie-Programm der Nationalsozialisten machte. *Schauspielerisch, technisch ausgezeichnet, aber jetzt im Krieg, wo Millionen junger Menschenleben vernichtet werden, angeblich für das Heil des größeren Ganzen, wozu dann ein Film, der die Berechtigung des Arztes nachweisen will, ein unheilbares Leben abzukürzen. Wie unwichtig ist das jetzt im Kriege, wo man sich keine Gedanken darüber macht, so viele Menschen, eigene Volksgenossen und die unserer Gegner, dem Tod preiszugeben. Dass man auch in der Heimat die gefangenen Russen so schmählich behandelt und sie halb verhungern lässt, ist so widerwärtig, unmenschlich und so einfältig dumm, dass man sich nur tief schämen kann, dass das bei uns geschehen kann.*

Aus verschiedenen Quellen hatte Wilm Hosenfeld erfahren, dass sowjetische Kriegsgefangene zu Hunderttausenden dem Hungertod überantwortet wurden, und zwar in voller Absicht. Auch Annemarie Hosenfeld hatte von dem Aushungern der Gefangenen gehört: *In Gersfeld müssen die Russen systematisch verhungern. Lieber sollen sie unsere Butter- und Brotrationen noch kürzen, als diese grenzenlose Schuld auf sich laden.*

Ähnlich wie ihren Mann packte auch sie manchmal die nackte Verzweiflung über das massenhafte Unrecht, das der Krieg über ganze Völker brachte: *Gibt es denn keinen Menschen, der aufstehen möchte und diesen verblendeten Menschen die Not zeigte! Haben sie denn alle kein Herz mehr! Kann diese Welt niemals beherrscht werden von Liebe, von Verstehen, von Güte und Vertrauen zueinander! Wie gern wollen wir alle Opfer bringen, Entbehrungen auf uns nehmen, damit der Bruder neben uns auch den Frieden hat. Wer hat uns den Hass gelehrt gegen andere, die wir gar nicht kennen?*

An manchen Tagen hielt Wilm Hosenfeld für die Soldaten, die in Warschau ausharren mussten, eine Morgenfeier ab. In einfachen Worten gab er ihnen Gedanken über die wesentlichen Dinge des Lebens mit auf den Weg, bevor sie wieder an die Front zogen. Dabei spürte er, dass die zumeist jungen Männer seelisch ausgehungert waren und ihm dankbar zuhörten. Jenseits von Krieg und Zerstörung wirkte er so wenigstens vorübergehend als Friedensstifter. Er komme sich fast wie ein Pastor vor, schrieb er nach Hause. Sobald er wieder in Thalau sei, wolle er sich Literatur mitnehmen, um Stoff für künftige Morgenfeiern zu haben.

Am 8. Dezember 1941 stand ihm ein neuer Kraftakt bevor: der zweite Sportlehrgang für Offiziere und Mannschaften, der bis zum 19. Dezember dauern sollte. Dazwischen platzte die Nachricht vom japanischen Überfall auf die amerikanische Marinebasis Pearl Harbor auf Hawaii, worauf die USA mit ihrer Kriegserklärung gegen Japan reagierten. Deutschland trat der Achsenmacht zur Seite und erklärte seinerseits den Vereinigten Staaten den Krieg. Eine neue Front war aufgetan – die wievielte? Wilm Hosenfeld begriff sofort, was das bedeutete. *Die neue Welt hat den vorigen Krieg entschieden. Sie wird ihn auch dieses Mal zu unserm Unglück entscheiden.* Seinem Notizbuch, das er für kürzere Eintragungen nutzte, fügte er eine weitere Erkenntnis hinzu: *Dieser Krieg ist für Deutschland eine gewaltige Gegenauslese. Die besten Männer bleiben auf dem Schlachtfeld, der Abschaum wird erhalten; damit wird das Gegenteil erreicht, was der Nationalsozialismus mit seiner Rassenlehre erreichen wollte.*

Seiner Frau schrieb er, die Kriegserklärung Hitlers gegen die USA habe er mit Schrecken vernommen. Was sie und mit ihr viele Deutsche befürchtet hätten, sei jetzt eingetreten. Um Helmut mache er sich größte Sorgen. Und doch könne er nichts für ihn tun. Zugleich wehrte er sich gegen die Untergangsstimmung, die ihn erfasst hatte. Wenn die Pflicht nicht wäre, würde er in einer Ecke sitzen und die Wand anstarren, schrieb er.

Das Kriegsjahr 1941 beendete Wilm Hosenfeld im Kreis seiner Familie in Thalau. Der General hatte ihm als einzigem Offizier des gesamten Bataillons noch einmal Heimaturlaub gewährt, obwohl der letzte erst gut zwei Monate zurücklag. Diese Ausnahme bedeutete nichts anderes als eine Anerkennung der außergewöhnlichen Leistungen Hosenfelds.

9. Abrechnung mit den Nationalsozialisten

Früher und klarer als viele andere sah Wilm Hosenfeld mit dem Kriegseintritt der USA die Niederlage der Wehrmacht kommen. Die Zahl der Länder, mit denen sich die Achsenmächte Deutschland, Italien und Japan im Krieg befanden, war inzwischen auf 26 angestiegen. Dabei wünschte Hosenfeld sich nach wie vor einen Sieg über Stalin und den Bolschewismus – als Patriot und auch als Christ. Aber die Bedingungen dafür verschlechterten sich zusehends. Die deutschen Truppen hatten sich Ende 1941 vor Moskau verschanzt. Für den entscheidenden Angriff auf die sowjetische Hauptstadt fehlten ihnen die Kräfte. Dabei zeigte sich, dass der Ostfeldzug schlecht vorbereitet war. Einen Winterkrieg hatte die Oberste Heeresleitung nicht eingeplant. Der Nachschub an Waffen, Munition und Treibstoff bereitete erhebliche Probleme. Die Soldaten litten unter der extremen Kälte. Es fehlte an Winterkleidung. Der tiefgefrorene Boden ließ es kaum zu, sich einzugraben und Unterstände zu errichten.

Über den Rundfunk rief Propagandaminister Goebbels die Bevölkerung auf, warme Kleidungsstücke sowie Decken und Skier für die Soldaten zu spenden. Die Sammelaktion sollte am 27. Dezember 1941 beginnen und bis in die erste Januarwoche dauern. Auch in Thalau wurden eiligst Pakete zusammengestellt. Allerdings hatte Annemarie Hosenfeld ihrem Sohn Helmut in weiser Voraussicht schon vorher selbstgestrickte Handschuhe, Pulswärmer und andere Wollsachen geschickt. Über die Skiausrüstung, die sie ebenfalls zur Verfügung stellen wollte, war sie sich mit ihrem Mann jedoch nicht einig. Sein Einwand: *Wenn wir zwei Soldaten stellen, dann tun wir nach meiner Meinung genug.* Am Ende setzte sie sich durch und lieferte auch die Skier ab.

Das Jahr 1942 begann für Wilm Hosenfeld mit einer Überraschung. Kaum hatte er sich wieder an den Dienstbetrieb in Warschau gewöhnt, meldete sich vom Stadtteil Praga aus telefonisch sein Sohn Helmut. »Gefreiter Hosenfeld«, wie er sich vorstellte, befand sich mit zwei Kameraden auf der Rückreise von der Ostfront nach Kassel, wo sie zur weiteren Ausbildung einen Sanitätslehrgang besuchen sollten. Wilm Hosenfeld fuhr ihnen in der Stadt entgegen und nahm sie mit auf die Kommandantur. Drei Tage verbrachten sie zusammen. Sie hatten sich viel zu erzählen – der Sohn von den Ereignissen an der Front und der Vater von seinen Aktivitäten und Schauplätzen in Polen. Ein Abendessen beim Ehepaar von Schoene, mit dem Wilm Hosenfeld sich angefreundet hatte, wurde arrangiert. *Wie gut tat den Jungen die herzliche Gastfreundschaft und das riesige Interesse am Kriegserleben. Sie waren den ganzen Abend der Mittelpunkt, sie ließen sich bedienen und verwöhnen wie brave Kinder.*

Im Brief an seine Frau schwärmte er von dem Besuch, der ihm Glück und

Überraschender Besuch: Helmut Hosenfeld trifft auf der Durchreise von Russland nach Deutschland seinen Vater in Warschau

Freude bereitet habe. Seinem Tagebuch vertraut er an: *Wir schieden wie zwei liebe, alte Kameraden. Nicht wie Vater und Sohn. Das graue Tuch macht uns gleich.* Es war wohl nicht nur die Uniform, die ein solch herzliches Einvernehmen möglich machte. Wilm Hosenfeld vermittelte jedem seiner Kinder das Gefühl einer tiefen Verbundenheit und Zuneigung, auch wenn er nicht in ihrer Nähe sein konnte. Noch Tage später bedauerte er, dass er vergessen hatte, seinem Sohn für die Weiterreise die schon bereitgelegten Plätzchen und Äpfel mitzugeben.

In Thalau empfing eine überglückliche Mutter den Heimkehrer: *Er stand in der Küche, noch mit Mantel, Mütze und Koppel angetan. Was für eine Wiedersehensfreude!* Helmut habe von der anstrengenden Reise erzählt, von der Zeit in Warschau, vom Vater und immer wieder vom Vater. *Alles hat ihm so gut gefallen bei Dir. Die herrlichen Sportanlagen, Deine Wohnung, Deine Tätigkeit und auch die Menschen, mit denen Du umgehst.* Annemarie Hosenfeld freute sich, dass Vater und Sohn sich so nahegekommen waren. *... halte ihn fest. Du kannst diesem Sohn so viel geben und musst für ihn da sein!* Während seines Aufenthaltes in Thalau kümmerte Helmut Hosenfeld sich um seine Geschwister. Mit Jorinde und Uta spielte er ausgiebig. Mit Detlev übte er abends den Lehrsatz des Pythagoras und andere Aufgaben der Mathematik. An sich selbst habe er nicht gedacht, berichtete die Mutter nach Warschau, sondern sich Gedanken gemacht, ob er allen Geschwistern gerecht geworden sei.

Auf der Kommandantur in der polnischen Hauptstadt gab es im Gegensatz zur Hektik des abgelaufenen Jahres zunächst wenig zu tun. Wegen des harten Winterwetters lief der Sportbetrieb nur langsam an. Etwas Abwechslung brachte die Ausbildung eines »Jagdkommandos«, das unabhängig vom Frontverlauf operieren und sich im freien Gelände bewegen sollte. Den Leerlauf im Dienst nutzte Hosenfeld für längere Eintragungen in sein Warschauer Tagebuch, das er immer in seiner Rocktasche bei sich trug und erst im August 1944 nach Thalau schickte. An einer Stelle kritisierte er den Egoismus der Deutschen, die bei der Pelz- und Wollsammlung für das Winterhilfswerk Polinnen Pelzmäntel, Pelzkragen und andere wertvolle Kleidungsstücke abgenommen und dann für sich behalten hätten.

In einer Betrachtung über Revolutionen und Revolutionskriege setzte er sich mit der Ideologie und den Widersprüchen des NS-Regimes auseinander. Auch die Nationalsozialisten zielten wie Jakobiner und Bolschewisten auf die Ausrottung und Vernichtung Andersdenkender ab. *Gelegentlich erschießt man soundso viele, auch Volksgenossen, aber man vertuscht und verschweigt es vor der Öffentlichkeit, man sperrt sie in Konzentrationslager, lässt sie dort langsam verkommen und zugrunde gehen.* Das NS-System sei eng verbunden mit dem Großkapital und halte das kapitalistische Prinzip aufrecht, predige aber den Sozialismus. Es gewähre das Recht auf freie Entfaltung der Persönlichkeit und Ausübung der Religionsfreiheit, verfolge aber die christlichen Kirchen. Es rede vom Führerprinzip und vom Anrecht des Tüchtigen auf seine persönliche Entwicklung, mache aber alles davon abhängig, ob einer Mitglied der NSDAP sei. *Hitler bietet der Welt den Frieden an, rüstet aber zu gleicher Zeit in unheimlicher Weise auf.* Er verkünde, er denke nicht daran, andere Völker dem deutschen Staatsverband einzuverleiben, *aber was macht er mit den Tschechen, mit den Polen, Serben?*

Hosenfelds Bewunderung für den »Führer« war längst abgeklungen. Ihm missfielen die gehässigen Angriffe gegen Intellektuelle, Bürgerliche und Anhänger der

Zentrumspartei, ferner die Tiraden gegen US-Präsident Franklin D. Roosevelt und den britischen Premierminister Winston Churchill, die Hitler am 30. Januar 1942 anlässlich des Jahrestages seiner Machtübernahme wahlweise als »Schwätzer und Trunkenbolde«, »armselige Irre« und »verlogene Subjekte« beschimpfte. Annemarie Hosenfeld kritisierte an der Ansprache Hitlers ebenfalls die Beschimpfung anderer und seine Selbstbespiegelung. Davon abgesehen, meinte sie: *Wir können doch ungeheuer stolz sein auf unser Volk. Sie tun alle ihre Pflicht, diese deutschen Menschen, und sie arbeiten und kämpfen und beißen die Zähne zusammen und sind immer und immer wieder bereit, Opfer zu bringen.*

Wilm Hosenfeld erinnerte in diesem Zusammenhang daran, dass die Nationalsozialisten ihre eigenen Grundsätze missachteten. Vom kleinen Mann verlange man, im Krieg Opfer für die Allgemeinheit zu bringen. Selbst Leute mit körperlichen Gebrechen würden inzwischen zur Wehrmacht eingezogen. ... *und in den Parteidienststellen und der Polizei sieht man die geradesten, gesündesten jungen Leute weit vom Schuss ihren Dienst tun. Wofür hebt man sie auf? Den Polen und Juden nimmt man ihr Eigentum, um es sich selbst anzueignen und sich in seinen Genuss zu setzen. Jene haben nichts zu essen, darben und frieren, man selbst nimmt keinen Anstoß daran, für sich alles zu nehmen und zu verprassen.* Als unmöglichen Zustand bezeichnete er ferner die Tatsache, dass hohen Militärs und Zivilbeamten sowie deren Frauen Pferde in ausreichender Zahl zum Privatvergnügen zur Verfügung stünden, an der Front dagegen ein akuter Mangel an Vierbeinern herrsche.

Der Text geriet insgesamt zu einer Abrechnung mit dem Nationalsozialismus. In einem Brief vom 22. Januar 1942 zum 18. Geburtstag der ältesten Tochter Anemone klagte er erneut über das Leid, das den Menschen in seiner Umgebung zugefügt werde. Und dann beschrieb er, was er beim Blick nach draußen sah: *An meinem Fenster rollen die Kolonnen schwerer Lastzüge ostwärts, drüben starren die rauchgeschwärzten Trümmer ehemaliger menschlicher Wohnungen, dazwischen laufen in dicker winterlicher Vermummung frierend und hungernd die Menschen dieser Stadt. Schwere Soldatenstiefel dröhnen auf dem Pflaster. Ein fernes Soldatenlied trägt der Wind zu mir herein. Einsam sitze ich zwischen den lieblosen Wänden.*

Gelegentlich nahm Wilm Hosenfeld an einer Beerdigung gefallener Soldaten teil. Nach seinen Angaben wurden in Warschau täglich bis zu 20 Gefallene beigesetzt. Begräbnisse wurden fast schon zur Routine. *Es sind lange, tiefe Gruben ausgehoben, die obere Frostschicht muss gesprengt werden. Der Reihe nach werden die Särge hineingetragen. Die Musik spielt, eine Abordnung Soldaten schießt den Ehrensalut, erst spricht der eine, dann der andere Pfarrer. Sie wissen schon nicht mehr, was sie sagen sollen. Hinter dem einen Sarg gehen die Angehörigen, hinter dem zweiten einige Kameraden, die meisten sind ohne Begleitung.*

Den Wehrmachtsberichten begegnete der Oberleutnant inzwischen mit einer gehörigen Portion Skepsis. Ob eine Stadt vom Feind erobert worden sei, erfahre man erst, wenn es gelungen sei, sie zurückzugewinnen. Meldungen in der Presse über militärische Erfolge im Krieg gegen die Sowjets registrierten Soldaten nur noch mit bitterem Hohn, vermerkte der Offizier. In Wirklichkeit hätten sie alles im Stich gelassen und seien vor den Rotarmisten geflohen. *Diese zu früh gepflückten Lorbeeren hängen als welke Kränze dem verabschiedeten Oberbefehlshaber, Generalfeldmarschall von Brauchitsch, um die Stirne;*

auch andere Generalfeldmarschälle sind mit dieser Last abgetreten. Weil die Wehrmacht ihr vorgegebenes Ziel, die Eroberung Moskaus, verfehlte, hatte Hitler die Heerführer abgelöst und selber das Oberkommando übernommen.

Ende Januar 1942 war ein neuer Sportlehrgang angelaufen, wiederum für 60 Soldaten aus verschiedenen Formationen, darunter sieben SS-Unterscharführer. Das Programm umfasste Ski- und Schlittschuhlaufen, ferner Schwimmen, Gymnastik, Boxen, Tischtennis und – Singen, worauf Wilm Hosenfeld ebenfalls Wert legte. Unter den Teilnehmern entdeckte er manche Talente, etwa Klavier-, Geigen- und Gitarrenspieler, die er gezielt für den Kurs einsetzte. In den Räumen der Sportschule erklangen Wandervogel- und Landsknecht-Lieder. Mit seinen Ansprachen kam der Sportoffizier ebenfalls gut an. Man müsse seiner Sache nur gewiss sein und sie mit Überzeugung vorbringen, dann habe man auch Gefolgschaft, erklärte er. *Bei allen Vorträgen mache ich keine großen Worte, sondern überzeuge durch Beispiele und ganz klare, einfache Redewendungen; oft rege ich durch Frage und Antwort zum Mitgehen an.*

Für die Nachrichten-Helferinnen der Wehrmacht richtete er einen Gymnastikkurs ein. Vergeblich bemühte Hosenfeld sich darum, einzelne Frauen dafür zu gewinnen, eigenständig eine Gruppe zu leiten oder einen Volkstanz einzuüben. Obwohl die meisten im BDM aktiv gewesen seien, zeigten sie wenig Sinn für sportliche und kulturelle Belange. Deshalb engagierte der Offizier eine polnische Gymnastiklehrerin. Außerdem ließ er Frauen und Mädchen einer polnischen Gymnastikschule auftreten. *Da haben unsere biederen deutschen Mädchen sich aber gewundert. Was die ihnen vorturnten!* Mit Hilfe der Polin gelang es schließlich doch noch, eine Vorführung mit rhythmischem Tanz auf die Beine zu stellen.

Hosenfeld weitete den Sportbetrieb systematisch aus. Nicht nur an Wochentagen, auch sonntags herrschte im Sportzentrum Hochbetrieb. *Ich habe hier schon eine zentrale Stelle für den gesamten Truppensport eingerichtet,* berichtete er nach Thalau. *Demnächst geben wir eine kleine Zeitung heraus, die als Mitteilungsblatt für die Soldaten, die sich für Sport interessieren, gedacht ist.* Im Brief an seine Frau malte er sich aus, wie gut sie ihm bei seiner Tätigkeit mit Rat und Tat zur Seite stehen könne. Aber sie sei daheim wichtiger und wertvoller. Seine eigene Tätigkeit schätzte er als weniger bedeutsam ein, obwohl der Sportbetrieb gerade wieder gut angelaufen war. *Ich will meine Pflicht hier tun, will meinen Leuten Kamerad und Vorbild sein und in ihnen seelische Kräfte wecken und sie bereitmachen, das alles zu ertragen, was uns Kriegern hier zugemutet wird und was uns wahrscheinlich noch bevorsteht.*

Da kaum Aussicht auf Heimaturlaub bestand, überlegte Hosenfeld, seine Frau besuchsweise nach Warschau zu holen. Doch der Plan scheiterte schon im Ansatz. Offizieren war es streng verboten, ihre Ehefrauen an den Dienstort im Ausland einzuladen. Jede Andeutung in dieser Richtung stieß bereits auf heftige Ablehnung. Voraussetzung wäre eine Einreiseerlaubnis, die von der Passstelle in Krakau hätte erteilt werden müssen. Um das Verbot zu umgehen, ließ er sich für die Zeit ab 11. April 1942 zu einem Sportgeräte-Lehrgang nach Zakopane, dem bekannten Kurort am Rande der Hohen Tatra, abkommandieren. Dafür würde er die Einreisegenehmigung wahrscheinlich bekommen, ließ er seine Frau wissen und gab ihr vorab bereits Tipps und Empfehlungen für die lange

Reise und den Aufenthalt in Zakopane. *Von meinen Vorgesetzten darf natürlich niemand etwas erfahren.* Sie selber brauche nur etwas Abenteuerlust mitzubringen, dann werde schon alles klappen.

Was Wilm Hosenfeld nicht bedacht hatte – das Passamt in Krakau setzte sich unverzüglich mit seinem Vorgesetzten, General von Unruh, in Verbindung. Und der Offizier kam haarscharf an einer Bestrafung vorbei; er musste sich allerdings eine Zurechtweisung anhören. Der Adjutant des Generals gab ihm den Rat, keine Dummheiten zu machen. »*... schreiben Sie Ihrer Frau ab. Der General ist sonst gezwungen, Sie wegen Ungehorsam einzusperren!*«

Zunächst hatte Annemarie Hosenfeld gezögert, sich aber dann doch auf das Abenteuer eingelassen. Zu verlockend schien ihr die Aussicht, endlich wieder einige Tage mit ihrem Mann verbringen zu können. Sie klärte die Bahnverbindung und kaufte sich ein neues Kleid mit passendem Hut. Je näher der Termin rückte, desto mehr Vorfreude empfand sie. Aber dann war ihre Enttäuschung umso größer, als sie die Absage in den Händen hielt. Sie fühle sich seelisch und körperlich ausgehungert und könne ohne ihn nicht leben, schrieb sie voller Verzweiflung. Schon vorher hatte sie ihn mehrfach angefleht, dafür zu sorgen, dass sie sich endlich wiedersehen könnten. *Ich möchte so gern Anteil an Deinem Leben haben, aber alles bei Dir ist mir fremd und immer wieder steigt in mir die große Angst auf, dass die Zeit uns immer mehr auseinanderführt.*

Mit der Trennung, die der Krieg ihr auferlegte, wollte und konnte Annemarie Hosenfeld sich nicht abfinden, wenngleich sie im Laufe der Zeit lernte, mit ihrem Schmerz besser umzugehen. Dieses Mal stürzte sie sich in die Gartenarbeit, grub den Boden um, säte und beseitigte Unkraut, bis sich Verkrampfung und Verbitterung lösten und sie wieder ihr Gleichgewicht fand. *Siehst Du, Wilm, ich versuche unter allen Umständen meine Pflicht zu tun, an das Nächstliegende zu denken, das hilft ungemein …*

Auch Wilm Hosenfeld reagierte enttäuscht. Ihn bedrückte erneut die Befürchtung, seine Frau werde mit ihrem Schicksal nicht fertig und sei nur noch unglücklich. Der Lehrgang in Zakopane, an dem er inzwischen jegliches Interesse verloren hatte, begann erst am 22. April 1942. Aus Gründen, die aus den Aufzeichnungen nicht hervorgehen, erhielt Annemarie Hosenfeld plötzlich doch eine Einreiseerlaubnis. Vermutlich hatte sich ihr Mann unmittelbar nach seiner Ankunft an den Stadtkommissar von Zakopane gewandt. Jedenfalls stellte der Beamte das Papier aus, und Wilm Hosenfeld telegraphierte die frohe Botschaft an das Landratsamt in Fulda und an seine Frau, die schon wenige Stunden später den Zeitpunkt ihrer Ankunft in Krakau mitteilte. Hosenfeld holte seine Frau am Freitag, dem 24. April 1942, in Krakau ab. *Sie will mir an den Hals fliegen, aber ich muss abwehren, denn ich darf das Wiedersehn nicht so auffällig machen, um nicht die Aufmerksamkeit auf mich zu lenken, weil es doch verboten ist.*

Ende April reisten die beiden nach Warschau. Damit vergrößerte der Offizier das Risiko, entdeckt und dann bestraft zu werden, nachdem er zuvor bereits ausdrücklich verwarnt worden war. Annemarie Hosenfeld übernachtete sogar im Sportzentrum. Sie wunderte sich, wie karg sein Zimmer eingerichtet war: die Wände kahl, die Einrichtung spartanisch. Das hatte sie sich ganz anders vorgestellt – komfortabler und gemütlicher. Immerhin konnte sie die Sportanlagen und das ganze Umfeld, das er so oft geschildert hatte, erstmals selber in Augenschein nehmen.

Am 1. Mai verabschiedeten die Eltern am Warschauer Hauptbahnhof ihren ältesten Sohn Helmut, der nach seiner abgeschlossenen Sanitäter-Ausbildung in Kassel auf dem Weg an die Front in der Ostukraine einen Zwischenstopp in Warschau eingelegt hatte. Sie gaben ihm Verpflegung und Süßigkeiten mit auf den Weg. Eine Woche später trat Annemarie Hosenfeld die Rückreise nach Deutschland an. Ihre drei Kinder Detlev, Jorinde und Uta empfingen sie am Bahnhof in Fulda. *Wie schön ist es zu Hause! Es grünt und blüht! Die Kirschbäume stehen in voller Blüte, auf den Wiesen leuchten die Blumen. Im Garten ist alles gewachsen … mein Wilm, ich habe es doch besser als Du in Deiner öden Kaserne.* Einige Wochen später erfuhr Wilm Hosenfeld, dass sein Vorgesetzter sehr wohl über den Besuch seiner Frau in Warschau Bescheid wusste. Einem Kameraden gegenüber hatte er aber versichert, er werde nichts verraten.

Ein neues sportliches Großereignis hielt den Oberleutnant seit Mitte Mai 1942 in Atem. Ende des Monats sollten Mannschaften der Wehrmacht, Polizei und SS in einer Meldestaffel über eine Strecke von 60 Kilometern außerhalb von Warschau in einen Wettkampf eintreten. Die Idee stammte von Hosenfeld, der auch für die Vorbereitung und den Ablauf der Veranstaltung zuständig war. Plakate, Siegerurkunden, Lautsprecheranlagen, Streckenmarkierungen, Begleitschutz – alles musste in einer Serie von Besprechungen geplant werden, bevor die insgesamt sieben Mannschaften an den Start gingen. Ein Kamerateam des Propagandaministeriums zeichnete den Wettkampf für die Wochenschau auf.

Die Organisation solcher sportlicher Veranstaltungen bereitete ihm Freude. Und wenn dann am Ende alles klappte, empfand der Sportoffizier auch Genugtuung.

Aber dieser Einsatz hielt ihn nicht davon ab, weiter genau zu verfolgen, was an schrecklichen Ereignissen in Polen selbst und darüber hinaus geschah. In Łódź seien hundert unschuldige Menschen erschossen worden, heißt es in seinem Warschauer Tagebuch, und zwar als Vergeltung für drei getötete Polizisten. Solche Vergeltungsmaßnahmen gebe es auch in Warschau. Die erhoffte Wirkung, Angst und Schrecken in der Bevölkerung zu verbreiten, sei jedoch nicht eingetreten, stattdessen hätten sich Verbissenheit, Wut und steigender Fanatismus breitgemacht.

Wenn er über Anschläge von Partisanen berichtete, benutzte Hosenfeld – ähnlich wie die NS-Propaganda – meistens den Begriff »Banditen«. Diese würden zumeist mit Flugzeugen der Roten Armee abgesetzt. Zugleich zollte er ihnen Respekt und Bewunderung. *Was haben diese Kerle für einen Schneid. Sie müssen doch damit rechnen, dass sie verloren sind, aber sie wagen es immer wieder. Jede Nacht sollen neue landen.* Seine Frau widersprach ihm. Sie könne den Feind in diesem Punkt nicht bewundern. Vielmehr sei sie traurig darüber, dass die Anstrengungen der deutschen Truppe teilweise vergeblich seien.

In ihrem Brief vom 10. Juli 1942 schilderte Annemarie Hosenfeld eine grausame Strafaktion in unmittelbarer Nachbarschaft von Thalau. Auf dem Ebersberg wurden polnische Zwangsarbeiter gezwungen, einen Landsmann öffentlich aufzuhängen, der mit einem deutschen Mädchen ein Kind gezeugt hatte. Das Mädchen sei zu zwei Jahren Zuchthaus verurteilt worden. Anna, die Haushaltsgehilfin, hatte sich mit den beiden jüngsten Hosenfeld-Kindern unweit des Ebersberges aufgehalten und von dem schaurigen Vorgang erfahren.

Teil 3

Mitschuld und Rettungswiderstand

1. *Blutschuld an der Ermordung der jüdischen Bewohner*

Die Gewalttaten der Deutschen nahmen kein Ende – erst recht nicht in Polen. Wilm Hosenfeld berichtete, in Zakopane hätten Einwohner sich geweigert, Skier für die Wehrmacht abzuliefern. Daraufhin habe die Gestapo zahlreiche Häuser durchsucht, 240 Männer festgenommen und nach Auschwitz gebracht, in das gefürchtete KZ im Osten. *Um schnellen Prozess zu machen, treibt man die Unglücklichen in eine Gaszelle und tötet sie mit Gas. Bei den Verhören werden sie unmenschlich geschlagen. Besondere Marterzellen hat man da, zum Beispiel eine Säule steht in einer Zelle, daran das Opfer mit den Händen und Armen festgebunden wird, dann wird die Säule hochgezogen, und der Mensch hängt daran, bis er bewusstlos wird. Oder er wird in einen Kasten gesteckt, in dem er nur in hockender Stellung stehen kann. Darin bleibt er, bis ihm die Sinne schwinden.* (Warschauer Tagebuch, 17. April 1942)

Im Rückblick erstaunt es, in welchem Umfang Hosenfeld Informationen über die Vernichtung der Juden gesammelt und in seinem Warschauer Tagebuch festgehalten hat. Seine Berichte belegen, dass dieses ungeheure Verbrechen letztlich ein offenes Geheimnis war und jeder, der es wissen wollte, davon Kenntnis haben konnte. Umso bemerkenswerter, dass nur bei einigen wenigen Deutschen das christliche und humane Gewissen das Handeln bestimmte. Wilm Hosenfeld gehörte zu diesen Ausnahmen.

Immer krasser wurde der Gegensatz zwischen den offiziellen Verlautbarungen, wie sie die staatlich gelenkte Presse verbreitete, und der Wirklichkeit, die Hosenfeld täglich in Warschau erlebte. Wenn man die Zeitungen lese und die Berichte im Rundfunk höre, entstünde der Eindruck, alles sei in bester Ordnung – der Friede sei gesichert, der Krieg schon gewonnen und das deutsche Volk könne voller Hoffnung in die Zukunft blicken. Doch dieser Darstellung schenkte er schon lange keinen Glauben mehr. *Überall herrscht der ausgesprochene Terror, der Schrecken, die Gewalt, Verhaftungen, Verschleppungen, Erschießungen sind an der Tagesordnung. Das Leben eines Menschen, geschweige die persönliche Freiheit, spielen überhaupt keine Rolle. Aber der Freiheitstrieb ist jedem Menschen und jedem Volk eingeboren und wird auf Dauer nicht unterdrückt werden können. Die Geschichte lehrt, dass die Tyrannei immer von kurzer Dauer war. Nun kommt noch das entsetzliche Unrecht der Blutschuld an der Ermordung der jüdischen Bewohner auf unsre Rechnung.* (Warschauer Tagebuch, 23. Juli 1942)

Nach und nach begriff Hosenfeld das Ausmaß dieses monströsen Vorgangs und war immer wieder fassungslos. Er konnte sich nicht vorstellen, dass Hitler selbst die Befehle zu den Massenmorden gegeben hatte, und mochte nicht glauben, was ihm zugetragen wurde, und musste es dennoch zur Kenntnis nehmen. So heißt es weiter im Warschauer Tagebuch: *Es wird glaubhaft von den verschiedensten Leuten berichtet, dass man das Getto in Lublin ausgefegt hat, die Juden daraus vertrieben und sie massenhaft ermordet, in die Wälder getrieben hat und zu einem kleinen Teil in einem Lager eingesperrt hat. Von Litzmannstadt* (Łódź), *von Kutno* (Stadt im besetzten Polen) *wird erzählt, dass man die Juden, Männer, Frauen, Kinder, in fahrbaren Gaswagen vergiftet, den Toten die*

Kleider auszieht, sie in Massengräber wirft und die Kleider zur weiteren Verwendung den Textilfabriken zuführt. Entsetzliche Szenen sollen sich abspielen. Jetzt ist man dabei, das Warschauer Getto, das etwa 400 000 Menschen zählt, auf ähnliche Weise zu leeren.

Schon zwei Tage nach diesem Eintrag hielt Hosenfeld weitere beunruhigende Nachrichten fest. So seien aus dem Warschauer Getto schon 30 000 Juden irgendwohin nach Osten verbracht worden. Tatsächlich hatte inzwischen die Deportation der Getto-Bewohner in das nordöstlich der Hauptstadt gelegene Vernichtungslager Treblinka begonnen. In den Gerüchten, die ihm zugetragen wurden, war von »Heizkammern« die Rede, in denen – einem Krematorium gleich – Menschen bei lebendigem Leibe verbrannt würden, ferner von Erschießungen und Massengräbern. Er fragte sich, warum die Juden sich nicht zur Wehr setzten. Die Antwort kannte er. *Viele, die allermeisten sind durch Hunger und Elend so geschwächt, dass sie keinen Widerstand leisten können und sich stumpf in ihr Schicksal ergeben; andre wieder mögen froh sein, dass die Qual ein Ende hat.*

Die deutsche Polizei werde durch ukrainische und litauische Polizisten verstärkt. Diese würden sich an den zurückgelassenen Wertsachen schadlos halten und so für ihre Henkersdienste entlohnt. *Auf der Kommandantur traf ich gestern einen Geschäftsmann, der mich darauf aufmerksam machte, dass jetzt im Getto alles zu haben sei, und zwar sehr billig. Uhren, Ringe, Gold, Dollar, Teppiche und was nicht alles.* Wenn das wahr sei, was in der Stadt erzählt werde, und zwar von glaubwürdigen Menschen, dann sei es keine Ehre, deutscher Offizier zu sein, dann könne man nicht mehr mitmachen.

Auch wenn nicht jedes Detail in den Berichten, die ihm

zugetragen wurden, später in der historischen Forschung nachgewiesen werden konnte, die entscheidenden Angaben von Hosenfeld über die in der Menschheitsgeschichte noch nie dagewesene Ausrottung und Vernichtung von letztlich Millionen von Menschen stimmten allesamt überein. Das Programm zur »Endlösung der Judenfrage« hatte schon vor der Wannsee-Konferenz vom Januar 1942 begonnen. Als Wilm Hosenfeld darüber Aufzeichnungen machte, liefen Deportationen und anschließender Massenmord bereits auf Hochtouren – koordiniert und abgestimmt zwischen verschiedenen staatlichen Stellen. Die Orte der Vernichtung lagen hauptsächlich in Polen und im Machtbereich der Sowjetunion, in Ländern wie der Ukraine und Weißrussland. Der Reichsführer SS, Heinrich Himmler, kümmerte sich seit Anfang des Jahres 1942 persönlich um den Aufbau und die Funktion der Vernichtungslager im Generalgouvernement.

Nicht nur seinem Warschauer Tagebuch vertraute Hosenfeld an, was ihn innerlich aufwühlte und nicht zur Ruhe kommen ließ, auch seiner Frau berichtete er das Ungeheuerliche und Unfassbare. *Ich mag gar nicht mehr hier sein. Was man jetzt wieder tut, wie man die Juden tötet, in anderen Städten sind sie schon zu Tausenden ermordet; jetzt soll das hiesige Getto mit einer halben Million Juden auch leergemacht werden. Himmler soll hier gewesen sein – kann sich denn ein Deutscher noch auf der Welt sehen lassen? Sterben dafür unsere Soldaten draußen an der Front? Die Geschichte weiß Ähnliches kaum zu berichten. Vielleicht haben sich die Urmenschen gegenseitig aufgefressen, aber dass man ein Volk, Männer, Frauen, Kinder, im 20. Jahrhundert einfach abschlachtet, ausgerechnet wir, die wir den Kreuzzug gegen den Bolschewismus führen, das ist eine so entsetzliche Blutschuld, dass man vor Scham in den Boden sinken möchte. Man fragt sich, sind denn diese verantwortlichen Menschen noch normal? Ist es wirklich so, dass der Teufel Menschengestalt angenommen hat? Ich zweifele nicht daran.* (Brief, 23. Juli 1942)

Am 24. Juli 1942 erhielt Hosenfeld die Mitteilung, dass er rückwirkend zum 1. April zum Hauptmann befördert worden sei. Unter anderen Umständen hätte er sich über die Nachricht gefreut. Aber inzwischen hielt sich seine Begeisterung deutlich in Grenzen, denn die Uniform wurde ihm zusehends zur Last, je mehr er über die Verbrechen der Deutschen erfuhr. *Was Du von den Judenmorden in Warschau schreibst, hat mich erschüttert,* antwortete Annemarie Hosenfeld. *Du siehst, was entstehen kann, wenn eine Regierung von wenigen Einzelnen die Herrschaft ausübt.* Sie könne verstehen, dass ihn die Ungerechtigkeit empöre, dass das Unglück der armen Menschen ihm Schmerzen bereite. *Ist es gar nicht möglich, dass Du von Warschau fortkommst? Nach Deutschland?* Die Einschätzung ihres Mannes, wonach der Ostfeldzug im laufenden Jahr 1942 nicht beendet werde, stimmte sie untröstlich. *Wie lange soll dieses Leben noch dauern? Wenn Du bei uns wärest oder in unserer Nähe, könntest Du für uns ganz anders sorgen.*

Die Zahl derer, die sich in Warschau mit ihren Sorgen an Wilm Hosenfeld wandten, wuchs ständig. Krystyna Luckhaus, die Annemarie Hosenfeld ebenfalls kennengelernt hatte, bat ihn, sich dafür einzusetzen, dass ihr Mann »u. k.« gestellt werde, das heißt, dass er unabkömmlich sei und nicht mehr eingezogen werden konnte. Doch der Offizier konnte nichts für seinen Freund tun, sodass Eduard Luckhaus Warschau mit einem Transportzug in Richtung Ostfront verließ. Über dessen Frau Krystina, die Polin, schrieb Hosenfeld nach Thalau: *Sie ist jetzt noch im Genuss der Lebensmittelkarte ihres Mannes und freut sich, dass sie etwas zu essen kriegt. Aber die Weitergewährung der Karte wird davon abhängig gemacht, dass sie eine Erklärung unterschreibt, dass sie deutsch werden will. Aber das tut sie nicht. Welche Probleme! Der Mann kämpft an der Seite des Volkes, das ihrem Volk die Existenz geraubt hat und so namenloses Elend gebracht hat.*

Die polnische Bevölkerung war nicht nur der Willkür von SS und Gestapo ausgesetzt, auch ihre Versorgungslage verschlechterte sich dramatisch. Was den Zugang zu Lebensmitteln anging, waren die Polen deutlich schlechtergestellt als etwa die »Volksdeutschen« oder Angehörige der deutschen Zivilverwaltung und der Wehrmacht. Außerdem hatte der Złoty stark an Wert verloren, sodass die Menschen kaum noch etwas kaufen konnten. Für Warschau befürchtete Wilm Hosenfeld bereits eine Hungersnot, so sehr hatte sich die Situation Mitte des Jahres 1942 zugespitzt. *Ich habe eine Stunde Tennis gespielt. Ich hatte keinen Partner, da spielte ich mit dem polnischen Balljungen, der es gut kann. Er ist ein armer Teufel. Vom Mittag hatte ich noch Suppe, die gab ich ihm und Brot und etwas Kunsthonig. Geld wollte er nicht. Die Eltern sind im Krieg bei der Belagerung umgekommen. Er hungert sich so durch. Das nächste Mal bringe ich ihm alte Kleider mit. Er arbeitet bei mir im Stadion, aber er hat nichts anzuziehen.*

Die militärische Lage beurteilte der Hauptmann im Sommer 1942 immer kritischer. Er verglich die Wehrmachtsberichte mit den Informationen aus eigenen Quellen und kam zu dem Ergebnis, dass die Truppen an der Ostfront seit einem Jahr nicht vorangekommen waren. Die deutsche Propaganda verharmlose und bagatellisiere die zweite Front, die von England und den USA ausgehen werde, so, als ob die Westalliierten sich nicht trauten, Deutschland anzugreifen, schrieb er am 7. August 1942 in sein Warschauer Tagebuch.

Ich glaube, der einzige Grund für das lange Zuwarten ist die Tatsache, dass sie noch nicht genügend gerüstet sind. Sie haben ja Zeit. Was können wir England antun; unsere Flieger sind im Westen zu schwach, und Amerika ist überhaupt nicht beizukommen. Sie rüsten in aller Ruhe weiter, bis sie kraft der riesigen Materialvorräte und der zur Verfügung stehenden Menschenreserven eine erdrückende Übermacht ins Feld stellen können. Inzwischen arbeitet die Zeit in den von uns besetzten Gebieten weiterhin gegen uns, Hunger, Entbehrung, deutscher Terror stacheln die Völker immer stärker gegen uns auf. Eines Tages, wenn die zweite Front ins Rollen kommt, werden sie sich gegen ihre Unterdrücker erheben. Dann wird auch der Russe wieder offensiv. Alle diese angegriffenen, vergewaltigten Völker kämpfen um ihre Freiheit, kämpfen mit der Gewissheit ihrer Überlegenheit.

Als würde er die Schlacht um Stalingrad voraussehen, schrieb Hosenfeld, 1943 werde der Kampf um Leben und Tod beginnen. Am selben Tag, an dem er seine Analyse seinem Tagebuch anvertraute, teilte er seiner Frau mit, er habe Angst um sie und die Kinder, insbesondere um seinen Sohn Helmut und überhaupt um die Zukunft. Seine Zweifel am Ausgang des Krieges seien noch stärker geworden. Die Politik des Terrors in den besetzten Gebieten könne er nicht verstehen, erst recht nicht die Austilgung der Juden in Polen.

Im Warschauer Getto hatte Władysław Szpilman für seine Auftritte als Pianist noch einmal das Lokal gewechselt. Er spielte im »Sztuka« (Kunst) an der Leszno-Straße auf, zumeist im Klavierduett mit Andrzej Goldfeder. Das Restaurant verfügte über einen Konzertsaal und zählte zu den beliebtesten Treffpunkten von Juden, die noch über Geld und Beziehungen verfügten. Dort erlebte Szpilman den letzten Höhepunkt seiner Karriere als Musiker im Getto, vor allem mit Walzerstücken, die ihm viel Beifall einbrachten. Er verdiente gut. Das Geld reichte jedenfalls, um die fünfköpfige Familie über die Runden zu bringen.

Dem Pianisten war bewusst, dass dieser Erfolg vermutlich nicht von langer Dauer sein würde. Denn an jeder Ecke lauerten Gefahren. Im Getto herrschte eine Hungersnot. Außerdem grassierte in dem geschlossenen Bezirk der Typhus. Wenn Szpilman den Heimweg zur elterlichen Wohnung antrat, musste er achtgeben, um nicht über die Toten auf den Bürgersteigen zu stolpern. Hungertote, Typhus-Tote – wer konnte das schon unterscheiden. Zumeist waren sie in Papier gewickelt, denn die Kleidung wurde noch gebraucht. Zu Hause angekommen, suchte die Mutter mit der Pinzette Hut, Anzug und Mantel nach Läusen ab, die sie in einer Schale mit Spiritus tötete.

Der Musiker beobachtete, wie der Alltag die Menschen im Getto immer mehr verhärtete. Kinder bettelten um ein Stück Brot, eine Kartoffel oder eine Zwiebel. Aber die meisten Passanten blickten zur Seite, weil sie meist selber nichts besaßen. Unter der allgemeinen Not sei ihr Herz zu Stein geworden, bemerkte er. Dazu kam ein *Sturmwind der Angst*, wenn SS und Gestapo nachts Straßenzüge durchkämmten, Männer aus ihren Wohnungen zerrten und sie erschossen. Für ihre Mordaktionen holten sich die Deutschen Verstärkung. Jüdische Polizisten gingen mit den Getto-Bewohnern keinesfalls rücksichtsvoller um, sondern eiferten ihren Vorgesetzten nach; sobald sie die Uniform angezogen hätten, habe sie der Geist der Gestapo angesteckt, meinte Szpilman.

Seine Familie beobachtete, wie eine deutsche Patrouille in eine Wohnung eindrang, wo die Nachbarn gerade ihr kärgliches Abendbrot verzehrten. Als ein im Rollstuhl sitzender gelähmter alter Mann dem Kommando »Aufstehen!« nicht Folge leisten konnte, warfen ihn die Polizisten samt Rollstuhl vom dritten Stock aus auf die Straße. Dort erlag er kurz darauf seinen Verletzungen. Noch brutaler gingen die litauischen und ukrainischen Hilfspolizisten vor, die ähnlich wie die Deutschen Schmiergelder für irgendein Entgegenkommen kassierten, um anschließend diejenigen, von denen sie das Geld genommen hatten, sofort zu erschießen. *Sie mordeten überhaupt gern: aus Sport, um sich die Arbeit zu erleichtern, als Schießtraining oder auch nur einfach zum Spaß.*

Die Willkür und der Terror der Bewacher waren das eine. Dazu kam die lähmende Ungewissheit über das eigene Schicksal. Immer neue Gerüchte drangen ins Getto – Gerüchte über Massaker, über Vernichtungsaktionen in den Lagern und eine bevorstehende Aussiedlung der Juden. »Aussiedlung« konnte vieles bedeuten: Arbeitslager, Tod auf Raten oder sofortige Vernichtung. Ständig lockten die deutschen Behörden die Juden mit Versprechungen, die sie dann nicht hielten. So wurde denen ein Bleiberecht in Aussicht gestellt, die über eine Arbeitsbescheinigung verfügten.

Im Getto entstanden daraufhin reihenweise neue deutsche Firmen, die gegen Geld und Schmuck solche Papiere ausstellten. Władysław Szpilman rannte von einem Unternehmen zum nächsten, bis er für die ganze Familie die Bescheinigungen besaß. Verbittert musste er einige Wochen später feststellen, dass die Papiere wertlos waren, jedenfalls keinen Schutz für ihn und seine Angehörigen darstellten.

Für den 25. Juli 1942 plante Szpilman mit seinem Freund Goldfeder im »Sztuka« ein Mittagskonzert, um den ersten Jahrestag ihres gemeinsamen Auftritts zu feiern. Wenige Tage vorher, am Sonntag, dem 19. Juli, trat er allein in einem anderen Café auf, ohne zu ahnen, dass dies sein letzter Auftritt im Getto sein würde. *Das Gartenlokal war bis auf den letzten Platz gefüllt, doch die Stimmung eher bedrückt.* Das gemeinsame Konzert, auf das die beiden Pianisten sich gründlich vorbereitet hatten, fand nicht mehr statt. Das »Sztuka« wurde geschlossen, ebenso wie andere Lokale und Geschäfte, sodass es auch keine Einkaufsmöglichkeiten mehr gab.

Die seit langem befürchtete Aussiedlung hatte begonnen. Nächtliche Razzien häuften sich. Ein Pfiff, der an den dunklen Häuserwänden widerhallte – dann stürmten bewaffnete Trupps in die Gebäude und führten ganze Familien ab. Diejenigen, die zunächst verschont blieben, verharrten manchmal noch Stunden in ihren Wohnungen – starr vor Angst und Schrecken.

Die Eltern und Geschwister von Szpilman fügten sich in ihr Schicksal und versuchten, trotz des Terrors so etwas wie ein normales häusliches Leben aufrechtzuerhalten. *Vater spielte von morgens bis abends Geige, Henryk studierte, Regina und Halina lasen, und die Mutter flickte unsere Wäsche.* Er selber war nahe daran, sich aufzugeben. In panischer Angst reagierte er, sobald das Geräusch eines Autos oder Fuhrwerks an sein Ohr drang. Die regelmäßigen Auftritte in den Lokalen und Cafés hatten dem Künstler Halt gegeben. Jetzt suchte er verzweifelt nach einem Sinn oder einem Ausweg.

Mit der Aussicht auf einen Laib Brot und ein Kilogramm Marmelade lockte die Besatzungsmacht Juden zum Umschlagplatz. Um dem sicheren Hungertod zu entgehen, machten sich viele auf den Weg zu dem großen Platz, auf den mehrere Straßen sowie eine Eisenbahnlinie mündeten. Die Familie Szpilman fand dort vorübergehend Beschäftigung in einer Sammelstelle für Möbel und Kleidung, die den Juden genommen worden war. ... *manchmal, wenn ich einen Armvoll Wäsche wegtrug, stieg ganz zart wie eine Erinnerung der schwache Duft von einem Lieblingsparfum daraus auf, oder farbige Monogramme auf weißem Grund wurden eine Sekunde lang sichtbar.*

Auf dem Umschlagplatz sah Szpilman, wie Janusz Korczak nach der Auflösung des jüdischen Waisenhauses mit den Kindern das Getto verließ. Die Kleinen seien festlich gekleidet gewesen und hätten fröhlich gesungen. Und er stellte sich vor, dass Korczak ihnen Freude und Hoffnung zugesprochen habe, um seinen kleinen Zöglingen den Schrecken des Übergangs vom Leben in den Tod zu ersparen. Auf dem weiträumigen Platz hatten sich immer mehr Menschen gesammelt: Alte und Junge, Kinder und Erwachsene, gebrechliche, ausgehungerte Menschen und solche, die noch bei Kräften waren. Manche hofften immer noch auf ein Leben irgendwo in der Fremde, in einem Arbeitslager vielleicht oder sonst wo. Andere machten sich keine Illusionen mehr. Der Umschlagplatz war der Anfang vom Ende. Niemand kehrte dorthin zurück.

Ein Güterzug näherte sich pfeifend dem Platz, mit Waggons für den Transport von Vieh und Material. Der Gestank einer dicken Schicht Chlor auf den Ladeflächen war schon von weitem vernehmbar. Mühsam bewegte sich die Menschenmenge auf die Waggons zu, darunter auch der Pianist mit seinen Eltern und drei Geschwistern. »*Guck mal! Sieh doch mal! Szpilman!*« Jemand außerhalb der Menge hatte den Pianisten erkannt, vermutlich ein jüdischer Polizist. Eine Hand packte ihn am Kragen und schleuderte ihn aus dem Polizeikordon heraus. Innerhalb von Sekunden wurde der Musiker von seinen Angehörigen getrennt.

Außer sich vor Zorn, stemmte Władysław Szpilman sich gegen die dicht gestaffelte Kette von Polizisten. Auf keinen Fall wollte er ohne seine Familie weiterleben. Vergebens! Die Polizisten standen Rücken an Rücken und ließen ihn nicht durch. Im letzten Augenblick sah er noch, wie seine Mutter, die beiden Schwestern Regina und Halina und sein Bruder Henryk in einen Waggon stiegen. Der Vater drehte sich noch einmal um, erblickte ihn und machte Anstalten, auf ihn zuzugehen, bis er innehielt. *Er war blass, seine Lippen zitterten nervös. Er versuchte zu lächeln, hilflos, schmerzlich, hob die Hand und winkte mir zum Abschied, als ob ich ins Leben reiste und er mich schon von einem anderen Ufer aus grüßte …* Voller Verzweiflung rief der Sohn einige Male *»Papa! Papa!«*, bis auch der Vater seinem Blickfeld entschwand.

2. Das Schicksal der Juden – *Warum schweigt man und protestiert nicht?*

Am 22. Juli 1942 begannen die Massentransporte aus dem Warschauer Getto, die nach Treblinka führten. Zur gleichen Zeit nahmen in Westeuropa Züge mit Zehntausenden von Juden Kurs in Richtung Osten zu den Vernichtungslagern. Holländische Juden passierten das Durchgangslager Westerbork, bevor sie nach Auschwitz kamen. Französische Juden wurden über das Sammellager Drancy unweit von Paris nach Auschwitz transportiert. Ähnlich erging es belgischen und deutschen Juden. Vernichtung durch das Giftgas Zyklon B oder giftige Abgase aus Dieselaggregaten, Massenerschießungen, Massaker – eine noch nie dagewesene Tötungsmaschinerie steuerte im Sommer und Herbst 1942 ihrem Höhepunkt zu.

Das Schicksal der Juden ließ Wilm Hosenfeld nicht mehr los. Ob in den Briefen an seine Frau Annemarie, an Sohn Helmut oder in den Aufzeichnungen seines Warschauer Tagebuchs – immer wieder von neuem hielt der Hauptmann fest, was ihm über den Fortgang der Vernichtungsaktion zugetragen wurde. Einer seiner Gewährsleute war ein polnischer Kaufmann aus Posen, der mit Obst, Gemüse und anderen Waren handelte und regelmäßig geschäftlich im Warschauer Getto zu tun hatte. *Er sagt, dass es nicht zu ertragen ist, was man dort sieht. Ihm graut, dorthin zu gehen. Er fährt in einer Rikscha durch die Straße. Er sieht, wie ein Gestapo-Mann in einen Hauseingang eine Anzahl Juden, Männer, Frauen und Kinder, hinein-*

drängt und dann wahllos in diesen Menschenhaufen hineinschießt. Gleich zehn Personen sind getötet und verwundet.

Ärzte gebe es nicht mehr; sie seien verschleppt oder getötet worden. *Eine Frau erzählte meinem Gewährsmann, mehrere Gestapo-Männer sind in die jüdische Entbindungsanstalt eingedrungen, haben die Säuglinge weggenommen, in einen Sack gesteckt und sind damit fort, um sie auf einen Leichenwagen zu werfen. Das Gewimmer der kleinen Kinder wie das herzzerreißende Geschrei der Mütter rührt diese Ruchlosen nicht.*

Über die Räumung des Gettos von Siedlce, einer Kreisstadt 70 Kilometer östlich von Warschau, berichtete ihm ein Wehrmachtsoffizier. Dort hätten die Deutschen Juden durch die Straßen getrieben und in aller Öffentlichkeit eine Reihe von ihnen erschossen. *Im Blut sich wälzende Frauen ließ man ohne Hilfe in der Sonnenhitze liegen. Kinder, die sich versteckt hatten, warf man aus den Fenstern.* In der Nähe des Bahnhofs von Siedlce mussten die Menschen drei Tage ausharren – ohne Wasser, ohne Nahrung, bis sie in Viehwaggons gepfercht wurden. Der Offizier, der Hosenfeld dic Einzelheiten schilderte, sei so empört und aufgebracht gewesen, *dass er ganz vergaß, dass wir in einer größeren Gesellschaft waren, worunter sich auch ein leitender Gestapo-Beamter befand.*

Über die Ankunft der Juden aus den Gettos im Vernichtungslager Treblinka brachte Hosenfeld ebenfalls unfassbare Details in Erfahrung, die er in seinem Tagebuch festhielt. Dort gab es Massenexekutionen und Tötungen durch die Abgase von schweren Dieselaggregaten, die in geschlossene Räume geleitet wurden. Viele seien bei der Ankunft der Züge in Treblinka bereits tot gewesen. Die Toten würden neben den Gleisen aufgeschichtet; die ankommenden gesunden Männer seien gezwungen worden, Gruben auszuheben, die Leichen hineinzuwerfen und die Massengräber wieder zuzudecken. Dann seien sie erschossen worden. *Aus allen Teilen des Landes holt man die unglücklichen Menschen zusammen, einen Teil tötet man gleich an Ort und Stelle, weil nicht genügend Laderaum zur Verfügung steht. Wenn es zu viele sind, transportiert man sie ab. Ein furchtbarer Leichengeruch liegt über der ganzen Gegend.*

Die Wahnsinnstaten gelangten nicht zuletzt durch geflohene Juden an die Öffentlichkeit. Einer davon sei in Warschau untergetaucht. Dieser habe einer Leiche einen Zwanzig-Złoty-Schein aus der Tasche gezogen, *damit der Leichengeruch nicht verlorenging, der ihm stets Mahnung sein soll, seine Brüder zu rächen.*

Nach einer Fahrt in die Kleinstadt Mińsk Mazowiecki unweit von Warschau saß Hosenfeld dort mittags mit anderen Offizieren zusammen. Das Gespräch drehte sich um politische Ereignisse, bald auch um die Judenfrage und die Aussiedlung der Juden aus den Gettos. Ein Oberleutnant verteidigte die Ausrottung der Juden als notwendig. Hosenfeld hielt scharf dagegen, während die übrigen Offiziere sich in Schweigen hüllten. Anschließend kamen ihm Bedenken, ob es klug gewesen sei, in einem größeren Kreis offen seinen Standpunkt zu vertreten. Das könne ihm als Zersetzung der Wehrkraft ausgelegt werden, worauf die Todesstrafe stand. *Das Recht der freien Meinungsäußerung steht uns leider nicht zu.*

Bei anderer Gelegenheit hielt er sich zurück und machte sich anschließend heftige Vorwürfe. Das mit ihm befreundete Ehepaar von Schoene hatte zum Abendessen geladen. Anwesend war auch SS-Untersturmführer Gerhard Stabenow mit Freundin, der sich als *der mächtige Mann, als*

Herr des Gettos fühle. Von den Juden spreche Stabenow wie von Ameisen oder Ungeziefer. Die »Aussiedlung«, also der Massenmord, sei für ihn wie die Vernichtung von Wanzen. *Seine Dame ist aufs kostbarste angezogen; das stammt sicher alles dorther.* Keine Rede von der Furchtbarkeit des Krieges, den Opfern, den Entbehrungen und Leiden. *Aber macht man sich nicht selbst mitschuldig an all dem? Warum esse ich an der reich gedeckten Tafel der Reichen, wo ringsum größte Armut ist und die Soldaten hungern? Warum schweigt man und protestiert nicht? Wir sind alle zu feige und bequem, zu falsch und verrottet, darum müssen wir auch alle den Sturz ins Verhängnis mitmachen.*

Erstmals seit längerer Zeit suchten in der Nacht zum 21. August 1942 sowjetische Kampfmaschinen wieder die polnische Hauptstadt heim. Die Piloten nahmen gezielt Truppenunterkünfte, Lazarette, Werkstätten und andere kriegswichtige Einrichtungen der Deutschen ins Visier. Auch unweit der Sportschule schlugen Bomben ein. Fensterscheiben gingen zu Bruch, Rauchschwaden drangen in das Gebäude. Wilm Hosenfeld wurde durch die Einschläge aus dem Schlaf gerissen. Aus mehreren Brandsätzen züngelten noch die Flammen. Menschen kamen auf dem Sportgelände nicht zu Schaden. Aber der Schock steckte allen tief in den Knochen. *Wie ein gejagtes Tier hockt man da irgendwo in einer Ecke, unfähig, einen klaren, befreienden Gedanken zu fassen. Der ganze Wahnsinn des Krieges ergreift einen und ein ohnmächtiger Zorn über die, die das alles angerichtet haben. Aber das stärkste Gefühl ist doch das der Trauer über das Unglück so vieler Unschuldiger und eine Niedergeschlagenheit, von der man ergriffen wird angesichts der Bosheit und Ruchlosigkeit der Menschen, die ihren Verstand und Geist dazu gebrauchen, um sich gegenseitig abzuwürgen.*

Hosenfeld begriff – gewiss nicht zum ersten Mal, aber klarer als je zuvor –, dass die NS-Herrschaft auf einem System der Lüge und der Verdrehung von Tatsachen beruhte und dass dieses Lügengebilde wie ein Vorhang die dahinter stattfindenden monströsen Verbrechen verdecken sollte. *Was sind wir belogen worden, und wie steht die ganze öffentliche Meinung unter der Lüge. Kein Zeitungsblatt ist ohne Verlogenheit, mag es von militärpolitischen, wirtschaftlichen, historischen, sozialen, kulturellen Dingen reden, überall ist der Wahrheit Zwang angetan, die Wirklichkeit entstellt, verdreht und ins Gegenteil verkehrt. Kann das gutgehen, nein, das darf um der Ehre der freien Menschenpersönlichkeit und des freien Menschengeistes nicht so weitergehen. Die Lügenmäuler und Verdrehungskünstler müssen umkommen und ihrer Gewaltherrschaft entkleidet werden, dass wieder ein freieres, edleres Menschentum Platz erhält.*

Als ein Beispiel für Verlogenheit empfand Hosenfeld eine Rede von Hans Frank, dem Generalgouverneur im besetzten Polen und damit einem der Hauptverantwortlichen für die Verbrechen der SS und Gestapo im Generalgouvernement. Die Behauptung Franks, auch die fremdvölkische Bevölkerung – gemeint waren die Polen – ziehe ihren Nutzen aus den neuen Verhältnissen und das Gebiet sei vorher noch nie so klar und sauber regiert worden wie heute, kommentierte er lakonisch mit den Worten: *Da lachen wohl nicht nur die Hühner!*

Die Kampfspiele der Wehrmacht, ein sportliches Großereignis, das bereits einmal verschoben worden war, beanspruchten Hosenfelds Einsatz fast den ganzen August 1942 hindurch. In der von ihm herausgegebenen Zeitung »Soldat und Sport« veröffentlichte er am 25. August einen Aufruf, in dem er sich für die körperliche Ertüchtigung der

Soldaten einsetzte und mitteilte, über 1200 Wettkämpfer hätten sich angemeldet. Eine Woche dauerten die Wettkämpfe, und zwar vom 30. August bis zum 5. September 1942. Mit dem Verlauf war der Sportoffizier zufrieden. Bei den meisten Teilnehmern handelte es sich um ehemalige Sportler, die beachtliche Leistungen zeigten. Der Abschluss sei, wie der Auftakt, eindrucksvoll über die Bühne gegangen.

Das Einzige, was Hosenfeld missfiel, war das offenkundige Desinteresse der älteren Offiziere, die in Warschau stur ihren Dienst versahen, ohne sich für gemeinschaftliche Aktivitäten zu interessieren. Sie seien vergreist, nervös und unzufrieden und wollten ihre Ruhe haben, statt am öffentlichen Leben teilzunehmen – eine Haltung, die vielleicht auch eine Form stillen Protestes gewesen sein könnte. Abseitsstehen, sich aus allem möglichst heraushalten, das war Hosenfelds Art jedoch nicht, dafür war er viel zu umtriebig. *Als Offiziere der einstmals stolzesten Armee haben sie keine Bedeutung und kein Ansehen mehr in dem reinen Verwaltungsdienst der Etappe. Sie fühlen sich in ihrer Ehre gekränkt angesichts der Schandtaten, die durch die Beauftragten Himmlers an den Polen und neuerdings an den Juden verübt werden. Sie müssen zu all diesen ungeheuren Gräueln stillschweigen und wissen doch, dass sie im Ernstfall und bei der unausbleiblichen Reaktion das alles mit verantworten müssen und mit den Soldaten kämpfen müssen.*

Hosenfeld wusste nicht nur um diese Verantwortung, die auch auf ihn zutraf, er nahm sie an und litt darunter. In seinen verschiedenen Funktionen konnte er sich von den Verbrechen fernhalten und verfolgten Menschen helfen. Allerdings wirkte er in einem von ihm dokumentierten Fall als Beisitzer des in Warschau tagenden Kriegsgerichts an einem Todesurteil mit. Am 22. Oktober 1942 stand dort ein Angehöriger der »Organisation Todt« vor Gericht, nach seinen Worten ein *gemeingefährlicher Gewohnheitsverbrecher*, der sich u. a. der Plünderung schuldig gemacht habe. *Als ich meine Stimme für das Todesurteil gegeben hatte, war es mir, als hätte ich ein großes Verbrechen getan. Ich sehe immer den Menschen vor mir stehn, und ein grenzenloses Erbarmen überkommt mich. Der Gerichtsschreiber deutete auf das Geburtsdatum des Verurteilten. Es war der 22. 10. 1914. An seinem Geburtstag wird er zum Tode verurteilt.*

Im September 1942 war Wilm Hosenfeld in ein neues, zusätzliches Betätigungsfeld hineingewachsen, das seinen Neigungen und Fähigkeiten noch mehr entsprach als der Sportbetrieb, den er zur vollen Zufriedenheit seiner Vorgesetzten leitete. Beim Oberkommando der Wehrmacht / OKW in Berlin bestand seit 1940 ein »Berufsförderungswerk«. Soldaten konnten ihre beruflichen Fähigkeiten weiterentwickeln, Schulabschlüsse nachholen bzw. zusätzliche Qualifikationen erwerben. Auf diese Weise sollten sie sich auf das Zivilleben vorbereiten und später in der Arbeitswelt zurechtkommen.

Berufsförderung nach Art einer Volkshochschule – dafür war Hosenfeld die ideale Besetzung, denn genau das hatte er bereits als Volksschullehrer mit Erfolg praktiziert. In Warschau bestand seine Aufgabe darin, Kurse zu planen, Lehrmittel zu beschaffen und Dozenten zu verpflichten. Zügig gelang es ihm, unter den Wehrmachtsangehörigen Volks- und Berufsschullehrer, Ingenieure und andere Fachleute für den Unterricht zu gewinnen. Er selber nahm sich das Fach Geschichte vor. Jedoch fehlte ihm dafür die geeignete Literatur. Die vorliegenden Geschichtsbücher waren allesamt entsprechend der NS-Ideologie umgeschrieben worden. *Wenn ich nach Hause komme, will ich meine alten Geschichtsbücher, die noch nicht bereinigt sind, suchen. Mit den heutigen bin ich nicht einverstanden, da wird zu sehr Gesinnung getrieben.* Seine Frau bat er, schon mal nach den Büchern zu sehen.

Schon im ersten Anlauf meldeten sich 550 Teilnehmer und 57 Lehrkräfte, darunter Diplom-Ingenieure, Diplom-Landwirte, Studienräte, Bautechniker und Kfz-Mechaniker. Am 19. Oktober 1942 begannen vier Lehrgänge in Kraftfahrtechnik. Zum Auftakt kam vom OKW in Berlin eigens ein Hauptmann angereist, um die Ziele der Berufsförderung zu erläutern. Den wissenschaftlichen Überbau erklärte ein Professor aus Freiburg, und Hosenfeld selber schilderte die praktische Umsetzung. *Ich hatte nicht die geringsten Hemmungen und sah an den Gesichtern der Zuhörer lebhafte Zustimmung. Ich leitete dann die Aussprache und gab die Richtlinien der Arbeit, die im großen Ganzen angenommen wurden.*

Kaum hatte der Lehrbetrieb begonnen, entwickelte Hosenfeld bereits Pläne, den Soldaten auch die Möglichkeit zu bieten, die Meisterprüfung und die Reifeprüfung abzulegen. Sein Vorgesetzter, Generalmajor Fritz Rossum, blieb skeptisch. Aber Hauptmann Hosenfeld war zuversichtlich, ihn bald von der Richtigkeit seiner Ideen überzeugen zu können. Schließlich bewegte er sich auf seinem ureigensten Terrain, dem der Pädagogik.

Die neue Aufgabe bedeutete beträchtliche zusätzliche Arbeit. Mit großer Disziplin bewältigte er sie, ohne sein Brief- und Tagebuchpensum zu vernachlässigen, obwohl ihn häufig Kopfschmerzen plagten, für die es keine erkennbare Ursache gab. Nur noch selten ließ er sich ein Pferd satteln, um die Landschaft außerhalb von Warschau in sich aufzunehmen. *Die Bauern eggen die Kartoffelfelder und säen, der Rauch der Kartoffelfeuer schmeckt heimatlich. Weiße Nebel ziehen ihre Schleier über das Wasser, das Knarren der Räder, Kinderstimmen schallen dazwischen. An einem Feuer braten sich Jungen Kartoffeln. Ich meine, ich müsste mit ihnen lachen und Spaß machen. Es sind so frische, hübsche Jungens, in dürftigen Kleidern, barfußbeinig mit rotgefrorener Haut. Auch die kleinen Mädels sind fix und vergnügt.* Ein Mädchen bat ihn um Brot. Meistens hatte der Hauptmann einen Kanten Brot für das Pferd in der Tasche. Er gab es dem Mädchen, das lachend davonrannte und das Brot mit den anderen Kindern teilte.

Im Warschauer Getto dauerte im Sommer 1942 die »Aussiedlung« der Juden unvermindert an. Von den Selektionen verschont blieben hauptsächlich junge Männer, die als Arbeitskräfte eingesetzt wurden. Unter der Aufsicht von jüdischen Vorarbeitern und SS-Angehörigen arbeitete Władysław Szpilman auf verschiedenen Baustellen, zumeist als Handlanger für einen Maurer oder eine ganze Kolonne. Zunächst galt es, die Getto-Mauern abzutragen, dann ein Schloss für einen ranghohen SS-Führer herzurichten und Kasernen für die Schutz-Staffel zu bauen. Eines Tages begegnete Szpilman dem ehemaligen Konzertmeister der Warschauer Philharmonie, Jan Dworakowski, der ihn herzlich begrüßte und sich nach seiner Lage erkundigte. Ihm offenbarte er, dass seine Angehörigen abtransportiert worden seien. Szpilman glaubte insgeheim, sie könnten vielleicht noch am Leben sein. Aber der Dirigent erklärte, er werde Eltern und Geschwister nie wiedersehen. Zunächst verstand Szpilman nicht, weshalb der Musikerkollege ihm diesen letzten Funken Hoffnung nehmen wollte, bis er begriff: *Im entscheidenden Augenblick gab mir jene Gewissheit des sicheren Todes die Energie, um mich zu retten.*

Über einen Juden, der für die anderen Arbeiter in der Stadt Einkäufe tätigte, nahm Szpilman Kontakt zu früheren Bekannten auf, um seine Flucht vorzubereiten. Doch beim ersten Anlauf holte er sich eine Abfuhr. Einen Juden zu verstecken, das sei lebensgefährlich, lautete die Antwort. Dass er es überhaupt wage ... Aber der Pianist versuchte es weiter, zumal die Situation im Getto und die Kriegslage insgesamt wieder etwas Zuversicht verhießen. Im Getto selbst machten Gerüchte über einen bewaffneten Widerstand gegen die Deutschen die Runde. Attentate gegen ein von den Besatzern häufig besuchtes Café, aber auch gegen Spitzel in den eigenen Reihen stärkten das Selbstbewusstsein der Juden, von denen noch etwa 60 000 im Getto lebten.

Sowjetische Luftangriffe auf Warschau registrierten die Verfolgten mit großer Genugtuung, auch wenn sie ihre Freude nicht offen zeigen durften. Dass die Alliierten in Nordafrika gelandet waren, dass der Vormarsch der Wehrmacht an der Ostfront längst ins Stocken geraten war und sich an der Wolga eine Entscheidungsschlacht anbahnte, auch diese Entwicklung beflügelte den Überlebenswillen der jüdischen Bevölkerung, die eigentlich dem Tod geweiht war.

Hier ist Sommer, ein so wundervoller Sommer. Ich sitze im Garten, die Blumen und Büsche mit ihrem Duft, mit ihrer glutvollen Farbenpracht, sind die starke Melodie des Lebens. Wenn Annemarie Hosenfeld den Kindern bei ihrem Treiben zuschaute, dann konnte sie wegtauchen und alles vergessen, was sie bedrängte und ihr Sorgen bereitete. Bald darauf notierte sie: *Wir haben herrliches Wetter, die Bauern holen Kartoffeln heim und pflügen. Es gibt Kartoffeln in Hülle und Fülle, aber alles wird beschlagnahmt.* Auch in Deutschland verschlechterte sich die Versorgung der Bevölkerung mit Lebensmitteln. Wer wie Annemarie Hosenfeld über einen eigenen Garten verfügte, konnte Obst und Gemüse anbauen. Mit tatkräftiger Unterstützung ihrer Haushaltsgehilfin Anna und der Kinder kochte Annemarie Hosenfeld Gurken, Pflaumen und Mirabellen ein. Was übrig blieb, tauschte sie gegen Hafer, Mehl und Milch. In einem ihrer Briefe schreibt sie: *Mein Tauschhandel blüht.* Im Keller legte sie Vorräte für die Wintermonate an: Äpfel, Birnen und Quitten, auch Kartoffeln, die jedoch schwer zu bekommen waren. Brot buk sie selber, aber dafür brauchte sie reines Roggenmehl.

Zucker war knapp und Honig begehrt, und dafür ließ sich einiges eintauschen; im Herbst 1942 kam ein halber Zentner Honig zusammen. Ein paar Zigarren und eine Flasche Schnaps wirkten wahre Eintauschwunder oder ermöglichten Gefälligkeiten wie das Sägen von Brennholz. Hühner und Schweine, die gemästet und dann geschlachtet wurden, brauchten Futter, das es im Handel kaum noch gab und das deswegen unter der Hand beschafft werden musste. Ihrem Mann schrieb Annemarie Hosenfeld: *Du weißt, dass mir das Hamstern und Zusammenraffen gar nicht liegt, aber ich muss ständig sorgen für die Ernährung, meine Kinder sollen nicht unterernährt sein wie im Weltkrieg meine Schwester und ich. Auch jetzt zeigt sich schon die Unterernährung, besonders bei älteren Leuten …*

Viele Waren gab es nur noch auf Bezugsschein bzw. auf Antrag. Schuhe für die Mädchen, ein Fahrrad für Detlev, damit er den langen Schulweg bewältigen konnte – die Mutter war oft unterwegs, um die nötigen Papiere zu besorgen und den Alltag mit ihren drei Kindern, die noch zu Hause wohnten, zu bewältigen. Ihre älteste Tochter Anemone erlernte in einer Klinik in Schmalkalden den Beruf der Krankenschwester. Auch wenn Annemarie Hosenfeld häufig über die tägliche Mühsal klagte – ihre vielen Briefe sind ein Spiegelbild des Alltags in Zeiten des Krieges, der mit den Luftangriffen auf Kassel und Frankfurt immer näher rückte, und zugleich ein Ausweis dafür, dass sie alles im Griff hatte.

Dabei kam ihr zugute, dass ihr Verhältnis zu den Menschen im Dorf immer besser wurde, abgesehen von gelegentlichen Streitereien. Annemarie Hosenfeld suchte Eltern auf, deren Sohn im Kampf verwundet oder gefallen war, drückte ihnen ihr Mitgefühl aus und sprach ihnen Trost zu. Dass sie selber qualvolle Ängste ausstand um ihren Sohn Helmut, den sie in der Nähe von Stalingrad wähnte, verschwieg sie bei solchen Besuchen.

Die Leute sahen, dass sie den Garten umgrub, die Beete düngte, sich also unermüdlich um Haus und Hof kümmerte, und damit erntete sie Anerkennung. Sie habe ein anderes Verhältnis zum Dorf bekommen, berichtete sie an einer Stelle. Sie zeige mehr Interesse an den Leuten, und diese wünschten sich, dass man Anteil nehme. In einem Brief, den sie am 28. und 29. September 1942 verfasste, heißt es: *Ich habe wieder ganz von vorne angefangen und bin Deine einfache, liebe, bescheidene Frau, Deine Annemie, die weder nach Berlin noch nach Warschau passt, sondern nach Thalau und Worpswede! Ich bin keine Dame und keine Bauersfrau.*

Zwei Wochen zuvor hatte Annemarie Hosenfeld ihren Mann in Berlin getroffen. Eine Dienstreise des Offiziers in die Hauptstadt nutzten die beiden für ein Wiedersehen. Ende Oktober 1942, nachdem das Berufsförderwerk in Warschau angelaufen war, erhielt Wilm Hosenfeld für etwa zwei Wochen Heimaturlaub. In dieser Zeit wollten sie, wie ein Jahr zuvor, Missverständnisse und Spannungen abbauen. *Früher war das Verhältnis zwischen uns beiden so einfach, der Krieg hat es kompliziert gemacht. Ich finde meinen alten Wilm nicht mehr, und ich bin wohl auch anders geworden.* Solche Feststellungen waren Momentaufnahmen, Ausdruck einer stets wiederkehrenden Befürchtung, ihre Beziehung könnte scheitern. Sie hätte ihn gern eifersüchtig gesehen, wie sie selbst es oft gewesen sei, schrieb sie weiter. *Dich änderte der Krieg. Diese Änderung spürte ich bei jedem Urlaub mehr, daher kamen die Streitigkeiten.* Annemarie Hosenfeld warf ihrem Mann vor, jeder Frau kritiklos gegenüberzutreten. *Für Dich bedeutet fast jede Frau eine Gefahr. Du kannst mich kleinlich, eifersüchtig und spießig schelten, es ist doch so.* Solcher Kritik folgte schon bald wieder das Eingeständnis ihrer vorbehaltlosen Liebe zu ihm. Entscheidend sei für beide das Zusammensein.

Dass der Krieg die Menschen unerbittlich zurichtete, erfuhr sie nicht nur im Dorf, sondern auch bei ihren Fahrten mit dem Zug nach Fulda und Gersfeld. Häufig traf sie dabei auf junge Soldaten, die ganze Gliedmaßen verloren hatten. *Vor kurzem fiel mir einer auf mit einem ernsten, wissenden Gesicht, er hatte nur noch einen winzigen Beinstumpf und kam mühselig mit seinen Krücken am Bahnsteig. Es war ein übles Gedränge, ich blieb neben ihm und gab ein wenig acht, dass ihn niemand stieß. Ich fragte ihn: »Geht es denn auf den Treppenstufen?« Da sagte er mit einem für mich unvergleichlichen Ausdruck im Gesicht: »Es geht.« – Wir dürfen nicht verbittert werden oder mutlos. Jeder beginnende Tag ist für mich ein Kampftag. Oft, sehr oft bin ich mit mir nicht zufrieden. Du fehlst mir, mein lieber Lebenskamerad, der mir Ansporn und Kraft und Liebe gibt. Die langen sorgendurchwachten Nächte, die bleiben stehen in meinem wie in Deinem Antlitz.*

Wie ihr Mann verfolgte auch Annemarie Hosenfeld die militärische Lage an der Ostfront mit wachsender Sorge. Mitte September 1942 hatten die Kämpfe um Stalingrad begonnen. Ihr Sohn Helmut gehörte zu den Wehrmachtseinheiten, die auf die wichtige Hafen- und Industriestadt an der Wolga marschierten. In einem seiner Briefe verglich der junge Soldat die Schlacht um Stalingrad mit dem Kampf um die französische Festung Verdun im Ersten Weltkrieg; so verlustreich seien die Kämpfe. Der Vater stimmte ihm zu. Solange Wilm Hosenfeld von der Front Post erhielt, war er einigermaßen beruhigt. Als die Meldungen sich verdichteten, die Rote Armee habe die 6. Deutsche Armee eingekesselt, und die Briefe ausblieben, packte auch ihn die Angst.

Wie Helmut Hosenfeld seinen Angehörigen berichtete, konnte er Ende Januar 1943 das Kampfgebiet um Stalingrad an Bord eines Sanitätsflugzeugs verlassen. Ob er sich bei den Truppenteilen direkt im Kessel von Stalingrad befand oder außerhalb, ist nicht bekannt. Als Wilm Hosenfeld in Warschau erfuhr, dass sein Sohn der Schlacht entkommen war, reagierte er mit großer Erleichterung. Sofort schickte er ein Telegramm nach Thalau, damit seine Frau ebenfalls Bescheid wusste.

Die Weihnachtstage verbrachte Hosenfeld in Thalau. Noch vor Jahresende kehrte er nach Warschau zurück. In Stalingrad bahnte sich für die Wehrmacht eine verheerende Niederlage an. Der Hauptman begriff, was das bedeutete. In einem längeren Eintrag in sein Tagebuch erinnerte er sich der großspurigen Ankündigung Hitlers zu Beginn des Jahres, als der »größte Feldherr aller Zeiten« die Wehrmacht in eine neue Offensive gegen das Riesenreich Sowjetunion schickte. Zwölf Monate später war die 6. Armee eingekesselt. Die Eroberung Moskaus hatte nicht stattgefunden. Und die für den Nachschub wichtigen Ölfelder im Kaukasus standen weiterhin unter sowjetischer Kontrolle. *Das Jahr 1943 lässt sich schlecht für uns an,* notierte er. Die Wehrmacht werde mit den Bolschewisten nicht fertig. *Dazu kommt noch Amerika mit seiner riesigen Rüstung und dem unerschöpflichen Menschenmaterial. Ich kann die Zeitungen gar nicht mehr lesen. Sie dürfen die Wahrheit nicht sagen.*

3. Jagd auf Menschen oder Die Banalität des Bösen

Die Schlacht um Stalingrad lastete Anfang des Jahres 1943 wie ein düsterer Schatten auf Deutschland und den Deutschen. Eigentlich war der Kampf um die Metropole an der Wolga zwischen Roter Armee und Wehrmacht längst entschieden. Die 6. Armee unter Generalfeldmarschall Friedrich Paulus war eingekesselt und konnte seit Mitte November 1942 nur noch aus der Luft versorgt werden. Der Nachschub fiel deutlich geringer aus als von Luftmarschall Hermann Göring großspurig versprochen. Auf dem Rückweg nahmen die Maschinen Verwundete mit. Mehrfach verweigerte Hitler General Paulus die Erlaubnis, aus dem Kessel auszubrechen. Der NS-Diktator überließ die Soldaten einfach ihrem Schicksal.

Aus dem Wehrmachtsbericht kann man sich überhaupt kein Bild von der wirklichen Lage machen. Das ist wohl auch die Absicht. In seinem Brief vom 1. Januar 1943, kurz nach seiner Rückkehr aus Thalau, suchte Hosenfeld verzweifelt nach einem Hoffnungsschimmer. Die großen Worte, die Goebbels in seiner vom Rundfunk übertragenen Silvesteransprache bemüht hatte, klangen nur noch hohl und unglaubwürdig. Statt alles in Rosarot zu malen, sei es besser, auf den Ernst der Lage zu verweisen, meinte Hosenfeld. *Es bleibt uns doch auch nichts anderes übrig, als das Schwere zu ertragen.*

Allerdings, einen kleinen, eher privaten Hoffnungsschimmer gab es doch. Im Januar stand ein weiterer zweiwöchiger Lehrgang an der Heeresgasschutzschule in Bromberg (heute: Bydgoszcz) an. Damals gehörte die Stadt zum Reichsgau Danzig-Westpreußen. Sie war Schauplatz zahlreicher Pogrome gegen Juden und polnische Intellektuelle gewesen, die als Vergeltung für den sogenannten Bromberger Blutsonntag, die Ermordung von »Volksdeutschen« gleich nach dem Überfall auf Polen, verübt worden waren.

Der Hauptmann ermunterte seine Frau, ihm nach Bromberg zu folgen und dort ein Privatquartier zu nehmen, um wieder ein paar gemeinsame Tage verbringen zu können. Annemarie Hosenfeld zehrte noch vom Weihnachtsbesuch ihres Mannes. Auch sie griff gleich am Neujahrstag zum Füllfederhalter, um ihm zu versichern, wie sehr sie die Feiertage mit ihm und den Kindern genossen habe. *Du hast im letzten Jahr Deine Verschlossenheit abgelegt. Du hast mich mehr teilhaben lassen an Dir. Das hat mich beglückt und ich weiß um Dein innerliches Reifwerden in diesem letzten Jahr.* Je mehr Wilm Hosenfeld sich innerlich vom NS-Regime entfernte und sich für die Verbrechen schämte, desto näher schienen sich die beiden, der mittlerweile 47-jährige Offizier und die 43-jährige Pazifistin, zu kommen.

Was Bromberg betraf, so ließ sie sich nicht lange bitten, auch wenn das Reisen per Bahn mitten im Winter nicht nur mühsam, sondern wegen der ständigen Gefahr von Luftangriffen auch riskant war. Seit dem 5. Januar 1943 hielt Wilm Hosenfeld sich in Bromberg auf und ließ Vorträge und Gasschutzübungen über sich ergehen. Geschichte oder auch Literatur würden ihn mehr interessieren, schrieb er seinem Sohn Helmut, der weiter an der Ostfront ausharrte. Der Hauptmann nahm an, dass Gas als Kampfstoff im Krieg noch eingesetzt werde.

Wie aus den Aufzeichnungen hervorgeht, traf Annemarie Hosenfeld am 14. Januar in Bromberg ein und verbrachte dort fast eine Woche bis zum Abschluss des Gasschutzlehrgangs. Anschließend reisten beide in das Dorf Samter nordwestlich von Posen, wo die Familie Cieciora das Gut Karolin verwaltete. Wilm Hosenfeld hatte Stanisław Cieciora 1939 in Pabianice aus deutscher Kriegsgefangenschaft entlassen. Entsprechend gastfreundlich wurde das Ehepaar Hosenfeld aufgenommen. Zwei Tage ließen es sich die beiden gutgehen. Am 22. Januar 1943 trennten sie sich – Wilm Hosenfeld kehrte nach Warschau zurück, Annemarie Hosenfeld zu ihren Kindern nach Thalau.

Anschließend schwärmten sie von ihren polnischen Freunden, die sie auch für die Rückreise noch reichlich mit Proviant ausgestattet hatten. Für Antoni Cieciora, den in der polnischen Hauptstadt untergetauchten Priester, nahm Wilm Hosenfeld ein Päckchen mit. Mit ihm traf er sich bald darauf, das heißt, der Priester suchte ihn in seinem Büro in der Sportschule auf, nachdem Hosenfeld ihn zweimal nicht angetroffen und dann seine Adresse hinterlassen hatte. Unter dem Namen »Cichocki« stellte ihn der Hauptmann schließlich als Polnischlehrer im Berufsförderungswerk ein. Das Vorlesungsverzeichnis wies ihn entsprechend aus. Ein von der Gestapo gesuchter katholischer Geistlicher half damals unter dem Patronat von Wilm Hosenfeld deutschen Soldaten beim Erlernen der polnischen Sprache.

Was für herzliche und gute Menschen sind das doch. Ich frage mich immer wieder, wie kommen sie nur dazu, uns so zu verwöhnen. Im Brief äußerte Hosenfeld über Zofia Cieciora: *Diese einfache, schlichte, fremde Frau, welch großartiges Gemüt und welch innere Anständig-*

keit hat die. Kennst Du unter Deinen Bekannten eine, die sie überträfe? Annemarie Hosenfeld war von den polnischen Freunden ebenfalls angetan. *Es war so restlos schön. Unsere Reise nach Karolin! Die Abende im nächtlichen Bromberg! Ich will das nie vergessen!* Inzwischen war überraschend auch Helmut Hosenfeld von der Ostfront nach Thalau zurückgekehrt – unversehrt und mit der Aussicht, seine Ausbildung als Arzt schon bald fortsetzen zu können.

Für Wilm Hosenfeld grenzte es an ein Wunder, dass sein Sohn dem Schlachtfeld heil entkommen war. Am 2. Februar 1943 las er schwarz auf weiß in der Zeitung, was er lange vorausgesehen hatte und dennoch nicht fassen konnte: Generalfeldmarschall Paulus, Oberbefehlshaber der 6. Armee, hatte am Vortage kapituliert und war mit seinen Soldaten in sowjetische Gefangenschaft gegangen. Wie viele von ihnen vorher erfroren oder verhungert waren, lässt sich nicht mehr feststellen. Von den ursprünglich 200 000 Soldaten hatte nicht einmal die Hälfte überlebt. Und davon kehrten nach dem Krieg gerade einmal 6000 zurück. Hosenfeld: *Ich glaube, dass wir uns von diesem Schlag nicht mehr erholen werden. Auch von der ganzen übrigen Ostfront kommen bedrohliche Meldungen.*

Auf welchen Frontabschnitt der Hauptmann sein Augenmerk auch richtete – fast überall befand sich der Gegner auf dem Vormarsch: auch in Nordafrika, im Nahen Osten und im Pazifik, wo die Japaner ebenfalls in die Defensive gerieten. Im Tagebuch heißt es unter dem 11. Februar 1943: *Überall Übermacht.* Einen Tag später erwähnte er den Aufruf des deutschen Gouverneurs von Warschau, der die Einwohner der Hauptstadt mit deutschem Namen oder entsprechender Verwandtschaft aufgefordert hatte, sich zu melden, um eine deutsche Kennkarte zu bekommen. *Man meint, diese Herren, die einen solchen Unsinn machen, wären Idioten. Wie haben sie die Polen behandelt, und nun erwarten sie noch, dass sie sich zu uns bekennen. Sie wissen doch ganz genau, dass sie nur eingezogen werden sollen für die deutsche Wehrmacht.*

Der Mangel an Soldaten und Arbeitskräften führte dazu, dass die Polizei in Warschau und anderen Großstädten Menschen auf der Straße verhaftete, um sie anschließend als Zwangsarbeiter nach Deutschland zu schicken. In seinem Tagebuch berichtete Hosenfeld von regelrechten Menschenjagden. Die Polizei dringe sogar in Kirchen und Privatwohnungen ein und nehme wahllos Einwohner fest. *In der Lubliner Gegend und bei Zamość bei Krakau werden die Bauern aus ihren Dörfern vertrieben, Männer und Frauen in Lager verschickt, die alten Leute erschossen und die Kinder in Transportzügen irgendwohin verfrachtet. Im Alter von 2–14 Jahren verschleppt man sie. Ein solcher Zug kam dieser Tage durch Warschau. Auf dem Bahnhof Praga wurden die Wagen geöffnet. Ein großer Teil war verhungert und erfroren. Die Zivilbevölkerung stürmte die Wagen und wollte die Kinder retten und mit nach Hause nehmen. Das wurde aber verboten, die Wagen wurden geschlossen, und der Zug fuhr mit den unglücklichen Kindern, ohne dass man die Toten herausnahm, weiter. Er soll irgendwo nach Deutschland verschleppt werden.*

Hinter der Umsiedlungsaktion im Distrikt Lublin steckte SS-Gruppenführer Odilo Globocnik, der im Auftrag von Himmler mit großer Brutalität das Gebiet räumte, damit sich dort Deutsche als Siedler niederlassen konnten. Über 100 000 Bauern verloren Haus und Hof, viele von ihnen wurden in Auschwitz und Majdanek ermordet oder als Zwangsarbeiter nach Deutschland transportiert. Das Siedlungsvorhaben scheiterte jedoch am Widerstand der Partisanen, die den deutschen Sicherheitskräften stark zusetzten, was wiederum Vergeltungsmaßnahmen an der polnischen Zivilbevölkerung auslöste.

Im November 1942 hatte Władysław Szpilman sich auf der Baustelle am Knöchel verletzt. Er war gestolpert, als er den Maurern Kalk bringen wollte, und hatte sich eine schmerzhafte Verstauchung zugezogen. Der Bauleiter schickte ihn in ein Lagerhaus, wo es nicht nur wärmer war als draußen, sondern auch seine Hände besser geschützt waren. Im Januar 1943 bestätigte sich dann, was die Juden im Getto kaum zu hoffen gewagt hatten: Die Niederlage der 6. Armee in Stalingrad zerstörte endgültig den Nimbus der Unbesiegbarkeit der deutschen Wehrmacht. Das Blatt wendete sich, und die Untergrundarmee im Getto verspürte Auftrieb. Mit den Kartoffelsäcken, die täglich in den abgegrenzten Bezirk geliefert wurden, gelangten Waffen und Munition in die Hände der Untergrundkämpfer. Szpilman nahm die riskante Ware in Empfang und geriet dabei mehrfach in lebensbedrohliche Situationen, wenn SS-Männer den Inhalt der Säcke kontrollieren wollten. Zum Glück bestanden die Deutschen nicht darauf, alles zu sehen. Sie beschränkten sich auf Stichproben.

Die hektische Suche nach arbeitsfähigen Polen, die als Zwangsarbeiter nach Deutschland geschickt werden sollten, führte vorübergehend zu einer beinahe absurden Situation. Nichtjuden flohen ins Getto, weil sie sich dort vor den Häschern sicher wähnten. Doch die Deutschen weiteten ihre Menschenjagd auf den abgeriegelten Bezirk aus. Für einige Tage bot die Armbinde mit dem Stern sogar einen Schutz, denn gefahndet wurde dieses Mal nach »polnischen Ariern«.

Doch dieser Zustand dauerte nur kurze Zeit an. Bald darauf wurde Władysław Szpilman Zeuge, wie ein Polizist einen etwa zehnjährigen Jungen erschoss, der vor Schreck vergessen hatte, seine Mütze zu ziehen und den Deutschen zu grüßen. Der Mann habe wortlos seinen Revolver gezogen, ihn dem Jungen an die Schläfe gesetzt und abgedrückt. Das Kind sei zu Boden geglitten und sofort gestorben. Der Gendarm habe seelenruhig den Revolver zurück ins Futteral gesteckt und seinen Weg fortgesetzt. Szpilman sah ihn an. *Er hatte nicht einmal besonders brutale Gesichtszüge und wirkte nicht gereizt. Er war ein normaler, ruhiger Mann, der eine seiner kleineren, zahlreichen täglichen Pflichten erfüllt und sie danach sofort vergessen hatte, beschäftigt mit anderen, wichtigeren Angelegenheiten, die auf ihn warteten.*

Die Banalität des Bösen – immer wieder stellte Wilm Hosenfeld sich die Frage, wie es möglich sei, dass die Deutschen zu solchen Schandtaten fähig waren. Er, der tiefgläubige Katholik, haderte manchmal mit dem Allmächtigen und fragte sich, wie Gott das alles zulassen könne. Eine wirkliche Erklärung fand er nicht, suchte Trost im Sühnegedanken und meinte, die Täter hätten jede sittliche Verantwortung verloren und seien durch und durch gottlos geworden. Dabei spürte Hosenfeld, dass diese Antwort nicht ausreichte, um zu verstehen, wie aus eigentlich harmlosen Landsleuten kaltblütige Mörder wurden. Über die Konsequenzen war er sich allerdings im Klaren. In seinem Tagebucheintrag vom 14. Februar 1943 erinnerte er an die Judenmorde und das Hinschlachten von Frauen und Kindern ein Jahr zuvor. Da sei ihm bereits klargeworden, dass Deutschland den Krieg verlieren werde. *... denn damit hatte der noch zu rechtfertigende Kampf um Nahrungsfreiheit, um Volksboden seinen Sinn verloren. Er artete aus in ein maßloses, unmenschliches, kulturwidriges Massenschlachten, das niemals vor dem deutschen Volk zu recht-*

fertigen ist und von dem gesamten deutschen Volk zutiefst verurteilt wird. Auch die ganzen Quälereien der verhafteten Polen, die Erschießungen der Kriegsgefangenen, die bestialische Behandlung sind niemals zu rechtfertigen.

Manchmal dachte der Hauptmann über das Kriegsende hinaus. Dieser Krieg werde dem deutschen Volk den Rest geben, meinte er. Es werde sich niemals wieder als große Nation behaupten können. *Wie alles, was die Nazis machen, was Hitler tut, blutiger Dilettantismus ist.* Seinem Sohn Helmut schrieb er, Aufgabe der jungen Generation, die der Krieg übrig lasse, werde es sein, ganz von neuem zu beginnen. *Eure Ideale brechen wie Phantome zusammen. Eine ganz neue Welt habt Ihr aufzurichten, allem, was hinter Euch liegt, müsst Ihr abschwören. Es wird Euch auch gar nicht schwerfallen, denn das meiste war Äußerlichkeit, Schein und Überheblichkeit ohne echten Wesenskern.*

Auf die berüchtigte Durchhalte-Rede, die Reichspropagandaminister Joseph Goebbels am 18. Februar 1943 im Berliner Sportpalast hielt, reagierte Wilm Hosenfeld mit Hohn und Spott. Goebbels hatte die Versammelten gefragt: »*Wollt ihr den totalen Krieg? Wollt ihr ihn, wenn nötig, totaler und radikaler, als wir ihn uns heute überhaupt noch vorstellen können?*« Tosender Beifall war die Antwort gewesen. Hosenfeld nannte das Ganze ein Kasperletheater, bei dem die Kinder gefragt würden, ob sie alle da seien. *Wenn die Mütter und Väter der Gefallenen, die Bombengeschädigten in den Städten befragt worden wären, hätte die Antwort sicher anders gelautet.* Eine Frage, an die er sich ebenfalls erinnerte, lautete sinngemäß: *Wollt ihr, dass derjenige, der sich am Krieg bereichert, den Kopf verliert?* Daran knüpfte Hosenfeld die Überlegung, wie viele Deutsche vom Sicherheitsdienst, von der SS und der Zivilverwaltung in Polen, die sich schamlos bereicherten, geköpft werden müssten.

Annemarie Hosenfeld hatte sich die Rede ebenfalls angehört. *Was jetzt kommt, ist der völlige Untergang,* schrieb sie ihrem Mann. *Steht denn nicht ein Mensch auf und ruft: Haltet ein mit dem Blutvergießen, es ist genug mit dem Irrsinn.*

Die Niederlage der Wehrmacht in Stalingrad führte in Warschau und anderen Teilen Polens zu hektischen Aktivitäten innerhalb der deutschen Streitkräfte. Wilm Hosenfeld verlor einen Teil seiner Unteroffiziere, die er als Dozenten oder in anderen Funktionen beschäftigt hatte. *Mit meinen Leuten hier stehe ich auch fast in einem Freundschaftsverhältnis. Leider gibt es auch da bald eine Änderung, vielleicht wird das Sportamt ganz aufgelöst. Es sind große Umänderungen im Gange, personelle Verschiebungen und so weiter. Das hängt mit den Vorgängen an der Front zusammen.*

Anfang Februar 1943 arbeitete Hosenfeld an einem neuen Vorlesungsverzeichnis. Der Abgang mehrerer Mitarbeiter bot ihm die Möglichkeit, verstärkt Polen einzusetzen, vor allem solche, die Verfolgungen ausgesetzt waren und Schutz brauchten. Auf die Polen könne er sich verlassen, schrieb er. Als er sich von drei Unteroffizieren verabschiedete, mit denen er fast zwei Jahre zusammengearbeitet hatte, versetzte es ihm einen Stich; es schmerzte ihn, sie gehen zu lassen. *Sie kommen zur Feldtruppe. … Ein Ersatzmann ist eingetroffen, aber mit dem ist nicht viel anzufangen. Ich habe jetzt zwei Polen eingestellt, das sind meine Hauptstützen.* Vermutungen, die Sportschule werde aufgelöst und er selber ebenfalls abkommandiert, bestätigten sich nicht. Als Hosenfeld dies seiner Frau mitteilte, reagierte sie erleichtert.

Am 20. März 1943 nahm er in Krakau an einer zweitägigen Konferenz der Sportführer aus dem Generalgouvernement teil. Es blieb genügend Zeit, Kirchen und andere historische Baudenkmäler zu besichtigen, darunter das Ehrenmal für den polnischen General und Nationalhelden Tadeusz Kościuszko, der 1794 den Aufstand gegen die Teilung Polens angeführt hatte. *Jedes Dorf aus ganz Polen hat eine Fuhre Erde nach Krakau gebracht, und sie ist hier aufgeschüttet worden, sodass ein ganzer Berg entstand. Eine einzigartige Idee, in der die Verbundenheit des Volkes mit seinem Freiheitshelden sinnfällig zum Ausdruck kommt.* Wie stets hatte Hosenfeld zugleich ein waches Auge auf die Passanten, die ihm auf der Straße begegneten. *Die Menschen gehen gedrückt und bekümmert ihren Weg. Den Deutschen geht es dagegen sehr gut. Ich war erstaunt, wie gut sie hier leben. Für sie kann der Krieg noch lange dauern.*

Seit Anfang April 1943 nahm er gelegentlich in der Kommandantur die Vertretung von Oberstleutnant Felix-Ferdinand von Kamlah in der Stabsabteilung Ic wahr, die für die Abwehr, Feindaufklärung und geistige Betreuung der Truppe zuständig war. Die Sportschule unterstand dieser Stabsabteilung. Über diese Tätigkeit, die ihm später in sowjetischer Kriegsgefangenschaft zum Verhängnis wurde, schrieb er nur in Andeutungen, vermutlich, weil jede Preisgabe von Interna zu gefährlich gewesen wäre. In einem Brief an seinen Sohn Helmut heißt es: *Das ist eine sehr interessante Arbeit (Abwehr). Da lernt man mal hinter die Kulissen zu sehen. Warschau ist ein sehr heißes Pflaster geworden. Es passieren täglich die unheimlichsten Sachen.*

Der Blick hinter die Kulissen verschaffte ihm Erkenntnisse und Informationen, die nur wenigen zugänglich waren, etwa über den bevorstehenden Aufstand im

Warschauer Getto, die Anschläge von Partisanen, die zunahmen, und die durch Luftangriffe auf Warschau entstandenen Schäden. Gleichzeitig ergaben sich daraus auch Möglichkeiten zu konkreter Hilfeleistung. Denn der Hauptmann wurde mehr und mehr zur Anlaufstelle für Menschen, die selber oder deren Angehörige in die Fänge der Gestapo geraten waren. Ein Pole namens Nowicki bat um Hilfe für seinen in Auschwitz inhaftierten Bruder. Dieser sei völlig unschuldig. Er habe mit einem als Schmuggler verdächtigen Mann im selben Haus gewohnt und sei mit diesem willkürlich verhaftet worden.

Um ein Gnadengesuch für den Bruder einlegen zu können, brauchte Nowicki eine Art polizeiliches Führungszeugnis. Gleich zwei Mal wurde Hosenfeld bei SS-Sturmbannführer Ernst Kah vorstellig, um den Häftling freizubekommen. Seine Aufzeichnungen lassen den Schluss zu, dass er am Ende erfolgreich war. In einem seiner Briefe heißt es: *Wie vielen habe ich schon geholfen. Die Tante von Olga* (polnische Arbeiterin in der Sportschule) *habe ich auch aus dem Gefängnis gebracht. Meine Arbeiter haben auch dauernd Anliegen.*

Im Frühjahr 1943 entstand in der Beziehung zwischen Annemarie und Wilm Hosenfeld eine Krise, die einen längeren Vorlauf hatte, sich bis in den Sommer hineinzog und im Wesentlichen den Umständen des Krieges geschuldet war. Seit Herbst 1942 zeichnete sich ab, dass Annemarie Hosenfeld ihre Haushaltsgehilfin abgeben musste. Das zuständige Arbeitsamt wollte sie anderweitig einsetzen. Mit Anna kam sie insgesamt gut zurecht, obwohl sie ihr nicht immer vertraute. Aber wenn sie Besorgungen machte, Arzttermine wahrnahm oder verreiste, kümmerte die Haushaltshilfe sich fürsorglich um die Kinder und den Haushalt.

In die Bemühungen, einen Ersatz für Anna zu finden, schaltete sich auch Wilm Hosenfeld von Warschau aus ein. Zofia Cieciora, die mit den Hosenfelds brieflich weiter in Kontakt stand und mehrfach Pakete mit Butter, Zucker und Mehl nach Thalau schickte, machte ein polnisches Mädchen ausfindig, das bereit war, für eine begrenzte Zeit nach Deutschland zu gehen. Doch diese Lösung scheiterte am Einspruch deutscher Behörden. Als seine Frau ihn immer stärker drängte, ihr doch endlich eine Gehilfin aus Polen zu verschaffen, da in Deutschland kaum noch Arbeitskräfte zur Verfügung stünden, suchte Wilm Hosenfeld in seinem polnischen Bekannten- und Freundeskreis. Die Wahl fiel auf eine Frau, die er seit längerem kannte. Sie war 31 Jahre alt und hatte einen fünfjährigen Sohn, den sie mit nach Thalau nehmen wollte.

Annemarie Hosenfeld äußerte Bedenken. Mit einer *verwöhnten Stadtpflanze* sei ihr nicht gedient. Aber schließlich willigte sie ein. Diese Lösung sei

Der Krieg und die damit verbundene jahrelange Trennung belastete die Beziehung von Annemarie und Wilm Hosenfeld. Ihre tiefe Liebe zueinander war jedoch stärker als gelegentliche Krisen.

besser als gar keine. Die Hilfe brauche sie dringend, sonst würde sie ihn mit dieser unangenehmen Angelegenheit nicht so plagen, schrieb sie. *Wenn Du die Frau für arbeitsam und ehrlich hältst und sie mit unseren Verhältnissen zufrieden sein will, so sehe ich es für kein Wagnis an, dass sie kommt. Ob sie deutsch oder polnisch ist, ist für mich gleich, denn ich habe bis jetzt nur sympathische Polen kennengelernt, und Du kannst der jungen Frau die Gewissheit geben, dass sie bei uns nie etwas von dem Hass oder einer Geringschätzung spüren wird.*

Als die Formalitäten sich hinzogen, kamen ihr doch wieder Bedenken. Eine gebildete Frau mit einem kleinen Kind als Dienstmädchen einzustellen, erschien ihr ziemlich riskant. Dennoch wollte sie es probieren und richtete das Zimmer, das ihre bisherige Haushaltsgehilfin genutzt hatte, neu ein und stellte für den Jungen ein Kinderbett hinein. *Die Kinder freuen sich auf den kleinen Jungen. Es wird schon alles gutgehen.*

Mitte April 1943 traf die Frau ein. Annemarie Hosenfeld holte sie am Bahnhof in Fulda ab. Auf sie machte die Polin einen verängstigten und unsicheren Eindruck. Als sie um ihre Papiere bat, die dem Arbeitsamt vorgelegt werden sollten, entstand ein Moment der Verlegenheit, bis die Frau begann, aus ihrem Leben zu erzählen. *Ihre Angehörigen wohnen in der Nähe von Litzmannstadt. Sie besuchte das Gymnasium, studierte ein Jahr Jura. Sie wurde Sportlehrerin. Sie verkehrte bei Luckhaus.* Die Einzelheiten kamen Annemarie Hosenfeld bekannt vor, bis sie begriff, dass ihr Mann in seinen Briefen bereits über die Frau berichtet hatte und sie schon seit längerem kannte.

Annemarie Hosenfeld war zunächst irritiert, aber sie versuchte, das Beste aus der Situation zu machen. Allerdings war das nicht ganz einfach. Denn die Polin bereitete anfangs zusätzliche Arbeit, statt sie zu entlasten. Sie sei ungeschickt und unordentlich, aber durchaus arbeitswillig und nicht unsympathisch, schrieb sie. Konflikte zwischen den beiden Frauen blieben nicht aus. Versuche, die Polin als Dienstmädchen einzusetzen, mussten von Anfang an scheitern. Nach einem Heimaturlaub von Wilm Hosenfeld blieb die häusliche Atmosphäre gespannt. Wenn es darum ging, Zimmer aufzuräumen und anfallende Arbeiten zu erledigen, meinte die Polin, wichtiger als Bettenmachen und Staubwischen sei es, ein gutes Buch zu lesen. Schließlich wurde die Frau auch noch krank. Für Annemarie Hosenfeld war es selbstverständlich, sie aufopferungsvoll zu pflegen.

Im Gegensatz zu den beiden Frauen vertrugen sich die Kinder recht gut. Vor allem Uta, die jüngste Tochter, spielte ausdauernd mit dem Jungen, den sie in ihr Herz schloss und dem sie geduldig deutsche Wörter beibrachte. Auch Annemarie Hosenfeld fand schließlich einen Weg, mit der vertrackten Situation umzugehen. Draußen wurde es wärmer, und mittags legten die beiden Frauen sich an einer windgeschützten Stelle nackt in die Sonne. Das Sonnenbad wirkte entspannend.

In Fulda lief der Film »Du gehörst zu mir«, den Annemarie Hosenfeld sehen wollte. Die Polin fragte, ob sie mitkommen dürfe. Nach der Aufführung verpassten sie den Zug und klingelten gegen Mitternacht bei Bekannten in Fulda, die ihnen ein Nachtlager richteten. Ihrem Mann berichtete sie am 16. Mai 1943: *Ich wusste nicht, ob ich die Situation komisch oder unglücklich finden sollte. In unseren kurzen seidenen Hemden lagen wir nebeneinander auf der Couch unter einer Decke. – Das Leben ist sonderbar. »Ich hätte es mir nicht träumen lassen, dass ich einmal so mit Ihnen zusammen sein müsste«, sagte ich. Sie meinte: »Ich wollte immer schon zu Ihnen kommen, ich habe dieses auch geträumt.« Sie erzählte mir den Traum. »Nein, ich wollte Ihnen auf eine andere Art begegnen«, sagte ich zu ihr, »ich wollte Ihnen die Augen auskratzen ...« Wir lachten beide und schliefen ein ...*

Insgesamt meisterte Annemarie Hosenfeld die Krise erstaunlich souverän. Sie blieb ihren Maximen treu und verteidigte die Polin und ihren Jungen gegen Kritik aus der Verwandtschaft. Eine Besucherin hatte gemeint, ihr fehle jedes Verständnis dafür, dass sie ihre Kinder mit einem Polenkind spielen lassen würde. Niemals werde sie rachsüchtig, unaufrichtig und hässlich handeln, versicherte sie ihrem Mann. Annemarie Hosenfeld war klar, dass die Polin in Warschau zum Kreis der Freunde ihres Mannes gehörte, denen er geholfen hatte. Sie liebte Wilm über alles und wollte ihn mit niemandem teilen; sie war – das zeigen ihre Briefe deutlich – eifersüchtig und machte ihm heftige Vorwürfe. Gleichzeitig unterstrich sie wiederholt, dass sie schon wegen der Kinder zusammenbleiben müssten. *Ich verlasse Dich nie.* Sie habe über die Jahre gelernt, ihn zu entbehren. *... auch Du kennst mich nicht ganz. – Gut und Böse sind dehnbare Begriffe. Man kann jeden Menschen von zwei Seiten betrachten ... Es ist meine Pflicht, zu Dir zu stehen in jeder Not, und ich will es gern tun, obwohl es das Schwerste ist, was je von mir verlangt wurde.*

4. Der Aufstand im Getto – *Wir verdienen keine Gnade, wir sind alle mitschuldig.*

Wilm Hosenfeld litt im Frühjahr 1943 unter den Schwierigkeiten mit seiner Frau. Der Streit kam ihm äußerst ungelegen; nicht nur wegen der vielen Funktionen und Aufgaben, die er zu erledigen hatte. In Warschau war die Stimmung umgeschlagen. Wenn er mit dem Fahrrad durch die Stadt fuhr, spürte er die feindseligen Blicke der Passanten. Fast täglich gab es Anschläge. Jede Meldung über eine deutsche Niederlage oder ein Zurückweichen der Wehrmacht enthielt für die Polen eine frohe Botschaft: Die Siegesserie der Deutschen war zu Ende.

Im Warschauer Getto liefen seit Wochen die Vorbereitungen für einen bewaffneten Aufstand. Im Januar 1943 hatte sich die »Jüdische Kampforganisation« formiert. Gerüchte über eine Fortsetzung der »Aussiedlung« stachelten vor allem junge Juden an, sich gegen die drohende Vernichtung zur Wehr zu setzen. Sie wollten sich nicht willenlos zur Schlachtbank führen lassen. Władysław Szpilman, der Pianist, half mit, Waffen und Munition im Getto zu verteilen.

Annähernd 300 000 Juden waren inzwischen aus dem Warschauer Getto deportiert worden. Die etwa 60 000 Verbliebenen wurden vor allem als Arbeitskräfte auf Baustellen eingesetzt. Juden errichteten Verwaltungsgebäude, Kasernen und luxuriöse Wohnsitze für die höheren Chargen von SS und Gestapo. Diese rechneten offenkundig mit einem mehrjährigen Aufenthalt in Warschau ein.

Bewaffneter Kampf im Untergrund oder Flucht – vor dieser Entscheidung standen viele Juden, als Ende Januar / Anfang Februar 1943 die »Säuberung des Gettos von nichtarbeitenden Elementen« einen neuen Höhepunkt erreichte, Einwohner sich verbarrikadierten und es zu ersten gewaltsamen Zusammenstößen kam. Beim Gang durch den Bezirk sah Władysław Szpilman, dass die Bürgersteige mit den Glasscherben eingeschlagener Fenster übersät waren. In den Rinnsteinen türmten sich Berge von Federn, die aus aufgetrennten Kissen stammten. *Überall Federn. Jeder Windstoß hob ganze Wolken auf und wirbelte sie in der Luft herum, als fiele dichter Schnee, nur in umgekehrter Richtung – von der Erde zum Himmel.* Kissen waren ein beliebtes Versteck für Geld, Schmuck und andere Wertsachen. Darauf hatten es die Besatzer abgesehen. Alle paar Schritte stieß der Pianist auf die Körper von Ermordeten.

Manche nutzten die aufgeladene Atmosphäre im Getto zur Flucht. Die Aufmerksamkeit von SS und Gestapo galt dem beginnenden Aufstand und eröffnete einige Möglichkeiten, sich abzusetzen. Szpilman nahm Verbindung zu einem befreundeten Künstlerehepaar auf und traf sich mit beiden außerhalb des Gettos. Er übergab ihnen Kompositionen, Füllfederhalter und seine Armbanduhr, *alles, was ich mitnehmen wollte und was ich zuvor aus dem Getto gebracht und im Magazin versteckt hatte.* Der Schauspieler Andrzej Bogucki und die Sängerin Janina Godlewska erklärten sich bereit, ihn im Atelier eines Malers unterzubringen, bis ein anderes Versteck gefunden sei. Die drei verabredeten sich für Sonnabend, den 13. Februar 1943. Der Pianist wollte eine Gebäudeinspektion durch einen SS-General zur Flucht nutzen. Als alle Aufmerksamkeit dem Gast galt, machte Szpilman sich auf und davon. *Ich zog den Mantel an, nahm zum ersten Mal seit drei Jahren die Armbinde mit dem hellblauen Stern ab und schlüpfte mit ihnen zum Tor hinaus.* Das Treffen mit den Freunden glückte. Im Atelier fand Szpilman ein Feldbett vor. Vorher hatte er nur auf harten Pritschen liegen müssen. Fürs Erste war er in Sicherheit.

Als der Aufstand am 19. April 1943 mit voller Wucht losbrach, befand Wilm Hosenfeld sich noch in Thalau. Unmittelbar nach seiner Rückkehr verschaffte er sich einen Überblick über die dramatischen Ereignisse. In welchem Umfang er von den Vorbereitungen Kenntnis hatte, ist nicht bekannt. Im Getto herrsche *richtiger Krieg mit Artillerie, Panzereinsatz, Toten und Verwundeten*, schrieb er seiner Frau am 5. Mai. Der Hauptmann erlebte den Höhepunkt einer militärischen Auseinandersetzung zwischen völlig ungleichen Gegnern. Die jüdischen Widerstandskämpfer standen einer hochgerüsteten Armee gegenüber, die unter dem Kommando von SS-Brigadeführer Jürgen Stroop alles an Kriegsgerät einsetzte, was in Warschau mobilisiert werden konnte.

Über die Stadt ziehen schwarze Rauchwolken aus dem seit drei Wochen brennenden Getto. Ungeheure Werte wurden vernichtet, zahllose Menschen getötet. Noch immer ist die Polizei nicht fertig geworden. Nachts ist ein unablässiges Geschieße. Entsetzliche Szenen spielen sich dort ab. Ein neuer, unauslöschlicher Schandfleck für die, die es zu verantworten haben, und eine riesige Blamage dazu. Immer mehr Einzelheiten brachte Hosenfeld über den Aufstand in Erfahrung. Ein jüdischer Augenzeuge, der mit dem Leben davonkam, berichtete ihm: *»Wir waren in einem Haus im Getto. Sieben Tage hielten wir im Keller aus. Das Haus über uns brannte, die Frauen liefen heraus, auch wir Männer. Ein Teil wurde erschossen, wir* *wurden auf den Umschlagplatz gebracht, in Viehwagen verladen. Mein Bruder nahm Gift. Unsere Frauen wurden nach Treblinka gebracht und dort verbrannt. Ich bin in ein Arbeitslager gekommen. Wir wurden schrecklich misshandelt, mussten schwer arbeiten.«*

In den ersten Wochen nach seiner Flucht wechselte Władysław Szpilman einige Male das Versteck. Freunde und Bekannte organisierten, nachdem sie erfahren hatten, dass der Pianist am Leben sei, Lebensmittel und versorgten ihn mit Nachrichten über den Fortgang der Kämpfe im Getto. Was er in den Untergrundblättern las, ermunterte ihn, nicht aufzugeben. Um jedes Haus, jeden Straßenabschnitt wurde heftig gekämpft. Die schlecht ausgerüsteten Aufständischen stünden einer Streitmacht gegenüber, die mit Artillerie, Panzern und Flugzeugen kämpfe. Dennoch behauptete sich der jüdische Widerstand schon seit Wochen. *Hatten die Deutschen ein Haus erobert, trugen die darin verbliebenen Frauen die Kinder ins oberste Stockwerk hinauf und warfen sich zusammen mit den Kindern über die Balkons auf die Straße hinab.* Ähnlich wie Hosenfeld beobachtete Szpilman nach Einbruch der Dunkelheit, wie eine Säule aus Feuer und Rauch die Stadt überragte und den Sternenhimmel verdeckte.

Für die meisten jüdischen Widerstandskämpfer gab es kein Entkommen. Starke SS- und Polizeiverbände kämpften sich Straße für Straße voran, sprengten Häuser, setzten Gebäude in Brand und schossen auf alles, was sich bewegte, bis vom Getto nur noch eine Trümmerwüste übrig blieb. Mit Mühe vermochte Wilm Hosenfeld in Worte zu fassen, was er empfand, als der Aufstand niedergeschlagen war: *Jetzt ist der letzte Rest der jüdischen Einwohner im Getto ausgetilgt worden. Ein SS-Sturmführer prahlte damit, wie sie die Juden, die aus den brennenden Häusern stürzten, zusammengeknallt hätten. Das ganze Getto ist eine Brandruine. So wollen wir den Krieg gewinnen. Diese Bestien. Mit diesem entsetzlichen Judenmassenmord haben wir den Krieg verloren. Eine untilgbare Schande, einen unauslöschlichen Fluch haben wir auf uns gebracht. Wir verdienen keine Gnade, wir sind alle mitschuldig. Ich schäme mich, in die Stadt zu gehen, jeder Pole hat das Recht, vor unsereinem auszuspucken. Täglich werden deutsche Soldaten erschossen, es wird noch schlimmer kommen, und wir haben kein Recht, uns darüber zu beschweren. Wir haben's nicht anders verdient.*

Das brutale Niederwalzen des Getto-Aufstandes erwies sich als ein Zeichen der Schwäche. Vier Wochen brauchten die deutschen Sicherheitskräfte, um mit Flammenwerfern, schwerer Artillerie und Panzern spärlich bewaffnete Untergrundkämpfer zu bezwingen. Die Verachtung der Polen ihren Besatzern gegenüber wuchs. Wenige Tage nach Ende des Aufstandes notierte Hosenfeld in seinem Tagebuch, die Behandlung der Polen sei ein großer Fehler. Überall würden sie zu Menschen zweiter Klasse gestempelt. *Er ist der Knecht, der Minderwertige. Auf jede Art und Weise will man das ihm ins Ohr schreien und zum Bewusstsein bringen. Der Pole hat sich seither geduckt und sich das alles gefallen lassen, aber heute trägt er sein Los mit Stolz, weil er voll Hoffnung ist, dass wir den Krieg verlieren. Er hat uns verachten gelernt, darum sucht er jetzt gar keine Gemeinschaft mit uns.*

Dieser Umschwung änderte an den freundschaftlichen Beziehungen, die Hosenfeld in Polen aufgebaut hatte, allerdings nichts. Die Menschen wussten, wie sehr er unter den Verbrechen litt, die seine Landsleute an Polen verübten, seien es Juden oder Katholiken. Je mehr Polen er einstellte, desto häufiger wurde Hosenfeld zu deren Familien und Angehörigen eingeladen. Mit Antoni Cieciora, den er manchmal auch »Tolka« nannte, übte er fleißig Polnisch und besuchte dessen Sprachkurse, sodass er Fortschritte verzeichnen konnte. *Wie beglückt bin ich, wenn ich mich mit den Polen unterhalten kann, das heißt, wenn ich mich verständlich machen kann und ich sie verstehe.*

Wegen der allgemeinen Personalknappheit beschäftigte er als seinen Burschen zeitweise einen russischstämmigen Polen, der etwas Deutsch konnte und an dem er seine Sprachkenntnisse ebenfalls ausprobierte. *Mein alter Suchalski,* wie er ihn nannte, *hat ganz Russland vom Baikalsee bis Kaukasien, Baku und Krim erlebt.* Der Mann schuf Ordnung in seiner unmittelbaren Umgebung, setzte morgens den Ofen in Gang und bereitete ihm das Frühstück. *Mein früherer Bursche hat nicht so für mich gesorgt wie er.*

Wenn Pfarrer Cieciora eine Messe las, nahm Hosenfeld daran teil, was in doppelter Hinsicht verboten war, denn Cieciora wurde nach wie vor polizeilich gesucht. Gottesdienste von deutschen Geistlichen, die in Warschau ebenfalls angeboten wurden, mied er. In der Umgebung von Polen fühlte er sich wohler. *Wie wohltuend ist diese fromme Sammlung der gläubigen Menschen. Alles geht so zwanglos und selbstverständlich.* Cieciora begleitete den Hauptmann bei Fahrten in die Umgebung der polnischen Hauptstadt und nach Krakau. Anfangs zögerte er, sich in der Öffentlichkeit zu zeigen. Aber in Begleitung dieses deutschen Offiziers fühlte er sich sicher. Und umgekehrt stellte der Priester in gefährlichen Situationen auch einen gewissen Schutz für Hosenfeld dar, weil er sich schnell verständlich machen und die Lage klären konnte.

Für Ende Mai hatte Zofia Cieciora das Ehepaar Hosenfeld wieder nach Karolin eingeladen. Per Brief bat Wilm Hosenfeld seine Frau, die Einladung anzunehmen.

Er wollte sich mit ihr aussprechen, was während des Heimaturlaubs nicht gelungen war. *Ich wäre überaus glücklich. Mehr als diesmal habe ich mich noch niemals gefreut. Komm!* Annemarie Hosenfeld ließ sich überreden und traf am 29. Mai 1943 zusammen mit ihrer Tochter Jorinde auf dem Bahnhof von Samter ein, wo Wilm die beiden abholte und nach Karolin begleitete. Am nächsten Tag unternahm die Gastfamilie mit ihnen einen Ausflug zu einem Gutshof in der Nähe. Am 2. Juni stand bereits wieder die Rückreise an und damit erneut die Trennung.

Das Treffen endete allerdings nicht harmonisch. Annemarie Hosenfeld dachte beim Abschied an die Situation in Thalau und bekam es erneut mit der Angst zu tun. Kaum war sie zu Hause angekommen, tat es ihr leid, dass sie ihm erneut Vorwürfe gemacht hatte. *Sei mir nicht böse! … Es ist wohl schwer, dass wir uns verstehen nach all den Geschehnissen. Aber sei versichert, die Tage in Karolin haben mir gezeigt, wie liebenswert Du bist und welches Glück es sein kann, von Dir geliebt zu werden.* Sie versprach, alles zu vergessen. Sie wisse um ihre eigenen Fehler. Auch sie sei anderen Einflüssen zugänglich geworden; und kein Mensch könne aus seiner Haut heraus. Sie bat ihren Mann um Geduld. Wie sie mit allem fertigwerde, wisse sie noch nicht.

In ihrem Brief vom 9. Juni 1943 unterstrich Annemarie Hosenfeld, wie sehr sie sich auch nach fast vier Jahren der Trennung und gelegentlichen Zerwürfnissen zu ihm hingezogen fühlte: *Keine größere Sehnsucht kenne ich, als bei Dir zu sein und unser einfaches, arbeitsreiches Leben mit Dir zu teilen. Nichts im Haus und Garten, im Dorf oder unterwegs erlebe ich ohne Dich, ohne Dich daran teilnehmen zu lassen, und täglich, ach stündlich, entbehre ich Deinen Rat, Deine Hilfe – Deine Liebe.*

In seinen Briefen tat Wilm Hosenfeld alles, die Beziehung wieder zu festigen. Gemeinsames Band blieben die Kinder, denen auch seine ganze Fürsorge galt. Er bedauerte erneut, sie nicht aufwachsen zu sehen und keinen Einfluss auf ihre Entwicklung nehmen zu können. Uta ging mit sechs Jahren schon bald in die Schule. Jorinde wechselte nach Fulda aufs Gymnasium. Gerade während der Kindheit seien die Eindrücke am stärksten und für das weitere Leben besonders prägend. *Liebe Annemie – ich glaube, Du wärest jetzt sehr zufrieden mit mir, wenn Du mein tägliches Leben sehen könntest. Ich arbeite viel und vielerlei, bin von früh bis spät tätig, körperlich und geistig, fühle mich gesund und schaffensfroh. Bei allem, was ich tue, begleitet mich das schmerzlich-süße Gefühl, dass ich Dich nicht dabeihaben kann und dass Du mir fehlst.*

5. Hilfe für bedrängte Menschen – *Rettungswiderstand*

In den Sommermonaten des Jahres 1943 richtete Wilm Hosenfeld sein Augenmerk wieder verstärkt auf die militärische Lage an den verschiedenen Fronten. Dabei interessierte ihn nicht mehr die Frage, ob Deutschland den Krieg verlieren werde, sondern nur noch, wann. Sein Urteil schwankte, was den Zeitpunkt anging. Manchmal dachte er, das Ende der Kämpfe könne schon bald kommen. Dann war er sich nicht mehr sicher.

Seine Analysen und Beobachtungen gewannen jedoch an Schärfe und Klarheit. So fiel ihm Anfang Juli 1943 auf, dass von den Operationen deutscher U-Boote auf den Weltmeeren kaum noch die Rede war und die Zahl der von ihnen versenkten Schiffe deutlich zurückging. Im Gespräch mit Offizieren der Waffen-SS äußerten diese die Auffassung, die U-Boote hätten sich aus taktischen Gründen zurückgezogen, um einen Gegenschlag vorzubereiten. Diese Annahme nannte Hosenfeld in seinem Tagebuch naiv. Vielmehr hätten die Engländer eine äußerst wirksame U-Boot-Abwehr entwickelt, die es den deutschen Booten schwermache, Geleitzüge anzugreifen. Was er nicht wissen konnte – den Briten war es bereits Ende 1942 gelungen, »Enigma«, den Code der deutschen Kriegsmarine, zu knacken und die Erfolgsserie der deutschen U-Boot-Flotte im Kampf gegen alliierte Schiffe zu beenden.

Zur Lage an der Ostfront bemerkte er, es habe eine deutliche Verschiebung der Kräfte stattgefunden: *Die Ini-*

tiative liegt beim Gegner. Er diktiert den Ablauf des Krieges. Für uns ist es vom Blitzkrieg zum Sitzkrieg gekommen, aber aus der Verteidigung heraus ist noch nie ein Krieg entschieden worden, und auf die Zermürbung des Gegners haben wir nicht zu bauen, sondern der Gegner hat allen Grund dafür. Hitler habe die Soldaten in die russische Wüste geführt und nun fühlten sie sich verlassen, belogen und verraten. Das sei der tiefste Grund für die Rückschläge an der Ostfront und werde zum Zusammenbruch führen.

Am 10. Juli 1943 landeten alliierte Truppen unter dem Oberbefehl von US-General Dwight D. Eisenhower auf Sizilien und zwangen innerhalb weniger Wochen die deutschen Verbände, die Insel zu räumen. Am Anfang deutete der Heeresbericht an, der Wehrmacht könne es gelingen, die Angreifer ins Meer zu werfen. Hosenfeld war anderer Auffassung. *Engländer und Amerikaner kämpfen auf der Gegenseite mit großer Überlegenheit in der Ausrüstung und in der Bewaffnung und sind sich einig, während zwischen deutschen und italienischen Truppen kein gutes Verhältnis besteht und die italienische Zivilbevölkerung sogar offensichtlich Feindschaft gegen die deutschen Truppen an den Tag legt.*

Die Landung der Alliierten auf Sizilien löste am 25. Juli 1943 in Italien einen Machtwechsel aus. Der italienische Diktator Benito Mussolini verlor das Vertrauen der faschistischen Bewegung, musste zurücktreten und kam anschließend in Haft, aus der ihn sechs Wochen später deutsche Fallschirmjäger befreiten. Der italienische König ernannte Marschall Pietro Badoglio zum Regierungschef. Hosenfeld: *Der Faschismus erlebt seinen ersten Bankrott.* Der Hauptmann misstraute der Ankündigung Badoglios, der Krieg werde fortgesetzt. Was Mussolini in einer Reihe von Jahren nicht geschafft habe, werde der Militärdiktatur unter ungleich schlechteren Bedingungen nicht gelingen. Außerdem: *Die Friedenssehnsucht ist in Italien so stark wie in Deutschland.*

Schneller als er dachte sollte Hosenfeld recht bekommen. Bereits am 3. September 1943 hatte Marschall Badoglio einen Waffenstillstand mit den Alliierten geschlossen, war damit aber erst fünf Tage später herausgerückt, offenkundig aus Furcht vor dem Verbündeten Deutschland. Dieser hatte den italienischen »Verrat« jedoch schon geahnt und inzwischen Mittel- und Oberitalien unter seine Kontrolle gebracht. Wilm Hosenfeld übernahm den Begriff »Verrat«, als er am 9. November 1943 seiner Frau berichtete: *In Warschau hat die Nachricht vom Verrat Italiens riesige Freude hervorgerufen. Zur Feier des Tages besaufen sich die Polen. Unser Nachbar ist so vergnügt, er hat seinen Laden geschlossen und sitzt in der angrenzenden Kneipe. Er hält alle frei und küsst jeden Hereinkommenden.*

Zum Feiern war Hosenfeld nicht zumute, auch wenn er die Entwicklung im Süden Europas vorausgesehen hatte. Stattdessen legte er Rechenschaft ab – nüchtern und selbstkritisch. Er fragte, wie es möglich war, dass der Nationalsozialismus so viel Macht an sich reißen konnte. Wozu die meisten Deutschen, wenn überhaupt, erst viele Jahre später bereit und in der Lage waren, das verlangte sich Wilm Hosenfeld mitten im Kriegsjahr 1943 ab, und zwar das Eingeständnis einer Mitschuld: *Wir sind so gern geneigt, einem anderen die Schuld zu geben und sie nicht bei uns selbst zu suchen ... Wir haben seinerzeit, als die Nazis an die Macht kamen, nichts getan, um es zu verhindern. Wir haben die eigenen Ideale verraten, das Ideal der persönlichen Freiheit, der demokratischen Frei-*

heit, der religiösen. Der Arbeiter lief mit, die Kirche sah zu. Der Bürger war zu feige, ebenso die führenden geistigen Schichten. Wir ließen zu, dass die Gewerkschaften zerschlagen wurden, dass die Konfessionen unterdrückt wurden, es gab keine freie Meinungsäußerung in Presse, Rundfunk. Zuletzt ließen wir uns in den Krieg treiben. (Warschauer Tagebuch, 6. Juli 1943)

Welche Schlussfolgerungen zog Hosenfeld aus dieser Erkenntnis? Zunächst tat er das, was er seit Beginn des Krieges in Polen getan hatte: Er half bedrängten Menschen, was er aus seiner christlichen Überzeugung heraus als eine Selbstverständlichkeit ansah und was der Auschwitz-Überlebende Arno Lustiger »Rettungswiderstand« nannte.

Ohne Rücksicht auf das eigene Risiko steigerte Hosenfeld diese Hilfe, als er begriff, welches Ausmaß die im Namen Deutschlands begonnenen Verbrechen erreicht hatten. In seinen Notizen stellte er Überlegungen an, wie dem NS-Regime ein Ende bereitet werden konnte, und kam auf eine Idee, die auch andere Offiziere hegten: *Die einzige Hoffnung auf eine einigermaßen günstige Beendigung des Krieges scheint mir, wenn die Wehrmachtgeneräle den Oberbefehl übernehmen würden und den Krieg beendeten.* Jetzt sei Deutschland noch ziemlich stark. *Mit Russland könnten wir den Kampf noch aufnehmen, wenn wir alle Truppen im Osten zusammenzögen und sie aus allen übrigen Ländern herausholten.*

Tatsächlich waren bereits einzelne Attentatsversuche hoher Militärs auf den Diktator gescheitert, etwa mit der am 13. März 1943 von Oberst Henning von Tresckow in Hitlers Flugzeug geschmuggelten Zeitbombe, die nicht explodierte, weil der Zünder versagte. Von solchen Umsturzplänen besaß Hosenfeld keine Kenntnis. Ob er sich daran beteiligt hätte, wenn er gefragt worden wäre? An einer Stelle seines Warschauer Tagebuchs heißt es: *Auch von der Armee ist ein Umsturz nicht zu erwarten. Sie lässt sich willig in den Tod treiben.*

Seiner Frau versicherte er, er habe die allgemeine Lage und die kommenden politischen Ereignisse im Auge. Es sei nicht ausgeschlossen, dass auch er, wie einige seiner Kameraden, noch zum Dienst an der Front abkommandiert werde. Aber ernsthaft rechnete er nicht mehr damit, noch eingesetzt zu werden. Denn Wilm Hosenfeld wurde in Warschau weiter gebraucht.

Der Sportbetrieb lief im Sommer 1943 wieder auf Hochtouren. Für Anfang Juli hatte Hosenfeld das Sportfest der Hitlerjugend organisiert. Es handelte sich weitgehend um eine Pflichtveranstaltung mit Aufmärschen, zu der junge Rekruten und BDM-Mädchen abkommandiert wurden. Der Sportoffizier blickte in *freudlose Gesichter* und bedauerte, dass der polnischen Jugend der Sport untersagt worden sei. Das sei ein Eingeständnis der Schwäche, eine Angst vor dem Selbstbehauptungswillen des polnischen Volkes.

Ende August 1943 sollte wieder die Wehrmacht-Sportwoche beginnen, die ebenfalls Vorbereitungen erforderte. Zwischendurch betreute Hosenfeld ein Kamerateam des Propagandaministeriums, das einen Film für die Wochenschau über die Freizeitgestaltung von Soldaten in Auftrag gegeben hatte. Vor laufender Kamera scheuchten Unteroffiziere die Rekruten über das Gelände und beschimpften sie im übelsten Kasernenhofton. Alles sollte nach Drill und harter Disziplin aussehen.

Im August kam auf Hosenfeld noch eine weitere Aufgabe zu. Er erhielt den Auftrag, im Kriegsdienst stehende Studenten zu betreuen, die in jeweils einwöchigen Intensivkursen ihr Wissen auffrischen sollten. Zu diesem Zweck verpflichtete er Professoren von verschiedenen deutschen Universitäten nach Warschau, wie er seiner Frau erläuterte. *Ich bin mit der Leitung der Kurse beauftragt, muss die Professoren betreuen, den Stundenplan aufstellen, die Teilnehmer versorgen und unterbringen, die Eröffnungsansprache und Begrüßung der Professoren, auch die Verabschiedung im Namen des Kommandanten vornehmen, Theaterkarten besorgen und was nicht noch alles.*

Im ersten Lehrgang ging es um Wirtschaftswissenschaften und Technik. Bei der Eröffnung erlebte Wilm Hosenfeld seit langer Zeit wieder die Atmosphäre einer Universität. Die Studenten, darunter einige, die ihr Studium bereits abgeschlossen und im Beruf gestanden hatten, begrüßten ihn mit lautem Trampeln und Klopfen. Mit dem Lehrbetrieb wuchs die von ihm geleitete Schule noch einmal über sich hinaus; sie war für Sportlehrgänge, berufliche Weiterbildung bis zur Meisterprüfung und zum Abitur und jetzt auch noch für Hochschulbildung zuständig.

Aus Dankesschreiben, die er nach Abschluss der Lehrveranstaltungen erhielt, geht hervor, wie sehr den Studenten der Kurs zugesagt hatte. Ein Unteroffizier schrieb, die Tage in Warschau würden ihm unvergesslich bleiben. Nach dem eintönigen Kommiss-Leben seien Wissensdurst und geistige Beweglichkeit wieder geweckt worden. *Was in meinen Kräften steht, so will ich mich von Herzen bemühen, zu dem »Sauerteig« zu gehören, von dem Sie, Herr Hauptmann, in Ihrer Schlussrede sprachen!* Ein Schütze, der ebenfalls teilgenommen hatte, meinte, er wisse nicht recht, weshalb er ihm schreibe. *Vielleicht war es das Gefühl, dass seit langem mal wieder ein Mensch mit mir sprach, was mich so dankbar macht.*

Die Genugtuung, die Hosenfeld, der Volksschullehrer,

aus solchen Zeilen zog, machte ihn nicht überheblich. Er habe gespürt, wie einsam diese jungen Menschen seien und wie wohl es ihnen getan habe, einen verstehenden Offizier zu finden, berichtete er nach Thalau. Einige der jüngeren Teilnehmer hätten ihm versichert, seine Ausführungen seien für sie noch wertvoller gewesen als die Vorlesungen der Professoren.

Über die vielen Aktivitäten ihres Mannes konnte Annemarie Hosenfeld sich nur wundern. Alles, was mit seiner Arbeit zusammenhing, wollte sie genau wissen. Sie ließ sich seine Vorträge schicken und gab kritische Kommentare dazu. Ihre häusliche Situation hatte sich unterdessen nicht verändert. Sie versuchte weiterhin, das Beste aus der vertrackten Lage zu machen. Helmut Hosenfeld machte seinem Vater wegen der Polin Vorwürfe. Das sonst so herzliche Verhältnis der beiden nahm zeitweise Schaden. Die Mutter versuchte dagegen, der Frau gerecht zu werden und auch ihre guten Seiten zu sehen, auch wenn sie oft krank war und sich in ihr Zimmer zurückzog, wenn ihr etwas nicht passte.

Nach jedem Streit bemühte sich die Polin, den häuslichen Frieden wiederherzustellen. Die Heftigkeit ihrer Reaktion tat ihr leid, und sie entschuldigte sich. Im Garten arbeitete sie kräftig mit und kümmerte sich manchmal sogar auch um die Bienen; sie nähte Höschen für die Mädchen und arbeitete alte Stoffe passend zu neuen Kleidern um. Ihr war klar, dass sie auf Dauer nicht in Thalau bleiben konnte. Deshalb begann sie, Englisch zu lernen. Detlev half ihr, die englischen Vokabeln richtig auszusprechen.

Annemarie Hosenfeld schrieb ihrem Sohn Helmut, sie käme mit der Frau inzwischen gut aus. Sie hätten oft Spaß und ansonsten viel Arbeit. Die Vorsorge für die nächsten

Monate beherrschte den Alltag. Ein Stück Land wurde gepachtet, um Kartoffeln zu pflanzen. Ein neues Schwein musste her, das gemästet und dann geschlachtet werden sollte. Für den Ankauf brauchte die Hausfrau eine behördliche Genehmigung. Mit dem Bauern handelte sie den Preis aus. Dann galt es, genügend Futter zu besorgen.

Das dunkelhäutige Schwein, das bezeichnenderweise »Adolf« genannt wurde, entwickelte sich zum Dorfunikum. Es plünderte die Schultaschen der Kinder, riss ständig aus und trieb sich auf benachbarten Höfen herum, bis Uta den Eimer mit Futter nahm, um das Tier damit nach Hause zu locken, was ihr nicht immer gelang. Annemarie Hosenfeld meinte, das Tier habe noch den Charakter eines Wildschweins. *Jeder sagt, dass mein Schwein ein schönes Tier sei. Es ist aber ein recht ungebärdiges Vieh; wenn es Hunger hat, brüllt es wie ein Löwe; wenn ich nicht aufpasse, wirft es mich mitsamt dem Eimer um.*

Es passierten noch andere unvorhersehbare Dinge. Eines Abends hatte Annemarie Hosenfeld vergessen, das Licht in der Speisekammer auszuschalten, und somit gegen die Anordnung zur Verdunkelung verstoßen. Daraufhin warfen Unbekannte nachts die Küchenfenster ein und versetzten alle Hausbewohner in Angst und Schrecken.

Ende August 1943 wurde Detlev Hosenfeld als Luftwaffenhelfer nach Kassel eingezogen. Ihr Junge in Uniform – allein schon die Vorstellung machte der Mutter zu schaffen. Als er den Koffer für die Reise vom Dachboden holte, kamen ihr die Tränen. Die Berichte über Luftangriffe der Alliierten auf deutsche Städte verfolgten sie jetzt noch intensiver als zuvor. Bomben auf Kassel und Frankfurt, wo ihr Sohn Helmut lebte, und auf Städte wie Essen – dort wohnten Verwandte – entfachten ihre Ängste stets aufs Neue.

Auch Wilm Hosenfeld registrierte mit ohnmächtiger Verzweiflung, als große deutsche Städte der Reihe nach in Schutt und Asche fielen: Hamburg, Köln, München ... Die deutsche Luftwaffe hatte den alliierten Bombergeschwadern nichts mehr entgegenzusetzen. Was den Hauptmann zudem bedrückte – im Herbst 1943 verschlechterte sich die Sicherheitslage in Warschau dramatisch. *Das Leben hier wird immer unerträglicher,* notierte er am 20. Oktober 1943. *Mit einer Kühnheit und Kaltblütigkeit überfallen organisierte Banden die Polizeiautos, erschießen verhasste Deutsche, dringen in die Häuser und Büros ein und erledigen jene Deutschen, die sich durch ihr Verhalten den Polen gegenüber missliebig gemacht haben.*

Zwei Tage zuvor waren in Warschau 20 als Geiseln willkürlich festgenommene Polen öffentlich erschossen worden. Die als Abschreckung gedachten Hinrichtungen, die fast täglich geschahen, bewirkten offenbar das Gegenteil. Die Bevölkerung verehrte die Ermordeten als Märtyrer, während die Attentate weiter zunahmen. *Am selben Tag und an den Tagen darauf fanden Prozessionen der Bevölkerung nach dem Richtplatz statt. Der Platz wurde mit Blumen übersät.* Einzelne Geiseln hätten unmittelbar vor der Erschießung die umstehende Menge zu weiterem Widerstand aufgerufen und erklärt, Trauer sei nicht angesagt, denn sie würden für ein freies Polen sterben. Einer habe sogar, bevor die tödlichen Schüsse fielen, die polnische Nationalhymne angestimmt.

Eines Tages kam Hosenfeld um die Mittagszeit an einer Litfaßsäule vorbei, vor der sich eine Menschenmenge angesammelt hatte. Eine Bekanntmachung der Besatzungsbehörde enthielt eine Liste mit den Namen von über 100 Polen, die kurz zuvor als Geiseln erschossen worden waren. Die Leute, die nach den Namen von Angehörigen und Bekannten suchten, sahen ihn mit finsterer Miene an, sodass er bald seinen Weg fortsetzte. Wenige Wochen später entdeckte er eine Liste mit 270 Namen von Polen, die als Vergeltung öffentlich hingerichtet wurden. Die polnische Bevölkerung verurteile mehrheitlich die Attentate, sei jedoch machtlos. *Ich glaube sogar, dass es der Geheimen Staatspolizei willkommen ist, dass sie einen Vorwand zur Ausrottung der polnischen Bevölkerung hat. Schon seit Anfang des Krieges war es ihr Grundsatz, die polnische Intelligenz zu dezimieren.* Von Mitte September bis Mitte Oktober 1943 registrierte die Oberfeldkommandantur Warschau laut NS-Dokumenten 46 durch Überfälle und durch Anschläge verletzte Soldaten und Polizeibeamte. Über die Zahl der in dieser Zeit erschossenen polnischen Geiseln gab es keine Angaben.

Ende Oktober reiste Wilm Hosenfeld für zwei Wochen auf Heimaturlaub nach Thalau. Anfang des Monats hatte die Polin mit ihrem Sohn Thalau verlassen. Der Urlaub war angefüllt mit Arbeit im Haus, Hof und Garten. Sosehr Annemarie Hosenfeld die Anwesenheit ihres Mannes und seine tatkräftige Unterstützung schätzte – dieser dritte Heimaturlaub im Kriegsjahr 1943 bedeutete zugleich, dass Wilm Hosenfeld das bevorstehende Weihnachtsfest nicht mit seiner Familie feiern konnte, sondern in Warschau bleiben musste. Die Briefe, die seine Frau ihm im November und Dezember schrieb, kreisten wieder um die Kinder, die alltäglichen Sorgen und vor allem um den Krieg, dessen Ende sie weiter sehnlichst herbeiwünschte. *Wie sieht es in Warschau aus? Hast Du viel Arbeit? Wann beginnen die neuen Kurse? Die Nachrichten von der Front sind niederdrückend, dazu die Angriffe im Land, Ludwigshafen, Berlin. Wo bleiben die armen Menschen bei dieser Kälte?*

Ende November 1943 schrieb sie: *Unaufhörlich brummen die feindlichen Flieger über uns. Wir sind noch behütet, aber unsere fernen Lieben! Von Helmut habe ich keine Nachricht seit seinem letzten Hiersein. Für Detlev habe ich heute ein Paket gepackt, das ein Kamerad morgen von Fulda aus mitnehmen will. In Frankfurt und Stuttgart waren die Angriffe entsetzlich, noch schlimmer in Bremen. Novemberdunkelheit. Der Wind tobt um das Haus und der Regen klatscht an die Fenster. Advent!*

In Warschau herrschte ähnlich stürmisches Wetter. Am 27. November 1943 war Wilm Hosenfeld wieder mit einer Abordnung des Propagandaministeriums unterwegs. Dieses Mal ging es mit dem Flugzeug in die weißrussische Hauptstadt Minsk und von dort weiter in die Nähe der Front, wo die Pressevertreter in einem Gefangenenlager polnische Überläufer interviewen wollten. Wegen der schlechten Witterung musste die Maschine auf einem Fliegerhorst bei Baranoviči zwischenlanden. Für Hosenfeld war es der erste Flug in seinem Leben gewesen und ihm war übel geworden. Er war froh, in Warschau wieder festen Boden unter den Füßen zu haben.

Anfang Dezember 1943 erhielt Wilm Hosenfeld die Nachricht, dass einer seiner früheren Schüler, Karl Fischer, dessen Eltern er noch im Heimaturlaub getroffen hatte, verstorben sei. Dem blutjungen Soldaten waren nach einem Gefecht an der Ostfront beide Beine amputiert worden. Er sei bereits sehr geschwächt im Lazarett in Lemberg angekommen, wo eine Blutvergiftung und eine Diphtherie seinem durch hohen Blutverlust geschwächten Körper weiter zugesetzt hätten. *So geht das Verhängnis nun von Haus zu Haus und von Stadt zu Stadt,* schrieb Annemarie Hosenfeld nach der Trauerfeier für den Gefallenen. Die ganze Dorfgemeinschaft trage mit an diesem

Schmerz. Die Zahl der »Heldenmütter« in Thalau werde immer größer. *Es ist schwer, Gottes Liebe zu begreifen.*

Die ganze Grausamkeit des Krieges wurde an einem weiteren Fall deutlich, den Wilm Hosenfeld seiner Frau in einem Brief schilderte. Ein Offizier – wie er Lehrer von Beruf –, der an seiner Schule in Warschau unterrichtete, wurde nach einem Luftangriff auf Berlin per Telegramm gebeten, wegen eines »Fliegerschadens« sofort nach Berlin zu kommen. Dort sah er gerade noch, wie die Leichen seiner drei Kinder, seiner Frau und deren Eltern aus dem Keller des eingestürzten Wohnhauses gezogen wurden. *Er sagt, er hätte kein Glied rühren können, er hätte nur auf die Arbeiter und Leichen gestarrt, und als er bei dem zehnjährigen Jungen und dem zwölfjährigen Töchterchen die Hände angesehen hätte und erkannte, dass sie in ihrer Todesnot die Fingerspitzen bis auf die Knochen an den Wänden weggekratzt hätten, da sei etwas in ihm kaputtgegangen.*

Wilm Hosenfeld hatte nicht gewusst, wie er seinen Kameraden trösten sollte, und geschwiegen. Während ihm die Tränen kamen, habe der Mann ihm leicht die Hand gedrückt und weiter erzählt, dass er Weihnachten eigentlich mit seiner Familie habe feiern wollen. *Ich hätte nicht gedacht, dass man mal so vor dem Nichts stehen kann, es ist mir manchmal, als stünde ich auf dem Straßburger Münster, da bin ich aufgewachsen, und trete über die Brüstung in die frei Luft, ich fühle manchmal richtig, wie ich stürze und in die Tiefe sause, und unten sehe ich mich zerschmettert liegen.*

Während Annemarie Hosenfeld und die Kinder in Thalau noch auf ein Wunder hofften, das heißt auf seine Heimkehr in letzter Minute vor dem Weihnachtsfest, hatte Wilm Hosenfeld sich damit abgefunden, in Warschau zu bleiben. Am Tag vor Heiligabend feierte er mit seinen polnischen Mitarbeiterinnen und Mitarbeitern Weihnachten; insgesamt 30 waren es inzwischen geworden. Sie hatten ein Essen vorbereitet. Dafür wurde ein Unterrichtszimmer geräumt. Antoni Cieciora, seine rechte Hand in vielen Angelegenheiten, machte ihn mit den polnischen Weihnachtsbräuchen vertraut, soweit diese sich in Zeiten akuter Lebensmittelknappheit verwirklichen ließen.

Zuerst gab es Borschtsch, das ist eine sehr schmackhafte Roterübensuppe mit Weißbrot. Darauf hielt Herr Cieciora eine Ansprache erst in polnischer Sprache, dann überbrachte er die Glückwünsche in deutscher Sprache. Jeder hatte vor sich eine Oblate liegen. Aber nicht in runder Form, sondern viereckig. Ich als Hausvater hatte die größte. Nun kamen alle der Reihe nach zu mir. Ich brach von jeder in der linken Hand dargereichten Oblate ein Stück ab, während sich jeder von meiner ein Stück abbrach und sie aß. Dabei sagte jeder dem anderen seine Glückwünsche.

Nach dem Essen hielt Hosenfeld eine Rede auf Polnisch. Für jeden Mitarbeiter hatte er von einer Zuckerwarenfabrik in Warschau eine Tüte mit Konfekt organisiert. Seine Leute ließen ihn, den Chef des Hauses, schließlich hochleben, nachdem er ihnen für ihren Einsatz gedankt hatte.

An Heiligabend versetzte Wilm Hosenfeld sich dann in Gedanken in den Kreis seiner Familie nach Thalau. Die Fotos seiner Frau und seiner fünf Kinder standen auf einer Anrichte, daneben brannten zwei Kerzen. *Ich liege auf dem Bett und bin gar nicht einsam. Ihr steht alle leibhaftig vor mir, ich sehe Euch, wie Ihr Lieder singt und wie Ihr Euch freut und wie Ihr traurig seid.*

Zum Mitarbeiterstab von Hosenfeld gehörte ein Deutscher, der kurz vor Weihnachten in Warschau eingetroffen war und einen Gefreiten ersetzen sollte, der zu seiner Familie nach Deutschland zurückgekehrt war. Karl Hörle stammte aus Hanau und war Kommunist. Der Hauptmann wunderte sich, warum der Mann kaum gehen konnte und über Schmerzen klagte. Über seinen Zustand wollte er Genaueres wissen. Doch Hörle entgegnete, darüber dürfe er nicht reden, bis er schließlich doch Vertrauen fasste und zögernd berichtete, er sei von der Gestapo im KZ gefoltert worden. *Er zeigte mir seine Füße. Sie waren voller Narben und blutunterlaufener Stellen. Man hat ihm die Bastonade* (Prügelstrafe) *gegeben. Mit Stöcken so lange auf die nackten Füße geschlagen, bis das Fleisch in Fetzen hing. Er hat keine Zähne mehr, die wurden ihm beim Verhör herausgeschlagen, und als er am Boden lag, trat ihm ein SS-Mann den Unterkiefer entzwei. Von den fürchterlichen Quälereien, denen er eineinhalb Jahre in den Konzentrationslagern ausgesetzt war, ist er herzkrank.*

In seinem Tagebucheintrag vom 28. Dezember 1943 schrieb Hosenfeld, er habe schon viel von den Unmenschlichkeiten der SS gehört und immer wieder gedacht, das könne nicht wahr sein. Zum ersten Mal stünde jetzt ein Mensch vor ihm, der alles unwiderleglich beweisen könne. Was er durch Hörle und vorher schon über die Foltermethoden von SS und Gestapo in Erfahrung gebracht hatte, schrieb er nieder, um es ein für alle Mal festzuhalten. *Man brach den Opfern die Zähne aus, riss ihnen die Fingernägel ab, bohrte ihnen einen Bohrer in die Kniescheibe, hängte sie an den am Rücken verschränkten Armen auf, dass die Armgelenke auskugelten, knüpfte einem andern einen Draht um die Geschlechtsteile und riss ihn daran. Zuletzt hing man ihn daran auf. Daran starb er.*

Viele sind so zu Tode gemartert worden. Nun kann ich mir auch denken, wie die unglücklichen Juden und Polen gemartert worden sind, wenn an den eigenen Volksgenossen so gehandelt wurde.

Auch diese Niederschrift belegt, dass die Verbrechen der Nazis sogar im Detail offen zutage lagen. Hosenfeld befürchtete, dass die »Schurken« an der Spitze des Regimes das ganze Volk ins Verderben reißen wollten, und sah eine Verbindung zwischen den in Deutschland verübten Mordtaten und denen im Osten. *Die Gräuel hier im Osten, in Polen, in Jugoslawien und Russland sind nur die gradlinige Fortsetzung dessen, was anfangs mit den politischen Gegnern in Deutschland geschah. Und wir Toren glaubten, sie könnten uns eine bessere Zukunft bringen. Als Schande muss jeder Mensch es heute empfinden, dass er auch nur im Geringsten dieses System bejahte. Was sind wir getäuscht und genarrt worden.*

Das neue Jahr 1944 begann für Wilm Hosenfeld so bedrückend, wie das alte geendet hatte. *Wenn ich nachts schlaflos liege, dann kommen die Sorgen um Deutschlands Zukunft, um unser eigenes Schicksal angekrochen und legen sich beängstigend auf das Gemüt.* Nirgends gab es Anzeichen dafür, dass die Lage sich noch bessern würde. Das vergangene Jahr habe an der Ostfront schwere Verluste gebracht. Etwa 1300 Kilometer sei die Wehrmacht zurückgewichen. Über Deutschland kreisten fast täglich Hunderte von alliierten Flugzeugen, um Städte und Industrieanlagen zu bombardieren. Bald werde es kein intaktes deutsches Unternehmen mehr geben.

Anfang des Jahres kritisierten deutsche Zeitungen, dass die Amerikaner bei ihrem Vormarsch in Süditalien Kunstschätze beschlagnahmt hätten. Das erschien Hosenfeld als der Gipfel von Heuchelei angesichts der Tatsache, dass die Deutschen in Polen und Russland regelrechte Raubzüge veranstalteten, um Kulturgüter im großen Stil zu plündern.

Gleich in der ersten Januarwoche wurde der Hauptmann wegen starker Schmerzen und Atembeschwerden in ein Lazarett eingeliefert. Die Ärzte stellten eine Grippe sowie eine Rippenfellentzündung fest, die ihn über eine Woche lang ans Krankenbett fesselten. Ende Januar 1944 durfte er für zwei Wochen auf Genesungsurlaub nach Thalau reisen. Im Gegensatz zu früheren Aufenthalten stürzte er sich nicht in die Arbeit, sondern ließ es langsam angehen und nahm sich Zeit für Gespräche mit seiner Frau und den Kindern. Detlev Hosenfeld, der als Luftwaffenhelfer einige Tage Urlaub bekommen hatte, erinnert sich: *Ich weiß noch genau, Vater sprach über die Konzentrationslager, die Judenvernichtung und die Gaskammern; ferner über die Kommandos, die die Leichen wegschaffen mussten und anschließend erschossen wurden, damit sie nichts über die Massenmorde berichten konnten.* Im Februar 1944 sah Detlev Hosenfeld seinen Vater zum letzten Mal.

Kaum war Wilm Hosenfeld nach Warschau zurückgekehrt, begann erneut eine Phase hektischer Unsicherheit. Der Unteroffizier, der ihn am Bahnhof abholte, sagte, der Hauptmann solle sofort zu einer ärztlichen Untersuchung kommen. Der Hintergrund: Inzwischen waren die Kriterien für die Einstufung als »k. v. = kriegsverwendungsfähig« gelockert worden, um die massiven Lücken in den Reihen der kämpfenden Truppe zu schließen. Zunächst schrieb der Arzt ihn »bedingt k. v.«, doch schon kurz darauf wurde die Einschränkung »bedingt« vom Truppenarzt gestrichen.

Hauptmann Hosenfeld musste also damit rechnen, an die Front oder in ein anderes von Deutschland besetztes Land versetzt zu werden. Seine polnischen Mitarbeiter reagierten bestürzt. Wenn Hosenfeld nicht mehr seine schützende Hand über sie hielt, drohte den meisten von ihnen akute Gefahr. Er selber reagierte zunächst gelassen, doch dann packte auch ihn die Verzweiflung. Wofür lohnte es sich, jetzt noch zu kämpfen? *Die ganze Sinnlosigkeit des jetzigen Lebens legt sich wie Blei auf mich.* Einer Schachfigur gleich fühlte er sich hin und her geschoben und geriet in eine depressive Stimmung.

Seine Vorgesetzten versuchten noch, ihn weiter in Warschau zu halten, doch diese Bemühungen blieben ohne erkennbares Ergebnis. Vorerst sah alles nach einem baldigen Wechsel in eine neue Aufgabe aus. Seine Frau versuchte er mit dem Hinweis zu beruhigen, ein Einsatz an der Front komme sicher nicht mehr in Frage. Für den 12. März 1944 lud Hosenfeld seine Kameraden zu einer Abschiedsfeier ein. Einige kannte er schon seit längerem, manchen fühlte er sich freundschaftlich verbunden. Aus deren Gesichtskreis wollte er nicht einfach verschwinden. Die Feier in Form eines Kameradschaftsabends fand statt, aber die Abberufung ließ auf sich warten. Plötzlich war ungewiss, ob der Hauptmann überhaupt abgelöst würde.

Jedenfalls ging für ihn der Alltag erst einmal weiter. Der Lehrbetrieb brauchte neue Anstöße, nachdem zeitweise wegen abendlicher Ausgangssperren die Beteiligung nachgelassen hatte. Der Leiter der Sportschule ging dazu über, Kurse in Lazarette und militärische Einrichtungen am Rande der Stadt zu verlegen, damit die Soldaten keine langen Anfahrtswege mehr zurückzulegen brauchten. *Ich komme ab und zu in die Lazarette und nehme dann immer die Gelegenheit wahr, um die Verwundeten zu besuchen. Mir stürzen dann immer die Tränen in die Augen, so bewegt mich der Anblick dieser zerschossenen, ver-*

stümmelten Soldaten. Einer lag da mit abgeschossenen Händen, die Stümpfe standen aufrecht auf dem Kissen. Er versuchte sogar, eine Ehrenbezeugung zu machen.

Die Fortbildung der Soldaten lag ihm weiter am Herzen, auch wenn er wegen seiner ungewissen Zukunft nicht mehr mit voller Konzentration bei der Sache war. Das Echo in den Einheiten auf das Lehrangebot war gemischt. Die meisten Soldaten begrüßten die Möglichkeit, sich weiterzubilden. Andere vertrödelten lieber ihre Zeit. Dankbar notierte Hosenfeld am 23. März 1944: *Gegenwärtig machen drei von meinen Schülern das Abitur.*

Für Władysław Szpilman dauerte unterdessen der Überlebenskampf unvermindert an. Manchmal konnte er sich in einem Versteck, das Freunde für ihn organisiert hatten, einige Wochen aufhalten und halbwegs sicher fühlen. Dann wiederum blieb er nur wenige Tage, weil Nachbarn ihn entdeckt hatten und er flüchten musste, um nicht angezeigt zu werden. In Warschau verbreiteten SS, Gestapo sowie ein Heer von Spitzeln ein Klima der Angst und Einschüchterung. Rückschläge und Niederlagen der Wehrmacht an den vielen Fronten verschärften die Lage vor Ort noch weiter. In einer solchen Atmosphäre bedeutete Hilfe für einen prominenten jüdischen Flüchtling ein besonderes Risiko, wobei die Unterbringung nicht das einzige Problem war. Der Pianist musste auch mit Lebensmitteln versorgt werden. Jeder, der mit Szpilman zu tun hatte, brachte sich also selbst in akute Lebensgefahr. Dennoch funktionierte das Netzwerk, wenngleich manchmal mit Unterbrechungen.

Eines Tages beobachtete Szpilman, wie eine Gruppe von SS-Leuten das Gebäude, in dem er sich versteckt hielt, betrat und offensichtlich einzelne Wohnungen durchkämmte. Für eine Flucht war es schon zu spät. Er verbarrikadierte die Eingangstür und knüpfte einen Strick, um sich notfalls zu erhängen. Denn lebend wollte er den Deutschen nicht in die Hände fallen. Doch er blieb unbehelligt. Die Razzia hatte offensichtlich nicht ihm gegolten. Allerdings blieb das Gebäude umstellt, sodass ihm keine Lebensmittel mehr gebracht werden konnten. Er streckte die letzten Vorräte, bis auch diese verbraucht waren und er nur noch Wasser trinken konnte.

In seiner Not bereitete der Flüchtling sich auf den Hungertod vor, bis eines Tages ein Mann an seine Tür klopfte und endlich etwas zum Essen mitbrachte. Szalas hieß er mit Nachnamen. Dieser hatte, wie Szpilman später herausfand, im Auftrag einer Untergrundorganisation in ganz Warschau Geld für ihn gesammelt, *und weil niemand geizte, wenn es um die Rettung eines Menschenlebens ging, bekam er eine ordentliche Summe zusammen. Er hatte meinen Freunden versichert, dass er mich beinahe täglich besuche und es mir an nichts fehle.* In Wirklichkeit tauchte Szalas nur von Zeit zu Zeit auf und ließ den Flüchtling fast verhungern. Szpilman erkrankte an Gelbsucht und litt an einer Gallenblasenentzündung, war also auch auf Medikamente angewiesen. *Wäre jetzt die Gestapo gekommen, ich wäre außerstande gewesen, mich zu erhängen.* Die meiste Zeit befand er sich in einem Dämmerzustand. Sobald er wach wurde, quälten ihn Hungerkrämpfe.

Als der Schwindel aufflog, kam Szpilman dank der unermüdlichen Hilfe einer befreundeten Polin langsam wieder zu Kräften. *Gottlob war ich zu dieser Zeit nicht auf die »Fürsorge« eines Szalas angewiesen, sondern wurde von der besten, aufopferndsten der Frauen, von Frau Helena* (Lewicka), *betreut.* Mit ihrer Hilfe wurde er mit Beginn des Jahres 1944 allmählich wieder gesund.

Wilm Hosenfeld entwickelte in einem mehrseitigen

Brief an seine Frau Gedanken über die Zeit nach dem Krieg, wie er sie auch gegenüber seinem Sohn Helmut schon einmal geäußert hatte. Für sich selbst hatte der Hauptmann keinen anderen Ehrgeiz, als erneut in seinem Beruf als Pädagoge zu arbeiten. Es würde ein eher ärmlicher Neubeginn sein, darüber war er sich mit seiner Frau einig. Denn Reichtümer besaßen sie wahrlich nicht, auch kein eigenes Haus. Die Familie kam gerade so über die Runden. *Der Friede wird sehr schwer sein, das kann gar nicht anders sein. Wir alle müssen doch helfen, die zerstörten Städte wiederaufzubauen und den heimatlosen Menschen ein Obdach zu geben und für ihren Unterhalt zu sorgen.*

Hosenfeld dachte nicht in erster Linie an sich, sondern an die großen gesellschaftlichen Probleme, die der Krieg aufgetürmt hatte. Er war überzeugt, dass die Siegermächte sich in ihrer Haltung gegenüber den Deutschen nicht von Hass und Vergeltung leiten lassen und sie nicht zu Sklaven machen würden. Friedenssehnsucht und der Wille zur Wiedergutmachung seien in jedem Volk lebendig geworden. *Ein wirkliches, großartiges demokratisches Zeitalter wird kommen.* Aber welche Folgen würde die Vernichtung der Juden, würden Flucht, Vertreibung und Zwangsarbeit sowie die Zerstörung der Städte haben? *Solange die Erde besteht, sind nicht solche Massen in Bewegung gewesen wie in diesem Krieg. Angefangen von den flüchtenden und zurückflutenden Grenzbewohnern in Polen, den umgesiedelten Volksdeutschen, den Flüchtlingen in Frankreich, jetzt in Italien, in Russland. Zwei-, dreimal sind die Menschen davongetrieben worden. Die russische Zivilbevölkerung hat Unsägliches erduldet. Dann die Ausrottung mehrerer Millionen Juden, die Vernichtung der deutschen Städte und die Zerstreuung ihrer Einwoh-*

ner, dazu kommen Millionen Fremdvölkischer, die zur Zwangsarbeit nach Deutschland gebracht wurden, und über all dem stehen sich die Millionenheere der feindlichen Völker zur gegenseitigen Vernichtung gegenüber. (Brief an Annemarie Hosenfeld, 25. März 1944)

Für Ende März 1944 rechneten die polnischen Beschäftigten der Sportschule mit dem Weggang von Wilm Hosenfeld, obwohl über seine weitere Verwendung nach wie vor keine Klarheit bestand. Auf alle Fälle wollten sie ihm zeigen, wie sehr sie seine Hilfsbereitschaft, aber auch die freundschaftliche Art des Umgangs mit ihnen schätzten. Sie fertigten eine Art Urkunde, handschriftlich in Polnisch und Deutsch abgefasst, mit 27 Unterschriften. An

»Urkunde« der polnischen Beschäftigten an der Sportschule der Wehrmacht

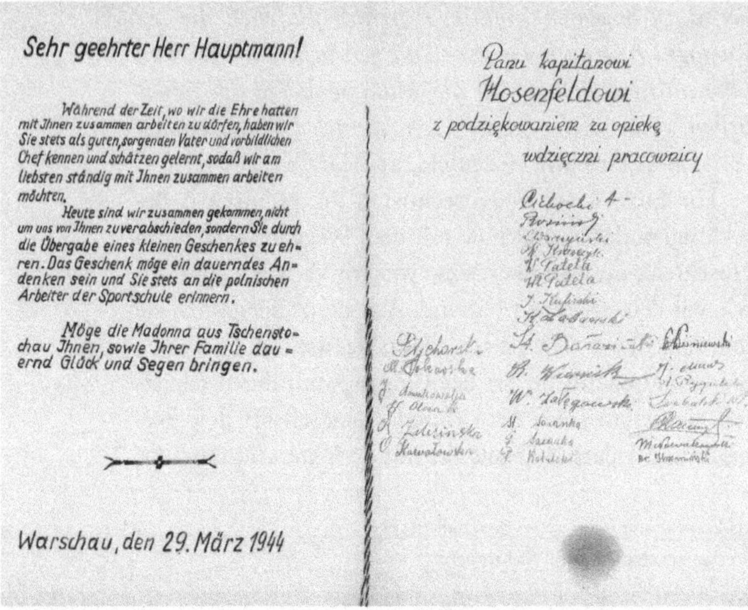

Sehr geehrter Herr Hauptmann!

Während der Zeit, wo wir die Ehre hatten mit Jhnen zusammen arbeiten zu dürfen, haben wir Sie stets als guten, sorgenden Vater und vorbildlichen Chef kennen und schätzen gelernt, sodaß wir am liebsten ständig mit Jhnen zusammen arbeiten möchten.

Heute sind wir zusammen gekommen, nicht um uns von Jhnen zu verabschieden, sondern Sie durch die Übergabe eines kleinen Geschenkes zu ehren. Das Geschenk möge ein dauerndes Andenken sein und Sie stets an die polnischen Arbeiter der Sportschule erinnern.

Möge die Madonna aus Tschenstochau Jhnen, sowie Jhrer Familie dauernd Glück und Segen bringen.

Warschau, den 29. März 1944

Panu kapitanowi
Hosenfeldowi
z podziękowaniem za opiekę
wdzięczni pracownicy

Cichocki A-

erster Stelle stand »Cichocki A-«, der Deckname des polnischen Priesters Antoni Cieciora. Ein fein gezeichneter Zweig mit Blättern und Blüten schmückte den Umschlag. Innen wandten sich die Unterzeichner mit folgenden Worten an den Empfänger »Panu Kapitanowi Hosenfeldowi«:

Sehr geehrter Herr Hauptmann! Während der Zeit, wo wir die Ehre hatten, mit Ihnen zusammenarbeiten zu dürfen, haben wir Sie stets als guten, sorgenden Vater und vorbildlichen Chef kennen- und schätzen gelernt, sodass wir am liebsten ständig mit Ihnen zusammenarbeiten möchten.

Heute sind wir zusammengekommen, nicht um uns von Ihnen zu verabschieden, sondern Sie durch die Übergabe eines kleinen Geschenkes zu ehren. Das Geschenk möge ein dauerndes Andenken sein und Sie stets an die polnischen Arbeiter der Sportschule erinnern.

Möge die Madonna aus Tschenstochau Ihnen sowie Ihrer Familie dauernd Glück und Segen bringen.

Warschau, den 29. März 1944

Eine eindrucksvollere Würdigung seiner Tätigkeit konnte Hosenfeld sich kaum vorstellen. In einem Meer von Verfolgung und Gewalt war es ihm gelungen, eine Insel der Mitmenschlichkeit zu schaffen. Was seine Mitarbeiter eigentlich zum Ausdruck bringen wollten und wovon sie erst viel später Zeugnis ablegten, als es um die Freilassung Hosenfelds aus sowjetischer Gefangenschaft ging, konnten sie im Frühjahr 1944 nicht niederschreiben, ohne sich selbst und auch ihren Retter zu gefährden.

Das ungewöhnliche Dokument schickte Hosenfeld nach Thalau, damit es nicht verlorenging. Auch andere Unterlagen brachte er auf den Weg dorthin. Deutlicher als je zuvor ahnte er das kommende Unheil. Schon bald darauf überschlugen sich die militärischen Ereignisse und rissen wenige Monate später auch ihn in einen lebensbedrohenden Strudel. Annemarie Hosenfeld reagierte sofort: *Heute kam die Urkunde, der Dank Deiner polnischen Arbeiter. Wie rührend ist diese Anhänglichkeit. Ich habe mich von Herzen mit Dir darüber gefreut. Sie werden ehrlich betrübt sein, wenn sie Dich verlieren.*

Mit ihrem Brief vom 4. April 1944 schickte sie ein Gedicht von Manfred Hausmann. Den Dichter hatte sie zuvor in Worpswede getroffen. Der Besuch in der Künstlerkolonie, das Wiedersehn mit ihrem Vater sowie Freundinnen und Freunden hatten ihr gutgetan und zugleich eine angenehme Abwechslung vom täglichen Einerlei in Thalau geboten. *Worpswede ist eine andere Welt, und das Heim-*

weh nach dieser Heimat hat mich nie verlassen. Bremen hätte sie ebenfalls gerne besucht. Aber das war wegen der häufigen Luftangriffe zu riskant. Auf der Rückfahrt musste sie stundenlang im weitgehend zerstörten Bahnhof von Hannover auf den nächsten Zug warten.

Ihrem Mann berichtete sie von den Flüchtlingstrecks, denen sie bei Fahrten nach Fulda bzw. in die Nachbardörfer begegnet war. Aus den ausgebombten Großstädten zogen die Menschen zu Tausenden aufs Land, auch in das kleine Dorf Thalau in der Rhön. *Flüchtlinge aus Frankfurt, Nürnberg, Kassel, eine Frau mit vier Kindern, eines im Wagen, die drei nebenherlaufend mit Paketen und Rucksäcken. Der Vater mit zwei Koffern, einem Riesenrucksack vorausgehend. Schwarz gekleidete Damen mit Paketen, Koffern, auch in unmöglicher Kleiderzusammenstellung. Früher hätte man lächeln mögen. Wer lächelt heute!*

Während die Propaganda des untergehenden Naziregimes Zuversicht und Opferbereitschaft proklamierte, nahm Hosenfeld in Warschau die Stimmung unter den Deutschen in Wirklichkeit ganz anders wahr. Die Deutschen seien zermürbt, abgestumpft und fast uninteressiert am Krieg, schrieb er. Jeder habe mit seinen eigenen Problemen zu kämpfen. Wie bereits ein Jahr zuvor stand für April 1944 wieder ein zweiwöchiger Gasschutzlehrgang im westpreußischen Bromberg an. Hosenfeld konnte seine Frau dafür gewinnen, ihn dort erneut zu besuchen, obwohl das Reisen noch gefährlicher geworden war. Denn die alliierten Bomber griffen immer öfter auch Züge an. Am 17. April traf Annemarie Hosenfeld in Bromberg ein und nahm im Hotel »Danziger Hof« Quartier, in dem ihr Mann ein Zimmer gemietet hatte. Da die älteste Tochter Anemone nach bestandener Prüfung als Krankenschwester in dieser Zeit noch keine neue Arbeit gefunden hatte und wieder zu Hause wohnte, wusste die Mutter ihre kleineren Kinder und den Haushalt in bester Obhut. Zwei Wochen verbrachte sie in Bromberg.

Auf der Rückreise machte das Ehepaar Station in Danzig und dann in Gdingen, das die Deutschen »Gotenhafen« nannten und zu einem Marinestützpunkt für große Kriegsschiffe ausgebaut hatten. Die beiden besichtigten eines der vor Anker liegenden Schiffe, einen Schweren Kreuzer. Von dem *Wunderwerk* der Technik, die in einem solchen Schiff steckte, war Wilm Hosenfeld begeistert. Einen weiteren Zwischenstopp legten er und seine Frau wiederum bei ihren polnischen Freunden in Samter bei Posen ein.

In Warschau fand Hosenfeld seinen Arbeitsplatz noch unverändert vor. Am 8. Mai 1944 schrieb er nach Thalau: *Ich bin mit neuem Mut an meine Aufgaben herangegangen. Es macht mir so viel Freude nach dieser Zeit der Ausspannung und nach der Zeit unseres schönen, friedlichen Zusammenseins.* Mitte Mai bereitete er seinen nächsten Besuch in Thalau vor. Hosenfeld wollte das Pfingstfest im Kreis seiner Familie verbringen.

6. Letzter Heimaturlaub Pfingsten 1944 – *Ja, es war so wunderschön bei Dir!*

Ganze drei Tage, und zwar vom 27. bis zum 30. Mai 1944, hielt Wilm Hosenfeld sich bei seiner Familie in Thalau auf. Bis auf Detlev, der nach wie vor als Flakhelfer seinen Dienst versah, waren alle Kinder zu Pfingsten nach Hause gekommen. Helmut reiste kurz darauf wieder nach Frankfurt. Niemand konnte ahnen, dass es der letzte Heimaturlaub von Wilm Hosenfeld sein würde, dass ihn weder seine Frau noch die Kinder je wiedersehen würden. *Mein lieber Wilm! Ach, wie schön war es heute vor einer Woche! Die Erinnerungen an die kurzen seligen Tage stehen mir immer vor Augen und geben mir Kraft für den Alltag, für die Mühseligkeit und Schwierigkeiten meines Tagewerkes.*

Ihr Mann empfand ähnlich: *Meine liebe Annemie, meine lieben drei Mädchen ... Immer sind meine Gedanken bei Euch in Erinnerung an die schönen Tage. Heute kommt mir das wie ein Traum vor. Jeder Tag hatte ein besonderes Gepräge. Am ersten haben wir im Garten gearbeitet, der zweite Tag stand unter dem Zeichen der feindlichen Flieger, am dritten haben wir Sport gemacht. ... Als ich zurückfuhr und der Zug lief am Bahnhof Eisenach ein, da heulten gerade die Alarmsirenen. Die Mitreisenden erzählten von den häufigen Angriffen auf fahrende Züge, eine nervöse Spannung bemächtigte sich der Leute, aber ich hatte das Gefühl, es passiert nichts. ... An den Bahnhöfen immer dasselbe Bild, Abschied nehmende Eltern,*

Frauen und Kinder. Ich sehe Euch noch immer am Bahnhof in Schmalnau stehen, wie Ihr dem abfahrenden Zug nachwinkt. In seiner Erwiderung an seine Frau bekräftigte er: *Ja, es war so wunderschön bei Dir!*

Am 6. Juni 1944 landeten Amerikaner und Briten mit einer gewaltigen Streitmacht an der französischen Atlantikküste. Die Operation »Overlord«, die sowohl von der Küste der Normandie als auch aus der Luft gegen den deutschen Westwall geführt wurde, war die zweite Front, die Stalin immer wieder gefordert hatte, damit die Rote Armee den Vormarsch im Osten fortsetzen und dann zum entscheidenden Schlag gegen Deutschland ausholen konnte. Hosenfelds Kommentar: *Das ist das Ende.* Es war der Anfang vom Ende. Denn Hitler dachte nicht an Kapitulation. Wilm Hosenfeld wusste, dass die Westalliierten zur See und in der Luft deutlich überlegen waren. Aber er mochte nicht glauben, dass Deutschland überhaupt keine Luftabwehr mehr besaß. Weil nach der erfolgreichen Landung der Westalliierten in der Normandie mit einer neuen sowjetischen Offensive gerechnet werden musste, stellte er die Hoffnung auf ein Wiedersehen mit seiner Familie vorerst zurück. Dabei wünschte seine Frau sein Kommen sehnlichst herbei – schließlich waren die Tage über Pfingsten viel zu kurz gewesen.

Äußerlich ging in Warschau für einige Tage noch alles seinen gewohnten Gang. Hosenfeld nahm sich sogar die Zeit, den deutschen Buchhändler in Warschau aufzusuchen, den er seit langem kannte und der ihn gern in sein Hinterzimmer bat, wo es die Bücher gab, die verboten oder geächtet waren. Für jeden Tag, den er noch in Ruhe genießen könne, sei er dankbar, schrieb er seiner Frau am 15. Juni 1944. Hosenfeld rechnete täglich damit, abkommandiert zu werden, wohin – das blieb ungewiss. Und mitten im Brief kam ein Satz, der bereits wie ein Vermächtnis klang: *Erziehe die Kinder in der Gottesfurcht. Du bist erstaunt, dass ich so etwas schreibe. Aber es ist mir ernst, und ich weiß, dass wir sonst auf Sand bauen.*

Für den 17. Juni 1944 hatte ihn Antoni Cieciora, den er aus Vorsichtsgründen im Brief jetzt »meinen Bekannten« nannte, zu einem Gottesdienst aus Anlass seines zehnjährigen Priesterjubiläums eingeladen. Die Eucharistiefeier fand unter konspirativen Umständen in einer Warschauer Kirche statt. Wie der Geistliche nach dem Krieg bezeugte, diente Hosenfeld ihm dabei als Messdiener, und zwar in voller Uniform. Das heißt, Wilm Hosenfeld kniete in deutscher Uniform vor einem polnischen Priester, der von der Gestapo gesucht wurde und den er unter falschem Namen an der von ihm geleiteten Sportschule als Polnischlehrer beschäftigte.

Als er eines Tages in der Nähe des Sportzentrums eine polnische Kirche aufsuchte, in der gerade ein Gottesdienst für Kinder stattfand, stand er sofort im Mittelpunkt. Einige der Jungen kannten ihn vom Sportplatz und begrüßten ihn herzlich. *Sie freuen sich riesig, dass sie mich sehen, und wollen mir ihre Freundschaft zeigen. Einer kam durch die ganze Kirche her und postierte sich in meiner Nähe auf und lachte mich immerzu an.*

Die Frömmigkeit der Polen beeindruckte ihn tief. *Wie wohltuend ist die fromme Sammlung der gläubigen Menschen.* Alles gehe zwanglos und selbstverständlich zu. Sein eigenes Verständnis von Christentum ging deutlich über Formen und Rituale hinaus. Als er von Pfarrer Cieciora erfuhr, die Deutschen hätten in Posen eine Herz-Jesu-Statue beseitigt, meinte er in einem Brief an seine Frau, die sichtbaren Dinge könnten zerstört und vernichtet werden, die unwirklichen seien diesem Zugriff entzogen. *Das moderne Heidentum kann sie wohl vergessen und auch auszurotten versuchen, irgendwo und irgendwann sprießen sie wieder auf und zeigen ihre Macht. Das Übersinnliche ist das wahrhaft Wirkliche.*

In einem seiner Briefe setzte er sich mit den von Goebbels gezielt verbreiteten Gerüchten auseinander, Deutschland werde schon bald über eine Geheimwaffe von gewaltiger Zerstörungskraft verfügen; damit sei es möglich, eine Wende im Kriegsgeschehen herbeizuführen. Hosenfeld: *Das glaubt doch kein Mensch. Er selbst* (Goebbels) *sicher nicht; unsere Freunde* (gemeint waren die Alliierten) *sind uns in der Luft derart überlegen, dass sie allein mit der Luftwaffe die Entscheidung zu ihren Gunsten herbeiführen werden.*

Am 29. Juni 1944 suchten zwei junge Offiziere eines Feldjäger-Kommandos Hauptmann Hosenfeld in der Mittagspause auf, um mit ihm seine weitere Verwendung zu besprechen. Anlass war ein erneuter, von Hitler persönlich befohlener Anlauf, personelle Reserven in der Etappe ausfindig zu machen, um die Lücken an der Front zu schließen. *Beide mit Orden bedeckt, Frontoffiziere, schneidige Burschen, auch entsprechend ihren Vollmachten von sich eingenommen.* Hosenfeld bat sie auf die Veranda und sah sich bald einem strengen Verhör über seine Tätigkeit ausgesetzt. Er zeigte ihnen das aktuelle Vorlesungsverzeichnis sowie die umfangreichen Berichte, die er im Laufe der Zeit verfasst hatte, und blätterte souverän die vielen von ihm ausgeübten Funktionen und Aktivitäten auf.

Die Feldjäger, die sich unter einem Sportoffizier nichts hatten vorstellen können und in Hosenfeld gewiss bereits einen Kandidaten für die Front gesehen hatten, staunten und gaben sich geschlagen. *Die gezückten Bleistifte ver-*

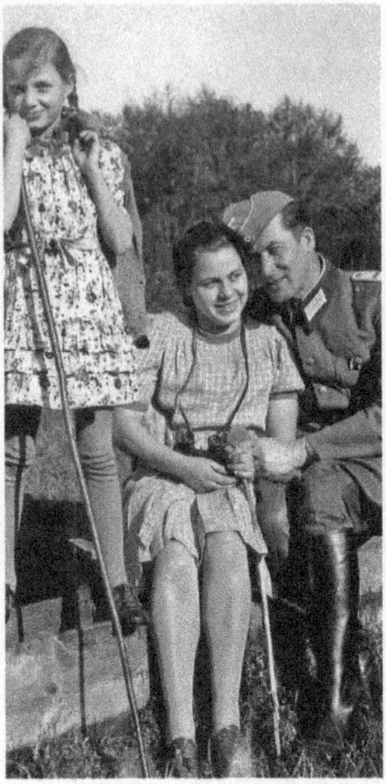

Pfingsten 1944, letzter Heimaturlaub: Wilm Hosenfeld mit seinen Töchtern Anemone und Jorinde (stehend)

schwanden, und die großen, leeren Vordrucke blieben unausgefüllt. Nachher führte ich sie noch ins Schwimmbad, zeigte die Sportplätze und das Bootshaus. Da waren sie mächtig begeistert und meldeten sich für die nächste Freizeit zum Segeln an.

Das war ein leichter Sieg, der Hosenfeld allerdings nicht glücklich machen konnte. Denn alles, was an den folgenden Tagen und Wochen in nächster Nähe passierte, verhieß nichts Gutes. Die Zivilverwaltung verfügte zum Beispiel die Schließung der deutschen Schulen. Kinder mussten Warschau verlassen. Eltern und Angehörige schlossen sich an. Innerhalb weniger Tage entstand eine Fluchtbewegung, die erst allmählich in geordneten Bahnen verlief. Am 24. Juli 1944 schrieb Hosenfeld seiner Frau, sie könne sich nicht vorstellen, was in Warschau vor sich gehe: *Seit gestern wird evakuiert. Zuerst Frauen und Kinder, natürlich nur die deutsche Zivilbevölkerung. Auf allen Straßen jagen die Lastautos, in den deutschen Vierteln stehen die Möbelwagen. Die Leute dürfen nur die notwendigsten Sachen mitnehmen. Was sie sich hier in den Kriegsjahren erworben, müssen sie zurücklassen. Meist war es beschlagnahmtes* (polnisches) *Eigentum. Die Lastwagen sind hoch bepackt mit Kisten und Säcken, Bettzeug und Haushaltsgeschirr, und obendrauf hocken die Flüchtlinge.*

Das weibliche Hilfspersonal der Wehrmacht, das in den Stäben und Telefonzentralen tätig gewesen war, rückte ebenfalls ab. Der Exodus zeigte überdeutlich, wie die Besatzungsmacht die weitere Entwicklung einschätzte. Auch die riesigen Vorräte und umfangreichen Waren, die noch in den Depots und Fabriken lagerten, wurden abtransportiert, durch Sprengung vernichtet oder einfach angezündet, wie Hosenfeld mitteilte. Er selber traf ebenfalls Vorkehrungen. Dinge, die er nicht unbedingt in Warschau brauchte, schickte er per Express nach Deutschland. *Meine Sachen habe ich natürlich alle gepackt, aber ob wir viel mitkriegen, ist noch die Frage.* Zeitweise rechnete er wohl noch damit, nach Deutschland zurückkehren zu können, bevor es in Warschau richtig losging. Aber sicher konnte er nicht sein.

Zwischen der Oberfeldkommandantur und der Stadtkommandantur wurde Personal hin- und hergeschoben. Offenbar wusste die eine Dienststelle nicht, was die andere gerade veranlasst hatte. Außerdem klappte die Abstimmung zwischen Wehrmacht und Zivilverwaltung nicht, sodass die allgemeine Unsicherheit nur noch größer wurde. Am 26. Juli notierte Hosenfeld in seinem Warschauer Tagebuch: *Bis jetzt habe ich noch keinen Befehl. Gelegentlich muss ich dies und jenes erledigen. Heute sollte ich einen Zug bereitstellen lassen für 400 Zivilarbeiter, die in Góra-Kalwaria Panzergräben ausheben sollen. Das Arbeitsamt hatte den Befehl erlassen, aber niemand erschien. Die Polen führen die deutschen Befehle nicht mehr aus. Es ist höchste Zeit, dass die Zivilverwaltung verschwindet und die Wehrmacht die Befehlsgewalt übernimmt.*

Von dem Ort Góra-Kalwaria südlich von Warschau wurde der Angriff der Roten Armee auf die polnische

Hauptstadt erwartet. Dort sollte der Vorstoß aufgehalten werden. Die Einwohner Warschaus verweigerten sich den deutschen Kommandos auf der ganzen Linie. Aufrufe und Appelle verhallten wirkungslos.

Mehrfach beobachtete Hosenfeld, wie amerikanische Flugzeuge die Metropole überquerten. Stalin verweigerte alliierten Maschinen, die in Italien starteten, die Landeerlaubnis. Hohe Verluste waren die Folge. Ein weiteres Zeichen für eine Zuspitzung der Lage: Die Urlauberzüge Richtung Westen, die sonst bis auf den letzten Platz besetzt waren, blieben leer. Dagegen mussten viele Soldaten ihren Heimaturlaub abbrechen, um die Truppen an der Front zu verstärken. In Vorbereitung auf kommende Kämpfe wurde Warschau zum »festen Platz« erklärt. Das hieß laut Führerbefehl: Städte nahe der Front sollten militärisch besonders befestigt werden und sich notfalls vom Gegner einkesseln lassen, um so dessen Truppen zu binden.

Über allen Menschen liegt eine nervöse Spannung, eine Unruhe und auch wieder ein Galgenhumor, der die Dinge von der komischen Seite ansieht. Wilm Hosenfeld rechnete mit dem Schlimmsten, erst recht, seitdem die Heeresgruppe Mitte unter dem Druck der Sommeroffensive der Roten Armee zusammengebrochen war. Damit war ein weiterer Damm gegen den Vormarsch der sowjetischen Truppen in Richtung Warschau gebrochen. *Du schreibst davon, dass Du oft niedergeschlagen und traurig bist. Wer ist das in dieser Zeit nicht? Es gibt kaum einen Menschen, der nicht sein Leid zu tragen hat. Wenn ich an Euch daheim denke, ist es mir, als wenn ich nach einer stillen, glücklichen Insel Ausschau halte.*

Gegen Ende Juli 1944 wurde die Lage noch bedrohlicher. Einzelne Verbände der Roten Armee waren bis auf 50 Kilometer an Warschau herangerückt. Bis sie die Weichsel erreichten, konnte es nicht mehr lange dauern. *Die vergangene Nacht war höchste Alarmbereitschaft. Alle Soldaten und Offiziere wurden zur Sicherung eingesetzt. Keiner durfte in sein Bett schlafen gehen, sondern musste sich kriegsmarschmäßig auf einem Alarmposten oder seinem Dienstzimmer aufhalten. In der Nacht und auch jetzt ist der Geschützdonner der Front um Warschau herum gut zu hören. Die Russen werden, wie ich rechne, die Stadt von Südwesten und Osten einschließen. Sie sind zwar noch nicht über die Weichsel, aber die Überquerung werden sie heute schon versuchen. Ich bin seit heute zur Wehrmachtkommandantur Warschau* (Stadtkommandantur) *versetzt. Damit wird mich das Los all derer treffen, die hier als deutsche Soldaten eingesetzt werden. Kaum einer wird herauskommen, wenn nicht so bald als möglich geräumt wird.* (Warschauer Tagebuch, 30. Juli 1944)

Von der Landung der Alliierten in der Normandie und deren Vormarsch durch Frankreich hatte Władysław Szpilman durch seine Beschützerin Helena Lewicka erfahren. Die Nachrichten bedeuteten neue Zuversicht und stärkten seinen Überlebenswillen. *Die schönsten Schreckensmeldungen häuften sich jetzt mit Blitzgeschwindigkeit: die Einnahme Frankreichs, die Kapitulation Italiens, die Rote Armee an den Grenzen Polens, die Befreiung Lublins.* Auch hörte er von den Vorbereitungen für einen weiteren bevorstehenden Aufstand in Warschau, dem Ankauf von Maschinenpistolen und einer Verstärkung der Untergrundarmee. Kurz vor Beginn der Kämpfe suchte Helena Lewicka ihn noch einmal in seinem Versteck auf, um sich zu verabschieden. Sie weinte. *»Ob wir uns noch einmal wiedersehen, Władek?«*

Die Wehrmacht hatte zunächst noch versucht, in einer verlustreichen Panzerschlacht östlich von Warschau den Vormarsch der sowjetischen Truppen aufzuhalten, was zeitweise gelang. Allerdings konnte sie nicht verhindern, dass der Gegner sich an der Weichsel festsetzte, dort zwei Brückenköpfe errichtete und seine Stellungen für einen späteren Frontalangriff ausbaute. Dann machte eine weitere dramatische Entwicklung für die in Warschau stationierten Soldaten und Offiziere alle Hoffnungen zunichte, die Stadt werde rechtzeitig geräumt und der Abmarsch in Richtung Westen sei noch möglich. Die polnische Untergrundarmee Armia Krajowa hielt in Abstimmung mit der polnischen Exilregierung in London den Zeitpunkt für günstig, Warschau noch vor dem Einmarsch der Roten Armee oder auch mit deren Unterstützung von der deutschen Besatzung zu befreien. Dem bewaffneten Aufstand, der am 1. August 1944 begann, schlossen sich andere Untergrundgruppen an. Den etwa 30 000 Kämpfern gelang es am Anfang, wichtige Stadtteile zu erobern. Wilm Hosenfeld übernahm zu dieser Zeit im Stab des Stadtkommandanten erneut die Aufgaben eines Ic-Offiziers, das heißt, er sollte Nachrichten über den Gegner beschaffen und die Lage an der Front erkunden; dazu gehörten Verhöre von gefangenen Untergrundkämpfern. Mehrmals am Tage erstattete er Generalleutnant Rainer Stahel Bericht.

In seinem Brief vom 4. August 1944, in dem er seiner Frau vom Warschauer Aufstand berichtete, bemühte er sich, seiner Tätigkeit noch positive Seiten abzugewinnen. Es handele sich um ein interessantes neues Aufgabengebiet, das ihm viel Freude bereite, in das er sich aber noch einarbeiten müsse, schrieb er. Es gehe ihm sehr gut. Allerdings, so fügte er hinzu: *Ich leide natürlich unter dem Eindruck dieser grausamen Vernichtung und der vielen Opfer, die auf beiden Seiten gefordert werden. Bisher habe ich die Schrecken des Krieges nicht zu sehen bekommen. Deswegen haben mich die Erlebnisse dieser Tage erschüttert. Ich hoffe, dass noch alles gutgeht und es doch noch einen Ausweg aus diesem Hexenkessel gibt.*

Mut und Kampfeswillen der Untergrundarmee beeindruckten den Hauptmann. *Selbst Einsatz von Panzern und schweres Luftbombardement auf Widerstandsteile der Aufständischen schienen keinen großen Eindruck zu machen. Straßenzüge werden planmäßig abgebrannt, die Zivilbevölkerung flüchtet irgendwohin, Aufständische besetzen die Trümmer und schießen weiter. Was sich auf der Straße sehen lässt, wird erschossen.*

Es war Sonntag, der 6. August 1944, als Hosenfeld dies niederschrieb. Er ging davon aus, dass die Post seine Angehörigen erreichen würde. Fast jeden Abend fuhr ein Konvoi in Begleitung von Panzern in die westlichen Vorstädte von Warschau, wo Briefe und Pakete auf Züge umgeladen wurden. Umgekehrt funktionierte die Auslieferung nicht so reibungslos. Die meisten der Briefe, die Annemarie Hosenfeld in der zweiten Jahreshälfte 1944 an ihren Mann richtete, sind nicht erhalten geblieben. Vermutlich hat ihr Mann sie mit in die russische Gefangenschaft genommen. Am 13. Juli 1944 erkundigte sie sich ängstlich: *Wie mag es Dir gehen? Ob meine Briefe Dich auch erreicht haben? Ich nehme an, dass durch die Bombardierung von Berlin und Leipzig der Postverkehr unterbunden ist.* Das Warten mache sie nervös und sei kaum zu ertragen. Und sie schloss wiederum mit einer Frage: *Hast Du Mut und Hoffnung?*

In ihrem Brief vom 16. Juli 1944 – es ist der letzte noch erhaltene Brief von ihr an Wilm Hosenfeld – berichtete sie, die Post werde in Thalau nur noch einmal wöchentlich ausgetragen. München, wo ihre Schwester Gertrud mit ihrem Mann lebte, sei heftig bombardiert worden. *Dass keine Aussicht auf ein Wiedersehen in absehbarer Zeit besteht, bedrückt mich sehr. Ich möchte so viel mit Dir besprechen und vor allem, ich brauche Dich so sehr, Deine Liebe und Deinen Trost. Hast Du mich auch nötig? – Wir hören von dem Geschehen unserer Zeit, vor allem an den Fronten. Soll man froh sein und aufatmen, oder wird die Bürde von Angst und Sorge und Bangen noch unerträglicher? Beides wird wohl richtig sein. Was wird, wenn die Russen nach Warschau kommen? – Sooft es Dir möglich ist, mein lieber Mann, gib mir Nachricht. Es braucht nur kurz zu sein! Ich bin in den letzten Wochen nervös geworden, es mag auch mit an der Überlastung von Arbeit liegen.*

Und dann berichtete Annemarie Hosenfeld über den Kindergeburtstag, den sie am selben Tag gefeiert hatte, das Honigschleudern und das Unkrautjäten im Garten, und sie vergaß nicht, das Beet mit den Mohnblumen zu erwähnen, die in voller Blüte standen und die ihr Mann wegen ihrer zarten Blätter und ihrer Leuchtkraft besonders liebte.

Mit dem, was Hosenfeld in Warschau schriftlich festhielt, sah er sich gewiss auch in der Rolle des Augenzeugen und Chronisten von Ereignissen, die später Eingang in die Geschichtsbücher finden würden. Schließlich blickte die ganze Welt auf die Metropole an der Weichsel, wo die Bevölkerung sich zum zweiten Mal gegen ein brutales Besatzungsregime erhob und mit dem Mut der Verzweiflung versuchte, ihre Freiheit zurückzugewinnen. Um den Aufstand mit allen Mitteln niederzuschlagen, hatte SS-Reichsführer Himmler Sturmtrupps zur Verstärkung nach Warschau entsandt. Die Stadt versank von Tag zu Tag mehr in Schutt und Asche. *Herzzerreißende Szenen spielen sich in den brennenden Straßen ab. Die Bevölkerung sitzt in den Kellern und wird bei den Räumungsaktionen auf die Straße getrieben, Männer, Frauen und Kinder. Gestern wurden nur die Männer, tags zuvor auch Frauen und Kinder getötet.*

Hosenfeld zitierte einen Polizeioberleutnant mit den Worten, Himmler habe befohlen, alle Männer umzubringen. Tatsächlich töteten Einheiten unter dem Oberbefehl von SS-Obergruppenführer Erich von dem Bach-Zelewski (1899–1972) während der Kämpfe im August und September 1944 Zehntausende von Zivilisten. Von Hitler hatte Himmler den Auftrag bekommen, Warschau »dem Erdboden gleichzumachen« und die Einwohner »ohne Unterschied niederzumachen«.

Für die Polen sei jeder Tag, den sie durchhalten würden, ein Gewinn, war Hosenfeld überzeugt. Er rechnete fest damit, dass die sowjetische Armee zum Angriff antreten werde; sie habe derartig starke Kräfte zusammengezogen, dass die Wehrmacht nicht in der Lage sei, diese aufzuhalten. Nur noch der Zeitpunkt des Angriffs war unklar. Und nach der Eroberung von Warschau werde die Rote Armee vor der Reichsgrenze nicht haltmachen. Seinem Tagebuch vertraute er an: *Ich habe mich mit dem Gedanken abgefunden, dass ich aus Warschau nicht mehr herauskomme. Der günstigste Fall wäre russische Gefangenschaft.* Zugleich wunderte er sich, dass viele Offiziere noch immer nicht begriffen hatten, wie aussichtslos die Lage war, und zugleich die Schlagkraft der Wehrmacht völlig überschätzten.

Einem Offizier aus Stade in Niedersachsen, der Warschau verlassen sollte, gab er einen Brief an seine Frau sowie seine Uhr und ein kleines silbernes Essbesteck mit. Diese Wertsachen hatte er noch dabehalten, weil es ihm zu riskant erschien, sie mit der Post zu schicken. Den Ernst der Lage verschwieg er gegenüber seiner Frau, um sie nicht noch mehr zu beunruhigen. In Warschau setzte unterdessen eine Massenbewegung ein. Von seinem Büro aus verfolgte Hosenfeld, wie offenbar die ganze Stadt geräumt wurde. Damit gebe man Warschau, das Land Polen und auch den Krieg selbst verloren.

Wir haben uns so aufgeführt, als wären wir die Herren und gingen nie wieder weg. Jetzt, als wir einsehen müssen, es ist alles verloren, zerstören wir all die getane Arbeit und richten alles das zugrunde, worauf die Zivilverwaltung, die doch hier ihre große Kulturaufgabe sah, so stolz war und womit sie der Welt gegenüber ihre Notwendigkeit beweisen wollte. Das ist der Bankrott unserer Ostpolitik, und mit der Zerstörung von Warschau setzen wir dieser Politik das Abschlussdenkmal.

Die von Hosenfeld erwartete und von den Aufständischen erhoffte sowjetische Offensive blieb zunächst aus. Britische Flugzeuge kreisten über Warschau, um Hilfsgüter für die Aufständischen abzuwerfen. Einige Maschinen gerieten jedoch in Reichweite der deutschen Flak und wurden abgeschossen. Die Rote Armee unternahm nichts, um den Untergrundkämpfern beizustehen. Vielmehr behinderten sie die Unterstützung aus der Luft. Die Russen hätten die Polen schnöde im Stich gelassen, schrieb Hosenfeld seiner Frau und berichtete weiter, Pfarrer Cieciora habe sich bei ihm gemeldet. Dieser hatte sich in ein Lager gerettet und bat um eine Bescheinigung, wonach er in deutschen Diensten gestanden habe.

Der Geistliche suchte ihn Ende August 1944 erneut auf. Er befand sich in höchster Not und beschwor Hosenfeld, ihn zu retten. *Aber wie? Ich habe mein Bestes getan. Ob er durchkommt? Zu mir nehmen konnte ich ihn nicht. Er kam gerade vom Barrikadenbau. Die Polen müssen unter dem Feuer ihrer eigenen Leute Schanzarbeiten in den Straßen machen.* Cieciora wohnte in einem Stadtbezirk, der von den Deutschen zurückerobert worden war. Dorthin konnte er nicht zurück. *Er tat mir so leid, aber was konnte ich machen?*

Von seinen übrigen Mitarbeitern war Hosenfeld völlig abgeschnitten. Er verbrachte mit mehreren Offizieren viele Stunden im Büro der Stadtkommandantur, kam nur noch selten an die frische Luft und klagte über Kopfschmerzen. *Um uns herum ist ein Heerlager von Panzern, Soldaten, Fahrzeugen und so weiter.* Die Kommandantur selbst sei bislang von Angriffen verschont geblieben. Die Aufständischen hätten keine schweren Waffen, um das Gebäude anzugreifen. *Ihr macht Euch natürlich große Sorgen um mich. Ich will Euch auch nicht verhehlen, dass es nicht rosig aussieht, aber ich glaube, dass wir immer noch rechtzeitig entwischen können.*

7. Ich versuche jeden zu retten, der zu retten ist.

Wie klein sind alle Sorgen und Nöte früher gewesen, betrachtet aus dem Chaos einer im Todeskampf versinkenden Großstadt. Ich möchte mich gern von all diesen Gedanken losreißen und an Schönes und Glückliches denken, aber es geht nicht. Selbst zum Beten gewinne ich keine Sammlung. Ihr müsst es für mich tun. Wie erwarte ich Eure Nachrichten!

Als Wilm Hosenfeld am 12. August 1944 in Warschau diese Zeilen an seine Frau und die Kinder richtete, war der Kampf zwischen der polnischen Heimatarmee und der Wehrmacht noch nicht entschieden. Aber die Niederlage der Freiheitskämpfer zeichnete sich bereits deutlich ab, zumal die bis zur Weichsel vorgedrungene Rote Armee untätig blieb. Die Gefechte konzentrierten sich auf die Altstadt von Warschau, wo über 30000 Einwohner zwischen die Fronten gerieten und in Kellern und halbzerstörten Häusern ausharrten. Auch im Zentrum wurde erbittert gekämpft.

Hosenfeld war nach wie vor im Stab der Stadtkommandantur tätig. Trotz seines enormen Arbeitspensums versäumte er es nicht, zu Papier zu bringen, was um ihn herum geschah und ihm auf dem Herzen lag. Vielleicht spürte er, dass ihm nicht mehr viel Zeit bleiben würde, die Verbindung zu seinen Angehörigen aufrechtzuerhalten und die dramatischen Ereignisse in seiner Umgebung schriftlich niederzulegen.

Als Stabsoffizier der Stadtkommandantur fungierte er als rechte Hand von General Rainer Stahel, der erst im Juli 1944 von Litauen nach Warschau versetzt worden war. In Wilna (Vilnius) hatte der General die Umklammerung der Stadt durch sowjetische Truppen durchbrochen und sich nach Westen durchgekämpft. In Warschau erteilte Stahel als Stadtkommandant Hosenfeld mehrfach riskante Aufträge. So fuhr der Hauptmann mit zwei polnischen Geistlichen durch die Stadt bis nach Praga jenseits der Weichsel. Unterwegs sollten die Priester das Ausmaß der Zerstörung sehen und dann die Bevölkerung von Praga, das noch intakt geblieben war, auffordern, den Stadtteil zu verlassen. Wegen der bevorstehenden Kämpfe sei die Räumung zwingend geboten, hatte der General ihnen mit auf den Weg gegeben.

Am Sonntag, dem 20. August 1944, brachte Hosenfeld, wiederum auf Anordnung seines Vorgesetzten, Weihbischof Antoni Władysław Szlagowski, das amtierende Oberhaupt der Erzdiözese Warschau, in Sicherheit. Zunächst ging die Fahrt nach Sochaczew, etwas 60 Kilometer westlich von Warschau. Dort nahm der Bischof Quartier in einem Hotel. Am nächsten Morgen begleitete Hosenfeld ihn zu einem Schwesternheim, wo eine Notwohnung für den Bischof eingerichtet war. *Das letzte Stück, etwa 1 km, ging durch Partisanengebiet, und der alte, ehrwürdige (80 Jahre) Herr musste in einen Schützenpanzerwagen einsteigen. Er hatte Angst, es könnte was passieren. Aber es ging alles gut.* General Stahel hatte Hosenfeld noch Medikamente für eine Ordensschwester mitgegeben, die bei der Bergung eines verwundeten deutschen Soldaten in einen Schusswechsel mit Partisanen geraten und schwer verletzt worden war. Eine weitere Nonne war bei dem Zwischenfall getötet worden.

Nach Ansicht des Historikers Vogel stand der Sonderauftrag des Generals an Hosenfeld vermutlich im Zusammenhang mit den Bemühungen der deutschen Seite, polnische Persönlichkeiten für die Waffenstillstandsverhandlungen mit den Aufständischen zu gewinnen. Denn in Sochaczew befand sich auch das Hauptquartier von SS-General Erich von dem Bach-Zelewski, dem ab Ende August 1944 die alleinige Verantwortung für die Niederschlagung des Warschauer Aufstandes oblag. Hosenfelds unmittelbarer Vorgesetzter war jedenfalls mit ihm zufrieden und lobte ihn während einer Dienstbesprechung.

Das Kampfgeschehen selbst rückte immer näher an die Stadtkommandantur heran. Hosenfeld konnte das Maschinengewehrfeuer und die Einschläge der Artillerie nicht nur hören, sondern mit eigenen Augen sehen. Am 23. August 1944 wurde er Zeuge, wie in 500 Meter Entfernung die barocke Heiligkreuz-Kirche an der Krakauer Straße in Schutt und Asche versank. *Von meinem Fenster aus sah ich zu, wie die große und prächtige Kreuzkirche in Brand geschossen wird. Ein Turm nach dem andern sank in das Flammenmeer. Jetzt ragen nur noch die Ruinen aus dem Qualm.*

Zur Sportschule und zu den Wettkampfanlagen an der Łazienkowska-Straße bestand keine Verbindung mehr. Aufständische hatten die Gebäude besetzt. Rücksichtslos und brutal gingen Truppen der SS gegen die Untergrundarmee vor und nahmen gleichzeitig durch massenhafte Erschießungen und Vergewaltigungen grausame Rache an der Zivilbevölkerung. Dabei tat sich besonders SS-Standartenführer Oskar Dirlewanger hervor, *ein dicker, ungeschlachter Kerl mit einer fürchterlichen Visage, im Hemd, Ärmel hoch aufgewickelt, wie ein Schlachter.* Das sogenannte Regiment Dirlewanger hatte nach Angaben des Historikers Włodzimierz Borodziej schon vorher im Rücken der Ostfront eine breite Blutspur hinterlassen. *Es bestand aus deutschen Kriminellen – Wilderern, Berufsverbrechern, zu Bewährungsstrafen verurteilten SS-Angehörigen.*

Die Vernehmung von Gefangenen gehörte während der Dauer des Warschauer Aufstandes zu den Hauptaufgaben von Hosenfeld. Angehörige der Armia Krajowa, die den Deutschen in die Hände fielen, hatten ihr Leben meistens verwirkt. Am Anfang wurden sie fast immer sofort erschossen. Nur wenn Aussicht bestand, an Informationen über Stärke und Taktik der Untergrundarmee zu gelangen, blieben sie – vorerst zumindest – verschont.

Bei den Vernehmungen geriet Hosenfeld mehrfach in Gewissenskonflikte, wie seine Aufzeichnungen erkennen lassen. Oft standen blutjunge Polen vor ihm, deren Mut und Idealismus ihn beeindruckten. Über das Verhör eines 19-Jährigen notierte er: *Er machte ganz unbefangen seine Aussagen. Er war, glaube ich, sogar etwas stolz auf seine zünftige Uniform. Er war nämlich mit deutschen Kleidungsstücken ausgerüstet, die sie in einem deutschen Depot erbeutet hatten. Er trug deutsche Schnürstiefel, ein weißes Schneehemd und darüber einen deutschen Tarnanzug, wattierte Hose und Bluse. Auf dem deutschen Schiffchen trug er stolz den polnischen Adler.*

Auch junge Frauen, die als Kuriere eingesetzt waren und die Aufständischen mit dem Nötigsten versorgt hatten, wurden verhört. Sie bettelten nicht um ihr Leben, sondern stellten sich selbstbewusst den Fragen des Hauptmannes. *Sie erwarten nichts mehr vom Leben. Von den Deutschen keine Gnade und von den Russen und Alliierten keine Hilfe. Trotzdem halten die aufständischen Führer die Hoffnung wach, dass die Sowjets bald antreten.* Einige der Gefangenen waren verwundet. *Ich habe durch-*

gesetzt, dass sie behandelt wurden. Bei dem unermesslichen Leid fällt es natürlich nicht ins Gewicht, wenn man mal dem oder jenem hilft. Aber wie glücklich sind die Menschen, wenn sie nur ein wenig Herz spüren.

Je länger der Aufstand dauerte, desto größer war die Zahl der zur Vernehmung vorgeführten Gefangenen. Und Wilm Hosenfeld machte sich zu ihrem Fürsprecher und Anwalt. Beim Kommandeur setzte er sich dafür ein, die Kämpfer der Heimatarmee als reguläre Kriegsgefangene zu behandeln, was für sie einen besseren Schutz bedeuten würde. Das lehnte Stahel zunächst kategorisch ab und berief sich dabei auf einen Befehl von Reichsführer SS Heinrich Himmler, wonach Angehörige der AK als »Banditen und Rebellen« bezeichnet wurden, die rücksichtslos zu vernichten seien.

Wilm Hosenfeld wehrte sich gegen diese Einstellung, bis der General ihm befahl, er solle sich von zwei Militärjuristen »belehren« lassen. Diese bestätigten die Auffassung Stahels und meinten, die Erschießungen gingen den Hauptmann nichts an. Darüber entscheide sein Vorgesetzter. Erneut wandte sich Hosenfeld an den General, der ihm ausweichend erwiderte, SD oder Polizei würden die Exekutionen vornehmen. Irgendwie muss ihn jedoch die Hartnäckigkeit seines Untergebenen beeindruckt haben, denn im zweiten Anlauf stimmte er zu, Angehörige der Heimatarmee doch wie reguläre Kriegsgefangene zu behandeln. Verwundete Kämpfer wurden daraufhin medizinisch versorgt und andere Gefangene in einem Auffanglager untergebracht. Hosenfeld hatte sich durchgesetzt und dürfte etwa 30 weiteren Polen das Leben gerettet haben.

Heute wieder ein Aktivist und ein 16-jähriges Mädchen. Aber es war aus beiden nichts herauszukriegen. Vielleicht kann ich das Mädchen retten. Eine Studentin wurde gestern vorgeführt. Sie ist auch auf so eine dumme Weise in die Widerstandsbewegung hineingeraten. Dann ein polnischer Oberwachtmeister der Polizei. 56 Jahre. Aus reinstem Patriotismus handeln diese Menschen, aber wir können sie nicht schonen. Ich versuche jeden zu retten, der zu retten ist. Den Polizisten versuche ich auch durchzubringen. Ich bin nicht der Mensch dazu, solche Untersuchungen zu führen, wenigstens nicht mit der Herzlosigkeit, die hier am Platze wäre und meist angewendet wird. Und doch bin ich dankbar, dass ich das machen muss, denn ich kann doch manches noch gutmachen.

In einem weiteren Brief schilderte er seiner Frau neue Fälle, um die er sich kümmerte: *Da waren wieder drei junge Mädels, Studentinnen, die Flugblätter und Kartenmaterial im Kurierdienst besorgten und dabei erwischt wurden. Was soll ich nun mit ihnen machen? Werden die scharfen Maßstäbe angelegt, dann werden sie erschossen. Wenn es geht, will ich sie herausziehen.* Was Hosenfeld im Einzelnen unternahm, geht aus diesen Aufzeichnungen nicht hervor. Es wäre wohl auch leichtsinnig gewesen, solche Details in einem Brief festzuhalten.

Die Papiere von erschossenen Partisanen landeten ebenfalls auf seinem Schreibtisch. In fast jeder Brieftasche fand er ein Bild der Mutter Gottes oder ein Medaillon. *Das berührt mich sehr eigenartig. Man denkt, die Mutter Gottes hat ihm auch nicht helfen können, aber wer weiß das, ob sie es nicht doch getan hat.* Vorher hatte er den Nachlass eines englischen Piloten gesichtet, dessen Flugzeug bei einem Hilfsflug für die Aufständischen abgeschossen worden war. Dabei entdeckte Hosenfeld einen Rosenkranz, was ihn auf ähnliche Weise nachdenklich gestimmt hatte wie jetzt die religiösen Andenken polnischer Freiheitskämpfer.

Als er sich nach Kriegsende selber in Gefangenschaft befand und am 13. Juni 1945 vom sowjetischen Geheimdienst in Minsk verhört wurde, machte er genauere Angaben über die Behandlung der Untergrundkämpfer. Zu den verwundeten Gefangenen heißt es im Protokoll, sie seien auf dem Hauptverbandsplatz verbunden und dann in das polnische Spital Świętego Rocha gebracht worden. Insgesamt habe er etwa 20 bis 30 Zivilisten vernommen, die verdächtigt wurden, im Dienst der Armia Krajowa zu stehen. Drei Männer seien zu weiteren Vernehmungen dem SD überwiesen worden, und zwar mit dem ausdrücklichen Befehl, sie dem Auffanglager Pruszków (Stadt südwestlich von Warschau) zuzuführen. *Die übrigen Zivilisten wurden von mir persönlich dem Auffanglager Pruszków zugeführt. Misshandlungen oder Erschießungen kamen nicht vor.*

Am 24. August 1944 hatte Wilm Hosenfeld dienstlich in Żyrardów zu tun, einem Ort etwa 50 Kilometer westlich von Warschau, wo das Hauptquartier der 9. Armee lag. Er war froh, wenigstens für einige Stunden der Trümmerwüste zu entkommen, die ihn in Warschau umgab. Bauern arbeiteten auf den Feldern, Kinder spielten fröhlich miteinander – alles machte auf ihn den Eindruck, als herrsche tiefster Friede im Lande. Doch er wusste, dass der äußere Schein trog, dass keine Familie und kein Dorf sorglos dahinlebten.

Hosenfeld war erneut im Auftrag von General Stahel unterwegs gewesen, um als Kurier Unterlagen abzuliefern. Zurück in der Kommandantur erfuhr er, dass dieser auf Befehl Hitlers plötzlich nach Bukarest abgereist war. Rumänien stand kurz davor, die Seiten zu wechseln und Deutschland den Krieg zu erklären. Wie später bekannt wurde, geriet Stahel schon bald darauf in sowjetische

Kriegsgefangenschaft, in der er 1955 an einem Herzanfall starb, als er die Nachricht von seiner Freilassung erhielt.

Über Stahels Nachfolger, Generalleutnant Hans Schirmer, berichtete Hosenfeld seiner Frau: *Das ist ein ganz anderer Mensch. Das ist der Vorgesetzte, der von seinem Untergebenen nur die militärische Leistung verlangt. Das persönliche Verhältnis zum Menschen kennt er nicht. Darin lag des anderen Stärke und ein gewisser Zauber.* Den neuen Chef beschrieb er als groß, massig und rücksichtslos. Beim Vortrag müsse er sich einer exakten militärischen Sprache befleißigen. Ein falscher Ausdruck, und schon gehe der General hoch. *Ja, ja, nun bin ich bald 50 Jahre, aber ich muss schuften und mich in Acht nehmen wie ein Schuljunge. Warum ich Dir das schreibe, meine liebe Annemie? Mit irgendeinem muss ich mich ein wenig aussprechen.*

Von all seinen Warschauer Freunden und Bekannten war Hosenfeld abgeschnitten. Einladungen, offene Gespräche, gesellige Abende – das gab es jetzt nicht mehr. In Warschau herrschte Krieg, und zwar noch grausamer und brutaler als fünf Jahre zuvor beim Angriff der Deutschen auf die Hauptstadt. Und an fast allen übrigen Fronten verzeichnete die Wehrmacht Rückschläge: auf dem Balkan und in Südosteuropa, an der Ostfront wie auch im Westen. Am 25. August 1944 marschierten amerikanische und britische Truppen in Paris ein. Am selben Tag schrieb Hosenfeld: *Unseren polnischen Freiheitskämpfern gibt das natürlich auch mächtigen Auftrieb. Sie werden erst recht nicht nachgeben. Die Zivilbevölkerung muss ja Schreckliches mitmachen. Zum größten Teil ist sie nicht einverstanden mit dem Aufstand, aber sie wird terrorisiert und kann gar nicht mehr heraus.*

Eine weitere Änderung trat Ende August 1944 in Kraft.

Die Stadtkommandantur wurde an den westlichen Stadtrand verlegt, in ein altes Fort, das etwa sechs Kilometer von der Stadtmitte entfernt lag. Dadurch war Hosenfeld nicht mehr ständig mit dem eigentlichen Kampfgeschehen konfrontiert. Allerdings hatte er weiterhin in der Stadt zu tun, er pendelte also zwischen dem Zentrum und Fort Wola. Seinem Sohn Helmut berichtete er: *Ich komme eben gerade wieder aus der Stadt zurück und werde die Elendsbilder und Schreckensszenen nicht los. Noch scheußlicher als alle Leiden sind die Rohheit und die Vertiertheit eines Teils unserer eingesetzten Truppen.*

In der Warschauer Altstadt mussten Anfang September 1944 die Untergrundkämpfer dem Druck der deutschen Artillerie weichen. Teile der Heimatarmee konnten durch die städtische Kanalisation entkommen. Die bis dahin eingeschlossenen Einwohner – insgesamt waren es noch über 30 000 – ergaben sich. Hosenfeld an seine Frau: *Was für Elendszüge da herauskamen, kannst Du Dir vorstellen.* Viele wurden in Bahnwaggons verfrachtet; die einen fuhren nach Deutschland, wo Zwangsarbeit auf sie wartete; die anderen nahmen Kurs auf eines der Konzentrations- und Vernichtungslager.

Am 10. September 1944 begannen Vermittler der Aufständischen Verhandlungen mit der deutschen Seite über eine Kapitulation. Fast zur selben Zeit rührte sich erstmals die Rote Armee und unternahm Angriffe auf deutsche Stellungen im Stadtteil Praga. Die polnische Heimatarmee, die auf eine breit angelegte Offensive hoffte, zog sich daraufhin von den Gesprächen zurück und kämpfte weiter, vor allem im Zentrum der Stadt, wo sie sich gleich zu Beginn des Aufstandes festgesetzt hatte. *Ich glaube, es geht bald dem Ende zu. Die Polen haben keine schweren Waffen, deswegen sind sie der Artillerie und den Stukas*

(Sturzkampfbombern) *ausgeliefert. Die Stadt ist fast nur noch ein Trümmerhaufen. Trotzdem stecken die Keller noch voll Menschen, und die Aufständischen verteidigen sich tapfer. Auch die Frauen, besonders junge Mädchen, machen mit, meist als Sanitäterinnen.*

Über den Fortgang der Kämpfe war Wilm Hosenfeld nach wie vor gut informiert. Nachdem er sein Warschauer Tagebuch – versteckt zwischen einem Bündel Wäsche – nach Thalau geschickt hatte, hielt er seine Kenntnisse in den Briefen an seine Angehörigen fest. Er schilderte zum Beispiel die Zerstörung eines 16-stöckigen Hochhauses mitten in Warschau, das wochenlang ein festes Bollwerk der Heimatarmee gewesen war und jetzt unter dem Hagel deutscher Granaten allmählich in sich zusammenfiel.

Wie die Briefe auf seine Frau wirkten, konnte er sich ausmalen. Ständig balancierte Hosenfeld zwischen dem, was er unbedingt mitteilen wollte, und dem Bemühen, sie nicht immer wieder in neue Ängste zu versetzen. Am 13. September 1944 schrieb er: *Warum machst Du Dir große Sorgen? Wegen mir sollst Du Dir nicht so düstere Gedanken machen. Wir sind ja nicht direkt im Kampfgebiet.* Seinem Warschauer Tagebuch, das inzwischen in Thalau angekommen war, schickte er einige Erläuterungen hinterher, die ebenfalls darauf angelegt waren, sie zu beruhigen:

Was die Aufzeichnungen in meinem Tagebuch betrifft, wegen der kritischen Lage, in die ich zu kommen fürchte, ist dies aus meiner damaligen seelischen und körperlichen Depression zu erklären. Ich war körperlich sehr herunter in den ersten Tagen des Warschauer Aufstandes und sah alles ziemlich schwarz. Ich stand auch zu sehr unter den andern Eindrücken, die ich hier nicht näher schildern will. Mir war das eine nicht denkbar, und des-

wegen litt ich darunter, dass man mit unschuldigen Menschen, die ihre Pflicht dem Vaterlande gegenüber tun, so verfahren kann oder dass der größte Teil unserer Leute ohne Gefühl für anderer Menschen Schicksal und Leid sein kann. Einzelheiten später. Das alles wirkt auf mich niederschmetternd und bedrückte mich wie damals, als ich zum ersten Male im Oktober 1939 diese Eindrücke hatte. Ich hatte immer das Gefühl, ja, das kann nicht gutgehen, das muss die Strafe Gottes herabziehen auf uns.

Die Lage hatte sich tatsächlich beängstigend zugespitzt. Denn inzwischen drohte Gefahr von zwei Seiten: von den Aufständischen und der Roten Armee, die nur auf das Kommando zum Großangriff wartete. Vermutlich mit Rücksicht auf seine Familie, aber auch wegen der Zensur wollte Wilm Hosenfeld dies nicht klar benennen, wenngleich bereits diese Zeilen, wie unzählige andere Aufzeichnungen zuvor, ihn vors Kriegsgericht gebracht hätten, falls sie von der Abwehr oder der Gestapo entdeckt worden wären.

Der Hauptmann wusste: Je mehr die deutsche Besatzungsmacht in die Defensive geriet, desto gnadenloser verfolgte sie jeden, der nicht auf ihrer Linie lag. Hosenfeld hatte sich, wie er in dem Brief zu Recht bemerkte, dem System von Verfolgung und Mord von Anfang an verweigert. Und ein wichtiger Trost blieb für ihn: Auch jetzt, wenige Monate vor dem Ende der Kämpfe um Warschau, wusste er seine Frau weiter an seiner Seite. In Anspielung auf längst überwundene Krisen und Konflikte versicherte er ihr:

Du schreibst von Deiner einzigen Verbundenheit mit mir, ach, wie sollte das anders möglich sein. Für mich bist Du schon lange die einzige Frau, mit der ich alles teilen kann. Du brauchst keinen anderen Halt mehr zu suchen.

Wie sollen wir uns wieder weh tun. Dass wir uns auch späterhin ab und zu in die Haare kriegen, das ist nicht ausgeschlossen. Dazu sind wir zu temperamentvoll und in unseren Lebensanschauungen, trotz der langen Ehejahre, zu verschieden.

In einem Vorort von Warschau entdeckte Hosenfeld zusammen mit einem anderen Offizier an einem Septembertag ein Feld mit überreifen Tomaten, die niemand erntete, weil die Eigentümer vertrieben oder verschollen waren. Eifrig sammelten die beiden Tomaten für sich und ihre Kameraden. Einige Stunden später schilderte Hosenfeld seiner Frau die Ereignisse des Tages. In Gedanken versetzte er sich dabei nach Thalau:

Nun ist die Arbeit im Garten bald erledigt, und der Herbst beginnt mit seinen Nebeln und Regen und Kälte und Stürmen. Wie gemütlich war es da, im Zimmer oder in der warmen Küche zu sitzen nach der getanen Arbeit im Garten. Der Duft der Äpfel dringt vom Keller herauf, wenn man die Haustüre öffnet, und an den süßen, großen Birnen isst man sich den Bauch voll. Eine Idylle, fern der Wirklichkeit im polnischen Herbst 1944. Unter dem Datum 15. September berichtete Hosenfeld über die Vernehmung von zwei russischen Soldaten. Sie hatten von Stadtteil Praga aus, der inzwischen von der Roten Armee kontrolliert wurde, mit einem Amphibienfahrzeug die Weichsel überquert und waren am anderen Ufer festgenommen worden. Der eine Gefangene habe sofort wissen wollen, ob sie jetzt erschossen würden, was Hosenfeld entschieden verneinte.

Vor ihm stand ein 18-jähriger Rotarmist, der freimütig alles beantwortete, was der deutsche Hauptmann von ihm wissen wollte. Sein Kamerad hatte einen Lungendurchschuss, war kaum vernehmungsfähig und kam in ein Lazarett. Die Aussagen des nicht verwundeten Russen zur militärischen Lage gab Hosenfeld sofort an das Armeehauptquartier weiter. Ihn interessierten darüber hinaus die Verpflegung der sowjetischen Truppen, ihre Kampfmoral, der Nachschub mit Treibstoffen usw. Zur weiteren Vernehmung brachte er den Gefangenen zum Hauptquartier der 9. Armee in Żyrardów 50 Kilometer westlich von Warschau.

Im Gepäck hatte Hosenfeld etwa 20 Kilogramm Schmelzsilber, das aus einem abgebrannten Haus einer reichen polnischen Familie stammte und das er ebenfalls ablieferte. Die SS sammelte tonnenweise Gold und Silber, zumeist aus jüdischem Besitz. Auf dem Rückweg machte er in einer Kleinstadt halt an einem Markt, auf dem reger Betrieb herrschte. *Ich kaufte einige Kilo Birnen. Es kam mir doch etwas merkwürdig vor. Paar zehn Kilometer weiter schlagen sich Polen und Deutsche gegenseitig tot, und hier bin ich als einziger Deutscher, und man bedient mich mit ausgesuchter Höflichkeit und Freundlichkeit.* Für die Freiheitsliebe der Polen und ihren bewaffneten Widerstand gegen die deutsche Besatzung äußerte Hosenfeld in seinem Brief erneut Verständnis: *Der Aufstand hat bestimmt seine Berechtigung, wenn wir das auch abstreiten wollen, aber das ist einseitig, und gerade ein nationalistisch eingestelltes Volk müsste Verständnis dafür haben, dass ein Volk für seine Freiheit zu kämpfen hat.*

Als der Warschauer Aufstand Anfang August 1944 begonnen hatte, befand Władysław Szpilman sich nach wie vor in seinem Versteck an der Aleja Niepodległości. Die Versorgung mit Lebensmitteln hatte eine Freundin von Helena Lewicka übernommen, die ebenfalls in dem mehrstöckigen Haus wohnte. Der ganze Straßenzug war schon nach wenigen Tagen heftig umkämpft. Vom Fenster aus konnte Szpilman beobachten, wie Einheiten der SS mit schwerer Artillerie gegen die Aufständischen vorgingen und gefangene Kämpfer abführten. Schon bald geriet auch das Gebäude, in dem er sich aufhielt, unter Beschuss. Als es schließlich in Brand geschossen wurde, blieb ihm nichts anderes übrig, als sein Versteck aufzugeben. Im Treppenhaus versperrte eine verkohlte Leiche den Weg. *Man hörte das Prasseln brennender Sparren, das Poltern einstürzender Decken, hörte Menschen schreien und Schüsse.*

Auf der Straße lagen zwischen den Trümmern weitere Leichen. Immer wieder suchte Szpilman Deckung an Zäunen und Wänden, um nicht in den Kugelhagel zu geraten, oder er stellte sich tot, wenn in der Nähe SS-Leute aufkreuzten. Hunger und Durst quälten ihn. In den Ruinen eines Krankenhauses fand er brackiges Wasser, an anderer Stelle verschimmelte Rinden Brot, die er gierig verschlang. Und er erlebte, wie der Widerstand der Heimatarmee gegen die deutschen Besatzer schwächer wurde, auch wenn an manchen Tagen alliierte Flugzeuge Nachschub für die Freiheitskämpfer abwarfen. Seine Freude über den Aufstand wich neuer Verzweiflung. Er spürte, dass der Überlebenskampf der Polen wie auch sein eigener noch längst nicht gewonnen war, dass das Schlimmste möglicherweise noch bevorstand. Während seiner Odyssee trug er stets eine Rasierklinge bei sich. Lebend wollte er den Deutschen nicht in die Hände fallen. Vorher würde er sich die Pulsadern aufschneiden.

Am 19. September 1944 verlegte die Wehrmacht ihre Kommandantur noch weiter nach Westen, und zwar auf einen polnischen Gutshof mit angrenzendem Park in Młotki unweit des Ortes Macierzysz. Die Schlacht um Warschau war jetzt nur noch aus der Ferne zu vernehmen. Die Hektik, die im umkämpften Stadtzentrum geherrscht hatte, legte sich und machte einer merkwürdigen Ruhe Platz. Zum ersten Mal seit langer Zeit dachte Wilm Hosenfeld wieder ans Reiten; er wünschte sich ein Pferd, um die schöne Herbstlandschaft zu erkunden. Dass er über mehr Zeit und Muße verfügte, zeigte sich auch an der Länge seiner Briefe, die sich über mehrere Seiten erstreckten. Das Sammeln von Informationen über den Verlauf der Kämpfe hörte nicht auf, aber es verlief in gemächlichen Bahnen.

Der Hauptmann hatte erfahren, dass unter dem Kommando der Roten Armee auch reguläre polnische Verbände angetreten waren, um die Deutschen zu vertreiben. Er nannte sie »Sowjetpolen«; diese brannten darauf, den Aufständischen in Warschau zu Hilfe zu kommen. Doch sie mussten sich den sowjetischen Befehlen unterordnen. In seinem Brief vom 23. September 1944 schrieb Hosenfeld: *Bis jetzt sind die Russen beziehungsweise die Sowjetpolen noch nicht über die Weichsel gekommen, und die 1000 Mann, die versuchten überzusetzen, sind gefangen genommen oder abgeschossen worden und ertrunken. Die Verbindung mit den Aufständischen in der Stadt ist nicht gelungen.*

Damit war das Schicksal der Heimatarmee besiegelt. Die Aufständischen hatten die Kapitulationsverhandlungen bis weit in die zweite Septemberhälfte hinausgezögert. Die wenigen Hilfsflüge der Westalliierten ließen immer wieder die Hoffnung aufkeimen, die Wende sei noch möglich, bis die Kämpfer begriffen, dass die Rote Armee diese Unterstützung aus der Luft eher behinderte und vorerst nicht daran dachte, eine Großoffensive zu beginnen. Am 2. Oktober 1944 wurde der Kapitulationsvertrag unterzeichnet. Die Abmachung sicherte den 15 000 AK-Kämpfern, darunter 2000 Frauen, den Status von Kombattanten zu. Das heißt, sie wurden wie reguläre Kriegsgefangene behandelt. Die Wehrmacht ließ die Frauen in das Lager Oberlangen in Westniedersachsen unweit der niederländischen Grenze transportieren, wo polnische und kanadische Truppen sie im April 1945 befreiten.

Am 5. Oktober 1944 beobachtete Wilm Hosenfeld, wie die Gefangenen die Hauptstadt verließen: *Ich war heute in der Stadt. Unterwegs begegneten uns die endlosen Kolonnen der gefangenen Aufständischen. Wir konnten uns nicht genug wundern über die stolze Haltung, mit der sie daherkamen. Sie waren gut angezogen, tadellos rasiert, fast gepflegt. Alles junge Leute, nur die Offiziere waren in meinem Alter etwa, aber auch nicht viele. Und diese Armee hat fünf Jahre unter der deutschen Herrschaft existiert, und wir hatten kaum eine Ahnung. Zehnjährige Knaben trugen stolz ihre Käppis; sie hatten als Melder Dienst getan, und es war ihnen eine Ehre, mit den Männern in Gefangenschaft zu marschieren. Hinter jedem Zug von etwa 60 Mann kamen die jungen Mädchen und Frauen. Sie sangen patriotische Lieder, und keiner war anzusehen, was sie Furchtbares mitgemacht hatten.*

Hosenfeld nahm sich vor, das Auffanglager unweit eines ehemaligen Forts aufzusuchen, wo die Polen vor ihrem Weitertransport untergebracht wurden. Denn er erinnerte sich an Pabianice, wo er oft den Gebeten und Gesängen der polnischen Gefangenen gelauscht hatte. Diese Inbrunst wollte er noch einmal auf sich wirken lassen. Ihm fiel auf, dass die Aufständischen offiziell nicht mehr Banditen genannt wurden, sondern korrekt als Kriegsgefangene galten. Die Kämpfer seien enttäuscht über die Engländer wegen der unzureichenden Unterstützung aus der Luft, noch mehr aber über die Rotarmisten, von denen sie sich im Stich gelassen fühlten. Das Misstrauen zwischen Polen und Russen war offenbar groß. Offiziere der Heimatarmee rechneten damit, nach Sibirien geschickt zu werden, sobald die Rote Armee ihrer habhaft werde.

Auf dem polnischen Gut war Wilm Hosenfeld schon nach kurzer Zeit wieder Anlaufstelle für hilfesuchende Polen. Schnell hatte sich herumgesprochen, dass dieser deutsche Offizier ein Herz für das Leid der Zivilbevölkerung hatte. Zunächst ging es um Passierscheine, um Familien zusammenzuführen, die durch die Kämpfe getrennt worden waren. Auch dem polnischen Gutsbesitzer gelang es mit seiner Hilfe, Frau und Kind, die mehrere Wochen lang in Kellern Zuflucht gefunden hatten, aus der zerstörten Stadt zu holen.

Hosenfeld listete eine ganze Reihe von Fällen auf, in denen es möglich war, Angehörige ausfindig zu machen oder Kontakt zu ihnen aufzunehmen. Ein polnischer Bauer entdeckte seine betagte Mutter in einem Auffanglager. Von seiner Frau und den beiden Kleinkindern hatte der Mann seit zwei Monaten nichts mehr gehört. Sie waren mit Pferd und Wagen in eine Nachbarstadt gefahren, um auf einem Markt Gemüse zu verkaufen, und seitdem spurlos verschwunden. Nachforschungen ergaben schließlich, dass die Frau in ein Krankenhaus in Schlesien verschleppt worden war und dort als Dienstmädchen arbeitete.

Ein anderer Fall: Eine junge Frau – der Vater Pole, die Mutter Irin – wollte zurück nach Warschau, um ihre Schwiegermutter zu suchen und nach Möglichkeit Kunstgegenstände aus dem Keller ihres zerstörten Hauses zu bergen. Auch ihr konnte der Hauptmann helfen. Ein Volksdeutscher, durch die Kämpfe von Frau und Kindern getrennt, war entschlossen, sich in der Nähe der Front erneut auf die Suche zu begeben. Hosenfeld gab zu bedenken, das sei viel zu gefährlich. *Er sagte, zwei Monate war mein einziger Gedanke, meine Frau und die Kinder wiederzusehen, jetzt kann ich doch nicht einfach irgendwo hingehen, ohne alles versucht zu haben, sie zu finden. Schwerbepackt ist er dann im Regen und in der Dunkelheit losgezogen, nachdem er meinen Passierschein hatte.*

Die Zahl der Hilfesuchenden wurde immer größer. Doch bald waren dem Hauptmann die Hände gebunden. Die Wehrmacht verbot jede Rückkehr von Zivilisten in die Hauptstadt. Denn das Zerstörungswerk war noch nicht vollendet. Flächendeckende Sprengungen vernichteten Bauwerke und Häuser; über 300 000 Menschen mussten die Stadt verlassen. Am 8. Oktober 1944 schrieb er bedauernd: *Täglich kommen die Leute zu mir und wollen Ausweise zum Betreten der Stadt haben, um aus ihren verbrannten Häusern noch ein wenig Hausrat oder Kleider und dergleichen zu retten. Heute kam eine Frau, die barfuß lief. Sie hatte gar nichts anzuziehen als ein dünnes Sommerfähnchen. Ich kann ihr aber nicht helfen. Zivilisten dürfen nicht nach Warschau hinein. Hunderte muss ich wegschicken.*

Mehrfach beschwor Wilm Hosenfeld in den Briefen seine Frau, in Thalau auszuharren und dort das Ende des Krieges abzuwarten. Ob in Deutschland oder Polen, in Frankreich oder Holland, überall hätten die Menschen dieses große schreckliche Schicksal zu ertragen. Mit der Dauer des Krieges nehme der Hass unter den Völkern ab, meinte er. Die verderbenbringenden Geschosse, die Deutschland oder auch seine Feinde versendeten, seien Werkzeuge in der Hand von Verblendeten. Aber daraus werde eine neue Zeit entstehen. *Das Weltgeschehen dieses Krieges vollzieht sich an unserer Generation. Wir müssen es erleiden und leiden. Und doch dürften wir nicht pas-*

siv uns dem Leid überlassen, sondern wir müssen Gottes Willen in tätiger Bereitschaft und läuternder Liebe zu den Mitmenschen sich an uns vollziehen lassen.

Abends saß Hosenfeld mit seinen Kameraden in der zum Kasino umfunktionierten Wohnstube des Gutshofes, oder er zog sich in sein geräumiges Zimmer zurück, das zugleich als Schreibstube eingerichtet war. Ein junger Soldat erledigte dort tagsüber die Schreibarbeiten, bereitete die eingehenden Meldungen auf und registrierte anhand von Karten die aktuelle Gefechtslage. Die Rote Armee griff zwar nördlich von Warschau deutsche Truppen vereinzelt an, verharrte ansonsten aber in ihrer Wartestellung. Nachrichten aus dem Radio wurden weiterhin aufmerksam verfolgt, den Meldungen des Oberkommandos der Wehrmacht glaubte jedoch kaum noch jemand – Wilm Hosenfeld am allerwenigsten. *Der Wehrmachtsbericht redet immer von Erfolgen, und dabei geht's immer tiefer bergab. Aber man will es nicht sehen, und das Volk soll nichts merken. Wie lange soll diese Täuschung noch fortgesetzt werden?*

In seinem Brief vom 19. Oktober 1944 wollte Wilm Hosenfeld seiner Frau eigentlich schildern, wie wohl er sich in seinem Zimmer fühlte. Der Kachelofen strahlte eine angenehme Wärme ab. An der Wand hing eine Aufnahme der Schwarzen Mutter Gottes, die ihm ein Offizier aus der Stadt mitgebracht hatte und die ihm so gut gefiel. Aber es gelang ihm nicht, ein beschauliches Bild seiner Umgebung zu zeichnen. Die ständige Unruhe und Sorge um die Zukunft laste auf seinem Gemüt, schrieb er. Drei Tage später bat der neue General Hellmuth Eisenstuck, der inzwischen die Leitung der Kommandantur übernommen hatte, seinen Stab, ihn nach Warschau zu begleiten. Die Fahrt war ebenfalls nicht dazu angetan, Hosenfelds inneres Gleichgewicht zu stärken. Denn er nahm die Sportschule, das Stadion und die übrigen Anlagen in Augenschein. *Ich war auch oben in meinem Zimmer, aber da war alles so verwüstet, dass es mir ein wenig graute. Nur das Schild habe ich von der Tür abgenommen und bin dann schnell wieder weggegangen. In dem großen Saal standen noch der Flügel und das Harmonium, der Regen troff von der Decke. Die Fenster waren verbarrikadiert mit Büchern, Schulbänken, Matratzen.*

Die nahe gelegene Kirche lag in Trümmern. Das Theater, das er anschließend aufsuchte, bot ebenfalls ein Bild der Verwüstung: Vorhänge, Kostüme, Notenblätter – alles war zwischen den Trümmern verstreut. In der einst prächtigen Staatsbibliothek sah es nicht viel anders aus.

Zum Gutshof gehörte ein Park, den Hosenfeld aufsuchte, wann immer es seine Zeit erlaubte. Dabei entdeckte er abseits hinter einer Baumreihe einen Friedhof mit frisch aufgeworfenen Gräbern. Dort wurden Soldaten beerdigt, die bei den Kämpfen um Warschau gefallen waren. Manchmal blieb nicht die Zeit, die Toten unverzüglich beizusetzen. Eines Tages kam er wieder in die Nähe des Friedhofs. Sein Schritt verlangsamte sich. Schon aus der Ferne sah er: *Da liegt einer, die Arme hinten verschränkt, mit dem Haupt an den Baum gelehnt. Er scheint mir sehr groß. Die Zeltbahn, mit der er zugedeckt ist, reicht nicht aus. Ich stehe vor dem Toten und kann nicht weitergehen. Wenn das mein Sohn wäre? Ich knie neben ihm nieder und schlage das Tuch zurück und schaue in ein junges, schönes Angesicht, die Augen sind ein wenig geöffnet, ebenso die Lippen. Eine Wunde ist nicht zu sehen. Die Haare hängen ihm wirr in die Stirne. Ich nehme seine kalte Hand, dann lege ich ihm die Haare zurück und streichele ihm die Wange und schaue ihn lange an und denke daran, dass ich der letzte Mensch bin, der diesen Jungen zum letzten Mal sieht. Ich bin ihm Vater, Mutter, Bruder und Schwester.*

Beim zuständigen Offizier erkundigte Hosenfeld sich nach dem Namen des Gefallenen. Es handelte sich um den 19-jährigen Oberschützen Josef Zieringer aus Bayern, der am 14. Oktober 1944 im Gefecht an der Narew, einem Nebenfluss der Weichsel, gefallen war. Auch die Adresse der Eltern fand er heraus und schrieb ihnen am 25. Oktober 1944 einen ausführlichen Brief. *Ich kenne Ihren Sohn nicht. Ich bin ihm nur dies eine Mal begegnet. Ich bin der letzte Mensch gewesen, der Ihr Liebstes mit Augen der Liebe angesehen hat, und darf wohl glauben, dass er mir diesen letzten Gruß an Sie aufgegeben hat. Sehen Sie, darum schreibe ich Ihnen. Ich kann Sie nicht trösten, das kann Gott allein.* Diese Zärtlichkeit gegenüber einem Toten, der ihm völlig fremd war, das tiefe Mitgefühl mit dessen Eltern, die durch ihn letzte Gewissheit über das Schicksal ihres Sohnes erhielten und sich dafür später bei Hosenfeld bedankten – kaum ein anderer Brief lässt ein solches Maß an Empathie erkennen, an seiner Gabe, sich in andere Menschen zu versetzen und Mitgefühl mit ihnen zu empfinden, wie dieser Brief.

Die Kommandantur kehrte am 28. Oktober 1944 vom Westrand der Stadt in das weitgehend zerstörte Warschau zurück. Offenkundig bereitete sich die Wehrmacht auf die entscheidende Schlacht mit der Roten Armee vor. Denn Warschau wurde zur »Festung« erklärt, das heißt, die Stadt sollte mit einem Ring von Verteidigungsanlagen umgeben werden, um einer längeren Belagerung standhalten zu können. Hosenfelds Vorgesetzter, General Hellmuth Eisenstuck (1892–1959), erhielt den Titel »Festungskommandant«. Für den Hauptmann ging damit eine kurze Phase relativer Ruhe zu Ende, gefolgt von neuer Hektik und Betriebsamkeit. Zusammen mit Eisenstuck besuchte er mehrere Gefechtsstände und erkundete die Lage vor Ort. Am 29. Oktober meldete er sich bereits von Warschau aus per Brief bei seiner Frau: *Wir sind umgezogen nach Osten, wieder in die Stadt, und haben hier den Gefechtsstand bezogen. Nun wirst Du gleich einen Schrecken kriegen, aber das ist nicht nötig. Hier sind dicke Kellerwände, und ich habe ein oder zwei große Zimmer. Bis jetzt ist noch kein Schuss in die Gegend gekommen.*

Am Vormittag hatte der Hauptmann eine Gruppe von Journalisten aus mehreren europäischen Ländern *durch die traurigen Ruinen* von Warschau geführt. Am anschließenden Empfang bei Gouverneur Ludwig Fischer nahm er nicht teil. Er hatte nicht nur viel zu tun, sondern legte auch keinen Wert mehr darauf, mit Nazigrößen, die so viel Unheil angerichtet hatten, zusammenzutreffen.

Anfang November 1944 bekam der Hauptmann eine Aufgabe übertragen, die er sich lange gewünscht hatte, die in der Endphase des Krieges allerdings eher eine Notlösung bedeutete und dann ohnehin nicht von langer Dauer war: Hosenfeld wurde Kompanieführer des Landesschützen-Bataillons 996, dem er angehört hatte, bevor er die Leitung der Sportschule und andere Funktionen übernahm. Durch die Tätigkeit in den Stäben habe er die Verbindung zu den Soldaten weitgehend verloren, schrieb er. Jetzt erst sehe er, wie sehr die Leute einen Vorgesetzten brauchten, der ein Herz für sie habe. Das Bataillon, das überwiegend aus älteren und frontuntauglichen Soldaten bestand, sollte Einwohner am Betreten der Stadt hindern sowie Wach- und Kontrollfunktionen wahrnehmen. Schon wenige Tage später wurde das Bataillon wahrscheinlich zur Verstärkung der Front verladen, und Wilm Hosenfeld war seinen Posten wieder los.

Die Trümmerlandschaft um ihn herum übte auf den Offizier eine eigenartige Anziehungskraft aus. Er durchstreifte ganze Straßenzüge und fand in den Ruinen einer Kirche zwischen Kerzenleuchtern, Bildern und Messgewändern eine goldene Monstranz, fast einen Meter hoch, in gotischer Form gestaltet. Zuerst erkannte er gar nicht ihren besonderen Wert. Aus der Nähe faszinierte ihn dann das liturgische Gefäß, das beim katholischen Gottesdienst die Hostie aufnimmt und mit großer Andacht verehrt wird. Eine zweite etwas kleinere Monstranz weckte ebenfalls seine Aufmerksamkeit. Hosenfeld nahm Kontakt zu Bischof Szlagowski auf, der dafür sorgte, dass die Monstranz und weitere sakrale Gegenstände abgeholt wurden.

Der intensive Briefwechsel zwischen Wilm und Annemarie Hosenfeld dauerte im Oktober und November 1944 an. Die Nachrichten aus Warschau dürften in dem kleinen hessischen Dorf Thalau ständig neue Sorgen ausgelöst haben. Auch wenn Annemaries Briefe aus dieser Zeit nicht erhalten geblieben sind, so lassen die Antworten ihres Mannes manches von dem erkennen, worum ihre Ängste kreisten. Behutsam versuchte Wilm Hosenfeld, sie auf das Unheil, das er voraussah, einzustimmen. *Wir müssen auch das kommende Leid ertragen,* schrieb er ihr am 27. Oktober. In seinem Brief vom 8. November heißt es: *Du meinst, ich hätte mich wieder mal geirrt wegen der Vorhersage des Kriegsendes. Mag sein, dass der Zeitpunkt verfrüht ist, aber viel länger dauert es nicht. Du wirst sehen. Es spitzt sich alles so langsam, aber unaufhaltsam zu. Ob es nun noch einige Wochen oder Monate länger dauert oder nicht, das lässt sich bei dem Riesenausmaß des Krieges nicht absehen. Sicher ist eins, es geht mit Riesenschritten dem Ende zu.*

Da seine weitere Verwendung noch nicht geklärt war, übernahm Wilm Hosenfeld es, Soldaten körperlich fit zu machen. Als ehemaliger Sportoffizier besaß er genügend Übung darin, die zumeist älteren Kameraden morgens aus ihren Quartieren ins freie Gelände zu scheuchen und mit ihnen Frühsport zu treiben. Die meisten kamen sich dabei ziemlich lächerlich vor, aber sie machten doch mit und hatten bald sogar ihren Spaß daran. Das Training fand in Fort Wola statt, wo Hosenfeld zuvor einquartiert war. In aller Frühe fuhr er mit dem Fahrrad aus der Stadt zu den ehemaligen Kasematten im Westen der Stadt, die jetzt wieder als Teil des Festungsringes um Warschau dienten. Sport war der eine Teil der Ausbildung, ein anderer die Gesundheitspflege. Darüber hielt ein junger Arzt einen Vortrag. *Wie kalt und nüchtern redet so ein Mann daher. Die 180 Soldaten standen in der engen, dunklen Kasematte. Nur die paar ersten Reihen waren zu sehen, die andern füllten den dumpfen Raum als Menschenmasse. Was sind die Soldaten für geduldige Schafe. Sie lassen alles über sich ergehen und machen treu und brav mit.*

Hosenfeld wurde Zeuge, wie der Bataillonskommandeur die seit dem gescheiterten Attentat vom 20. Juli 1944 vorgeschriebene Begrüßungsformel einforderte. Statt »Guten Tag« oder »Guten Morgen« müsse es fortan nur noch »Heil Hitler« heißen. Denn, so der Kommandeur, *Guten Tag* würden nur *die Juden und anderes Gesindel* sagen, nicht aber deutsche Männer. Ob Hosenfeld sich daran hielt, ist nicht bekannt. Nicht zuletzt auch angesichts der bedrohlichen militärischen Lage dürfte er Anweisungen über die neue Grußformel als absurd und lächerlich empfunden haben. Ihn beschäftigten andere Dinge, wie er am 11. November 1944 notierte. *Es ist so eine merkwürdige Zeit. Scheinbar ist Stillstand an den Fronten einge-*

treten. Ich lese nur den Wehrmachtbericht. Ich höre sonst kein Radio und bekomme keine Zeitungen zu Gesicht. Es interessiert mich auch nichts. Und doch spüre ich, dass sich große Dinge überall vorbereiten und zur Entscheidung drängen.

Mitte November 1944 stand fest, dass auch sein Sohn Detlev noch zur Wehrmacht eingezogen würde. *Was wollen sie bloß mit dem kleinen Jungen im Krieg?* Wilm Hosenfeld tröstete sich damit, dass Detlev wahrscheinlich zunächst eine längere Ausbildung absolvieren müsse und der Krieg danach vielleicht schon zu Ende wäre. Wenn nicht, dann müsse auch der Sohn diesen schweren Weg gehen. Die Nachricht traf ihn in einer düsteren Stimmung. In seiner Kellerwohnung gab es keinen Strom. Der Vorrat an Kerzen war begrenzt. Und nachts, wenn er nicht schlafen konnte, suchten ihn die Schicksale derer heim, *die mir nahestanden und nicht mehr leben. Sind es die dunklen, langen Nächte, oder ist es meine Einsamkeit, die sie rief?* Und doch fand er etwas Tröstliches in der Zwiesprache mit den Toten, er dachte an seine Eltern und nahe Freunde. *Ich fühle mich so ganz lebendig eingeschlossen in diese Gemeinschaft. Alles Kleine und Vergängliche fällt ab.*

Seine Verwendung blieb weiter unklar. Vom 23. November 1944 an übernahm er für zehn Tage die Vertretung des Regimentsadjutanten, der dem Kommandeur in Fragen der Taktik und Ausbildung zur Seite stand und zugleich Dienstvorgesetzter der Mitarbeiter des Stabes war. Diese Funktion hatte Hosenfeld 1941 schon einmal ausgeübt, allerdings unter anderen Voraussetzungen. Inzwischen war das Kriegsgeschehen in und um Warschau zwar weitgehend zum Stillstand gekommen, aber niemand rechnete damit, dass die Rote Armee unverrichteter Dinge von der Weichsel wieder abziehen würde. Also hieß es, sich in Geduld zu üben, was Hosenfeld und seinen Kameraden von Tag zu Tag schwerer fiel.

Am 22. November 1944 schrieb er seiner Frau, wie sehr er sich nach einem Brief von ihr sehne. Das Antworten sei viel leichter, als von sich aus zu Papier und Füllfederhalter zu greifen. Doch die Post brauchte erheblich länger als sonst, bis sie auf seinem Schreibtisch im Gefechtsstand landete. Über die militärische Situation konnte er nichts Neues berichten. *Das Warten ist ja auch unerträglich, und je länger es dauert, je hoffnungsloser wird unsre Lage. Aber von meinen Prophezeiungen hältst Du ja nichts.*

Und wie in fast jedem Brief versicherte er erneut, ihm gehe es gut. Er fühle sich gesund und leistungsfähig und beginne jeden Tag mit Frühsport. Ein Hund, der ihm zugelaufen war, begleitete ihn. *Am Ende meines Laufes gehen wir in die Kirche. Es ist eine alte gotische Kirche, sehr groß und weit. Erst war es mir unheimlich hineinzugehen. Überall liegen noch alte Kleider, Betten, Uniformstücke, Tragbahren stehen da, Patronen, Waffen. Alles ist verwüstet. Dann stehe ich in dem großen, dunklen Raum und bete mein Morgengebet.* Seine Zeilen endeten mit einer Bitte: *Sei meine liebe, tapfere Annemie und warte auf mich; ich komme eines Tages zu Dir und küsse Dich, Dein Wilm*

8. Die kühnste und gefährlichste Rettungsaktion – *Halten Sie durch!*

Warschau im Herbst 1944: Trümmer, so weit das Auge reichte. Schlösser, Kirchen, jahrhundertealte Kulturdenkmäler, Museen und Bibliotheken, große Stadtteile lagen in Schutt und Asche. Die Kommandos von Wehrmacht und SS hatten ganze Arbeit geleistet. Zunächst wurden die Einwohner vertrieben, dann die Stadt mit Brandbomben, Sprengladungen und Flammenwerfern dem Erdboden gleichgemacht. Warschau, wegen seiner urbanen Eleganz auch *Paris des Ostens* genannt, war tot. Keine andere europäische Metropole erfuhr im Zweiten Weltkrieg ein solches Maß an Zerstörung und Vernichtung wie die Stadt an der Weichsel. Über 800 000 Einwohner überlebten den Terror der deutschen Besatzung nicht. Eine halbe Million davon waren Juden.

Zwischen den Bergen aus Schutt und Asche ragten noch einzelne Gebäude hervor. Oder nur Schornsteine, von der Feuersbrunst mit Ruß überzogen: schwarze Brandmale in einer Landschaft aus Ruinen. Unter den Trümmern verwesten Leichen. Manche Einwohner hatten zu lange gewartet, wollten Hab und Gut nicht einfach zurücklassen und wurden Opfer des Feuersturms. Auch die Toten des Warschauer Aufstandes lagen irgendwo zwischen dem Geröll. Aus Kellerschächten strömte Leichengeruch.

Der Kampf der polnischen Heimatarmee gegen die deutschen Besatzer war im Oktober 1944 zu Ende gegangen. Vergeblich hatten die mutigen Frauen und Männer gehofft, die Rote Armee, die bereits an der Weichsel lag, werde ihnen zu Hilfe eilen. Doch der sowjetische Diktator Josef Stalin verfolgte andere Pläne. Er wollte die AK schwächen. Sie sollte den deutschen Feind dezimieren, damit die Rote Armee nach einer Ruhepause zum entscheidenden Schlag gegen die Wehrmacht ausholen konnte – wie zwei Jahre zuvor in Stalingrad. Warschau war das letzte große Hindernis auf dem Weg nach Berlin.

In der zerstörten Hauptstadt herrschte nach der Niederschlagung des Warschauer Aufstandes für mehrere Wochen eine gespenstische Ruhe. Nur in der Ferne flackerte gelegentlich Artilleriefeuer auf. Das Betreten der Ruinenstadt war strikt verboten. Tagsüber kehrten dennoch einzelne Bewohner zurück, um nach Wertgegenständen und Lebensmitteln zu suchen.

Nur noch wenige Einwohner harrten in der Stadt aus. Zumeist waren es Menschen auf der Flucht wie Władysław Szpilman. Im Herbst 1944 lag bereits eine lange Odyssee hinter ihm. Dass er überhaupt noch lebte, grenzte an ein Wunder. Denn der Künstler hatte das ganze Drama, das seine Heimatstadt Warschau seit dem Überfall der Wehrmacht auf Polen im Herbst 1939 heimsuchte, am eigenen Leib erfahren: das Warschauer Getto, den Aufstand seiner jüdischen Landsleute 1943, den Abtransport seiner Eltern und dreier Geschwister ins Vernichtungslager Treblinka, die Flucht von Versteck zu Versteck, standrechtliche Erschießungen, überhaupt die Mordlust von Deutschen, Ukrainern und Litauern, denen es ein sadistisches Vergnügen bereitete, Kleinkinder an den Beinen zu fassen und ihre Köpfe mit voller Wucht gegen eine Mauer zu schleudern.

Als der Warschauer Aufstand von deutscher Artillerie und Panzern niedergeschlagen war – der letzte Sieg der

Besatzungsmacht, bevor die Rote Armee die Wehrmacht aus der Stadt vertrieb –, hatte Szpilman Unterschlupf im Dachgeschoss eines Wohngebäudes gefunden. Er war seelisch und körperlich am Ende. Die Suche nach Lebensmitteln und Wasser bereitete ihm immer größere Probleme, zumal Streifen aus Deutschen und Ukrainern ebenfalls die Häuser durchsuchten. Ihnen ging es um Beute, die sich zu Geld machen ließ.

Nur noch selten schaffte es Szpilman, nachts sein Versteck zu verlassen. Doch der Hunger quälte ihn. In den Wochen und Monaten zuvor hatte er sich nur mit äußerster Mühe am Leben erhalten. Tagsüber verharrte er in seinem Versteck. Nachts begab er sich in Kellern auf die Suche nach Essbarem. Viel brachte er von seinen Streifzügen meistens nicht mit. Oft langte der Vorrat nur für ein oder zwei Tage.

Mit eiserner Disziplin hatte er sich zu einem irgendwie geregelten Tagesablauf gezwungen. So rief er sich sämtliche Kompositionen, die er je gespielt hatte, ins Gedächtnis zurück, was ihm später zugutekam, weil er bei vielen Stücken kaum noch auf die Noten angewiesen war. Und er versuchte, den Inhalt von gelesenen Büchern zu rekapitulieren und englische Vokabeln zu üben. Doch dazu war er im Herbst 1944 nicht mehr in der Lage. Über sein Äußeres erschrak er zutiefst, als eines Tages sein Gesicht sich in einer Scheibe spiegelte: die Haare zottelig und verfilzt, der Bart voller Strähnen und Schmutz, die Haut fast schwarz, die Stirn mit Schorf übersät. Einen Teil des kostbaren Wassers opferte er, um wenigstens das Gesicht zu säubern. Ständig quälte ihn die Frage, wie lange er dieses elende Leben als Flüchtling zwischen Ruinen noch ertragen könne und wann endlich die Rote Armee der Schreckensherrschaft der Deutschen ein Ende setzen würde.

Eines Tages stand plötzlich ein Deutscher vor ihm – *ein hochgewachsener, eleganter deutscher Offizier, die Arme vor der Brust verschränkt.* Bei einem seiner Streifzüge hatte Szpilman in der Speisekammer eines Wohnblocks Lebensmittelkonserven entdeckt. Der Fund beschäftigte ihn so sehr, dass er erst gar nicht bemerkte, wie der deutsche Offizier die angrenzende Küche betreten hatte. *»Was suchen Sie hier?«* Als Szpilman nicht aufblickte, wiederholte der Offizier seine Frage und fügte hinzu: *»Wissen Sie nicht, dass in diesem Augenblick der Stab des Festungskommandos Warschau in dieses Haus einzieht?«*

Szpilman war so verblüfft, dass es ihm zunächst die Sprache verschlug. Doch wo sollte er hin? Allein der Gedanke an eine erneute Flucht raubte ihm die letzten Kräfte: *»Machen Sie mit mir, was Sie wollen. Ich rühr mich nicht mehr vom Fleck«*, antwortete er schließlich resigniert. Der Offizier – es war Wilm Hosenfeld – versicherte, er habe nicht die Absicht, ihm etwas anzutun. Stattdessen suchte er das Gespräch und erkundigte sich nach dem Beruf des Polen. *»Pianist«*, erwiderte Szpilman.

Hosenfeld deutete auf einen angrenzenden Wohnraum. Als Szpilman dort ein Klavier sah, wusste er, was ihm bevorstand. *»Spielen Sie etwas«*, bat ihn der Offizier, der dem Flüchtling weiterhin respektvoll und höflich begegnete. Szpilman zögerte, der Bitte Folge zu leisten und sich ans Klavier zu setzen. Das Spiel konnte ihn, der stets auf der Hut sein musste, sogleich verraten. Druckwellen hatten die Fensterscheiben zertrümmert, sodass jedes Geräusch sofort nach draußen drang. Doch Hosenfeld wusste Rat. *»Spielen Sie ruhig! Wenn jemand kommt, verstecken Sie sich in der Speisekammer, und ich sage, dass ich gespielt habe, um das Instrument auszuprobieren.«*

Szpilman, der die schicksalshafte Begegnung gleich

nach dem Krieg in dem Buch »Tod einer Stadt« (Warschau 1946) aufgeschrieben hat, näherte sich der Tastatur mit zitternden Händen. Er hatte weiß Gott wie lange nicht mehr geübt. Die Finger sträubten sich. Die Fingernägel waren nicht geschnitten – *seit dem Brand des Hauses, in dem ich mich versteckt hielt.* Feuchtigkeit hatte der Mechanik des Klaviers zugesetzt, sodass die Tasten sich nur mühsam bewegen ließen. Er spielte schließlich Chopins Nocturne cis-Moll. *Der gläserne, klirrende Ton, den die verstimmten Saiten hervorbrachten, hallte in der leeren Wohnung und im Treppenhaus wider, flog auf die andere Straßenseite durch die Ruine der Villa und kehrte als gedämpftes, wehmütiges Echo zurück.*

Was für ein Zusammentreffen zweier Menschen kurz vor dem Ende des Zweiten Weltkrieges: ein deutscher Offizier und ein polnischer Jude – der eine Pädagoge von Beruf, der andere Pianist. Eine Begegnung, schicksalhaft, in einem Gebäude mitten im zerstörten Warschau. Das gegenseitige Taxieren und Abtasten, anfängliches Misstrauen, das allmählich einem ungläubigen Staunen Platz machte – alles schien so unwirklich und war doch ganz real.

Als der letzte Ton verklungen war, schwiegen beide eine Weile und sahen sich an, bis Hosenfeld in die nachdenkliche Stille hinein sagte, er habe die Absicht, ihn aus der Stadt herauszubringen, in ein Dorf außerhalb von Warschau. Hierzubleiben sei zu gefährlich. Der Pianist, der nach monatelanger Flucht wie ein zerlumpter Bettler aussah, schüttelte den Kopf. Hosenfeld ahnte, was einer Flucht im Wege stand, nicht nur sein Aussehen, auch nicht nur die zerstörte, von Deutschen immer noch kontrollierte Stadt bedeutete ein Hindernis. *»Sie sind Jude?«* Szpilman nickte.

In seinem Buch beschreibt Szpilman, wie der Deutsche nachdachte und überlegte, was er in dieser ausweglosen Situation für ihn, den jüdischen Flüchtling, tun könnte. Dann ließ Hosenfeld sich das Versteck auf dem Dachboden zeigen. Gründlich und fachmännisch nahm er das Verlies in Augenschein und entdeckte darüber eine Art Hängeboden, der nur über eine Leiter zu erreichen war. Hier sei er sicher, meinte Hosenfeld. Er brauche die Leiter nur hochzuziehen. Dann wollte er wissen, ob Szpilman genug zu essen habe. Als dieser die Frage verneinte, versprach der Offizier, er werde Vorräte besorgen.

Bevor Hosenfeld den Dachboden verließ, traute der Pianist sich, ihm eine Frage zu stellen: *»Sind Sie Deutscher?«* Nach allem, was er erlebt hatte, konnte er sich nicht vorstellen, dass es Deutsche gab, die menschlich fühlten und handelten. Deutsche hatten Warschau dem Erdboden gleichgemacht. Deutsche hatten Szpilmans Eltern und Geschwister ermordet. Deutsche schickten sich an, auch sein Leben zu vernichten. Und jetzt stand ein Mensch in Wehrmachtsuniform vor ihm, der für ihn ein sicheres Versteck erkunden und Lebensmittel besorgen wollte. Der Offizier begriff sofort, was bei seiner Frage mitschwang. Szpilman schildert, wie Hosenfeld beinahe die Fassung verloren hätte, und zitiert ihn mit den Worten, die sein Gegenüber vor Zorn herausgeschrien habe: *»Ja! Ich bin Deutscher! Und nach all dem, was geschehen ist, schäme ich mich dafür …«*

Drei Tage vergingen, und Hosenfeld kehrte zurück. Er hatte Brot und Marmelade mitgebracht. Er schien in Eile zu sein. Der Wachposten hatte gesehen, wie der Hauptmann das Gebäude betrat. Deshalb konnte er nicht lange bleiben. Szpilman fragte noch nach dem Vormarsch der sowjetischen Truppen, wollte wissen, wie weit die Rote

Armee inzwischen gekommen sei. Die Antwort stimmte ihn hoffnungsvoll. *»Schon in Warschau, auf dem anderen Ufer der Weichsel – in Praga! Halten Sie durch! Nur noch ein paar Wochen. Übrigens ist der ganze Krieg im Frühjahr beendet.«*

Władysław Szpilman, der in den Monaten zuvor schon mehrfach entschlossen gewesen war, seinem Leben ein Ende zu setzen, schöpfte wieder Hoffnung. Die Zeitungen, in die sein Retter die Brote eingepackt hatte, bestätigten, was dieser gesagt hatte: Die deutsche Wehrmacht musste eine Niederlage nach der anderen einstecken und befand sich an fast allen Fronten auf dem Rückzug.

Allerdings lauerte für den Pianisten die Gefahr gleich nebenan – in einem Seitenflügel des Gebäudes, wo sich sein Versteck befand. Von oben konnte er beobachten, wie die Soldaten der Stadtkommandantur dort ein und aus gingen. Nachts verfolgten ihn die Schritte der Wachen, die draußen vor dem Gebäude patrouillierten. Die Gefahr, entdeckt zu werden, war jetzt noch größer geworden.

Die letzte Begegnung zwischen Szpilman und Hosenfeld fand am 12. Dezember 1944 statt. Die Ration an Lebensmitteln, vor allem Brote, war dieses Mal noch größer als sonst. Außerdem brachte der Offizier eine warme Decke und einen Militärmantel mit. Denn der Winter hatte Einzug gehalten. Unter dem Dach herrschte klirrende Kälte. Hosenfeld erklärte, er werde mit seinen Leuten Warschau verlassen. Eindringlicher als sonst forderte er den Polen auf, nicht aufzugeben, sondern durchzuhalten. Die Angriffswelle der Roten Armee stünde unmittelbar bevor.

Die mit der Großoffensive verbundenen Kämpfe lösten bei Szpilman allerdings auch neue Ängste aus. Wie sollte er da überleben? Hosenfeld sprach ihm erneut Mut zu: *»Da Sie und ich über fünf Jahre diese Hölle durchgestan-*

den haben, ist es offenbar göttlicher Wille, dass wir überleben. Man muss daran glauben.«

Bevor der Offizier ging, wollte der Pianist ihm ein Zeichen der Dankbarkeit mit auf den Weg geben. Da er nichts Eigenes mehr besaß, entschloss er sich, seinen Namen preiszugeben, nach dem Hosenfeld nicht gefragt hatte. Seinen eigenen Namen hatte dieser ebenfalls nicht genannt, wohl aus Gründen der Vorsicht für beide. Szpilman: *»Sie haben einen langen Weg nach Hause. Ich – falls ich am Leben bleibe – beginne bestimmt sofort, hier zu arbeiten, im selben Polnischen Rundfunk wie vor dem Krieg.«* Falls ihm etwas zustoße oder er ihm später irgendwie helfen könne, solle er daran denken: *Szpilman – Polnischer Rundfunk!* Die Reaktion Hosenfelds hat Szpilman ebenfalls festgehalten: Er habe gelächelt, halb abweisend, halb schüchtern, *aber ich fühlte, dass ich ihm eine Freude machte mit meiner in dieser Situation naiven Hilfsbereitschaft.*

Die Begegnungen mit Szpilman – die erste hatte Mitte November 1944 stattgefunden – erwähnte Wilm Hosenfeld in seinen Briefen und Notizen mit keinem Wort. Diese Vorsicht hat er auch bei anderen Polen, die er aus akuter Lebensgefahr gerettet hat, walten lassen. In einem Fall, der ebenfalls erst nach dem Krieg bekannt wurde, war es um einen Verwandten der Familie Cieciora gegangen. Ein Cousin sollte zusammen mit anderen Geiseln auf einem Lastwagen abtransportiert und erschossen werden. Wilm Hosenfeld, der von der Familie eingeschaltet worden war, stoppte den Lkw unter dem Vorwand, er brauche sofort eine Arbeitskraft, musterte die Männer und suchte den ihm bekannten Cousin heraus.

Nimmt man die von Hosenfeld vor dem Erschießen bewahrten Untergrundkämpfer hinzu, dann hat er nach den vorliegenden Hinweisen und Informationen über

60 Menschen das Leben gerettet. Dass er riskante Aktionen nicht schriftlich festhielt, versteht sich von selbst. Damit schützte er nicht nur sich, sondern vor allem die von den Deutschen verfolgten und vom Tode bedrohten Polen. Die Rettung Szpilmans stellte allerdings ein besonders hohes Risiko dar. Denn einen polnischen Juden ausgerechnet in einem Gebäude zu verstecken, in dem die Festungskommandantur der Wehrmacht Quartier bezog, das hätte bei Bekanntwerden für beide mit hoher Wahrscheinlichkeit bedeutet, dass sie sofort vor ein Erschießungskommando gestellt worden wären. Von all seinen Rettungsaktionen war dies die kühnste und gefährlichste. Und doch hatte Wilm Hosenfeld vom ersten Moment des Zusammentreffens an keinen Zweifel daran aufkommen lassen, dass er entschlossen war, dem Pianisten zu helfen. So hat es Szpilman in seinem Buch eindrucksvoll dargestellt.

Kurz nach der letzten Begegnung mit Szpilman erhielt Hosenfeld eine neue Kompanie und zugleich eine neue Unterkunft in einem mehrstöckigen Gebäude zugewiesen, das die Wehrmacht bereits während des Warschauer Aufstandes belegt hatte. Die ihm unterstellte Truppe war etwa 200 Mann stark. Ihr Aufgabenbereich erstreckte sich über mehrere Stadtteile. Die Bewachung des Rundfunkgebäudes und verschiedener Depots gehörte dazu. Ein Teil der Soldaten arbeitete außerdem am Ausbau der Festungsanlagen rund um die polnische Hauptstadt. Die Moral der über viele Stellen verstreuten Kompanie bereitete dem Kompaniechef einigen Ärger. Bei einer Nachtübung etwa blieben zwei Soldaten einfach in ihrer Stube. Auf einer Wache gab es nach reichlichem Alkoholgenuss handfesten Streit. Den Leuten war mittlerweile fast alles egal. Sie wollten den Krieg heil überstehen und möglichst bald nach Hause kommen.

Immer wieder trafen Nottelegramme aus Deutschland ein. Angehörige seiner Soldaten waren ausgebombt oder bei Luftangriffen ums Leben gekommen. In den meisten Fällen schickte Hosenfeld die Soldaten gleich nach Hause, damit sie sich um ihre Angehörigen kümmern konnten. Dass einige der Untergebenen gelegentlich über die Stränge schlugen, dafür zeigte er Verständnis. Schließlich handelte es sich bei seiner Kompanie um einen *zusammengewürfelten Haufen*, in den andere Einheiten Leute abgeschoben hätten, die sie offenbar loswerden wollten. *Ich hatte gedacht, dass es ohne Bestrafung ging, aber wegen der allgemeinen Disziplin darf man nicht darauf verzichten.*

In den Tagen vor dem Weihnachtsfest bemühte er sich als Kompaniechef, adventliche Stimmung zu vermitteln. Ein Gemeinschaftsraum wurde für eine Feier eingerichtet. Aus der ehemaligen Sportschule ließ er das Harmonium herbeischaffen. Ein Klavier stand bereits da. Eine etwas chaotische Terminplanung führte dazu, dass die Adventsfeier mit einem Vortrag über die Handhabung von Panzerfäusten zusammenfiel. Zwischendurch wurde also gesungen – weltliche und weihnachtliche Lieder; zum Schluss »O du fröhliche, o du selige Weihnachtszeit«. Seiner Frau berichtete er am 19. Dezember 1944 vom Abschluss der Veranstaltung: *Der Zauber der Weihnachtszeit umfängt uns schon. Rasch Schluss. »Heil Kameraden!« »Heil Herr Hauptmann!« Wie das hinter meinem Rücken herdonnert.* Wilm Hosenfeld sah sich als »Vater« seiner Kompanie. Noch einmal erlebte er die Kameradschaft, die er sich immer gewünscht hatte – allerdings unter ganz anderen Voraussetzungen, gewiss nicht im Angesicht einer katastrophalen selbstverschuldeten militärischen Niederlage.

Am 26. Dezember 1944, also am zweiten Weihnachtstag, schilderte er dann, wie er Heiligabend im Kreis von etwa 100 Mann in Warschau erlebt hatte. *In dem großen Turnsaal waren zwei große Tannenbäume aufgestellt, sehr schön geschmückt. Aus den Häusern hatten die Soldaten eine Menge Weihnachtsschmuck zusammengetragen. Es gab ein besonderes Abendessen und Glühwein.* Weihnachten mitten in einem riesigen Trümmerfeld. Aus dem Stegreif hielt Hosenfeld eine Ansprache. Als er die Kerze für das Kind von Bethlehem anzünden wollte, fragten einige der Soldaten, was das zu bedeuten habe. Sie würden nur das »Julfest« kennen, das von den Nationalsozialisten als Ersatz für das christliche Weihnachtsfest propagiert wurde.

In Thalau hatten Annemarie Hosenfeld und die Kinder bis zuletzt gehofft, Wilm Hosenfeld würde es noch schaffen, Weihnachten zu Hause zu verbringen. Doch vergebens. Auch der 17-jährige Detlev fehlte. Er war wenige Tage zuvor nach Meiningen zu einer Panzeraufklärungs-Einheit einberufen worden. Helmut Hosenfeld, 23 Jahre alt, der in Jena kurz vor dem Abschluss seines Medizinstudiums stand, übernahm an Heiligabend die Aufgabe, die sonst seinem Vater zustand und die der älteste Sohn in den folgenden Jahren noch öfter übernehmen sollte: Er verlas das Evangelium, bevor alle Anwesenden die alten Weihnachtslieder anstimmten und schließlich Uta, die jüngste Tochter, ein Weihnachtsgedicht aufsagte.

Am 28. Dezember 1944 berichtete Annemarie Hosenfeld ihrem Sohn Detlev im Brief, welche verheerenden Schäden die alliierten Luftangriffe zwei Tage zuvor auf Fulda, Schmalnau und die weitere Umgebung angerichtet hatten. Über 700 Tote waren zu beklagen. *Wir hatten alle große Angst im Keller, und Uta und Jorinde, Ursula und die Mütter weinten. Ich hatte Uta im Arm, Fräulein Mans Jorinde und Frau Uhl ihr Kind. In Fulda soll es entsetzlich aussehen. Die Fabrik von Mehlers, die Gummiwerke und Bellinger haben Volltreffer, außerdem der Bahnhof und der Güterbahnhof. Verschiedene Bunker sind eingestürzt, und viele Menschen sind ums Leben gekommen …*

Schon Ende November hatte es Luftangriffe gegeben, bei denen in Thalau Fensterscheiben zu Bruch gegangen und die Einwohner vor Angst und Schrecken in die Keller geflüchtet waren. Wilm Hosenfeld machte sich daraufhin Gedanken, wie die Familie am wirksamsten zu schützen sei. *Ich denke, der beste Schutz wäre ein Graben dicht neben der Kirche direkt an der Mauer oder noch besser in dem Winkel zwischen der Kirche und der Sakristei. Die Kirche werden die Flieger bestimmt nicht bombardieren.*

Das Kriegsjahr 1944 ging mit Schrecken zu Ende. Und 1945 begann mit neuen Ängsten. Wilm Hosenfeld hatte im Wehrmachtsbericht vom 4. Januar von weiteren Bombardements auf Fulda und Umgebung erfahren. Daraufhin schrieb er nach Thalau: *Ich mache mir die größten Sorgen um Euch … Wie mögt Ihr Weihnachten gefeiert haben? Wie mag es Euch gehen?* Von der jüngsten Tochter Uta hatte er einige Zeilen bekommen, die ihm etwas Trost bedeuteten. Der Vater solle nicht traurig sein, schrieb sie, dass er Weihnachten nicht bei ihnen sei; sie werde für ihn beten.

In diesem letzten längeren Brief an seine Frau vor seiner Gefangennahme am 17. Januar 1945 berichtete er von einem evangelischen Pastor, der mit einer Fußverletzung daniederlag und den er dennoch dafür gewinnen konnte, einen Gottesdienst für die protestantischen Soldaten seiner Kompanie abzuhalten. Mit dem katholischen Pfarrer diskutierte Hosenfeld über den 90. Psalm des Alten Testamentes, in dem es um die Vergänglichkeit des menschlichen Lebens geht. Er selber setzte einen Gemeinschaftsabend an mit Gesprächen über religiös-besinnliche Themen. Dabei dachte er nicht nur an seine Soldaten, sondern vor allem an seine Familie in Thalau: *Ich kann Euch nur in Gottes gnädigen Schutz empfehlen. Mit den Gedanken an Dich und die lieben Kinder gehe ich schlafen und beginne mein Tagwerk. Lebt herzlich wohl, Dein Wilm.*

Ein weiterer Brief mit Datum 12. Januar 1945 bestand nur aus wenigen Zeilen. Darin ging es um banale Gebrauchsartikel wie Kämme, die er im Kasino gekauft hatte und nach Thalau schicken wollte. Am Ende versicherte er wiederum: *Mir geht es gut.* Noch am selben Tag begann die seit langem erwartete sowjetische Großoffensive, und zwar an der gesamten Ostfront vom Baltikum bis zu den Karpaten. Die »Festung Warschau« hielt dem Ansturm der Roten Armee gerade vier Tage stand. Der letzte Brief aus Warschau ging an seinen Sohn Detlev. Darin heißt es unter dem Datum 16. Januar: *Du wirst aus dem Wehrmachtsbericht vernommen haben, dass der Russe Warschau angegriffen hat. Er ist aus dem Süden auf dem Marsch nach hier, westlich der Weichsel, wahrscheinlich wird er uns von hinten packen.*

Am Abend des 16. Januar 1945 räumten die deutschen Truppen ihre Stellungen, unter Missachtung eines Befehls von Hitler, der die Festung unter allen Umständen halten wollte. Doch jede Gegenwehr hätte nur Blutvergießen bedeutet. Fluchtartig verließen die Wehrmachtseinheiten die polnische Hauptstadt in Richtung Westen. Die sowjetischen Panzer waren schneller. Die von Wilm Hosenfeld geführte Kompanie wurde in der Nähe der Stadt Błonie, etwa 30 Kilometer westlich von Warschau, eingekreist. Der Fluchtweg nach Westen war endgültig versperrt. Bei kurzen Gefechten gab es einige Tote. Der Kompaniechef und die meisten seiner Kameraden ergaben sich am 17. Januar 1945 dem Gegner. Die näheren Umstände seiner Gefangennahme sind nicht bekannt.

Władysław Szpilman blieb am Leben. Das heißt, nach seiner Befreiung einige Wochen später wäre ihm der Militärmantel, den Hosenfeld ihm gegen die Kälte gegeben hatte, noch fast zum Verhängnis geworden. Seine Landsleute hielten ihn zunächst für einen deutschen Soldaten, als er, mit dem Mantel bekleidet, auf die Straße trat, und wollten ihn auf der Stelle erschießen. In letzter Sekunde konnte er sich verständlich machen. Viele hatten seinen Namen noch nicht vergessen. Die meisten dachten jedoch, er sei längst tot. Umso größer war die Freude über das unerwartete Wiedersehen. Noch im Laufe des Jahres 1945 nahm der Polnische Rundfunk seinen Sendebetrieb wieder auf. Zum Auftakt spielte der Pianist Chopins »Nocturne cis-Moll« – in Erinnerung an den deutschen Offizier, der ihm das Leben gerettet hatte, von dem er aber nicht einmal den Namen kannte.

Ende Januar 1945 kehrte der polnische Geiger Zygmunt Lednicki nach Warschau zurück. Er hatte sich während der Kämpfe in Vororten und am Stadtrand aufgehalten und wollte sich zu Fuß zum Polnischen Rundfunk durchschlagen, wo er vor dem Krieg aufgetreten war. Auf dem Weg dorthin kam er an einem Auffanglager für deutsche Kriegsgefangene vorbei, die von russischen Soldaten bewacht wurden. Die Gefangenen hockten am Boden. Als der Geiger sie sah, kam ihm spontan der Gedanke, sich bei ihnen über das barbarische Verhalten der Deutschen zu beklagen, die sich zwar für ein Kulturvolk halten würden, ihm jedoch seinen wertvollsten Besitz genommen hätten – seine Geige.

Kaum hatte er den Stacheldrahtzaun erreicht, erhob sich einer der Gefangenen, ging auf ihn zu und fragte: »*Kennen Sie vielleicht einen Herrn Szpilman?*« Es war Wilm Hosenfeld. Der Geiger bejahte die Frage. Daraufhin habe der Deutsche fast im Flüsterton gesagt: »... *ich habe Szpilman geholfen, als er sich im Festungskommando Warschau auf dem Boden versteckte. Sagen Sie ihm, dass ich hier bin. Er soll mich retten. Ich flehe Sie an* ...« Gerade wollte er seinen Namen nennen, als ein Wachposten ihn unterbrach, das Gespräch beendete und den Polen aufforderte weiterzugehen. Der Geiger ging ein paar Schritte, kehrte wieder um; er wollte unbedingt den Namen des Deutschen herausbekommen, denn dieser hatte sich noch einmal umgedreht und ihm etwas zugerufen, was er nicht verstand. Doch da war Hosenfeld bereits aus seinem Blickfeld verschwunden.

Władysław Szpilman hat die ungewöhnliche Begegnung am Lagerzaun, die zu einer frühen Rettung von Hosenfeld hätte führen können, in einem Nachwort zu einer neueren Ausgabe seines Buches beschrieben. Lednicki, der Geiger, hatte ihm bei ihrem ersten Wiedersehen im Polnischen Rundfunk davon berichtet. Der Pianist erinnerte sich sofort an seinen Retter. Allerdings kannte auch er seinen Namen nicht. Szpilman machte sich auf die Suche nach dem Lager. Es sei ihm jedoch nicht gelungen, dem deutschen Gefangenen auf die Spur zu kommen, obwohl er alles in seiner Macht Stehende dafür getan habe. *Das Gefangenenlager hatte man inzwischen verlegt, wohin, das war Militärgeheimnis. Doch vielleicht ist jener Deutsche – der einzige Mensch in deutscher Uniform, dem ich begegnet bin – glücklich in seine Heimat zurückgekehrt ...*

Teil 4

Gefangener der Sowjetunion

1. *Ihr und Euer Schicksal seid meine ständige Sorge.*

Etwa zwei Wochen verbrachte Wilm Hosenfeld in dem provisorischen Camp, bevor er nach Weißrussland weitertransportiert wurde. Insgesamt sieben Jahre dauerte die Gefangenschaft. Die Stationen seines Leidensweges, der in Warschau begann und in Stalingrad endete, sind weitgehend bekannt. Allerdings bieten die Quellen dafür, was mit ihm in dieser Zeit geschah, ein äußerst lückenhaftes Bild. Seine Postkartenbriefe sind weitgehend erhalten geblieben. Diese haben jedoch wenig Aussagekraft, weil er sich darin nur ganz allgemein äußern durfte. Zeugnisse von Mithäftlingen, die später entlassen wurden, Angaben von deutschen Ärzten, die ihn behandelt haben, sowie die von Hosenfeld handschriftlich angefertigten Vernehmungsprotokolle lassen einige Rückschlüsse zu.

Die erste Station nach Warschau war die weißrussische Stadt Brest am Bug, wo er sich von Februar bis Mai 1945 aufgehalten hat. Dort sei er bereits von sowjetischen Offizieren über seine dienstliche Tätigkeit in Warschau befragt worden, schreibt Thomas Vogel. Der Historiker nimmt an, dass Hosenfeld sich beim Verhör in Brest verdächtig gemacht habe, denn nach seiner Verlegung in ein spezielles Lager für deutsche Offiziere in Minsk sei er umgehend in Untersuchungshaft genommen worden.

In der Hauptstadt der damaligen sowjetischen Teilrepublik Belarus begann am 13. Juni 1945 eine Reihe von weiteren Vernehmungen durch Offiziere des Volkskommissariats des Inneren/NKVD, die in mehreren Vernehmungsprotokollen ihren Niederschlag fanden. Diese hat Vogel für das von ihm herausgegebene Buch »Wilm Hosenfeld – ›Ich versuche jeden zu retten‹ – Das Leben eines deutschen Offiziers in Briefen und Tagebüchern« erstmals ausgewertet und kommentiert.

Die erste Vernehmung drehte sich zunächst um Familie, Beruf, Militärdienst und die verschiedenen Funktionen und Aufgaben, die Hosenfeld während der deutschen Besatzung in Warschau ausgeübt hatte, und zwar als Sport- und Gasschutzoffizier und Verantwortlicher für die berufliche Weiterbildung von Soldaten und Offizieren. Das besondere Interesse der sowjetischen Offiziere in den Verhören am 23. Juli und 22. Oktober 1945 galt seiner Tätigkeit in der Abteilung Ic der Wehrmachts-Kommandantur Warschau. Insgesamt sechs Aufgaben nannte Hosenfeld in diesem Zusammenhang:

1. *Führung der Lagekarte für die Großlage an der russischen Front im Bereich der 9. Armee.*
2. *Führung der Lagekarte von Warschau über den Stand des Aufstandes von Warschau.*
3. *Tägliche Orientierung des Kommandanten.*
4. *Sammlung der Meldungen der unterstellten Verbände und Meldung an die Armee.*
5. *Verhöre der eingebrachten gefangenen Zivilisten.*
6. *Aufnahme der Verbindung mit dem SS- und Polizeiführer und mit dem SD.*

Woher die Nachrichten über die Lage der Aufständischen stammten, wollten die Offiziere wissen. Hosenfeld erwiderte, die Meldungen stammten von der eigenen Truppe, aus den Stäben der SS, der Polizei und des SD und aus den Verhören von gefangenen AK-Kämpfern sowie polnischen Zivilisten. Von Anfang an bemühte sich Hosenfeld, offene und ehrliche Antworten zu geben und, was die Verbrechen der Deutschen in Polen anging, nichts zu beschönigen. Aus heutiger Sicht war dies ein Fehler, er hätte seine Tätigkeit als Ic verschweigen können und wäre womöglich mit dem Leben davongekommen. Gleichzeitig lag ihm daran, die Kriegsverbrecher klar zu benennen und zu betonen, dass die Gesamtheit des deutschen Volkes an diesen Verbrechen schuldlos gewesen sei und nichts davon gewusst habe. *Ich selbst habe, soweit es in meiner Macht stand, jedem Polen geholfen, mit dem ich in Berührung kam. Zahlreiche Zeugen werden heute noch leben, die das bezeugen können. – Ich habe bereits in der Zeit vor dem Aufstand stets eine humane Einstellung zu der polnischen Bevölkerung bewiesen und kann eine Menge Personen namentlich nennen, die dies bezeugen können. Ich habe zum Beispiel mehrere Juden unter eigener Lebensgefahr dem Zugriff der Gestapo entzogen und ihnen das Leben gerettet.*

Der Gefangene regte an, die von ihm benannten Zeugen – darunter Weihbischof Antoni Szlagowski, Leon Warm-Warczyński, Władysław Szpilman, Antoni Cieciora und 30 weitere Arbeiter und Angestellte des Wehrmachtsstadions – durch Aufrufe in der polnischen Presse und im Rundfunk ausfindig zu machen, um den Wahrheitsgehalt seiner Angaben zu überprüfen. Wenn ihm die Möglichkeit dazu geboten werde, werde er auch selber Namen und Adressen von Polen beschaffen, die bezeugen könnten, wie sehr er die Kriegsverbrechen seiner Landsleute verabscheut habe. In der Bloßstellung der Kriegsverbrecher sehe er in erster Linie eine Pflicht gegenüber dem deutschen Volk und vor allem gegenüber den deutschen Soldaten, die mit den Verbrechen nichts zu tun hätten. *Es ist nur eine kleine Gruppe Terroristen und Mitläufer gewesen, die diese Verbrechen begingen aus eigener Verantwortung, keinesfalls im Namen des deutschen Volkes. Auch das russische Volk sowie das polnische und vor allem auch das jüdische sowie die gesamte Menschheit haben einen Anspruch darauf, dass sie erfahren, wer die Kriegsverbrechen begangen hat, damit es den Nationen möglich ist, ein gerechtes Urteil zu sprechen und die wirklich Schuldigen zur Verantwortung zu ziehen.*

Detailliert wurde Hosenfeld zur Rolle der Wehrmacht, SS und Polizei beim Warschauer Aufstand befragt. Er berichtete von seinen Bemühungen, General Stahel davon zu überzeugen, die AK-Kämpfer als Angehörige einer regulären Armee anzuerkennen. *Die schwerste Schuld des Generals Stahel sehe ich darin, dass er die Streitkräfte des polnischen Aufstandes nicht als kriegführende Macht im Sinne des Völkerrechts ansah, sondern als Banditen und Rebellen bezeichnete, die rücksichtslos zu vernichten seien.* Das Argument des Generals, einen polnischen Staat gebe es nicht und deswegen sei das Völkerrecht nicht anwendbar, ließ der Hauptmann damals nicht gelten. *Ich antwortete, dass Polen eine Regierung in London habe und sich trotz der deutschen Besatzung als souveräner Staat betrachte und dass jedes Volk das Recht habe, für seine Freiheit zu kämpfen.*

Erst im zweiten Anlauf war es, wie bereits erwähnt, Hosenfeld gelungen, seinen Vorgesetzten umzustimmen, und zwar mit dem Hinweis, polnische Offiziere legten größten Wert darauf, gefangene Wehrmachtsangehörige gut zu behandeln. Mitglieder der SS, der Polizei und des SD würden dagegen erschossen.

Während der Vernehmung durfte Wilm Hosenfeld seine Einstellung zu den Ereignissen zwar darlegen, aber an einer Aufklärung seiner Rolle war den sowjetischen Militärs und Verhörspezialisten nicht gelegen. Wahrscheinlich hielten sie es nach ihren eigenen Erfahrungen mit der Wehrmacht für undenkbar, dass ein deutscher Offizier aus einer humanen Haltung heraus Polen das Leben gerettet hatte. Sie glaubten also nicht, einen harmlosen und gutmütigen Sportoffizier vor sich zu haben. Vielmehr verdächtigten sie Hosenfeld, durch seine Tätigkeit in der Stabsabteilung Ic als antisowjetischer Agent tätig gewesen zu sein.

Ohnehin spielten rechtsstaatliche Gesichtspunkte oder gar Gebote der Fairness keine Rolle. Die Ermittler handelten vielmehr auf höheren Befehl mit dem offenkundigen Auftrag, gleich nach Kriegsende möglichst viele deutsche Kriegsverbrecher ausfindig zu machen und zu bestrafen. Ein einzelner deutscher Hauptmann, der sich der eigenen Truppe in den Weg gestellt und polnische Bürger vor Verfolgung und Tod bewahrt hatte, passte überhaupt nicht in ihr Schema; das interessierte niemanden. Stalin und mit ihm viele Kommunisten verachteten die Polen, betrachteten sie als minderwertig. Das Abschlachten von über 4000 polnischen Offizieren in Katyn bei Smolensk nach dem Einmarsch der Roten Armee in Ostpolen im September 1939 war der schreckliche Ausdruck dieser antipolnischen Haltung gewesen. Jedenfalls ging Hosenfelds Annahme, die Verhörspezialisten durch Ehrlichkeit und Offenheit beeindrucken zu können, nicht auf. Am 22. Oktober 1945 unterzeichnete er das dritte Vernehmungsprotokoll, wobei er versicherte, seine Aussagen aus »freien Stücken und ohne Zwang« gemacht zu haben.

Die Untersuchungshaft, die er im »Isolator«, einer Einzelzelle eines gesonderten Traktes verbrachte, dauerte bis Dezember 1945. Nach Angaben von Detlev Hosenfeld wurde sein Vater während der Kriegsgefangenschaft wahrscheinlich mehrfach gefoltert. Die monatelange Einzelhaft hat jedenfalls seiner Gesundheit schwer zugesetzt. Klaus Wagner, ein Mitgefangener, 24 Jahre jünger als Hosenfeld, zuvor Kommandeur einer Sturmgeschützbrigade, berichtete nach seiner Freilassung Annemarie Hosenfeld im Januar 1949:

Ihr Gatte war damals aus einer halbjährigen Untersuchungshaft endlich entlassen worden und machte täglich seine Abendspaziergänge, um sich wieder zu erholen. Wir waren damals über 2000 Offiziere in Minsk und in ehemaligen RAD-Baracken auf Holzpritschen untergebracht. Im März (1946) *kamen wir dann gemeinsam ins sogenannte OK-Lager* (Erholungslager), *wo wieder unerquicklich enge Verhältnisse mit Millionenheeren von Wanzen und Flöhen herrschten.* Gewiss war dies eine äußerst schwierige Phase, zumal Hosenfeld seinen Angehörigen keine Nachricht zukommen lassen konnte. Ein hoher seelischer Druck lastete auf ihm. Nach der Einzelhaft kehrte er wieder in das allgemeine Lager für deutsche Offiziere zurück, wo er sich freier bewegen konnte. Mit einigen seiner Kameraden entstand eine enge Freundschaft. Dazu gehörte Klaus Wagner: … *er sagte mir damals, dass die Russen nicht glaubten, dass er Sportoffizier gewesen sei, sondern glaubten, er habe Berührung mit russischen Agenten gehabt, die in deutschen Diensten standen. Er glaubte aber, sie hätten sich inzwischen von der Sinnlosigkeit dieser Annahme überzeugt.*

Endlich erhielt Hosenfeld Schreiberlaubnis. Dafür musste er vorgedruckte Kriegsgefangenen-Postkarten des Roten Kreuzes benutzen. Inhalt, Umfang und Häufigkeit seiner Mitteilungen unterlagen genauen Vorschriften sowie der Kontrolle. Beides wurde allerdings oft willkürlich gehandhabt. Seine Postadresse lautete: CCCP Moskau, Rotes Kreuz, Postfach 56. Am 25. Dezember 1945 schickte er aus Minsk Weihnachtsgrüße an seine Familie. Seine Zeilen waren darauf angelegt, die Angehörigen zu beruhigen, denn er konnte sich vorstellen, welche Sorgen sich alle um ihn machten. *Ich bin bei bester Gesundheit. Heute bin ich aufs innigste mit Euch verbunden.* Post dürfe er empfangen, und zwar unbegrenzt; und auf Nachrichten sei er sehr gespannt. *Ich habe die Hoffnung und das bestimmte Gefühl, dass Ihr alle lebt und Ihr die schwere Zeit gut überstanden habt, und lebe in der festen Hoffnung auf ein baldiges Wiedersehen. Ich grüße Euch aufs herzlichste, Dich, liebste Annemie, Helmut, Moni, Detlev, Jorinde, Uta, Dein Wilm, Euer Vater.*

Bereits am 1. Januar 1946 brachte er den nächsten Brief auf den Weg. Dieser enthielt Neujahrsgrüße und bange Fragen nach den Kindern. *Sind die lieben Jungen zu Hause, oder wisst Ihr, wo sie sind? Wenn ich das wüsste! Ihr und Euer Schicksal seid meine ständige Sorge.* Nach diesen Zeilen vergingen über fünf Monate, in denen er aus nicht bekannten Gründen überhaupt keine Briefe mehr schickte, Annemarie Hosenfeld also wieder nichts von ihrem Mann hörte. Nach Auskunft von Klaus Wagner erfolgte Ende Mai 1946 die Verlegung in ein Kriegsgefangenenlager der Stadt Bobrujsk südöstlich von Minsk, wo angeblich die Entlassung der Offiziere vorgesehen war.

Von Bobrujsk aus bestätigte Hosenfeld den Empfang einer Antwortkarte seiner Frau vom 22. April 1946, die er erst etwa fünf Wochen später ausgehändigt bekam. Jetzt endlich besaß er die Gewissheit, dass seine nächsten Angehörigen den Krieg heil überstanden hatten. Sein Sohn Helmut war regulär aus der Wehrmacht entlassen worden, hatte sein Staatsexamen bestanden, seine Doktorarbeit abgeschlossen und arbeitete als Assistenzarzt am Heilig-Geist-Krankenhaus in Fulda. Detlev war in Sondershausen desertiert und hatte sich zu Fuß nach Thalau durchgeschlagen. *Ihr lebt und seid gesund und seid in Thalau alle beisammen. Dass die beiden Jungen schon so bald nach Hause gekommen sind und den Krieg glücklich überstanden haben, ist ja wunderbar. Um sie machte ich mir die meiste Sorge. Nun kann ich in Gottes Namen getrost das Ende meiner Gefangenschaft abwarten, so schmerzlich mir die Trennung wird.*

Und wieder versicherte er, dass es ihm gutgehe. Er sei frisch und gesund, verbringe viel freie Zeit in der Sonne und betreibe Gymnastik. Da er praktisch veranlagt war und gerne zupackte, meldete er sich freiwillig zur Holzverarbeitung, was mit Einsätzen außerhalb des Lagers verbunden war und somit Abwechslung bedeutete z.B. Baumstämme aus einem Fluss ziehen oder in einer Tischlerwerkstatt Hölzer zuschneiden. Obwohl er pro Monat eigentlich nur eine Briefkarte verschicken durfte, gelang es ihm, im Juni und Juli 1946 gleich mehrere Briefe auf den Weg zu bringen. Vielleicht lag es daran, dass die Lagerleitung ihn auch zum Sortieren der Post eingeteilt hatte.

Annemarie Hosenfeld hat lange warten müssen, bis sie erstmals Näheres über das Schicksal ihres Mannes erfuhr. Kaplan Josef Gith berichtete ihr im Januar 1946, wie er zusammen mit Hosenfeld ein Jahr zuvor in sowjetische Gefangenschaft geraten war. Gith selber wurde 1948 entlassen. Bis dahin befand er sich die meiste Zeit in der Nähe von Wilm Hosenfeld und konnte somit später Auskunft über ihn geben. Im Juli 1946 empfing Annemarie Hosenfeld von ihrem Mann mehrere direkte Nachrichten, und zwar wieder in Form von Briefkarten. Darauf reagierte sie überglücklich. *In der schweren Zeit haben wir uns gelobt, dass uns für Dich kein Opfer zu groß sein sollte. Wie sind wir belohnt worden. Deine baldige Heimkehr wäre das Ende der Prüfungen.*

Seit Kriegsende wurde für die Frau des Dorfschullehrers alles nur noch schlimmer. Sie musste hart kämpfen, um sich und die Kinder über die Runden zu bringen. Die Schule bekam einen neuen Lehrer. Daraufhin sollte sie die Wohnung räumen. Sie schaltete den Schulrat ein, der ein Machtwort sprach. Im Sommer 1946 besaß sie endlich die Gewissheit, dass sie einen Teil der Räume und des Gartens weiter nutzen konnte. *Wir genießen den Schutz der Schulbehörde und der Militärregierung. Einmal nahm ich deren Hilfe in Anspruch, und jetzt wagt niemand mehr, uns anzugreifen.*

Über ein Einkommen verfügte sie nicht. Erst 1949 erhielt sie eine bescheidene Pension. *Unseren Lebensunterhalt verdient Anemone als Angestellte der Militärregierung.* Helmut Hosenfeld arbeitete als Assistenzarzt in einem kleinen Krankenhaus. Er wohnte in Fulda und kam jeden Sonntag nach Thalau, um die Mutter und die Geschwister zu unterstützen.

Anfang August 1946 hatte Annemarie Hosenfeld weitere Briefe aus dem Gefangenenlager Bobrujsk erhalten. Da die Karten nummeriert waren, konnte sie genau verfolgen, ob alle ankamen. Und jedes Mal war die Freude groß, zumal ihr Mann nur Erfreuliches mitteilte. Von einigen ihrer Briefe, die sie ihrem Mann nach Kriegsende schickte, liegen, soweit sie mit der Schreibmaschine verfasst wurden, Durchschläge bzw. handschriftliche Entwürfe vor. Ein langes Jahr habe sie nichts von ihm gewusst, antwortete sie am 6. August 1946. Dass beide Söhne den Krieg überlebten, sei der einzige Lichtblick in dieser Zeit gewesen. *Man machte uns heimatlos, mittellos, rechtlos und schutzlos. Alles trugen wir stolz. Ich habe unser Schicksal in Gottes Hand gelegt, und das gibt mir den Frieden. Welche Kraft, welcher Trost und welches innige Glück geben mir Deine lieben Zeilen. – Als ich vor langen Jahren Dein wurde, trug ich meine Liebe als ein brennendes Licht in meinen Händen. Heute bin ich selber zur Flamme geworden, die leuchtet, wärmt und sich verzehrt für Dich. Wie froh und erleichtert bin ich über die guten Nachrichten von Dir. Du hast an Kalorien weit mehr zu essen als wir.*

Natürlich versuchte Wilm Hosenfeld, vom Lagerleben in Weißrussland ein halbwegs erträgliches Bild zu vermitteln, nicht nur wegen der Zensur, die jede kritische Äußerung unmöglich machte und bestimmte Themen von vornherein ausklammerte, sondern in erster Linie mit Rücksicht auf seine Frau, deren Los schon schwer genug war und die er nicht noch mehr belasten wollte. Doch die Wirklichkeit war anders. So unternahm er einiges, um dem berüchtigten Lagerkoller nicht zu verfallen und nicht restlos zu verzweifeln. Neben dem körperlichen Training wollte er sich auch geistig fit und beweglich halten. Hosenfeld las alles, was an deutscher Literatur zu bekommen war. Seine frühere Gewohnheit, das Tagesgeschehen schriftlich festzuhalten, behielt er bei bzw. nahm er wieder auf. Es entstanden Gedichte, Texte und Aufzeichnungen, die jedoch allesamt verloren gegangen sind.

Hosenfeld scharte einen kleinen Kreis von Kameraden um sich, mit denen er Russisch lernte. Zu seinen Freunden gehörten Josef Gith, der katholische Geistliche, mit dem er einen engen Gedankenaustausch pflegte, und eben Klaus Wagner. Mit ihm diskutierte Hosenfeld über seine Warschauer Jahre, den Aufstand im Herbst 1944 und den Ostfeldzug. Gegenüber den meisten anderen Offizieren, deren Auffassung über die Ursachen des Krieges und der Niederlage er nicht teilte, blieb er auf Distanz.

Umgekehrt dürften manche seiner Kameraden wenig Verständnis gezeigt haben für seinen christlichen Glauben, an den er sich umso stärker klammerte, je länger die Gefangenschaft dauerte. Sein Messbuch hatte er behalten, ebenfalls den Rosenkranz. Klaus Wagner schrieb: *Seine tiefe Religiosität ist ihm wohl in den schweren Jahren und bei allem schweren Erleben ein fester Halt gewesen, und seine Liebe zu Ihnen, verehrte gnädige Frau, und seinen Kindern gibt ihm die Festigkeit des Willens und die Ausdauer, um ungebrochen an Charakter und Willenskraft und trotz mancher kleiner Bosheiten gewisser Elemente, die sich auch Deutsche nennen, gegen so aufrechte Männer wie Ihren Gatten als derjenige nach Hause zurückzukehren, als der er 1939 dem Ruf des Vaterlandes Folge leistete.*

Mitte Juli 1946 gelang es Wilm Hosenfeld, einen fünf mal fünf Zentimeter großen Kassiber im Schuh eines Gefangenen zu verstecken, der kurz vor der Entlassung stand. Die Botschaft:

> *Liebe Annemie: Schreibe bitte an folgende Personen in Polen. Sie sind mir zu Dank verpflichtet und können mir von Nutzen sein; teile ihnen meine Adresse mit.*
>
> 1. *Józef Pacanowski in Petrikau*
> 2. *Achim Prut, Pabianice bei Łódź (mein alter Bekannter)*
> 3. *Pfarrer Antoni Cieciora, Samter*
> 4. *Władysław Szpilman, Pianist am Warschauer Rundfunk, Warschau.*
>
> *Ich kann diese Personen von hier aus nicht erreichen.*

Zu Józef Pacanowski gibt es in seinem Notizbuch einen Vermerk vom 26. Februar 1944, in dem auch ein Viktor erwähnt wird – vermutlich ein Bruder. Während seiner Vernehmung benannte er als Zeugen »Józef Pacanowski und seine Familie«. Denkbar ist also, dass mehrere Angehörige zu seinen Schutzbefohlenen gehörten.

Von den übrigen Namen, die in dem Kassiber vom 15. Juli 1946 genannt wurden, waren Annemarie Hosenfeld mindestens zwei sofort vertraut: Achim Prut und Antoni Cieciora. Tatsächlich gelang es ihr, den Pfarrer in Posen ausfindig zu machen und ihn ebenfalls um Hilfe zu bitten. Dieser schickte bereits am 22. Juli 1946 zwei Papiere, und zwar jeweils in deutscher und polnischer Sprache. Es sind Dokumente, die weit über das hinausgingen, was Cieciora und die übrigen polnischen Beschäftigten der Sportschule beim Abschied von Hosenfeld zwei Jahre zuvor zum Ausdruck bringen konnten.

Ich, Pfarrer Antoni Cieciora, wohnhaft in Poznań, Mariackastr. 15, erkläre Folgendes:

1. *Ich kenne Hauptmann Wilm Hosenfeld seit 1942.*
2. *Auf Bitten meiner Familie suchte mich Hauptmann Hosenfeld in Warszawa auf und als Leiter der Wehrmachtsportschule und Wehrmachtstadion stellte er mich als Büroarbeiter in seiner Kanzlei ein. Da ich mich vor der Gestapo verbergen musste, besorgte er mir den nötigen Ausweis und die Arbeitskarte, was mich zwei Mal vor dem Tode bewahrte. Mit seinem Wissen habe ich jeden Tag die Heilige Messe gehalten.*
3. *Hauptmann Hosenfeld war für die polnischen Arbeiter zuvorkommend und suchte jedem zu helfen. Deshalb hatten die Polen zu ihm sehr viel Ver-*

trauen. Er nannte sich selbst auf Polnisch »Vater der polnischen Arbeiter«. ...

4. *Hauptmann Hosenfeld war ein praktizierender Katholik. Öfters haben ihn die polnischen Arbeiter gesehen, wie er zur Heiligen Beichte und Heiligen Kommunion ging, sogar in der polnischen Kirche, was verboten war. ...*

In dem zweiten Papier unterstrich Cieciora, dass Hosenfeld jeden Übergriff der ihm untergebenen Soldaten gegen Polen scharf bestraft, den Polen gegenüber sich jedoch stets milde verhalten habe. Der Hauptmann sei nie ein Gefolgsmann Hitlers und kein Faschist gewesen. Das könnten alle bezeugen, die im Stadion gearbeitet hätten, *über 30 an der Zahl, darunter zwei Juden unter falschen Namen.*

Ob dieses wichtige und eindeutige Dokument Eingang in die Gefangenenakte von Wilm Hosenfeld gefunden hat, ist ungewiss. Bevor es in Thalau eintraf, vergingen Wochen, was gewiss nicht an Cieciora lag. Annemarie Hosenfeld hat es dann per Post nach Bobrujsk geschickt. Wertvolle Zeit verstrich erneut, bis ihr Mann es endlich entgegennehmen konnte. Ungeduldig hatte er im Oktober und im November 1946 auf eine Stellungnahme von Cieciora gewartet und sich in seinen Briefen mehrfach danach erkundigt.

Hosenfeld dürfte das Dokument unverzüglich an die Lagerleitung weitergereicht haben. Reaktionen blieben jedoch aus. Ähnlich erging es einem anderen Vorstoß von seiner Seite. Der Hauptmann richtete ein Gesuch an die polnische Staatsführung mit der Bitte, an Polen ausgeliefert zu werden, um dort seine Unschuld beweisen zu können. Es heißt, die Lagerleitung habe das Ansinnen weitergeleitet. Eine Reaktion erfolgte darauf jedoch nicht.

Am 17. Juli 1946 wandte Wilm Hosenfeld sich in einem längeren Brief direkt an seine Kinder. ... *seid gut und lieb zur Mutter und auch untereinander, macht ihr das Leben nicht unnötig schwer durch Ungehorsam, Eigensinn oder Unverträglichkeit. Helft Euch untereinander aufs beste, seid der lieben Mutter willfährig. Du, mein lieber Helmut, Moni* (Anemone) *und Detlev, beratet Euch in allem mit ihr, ehe Ihr einen wichtigen Schritt tut. Was sie Euch sagt, das gilt auch von mir gesagt. Ermahnt die jüngeren Geschwister, lasst Euren Zank nicht vor die Mutter kommen. Erspart ihr jedes Herzeleid, aber auch jeden kleinlichen Ärger.* Er, der Vater, könne seinen Kindern seine Liebe nicht beweisen; das sei wie eine Strafe für ihn, fügte er hinzu.

Seine Gedanken kreisten immer wieder um die Familie und wie es mit den Kindern weitergehen würde. Vielleicht hätte es seiner Ermahnungen gar nicht bedurft, denn die Kinder wuchsen zu einer verschworenen Gemeinschaft zusammen, die sich um die Mutter scharte, wobei Helmut beinahe wie selbstverständlich die Vaterrolle einnahm. Jorinde Krejci, die zweitjüngste Tochter, erinnert sich: *Verantwortung für Menschen – das hat Vater uns beigebracht, und das hat mich vielleicht auch sehr geprägt. Verantwortung übernehmen für die Familie, für den, der neben einem steht, der mit einem aufwächst, mit dem man zu tun hat. Das hat er selber immer vorgelebt.*

Die Mutter habe immer gewartet und gesagt: *Der Vater muss einfach wiederkommen. Das geht gar nicht anders. Der Vater hat unser Leben beherrscht – von Warschau aus, auch aus der Kriegsgefangenschaft, wenn die Postkarten kamen. Für ihn wurde täglich gebetet. Wenn der Strom ausfiel, saßen wir in der Küche und beteten einen Rosenkranz für die Heimkehr des Vaters. Ständig mussten wir irgendwelche Opfer bringen – praktisch, um dem lieben Gott den Vater abzukaufen.*

Die heutige Ärztin und Medizinjournalistin unterstrich den großen Einfluss, den ihr ältester Bruder in den Nachkriegsjahren auf sie und ihre Geschwister ausgeübt hat. *Als Helmut nach dem Krieg nach Hause kam, war er eigentlich der Vater, der sich um alles kümmerte. Mein Bruder hat wirklich große Opfer für die Familie gebracht, weil er dachte, damit könne er gewissermaßen den lieben Gott zwingen, dass der Vater zurückkehrt. So interpretiere ich das heute. Auch die Mutter verlangte stets: Ihr müsst lieb sein! Ihr müsst für die Schule ordentlich lernen! Sonst kommt der Vater nicht heim. Das beherrschte unser Leben. Ich stand immer unter dem Druck, alles zu tun, damit Vater zurückkommt.*

Zum 19. Geburtstag erhielt Detlev am 17. Juli 1946 einen langen Brief von seinem Vater aus Bobrujsk. Auf anschauliche Weise schilderte Wilm Hosenfeld sein Gefangenendasein im fernen Weißrussland: *Zwischen uns sind jetzt noch Tausende Kilometer weites Land und der Stacheldraht des russischen Gefangenenlagers, der mich festhält und von der Außenwelt abschließt. Ich sitze auf einer Bank am Westgiebel einer Baracke, einige Schritte von mir entfernt zieht sich der Stacheldraht hundert Meter links und zweihundert Meter rechts, in einem Wachthäuschen lauert ein Posten. Auf der Straße hinter dem Zaun fährt gerade eine endlose Wagenkolonne mit ehemals deutschen Wehrmachtspferden. Über großen Weidenbäumen schweift mein Blick hinweg, festgehalten von den Häusern der Stadt Bobrujsk. Aber doch über allem hinweg sehe ich den blauen Himmel, die strahlende Sonne und die großen weißen Wolken, und über dem endlosen Land im Westen sehe ich im Geiste die Heimat so greif-*

bar wie meine Augen das wirkliche Land um mich, sehe Euch, meine Lieben, und Dich, mein Geburtstagskind, als wenn Ihr vor mir ständet.

Der Vater erkundigte sich nach den Berufsvorstellungen seines Sohnes, der im Frühjahr 1947 sein Abitur bestehen wollte. Arzt oder Theologe, empfahl er. Wilm Hosenfeld hatte Detlev während eines Heimaturlaubs im Februar 1944 zum letzten Mal gesehen. Bei seinem letzten Besuch Pfingsten 1944 war Detlev nicht da gewesen. *Als ich Dich zuletzt in Kassel sah, war ich auf dem Heimweg so traurig, weil wir am Bahnhof in Kassel noch so lange standen und ich Dich in der Nähe wusste und wir nicht beieinander sein konnten, ich hätte doch mit Dir zu Deiner Batterie gehen können. Mit Wehmut habe ich die Jahre seither daran gedacht, und der Gedanke, dass der Abschied damals vielleicht der letzte gewesen wäre, hat mich so oft geschmerzt.*

In der zweiten Hälfte des Monats Juli 1946 schwankte Wilm Hosenfeld ständig zwischen Hoffen und Bangen. Ein Heimkehrer-Transport nach Deutschland wurde zusammengestellt. Natürlich dachte er, mit zu den Glücklichen zu gehören, die endlich das Lager verlassen konnten. Aber diese schwache Hoffnung sei wieder zuschanden gemacht worden, schrieb er am 27. Juli 1946. *Wie mich das innerlich zerrissen hat, kannst Du Dir denken. Ich bin tagelang so niedergeschlagen gewesen, dass ich fast nicht mehr beten konnte. Ich war so vermessen, an Gottes Güte und Barmherzigkeit zu zweifeln. Aber jetzt habe ich meine Ruhe wiedergefunden und trage mein Schicksal in williger Ergebenheit in Gottes Führung.*

Seiner Frau schickte er mit der gleichen Post ein Halstuch, das er oft getragen hatte. Es sei schmutzig geworden, aber er habe es nicht waschen wollen. *Ich habe Dich so unendlich lieb. Fast sind mir diese Worte zu nichtssagend für das Gefühl, das ich für Dich habe.* Am 28. August 1946 bestätigte Annemarie Hosenfeld den Empfang des Halstuches. *Ich trage es an meinem Herzen und nachts auch an meiner Wange. So bist Du immer bei mir.* Als sie die Gewissheit besaß, dass ihr Mann vorerst nicht entlassen würde, reagierte sie tief enttäuscht. Ein Mitgefangener, der heimgekehrt war, habe ihr große Hoffnungen auf seine bevorstehende Rückkehr gemacht, berichtete sie am 4. Oktober 1946. *Ich war gestern so niedergedrückt, dass ich fast den ganzen Tag geweint habe.*

Um ihn und wohl auch sich selbst etwas aufzumuntern, fügte sie hinzu, Jorinde helfe fleißig im Haushalt. Sie sei die beste Schülerin in ihrer Klasse und werde in die Untertertia versetzt. *Vielleicht freust Du Dich ein wenig, wenn ich Dir erzähle, dass mein Aufsatz »Kindheitserinnerungen an Paula Modersohn« in der von Hausmann geleiteten Zeitung erscheint.*

Anfang November 1946 berichtete sie, in Thalau werde fast wie in alten Zeiten wieder Kirmes gefeiert, mit Tanz, Kirmesbaum und Buden. Sie und die Kinder nähmen an den Dorffesten jedoch keinen Anteil. Detlev arbeite angestrengt für sein Abitur. *Helmut hilft ihm.*

2. Rettungsversuche – *Nervenzerreißende Spannung*

Gleich nach Kriegsende hatte Annemarie Hosenfeld sich um die Freilassung ihres Mannes aus der Gefangenschaft bemüht. Sie wandte sich an Karl Hörle in Hanau mit der Bitte, sich für ihn einzusetzen. Der ehemalige Gewerkschafter und Kommunist war im KZ schwer misshandelt worden und seit 1943 auf der Dienststelle der Warschauer Sportschule tätig gewesen. In seinem Brief vom 9. November 1945 stellte Hörle dem Hauptmann ein hervorragendes Leumundszeugnis aus. Darin bestätigte er, er habe Hosenfeld oft gebeten, mit seinen kritischen Äußerungen über die Nazis und besonders die SS vorsichtiger zu sein. Ein Denunziant könne ihn verraten. Mit seiner harten Kritik riskiere er, verhaftet zu werden. Hosenfelds antifaschistische Haltung als Mensch, Soldat und Kamerad sei vorbildlich gewesen.

Deswegen sei er, schrieb Hörle, überzeugt, dass der Pädagoge im neuen Deutschland seine ganze Kraft der Jugenderziehung im demokratischen Sinn widmen werde. Die letzte Bemerkung zielte vermutlich auf die Sorge von Annemarie Hosenfeld, ihr Mann werde nach seiner Entlassung aus der Gefangenschaft wegen seiner Mitgliedschaft in der NSDAP und der SA nicht mehr als Lehrer eingestellt.

Für Wilm Hosenfeld ging das Jahr 1946 zu Ende, ohne dass sich eine baldige Freilassung aus der Gefangenschaft abzeichnete. In seiner Mitteilung vom 19. November 1946 bestätigte er den Erhalt eines Fotos seiner Frau. In einem ungewohnten Telegrammstil schilderte er Einzelheiten aus der Haft, z. B., dass er manchmal wieder in der Stadt Bobrujsk eingesetzt werde, dass der Winter bereits beginne, er über warme Bekleidung verfüge und das Essen ausreichend sei. *Zusammenleben mit Kameraden oft nicht leicht, menschliche Schwächen steigern sich in der Gefangenschaft. Habe gute Freunde, bin aber einsam. Ihr seid mein Halt und Trost und die Geborgenheit in Gott. Arbeiten und wohnen mit Mannschaften. Gutes Verhältnis. In handwerklicher Fertigkeit Offizieren voraus. Ich säge meist Holz, arbeite gelegentlich als Tischler.*

Sieben Tage später, am 26. November 1946, wünschte er seiner Familie ein gesegnetes, frohes Weihnachtsfest – *als Gefangener.* Im nächsten Jahr werde er gewiss wieder bei ihnen sein, versicherte er. *Ich resigniere nicht. Meine Liebste, halte auch Du tapfer aus. Wir haben noch viel zu erleben.* Am letzten Tag des Jahres 1946 meldete er sich per Brief vom Krankenrevier aus, wo er wegen einer Bronchitis behandelt wurde. Und erneut drückte er seine Sehnsucht nach einem Wiedersehen mit seiner Familie aus. Da Annemarie Hosenfeld wissen wollte, wie er aussehe, ob er abgenommen habe usw., erwiderte er, sein Gewicht sei ziemlich normal geblieben. Ja, er habe Runzeln im Gesicht, aber darin stecke viel Lebensweisheit. Außerdem brauche er eine Brille. Und noch einmal der Hinweis: *Auf Brief von Cieciora und Hörle bin ich gespannt.*

In seiner ersten Mitteilung im neuen Jahr mit Datum 5. Januar 1947 wandte Hosenfeld sich wiederum an seine Kinder. Er bedauerte, seine Tochter Jorinde nicht selber unterrichten zu können. *Lerne tüchtig. Unterschätze aber ja nicht die handwerklichen Fähigkeiten. Die sind sehr wichtig. Das habe ich in der Gefangenschaft gesehen.*

Detlev wünschte er Erfolg für das bevorstehende Abitur. Leider könne er gar nichts für ihn tun. Anemone bat er, ihm weiter über die Zustände im zerstörten Nachkriegsdeutschland zu berichten. Nachrichten aus der Heimat seien für ihn interessant und wissenswert, heißt es an einer Stelle. Im Lager lebe er doch wie hinter dem Mond. *Berichtet mir doch mehr von den Verwandten und Bekannten.* Ferner bat er darum, in jeden Brief einen *Feuerstein* einzukleben für sein Feuerzeug.

Am 16. Januar 1947 dachte Wilm Hosenfeld zurück an die Ereignisse bei Kriegsende in Warschau. *Liebste - … Heute vor zwei Jahren war ich das letzte Mal frei. Welche Zeit liegt dazwischen und welche Ereignisse! Ist sie verloren? Nein, ich bin reich geworden in meiner Armut. Ich habe mich so gefunden, wie Du mich willst. Geliebte, ich weiß, dass auch Du trotz aller Sorge und Hingabe an Deine täglichen Aufgaben einsam bist, aber Dein Herz ist mit allem Fühlen um mich gespannt. Doch so allein wie ich bist Du nicht. All mein Denken und Fühlen, mein Wünschen und Beten hat ein Ziel: mich reif zu machen für Dich und für mein künftiges Leben an Deiner Seite.*

In den Wintermonaten, in denen es wegen der Kälte draußen nicht viel zu tun gab, half Hosenfeld beim Kartoffelschälen in der Lagerküche. Solchen Tätigkeiten fügte er sich ohne Murren; sie bedeutete schließlich Abwechslung und Gelegenheit zu Gesprächen mit anderen Gefangenen. Auch in Deutschland herrschte in den Januarwochen noch bittere Kälte. Annemarie Hosenfeld berichtete, in Thalau sei das Thermometer auf minus 23 Grad gesunken. Der Nachkriegsgeneration blieb der strenge Winter lange in Erinnerung, weil Schnee und Eis die allgemeine Not noch vergrößerten.

Gegenüber den meisten Mitgefangenen wahrte Wilm

Hosenfeld weiterhin Distanz. Er kapselte sich nicht völlig ab, verweigerte sich keinem Gespräch, aber sein Eigenleben bedeutete ihm im Lager mehr als alles andere. Als seine Frau von den Besuchen heimgekehrter Soldaten erzählte, schrieb er zurück: *Im Grunde kennen sie mich nicht. Ich bin trotz der Enge fast immer für mich und in mich gekehrt. In meiner Einsamkeit bin ich so reich, dass ich niemand nötig habe. In meinem Alter findet man auch keinen Menschen, der zu einem gehört. Mein Ring ist geschlossen, da hat niemand mehr Platz als Du und die Kinder.*

War das noch derselbe Wilm Hosenfeld wie in den Warschauer Jahren, der auf die Menschen zuging, den Kontakt geradezu suchte, der sich mit Begeisterung neuen Herausforderungen stellte und sich die Sorgen und Nöte von verfolgten Polen anhörte und zu eigen machte? Die Kriegsgefangenschaft dauerte inzwischen schon länger als zwei Jahre. Das Lager warf ihn auf seine bloße Existenz zurück. Es gab niemanden mehr, der ihm Aufträge erteilte, die er mit Bravour hätte erledigen können, was ja zugleich ein Stück Selbstbestätigung bedeutete. Eiserne Disziplin, Gottvertrauen, Hoffnung auf Heimkehr und Liebe zu seiner Familie – auf diesen Pfeilern versuchte er, sein Überleben in der Gefangenschaft zu sichern.

Die hohen kirchlichen Feiertage bedeuteten für den Gefangenen in Bobrujsk, aber auch für seine Angehörigen daheim stets eine besondere Herausforderung. Dann machte sich seine Abwesenheit erst recht schmerzhaft bemerkbar. Und die Bilder von vergangenen glücklichen Tagen kehrten bei allen ungestüm ins Gedächtnis zurück. Für sich selbst hatte Wilm Hosenfeld ein Verhalten entwickelt, das ihm half, über solche Phasen hinwegzukommen. Fast mühelos versetzte er sich dann beim Schreiben in den Kreis seiner Lieben und steigerte sich in eine besondere Stimmung. So gelang es ihm, wenigstens für Stunden sich vom Schmerz der Trennung abzulenken.

Zum Osterfest 1947 schmückte ein Kamerad seine Briefkarte mit einem heimatlichen Idyll: Dieser zeichnete Thalau mit der Kirche im Hintergrund, umgeben von Wald und Hügeln. Dazwischen eilige Hasen, mit Ostereiern bepackt. Am 8. April 1947 schickte er seiner Frau eine Zeichnung von sich, die ein anderer Gefangener angefertigt hatte. Die Skizze zeigt ihn mit ernstem Gesicht, mit Oberlippen- und Kinnbart und seitlich abstehendem Haupthaar. *Ich bin nicht ganz damit zufrieden, aber so ungefähr sehe ich aus,* bemerkte er dazu.

Seinem Brief vom 14. April 1947 fügte er ebenfalls eine winzige Zeichnung bei. Sie zeigt ein junges Paar am Waldrand. Anlässlich ihres bevorstehenden Hochzeitstages hielt der Gefangene Rückschau – fast pathetisch überhöht: *Wir müssen einsam stehen und stille sein in traurigem Verzicht. Unsere Hände, die wir an diesem Maientag so fest ineinanderlegten, greifen ins Leere, und unsere Augen schauen ins Weite. Meine Lippen formen einen süßen Namen, aber Du hörst ihn nicht. Und doch stehn wir im Glanz unseres jungen Lebenstages. Wie törichte Kinder standen wir an den neuen Ufern. Wir sind hineingeschritten in das Land unserer Sehnsucht, mutig, heiter und ernst, haben geirrt, gelitten, verziehen und verwundet, geirrt und gefunden. Wie dem Wanderer im Dunkel der Nacht*

Porträt-Zeichnung Wilm Hosenfeld, Zeichner unbekannt

ein Stern nach dem anderen, so kamen uns die Kinder entgegen.

Auch in der Gefangenschaft blieb Wilm Hosenfeld der Mahner und Pädagoge, der zugleich mit gutem Beispiel voranging. *Ich treibe weiterhin Russisch*, berichtete er am 31. Mai 1947. *Die Kinder sollen ihr Sprachstudium recht ernst nehmen. Die Sprache eröffnet erst das Verständnis eines anderen Volkes.* Der Sommer 1947 verlief zunächst in gewohnten Bahnen. Die Post aus der Heimat traf meistens in Schüben bei Hosenfeld ein. Manchmal waren es sechs oder sieben Karten, über die er sich sehr freute und die er immer wieder in die Hand nahm. Er selber schrieb längere Briefe an seine Frau, die er von vornherein nicht abschicken wollte und durfte, weil sie viel zu lang waren, sondern aufbewahrte, damit sie diese später lesen konnte. Auch diese Briefe sind nicht erhalten geblieben.

In seinen regelmäßigen Mitteilungen verbreitete der Gefangene weiterhin Zuversicht, was seine Gesundheit und die baldige Heimkehr anging. Bestimmte Anhaltspunkte für eine Entlassung besaß er jedoch nicht. Offenkundig wollte er selber die Hoffnung nicht aufgeben und zugleich seine Angehörigen ermuntern, weiter geduldig auf ihn zu warten. Am 4. Juli 1947 notierte er: *Moni* (Anemone) *meinte, Ihr braucht mir nicht mehr zu schreiben, da ich bald käme. So weit ist es noch nicht. Mir geht es gut. Ich sitze in der Sommerlaube, draußen am Zaun kommen die Arbeitskommandos in Trupps von der Arbeit zurück ins Lager. Im üblichen gelassenen Schritt, die Köpfe gesenkt, mit dem Ausdruck freudloser Gleichgültigkeit. Um mich herum einige Kameraden; der eine liest, der andre schreibt, die meisten stieren vor sich hin und sinnen. Am östlichen Himmel türmen sich auf dem zarten Weißblau des Himmels wundervolle weiße Wolkenberge.*

Darunter stehen die kleinen, geduckten Holzhäuser und sechs Schritte vor mir das Geflecht des Stacheldrahtes. Ich sehe ihn nicht. Mein Blick geht darüber weg zu den hohen Wolkentürmen.

Am 27. Juli 1947, also mitten im Sommer, änderte sich Hosenfelds Leben im Lager Bobrujsk nach zweieinhalbjähriger Gefangenschaft auf dramatische Weise. Er erlitt einen Schlaganfall, der seine rechte Körperhälfte lähmte und das Sprachzentrum in Mitleidenschaft zog. Schwindelanfälle, Kopfschmerzen und Lähmungen hatten bereits in Warschau auf Durchblutungsprobleme im Gehirn hingedeutet, waren aber bei den verschiedenen Untersuchungen nicht erkannt worden.

Die Bedingungen im Lager, insbesondere die halbjährige Untersuchungshaft, dürften seiner Gesundheit schwer geschadet haben, auch wenn er selber oft das Gegenteil beteuerte und auch darauf achtete, sich körperlich und geistig beweglich zu halten – allein schon deswegen, weil er nicht als gebrochener Mann zu seiner Familie zurückkehren wollte. Es spricht wiederum für seine große Disziplin, dass er bereits am 2. August 1947, also wenige Tage nach dem Schlaganfall, einige krakelige Zeilen an seine Angehörigen richtete: *Liebe Annemie, liebe Kinder, ich schreibe Euch mit der linken Hand. Seit Sonntag, 27. 7., habe ich plötzlich eine Lähmung der rechten Seite, Arm und Bein, bekommen, und Sprachstörung. Ich muss liegen, bin im Lazarett in guter Pflege. Einige Wochen wird es dauern, bis ich gesund bin. Ich bin frohen Muts und schicke mich in Gottes heiligen Willen. Für den lieben Detlev zum Geburtstagsfest morgen herzlichste Wünsche. Behüt Euch Gott, Euer Vater, Dein Wilm. Macht Euch keine Sorgen!*

Die Mitteilungen, die Wilm Hosenfeld in den folgenden Wochen vom Krankenlager aus nach Thalau schickte, bestanden jeweils nur aus wenigen Sätzen. Er schrieb weiter mit der linken Hand. Die ungelenke Schrift, aber auch der Inhalt seiner Briefe war nicht dazu angetan, seine Familie zu beruhigen. Dabei gab er selbst sich alle erdenkliche Mühe, den Blick nach vorn zu richten. Im August nächsten Jahres wolle er mit ihr nach Witzenhausen fahren, wo sie sich 30 Jahre zuvor kennengelernt hatten, schrieb er seiner Frau am 10. August 1947. Gut einen Monat später, am 11. September, bestätigte er den Erhalt von acht Karten aus Deutschland. *Mir geht es wieder gut, noch keine Kraft in der rechten Hand. Ängstigt Euch nur nicht um mich. Die Heimkehr rückt näher, Termin unbestimmt. Versucht Verbindung mit Cieciora über polnisches Konsulat oder amerikanische Behörde. Hoffentlich unliebsame Verhältnisse im Haus beigelegt. Betrübt mich sehr.* Damit spielte er auf neuerliche Auseinandersetzungen um die Lehrerwohnung in der Schule von Thalau an, die seine Frau räumen sollte.

Dann zitierte Wilm Hosenfeld aus dem Neuen Testament den Brief des Apostels Paulus an die Galater mit dem Satz: »*Einer trage des anderen Last, dann werdet ihr das Gesetz Christi erfüllen. Denn wenn einer sich einbildet, etwas zu sein, da er doch nichts ist, betrügt er sich selbst. Ein jeder prüfe sein eigenes Tun; dann mag er sich bei sich selber rühmen, nicht vor einem anderen.*« Schließlich fügte er noch seinen eigenen Rat an die Lieben daheim hinzu: *Lebt nicht in Heimkehrer-Psychose, man wird krank davon. Eure Sehnsucht reißt an meinem Herzen.*

Obwohl ihm das Schreiben offenkundig weiter große Mühe bereitete, fügte Hosenfeld auch in seinen weiteren Briefen mehrfach längere Passagen aus dem Neuen Testament ein. Bis seine Frau die Briefe lesen konnte, musste sie sich allerdings wieder einmal in Geduld üben, denn die

Post stockte. Ihr Brief vom 10. September 1947 beginnt mit einem tiefen Seufzer: *Mein herzlieber Wilm! Dieses unerträgliche Warten, man wird ganz elend davon. Seit 15 Tagen bin ich ohne Nachricht von Dir. Ach, was mache ich mir für Sorgen. Wenn ich doch wüsste, wie es Dir geht! Tag und Nacht habe ich nur einen Gedanken an Dich, Dein Ergehen. In den Stunden der Kraft und Frische habe ich Mut und Zuversicht, aber wenn es dunkelt, wenn ich einsam und übermüdet wach liege, bringt mich die Sorge bald um. Meine Lippen formen Worte des Gebetes, aber mein Herz weiß nichts davon.*

Weil alle Bemühungen und Eingaben nichts fruchteten und die Nachricht vom Schlaganfall ihres Mannes sie alarmierte, wandte Annemarie Hosenfeld sich erneut hilfesuchend an Karl Hörle. Dieser richtete daraufhin am 5. Oktober 1947 in seiner Funktion als Vorsitzender der Vereinigung der Verfolgten des Naziregimes / VVN Hanau-Stadt und Land einen Appell direkt an den Kommandanten des Gefangenenlagers in Bobrujsk, Wilm Hosenfeld unverzüglich freizulassen.

In dem Schreiben stellte er zunächst seine Tätigkeit als Funktionär der KPD heraus und schilderte dann, wie Hosenfeld in Warschau reagiert habe, als er von den schweren Misshandlungen Hörles im KZ erfuhr. *Jetzt erkannte ich die Anteilnahme des Hosenfeld, dass derselbe auch Gegner dieser Naziverbrecher war. Von jetzt ab unterhielten wir uns, wo es auch nur einigermaßen ging – denn die nötige Vorsicht musste immer beachtet werden –, über die Politik und über die sinnlosen und verbrecherischen Maßnahmen der deutschen Zivilverwaltung in den besetzten Ländern, und insbesondere im Osten.*

Ausdrücklich erwähnte Hörle das Warschauer Tagebuch des Hauptmanns, das sich im Besitz der Familie befinde und die Judenverfolgungen, Gaskammern und Folterungen in aller Deutlichkeit festhalte. Noch im Laufe des Monats Oktober 1947 machte Hörle sich mit Annemarie Hosenfeld auf den Weg nach Ostberlin. Sie wurden bis zu Otto Nuschke vorgelassen, dem späteren stellvertretenden Ministerpräsidenten der DDR, mit dem Hörle im KZ gelitten hatte. Bei dem Treffen setzte der Hanauer Kommunist und VVN-Vorsitzende sein ganzes Prestige ein, um Wilm Hosenfeld freizubekommen. Nuschke versprach, alles in seiner Macht Stehende zu tun, sodass Annemarie Hosenfeld wieder Hoffnung schöpfte, wie aus ihrem Notizkalender hervorgeht: *KPD ersucht um Freilassung aus Kriegsgefangenschaft, wenn günstig mit Kurier nach Moskau.* Bewirken konnte aber auch Nuschke letztlich nichts.

Etwa Mitte Oktober 1947 durfte Wilm Hosenfeld das Lazarett des Kriegsgefangenenlagers wieder verlassen. Seinem Sohn Helmut teilte er mit, er schreibe wieder mit der rechten Hand, aber noch nicht sicher. *Geheimnis des Erfolgs sind Übung und Ausdauer,* ließ er seine Frau am 18. Oktober 1947 wissen. *Meine Heimkehr ungewiss, trotzdem man uns Hoffnung macht. Wir stehen der Kriegskatastrophe zu nahe und sind ihre Opfer. Ihr glaubt daheim, das wäre alles vorbei. Das ist nicht der Fall.* Im Monat November 1947 unterrichtete er seine Angehörigen mehrfach über die Versorgung im Lager und seinen Gesundheitszustand. *Essen ausreichend, drei Mal drei Viertel Liter Suppe, 670 Gramm Brot, 20 Gramm Zucker, 20 Gramm Fett täglich. Ihr habt bestimmt nicht mehr.* Er rauche wieder, aber nicht so viel. Der Schwindel habe nachgelassen. *Keiner soll uns bedauern – wir gehen den königlichen Weg des Leids.* Im nächsten Brief fragte Hosenfeld seine Frau, was sie in Berlin erreicht habe. Er selber sei misstrauisch.

Wieder erkundigte er sich nach Pfarrer Cieciora. *Verbindung mit Cieciora wichtig, weil Cieciora mehr Juden in Warschau suchen soll, denen ich Leben gerettet habe.* Die Angaben über seinen Zustand klangen weniger beruhigend als zuvor. … *habe häufig Schwindel und Kopfschmerzen, hoher Blutdruck 180–130. Laufen geht, ebenso Kraft rechts wie links. Gewicht 62 Kilogramm, früher 69. Schreibe rechts. Heimkehrtermin ungewiss. Leben wird immer schwerer.*

Bereits am 25. November 1947 sandte Wilm Hosenfeld Weihnachtsgrüße an seine Familie, weil er in ein anderes Lager verlegt werden sollte. Zugleich kündigte er ein Weihnachtsmärchen an, das er geschrieben und seiner Frau gewidmet hatte. Seit Anfang Dezember 1947 hielt er sich in einem Krankenhaus in Cholmy auf. Der Ort liegt östlich der weißrussischen Stadt Mogilev. Der Grund für den Wechsel ist nicht bekannt. Vermutlich hatte sich sein Gesundheitszustand wieder verschlechtert.

Im März 1948 stand eine weitere Verlegung an. Weil das Hospital in Cholmy geschlossen wurde, kam Wilm Hosenfeld in ein 70 Kilometer entfernt gelegenes Krankenhaus der Stadt Orša. Der Aufenthalt dauerte allerdings nur bis Mitte Mai 1948. In dieser Zeit fand eine weitere Vernehmung statt. Hosenfeld sollte sich u. a. zu der Frage äußern, ob er Kommandant in Warschau gewesen sei.

Nächste Station nach Orša war das Arbeitslager in Vitebsk. Inzwischen rechnete der Gefangene damit, doch noch nach Warschau verlegt zu werden, um dort gegen deutsche Kriegsverbrecher auszusagen. Darauf hoffte er schon seit langem. Kaplan Josef Gith, der mit ähnlichen Krankheitssymptomen wie Hosenfeld ins Lazarett in Bobrujsk gebracht und ebenfalls nach Mogilev transportiert worden war, schrieb Annemarie Hosenfeld, der er schon vorher einiges über ihren Mann berichtet hatte: *Wilm selbst nahm nun an, dass er von den Russen an die Polen ausgeliefert werden sollte, um in einem Prozess, der in Warschau gegen deutsche Offiziere angestrengt wird, als Zeuge vernommen zu werden.*

Zugleich äußerte Gith allerdings die Befürchtung, die Überstellung nach Warschau werde seine Heimkehr weiter verzögern, denn der Russe liefere nicht aus, sondern leihe den Gefangenen nur aus. *So wurde uns jedenfalls auf der Heimreise in Brest-Litowsk von Leuten gesagt, denen es ähnlich erging.* Der Geistliche, der in Mogilev an einer schweren Nierenentzündung erkrankt war, würdigte die Kameradschaft von Wilm Hosenfeld. *Ich hatte mich selbst aufgegeben und lehnte zeitweise jede Nahrungsaufnahme ab – da war es Kamerad Wilm, der mir immer wieder zuredete und keine Ruhe ließ, bis ich etwas aß. Kleine Leckerbissen von seiner Verpflegung gab er, um mir das Essen schmackhafter zu machen. Aber viel wichtiger und ausschlaggebender war der Zuspruch, den er mir aus seiner tiefen, innigen Religiosität zuteilwerden ließ.*

Was Wilm Hosenfeld befürchtet hatte – seine Odyssee durch verschiedene Hospitäler und Lager führte dazu, dass seine Familie erneut fast fünf Monate lang ohne Nachricht von ihm blieb. Von Vitebsk aus meldete er sich unter dem Datum 15. Mai 1948. *Liebste Annemie, liebe Kinder! Vor einigen Tagen schrieb ich die Karte 49 an Euch. Ihr denkt wohl, dass meine Schrift verriete, wie es mir gesundheitlich geht, dieser Gradmesser ist irreführend. Es geht mir wirklich gut trotz der zittrigen Schrift. In der rechten Hand ist eine gewisse Schwäche geblieben. Ich danke dem lieben Gott, dass er mich so weit wieder gesund gemacht hat. … Morgen ist Pfingsten! Mein Herz ist bei Euch! Seid herzlichst gegrüßt, Dein Wilm, Euer Vater.*

Im Lager Vitebsk brauchte Hosenfeld keine schweren körperlichen Arbeiten zu verrichten. Die Zeit nutzte er, um sich erneut auf das Erlernen der russischen Sprache zu konzentrieren. Er bedauerte, wieder in eine fremde Umwelt gestellt zu sein. Aber er sei ja noch nicht so alt für einen solchen Wechsel. Außerdem wehe im Lager ein frischer Wind, weil die Kriegsgefangenen jünger, gesund und zufriedener seien, da sie durch körperliche Arbeit gefordert würden.

Kaum hatte er begonnen, sich umzustellen, stand plötzlich schon der nächste Wechsel an, und zwar die Rückkehr in das Kriegsgefangenenlager Bobrujsk. Vor dem Abtransport aus Vitebsk Ende Mai 1948 blieb Wilm Hosenfeld gerade noch Zeit, seinen Mitgefangenen Rudhard Enders zu bitten, seinen Sohn Helmut, der im Heilig-Geist-Krankenhaus in Fulda als Arzt tätig war, über die Verlegung zu informieren. In seiner Briefkarte vom 28. Mai 1948 schreibt Enders, sein Kamerad sei sehr froh über die Verlegung, *weil er dort Gelegenheit zu seiner Rechtfertigung zu bekommen hofft. Außerdem kann er dann sicherlich alte Freunde wiedersehen …*

Mit einer gewissen Wehmut stellte Wilm Hosenfeld bei seiner Rückkehr in das Lager Bobrujsk fest, dass manche seiner Kameraden gar nicht mehr da waren, also die Erlaubnis zur Heimkehr bekommen hatten. Immerhin blieb noch Kaplan Gith an seiner Seite, allerdings nur für kurze Zeit. Gith durfte inzwischen sonntags eine Messe lesen, was für Hosenfeld ein besonderer Trost war.

Im Juni 1948 rechnete der Gefangene fest mit seiner Entlassung, zumindest mit der Überstellung nach Warschau, die ihn in seiner Vorstellung ein Stück näher an die Heimat bringen würde. Denn er hoffe, dass *der Russe sein Versprechen hält, die Kriegsgefangenen bis Ende 1948 zu entlassen*. Diese Zusage hatte die Sowjetunion auf der Außenministerkonferenz der vier Siegermächte des Zweiten Weltkrieges am 23. April 1947 in Moskau gegeben.

Ab August 1948 steckte in Hosenfelds Briefkarten nach Thalau nicht einmal mehr ein Funke Hoffnung auf eine baldige Entlassung oder einen Transport nach Warschau. *Manchmal habe ich schlimme Kopfschmerzen, die mich niederdrücken, aber meist bin ich gesund und guten Muts. Das Warten und die Enttäuschung sind eben die uns gestellten Aufgaben der Daseinsmeisterung.* Gut eine Woche nach diesen Zeilen vom 1. August 1948 berichtete er: *Gestern ging ein Transport aus unserem Lager in die Heimat. Alle Offiziere, die vorgesehen waren, wurden gestrichen. Wir müssen weiter warten.*

Kaplan Gith versuchte, Annemarie Hosenfeld in einem weiteren Brief aus seinem Wohnort in Mülheim / Ruhr Mut zuzusprechen. Sie solle sich nicht in ihrer Zuversicht beirren lassen. Beim Zusammenstellen der Transporte sei bis zur letzten Sekunde ungewiss, wer dabei sei und wer nicht. *Es sind jedes Mal Tage nervenzerreißender Spannung.* Gleichzeitig verwies der Geistliche auf die gesundheitlichen Risiken, denen der Gefangene weiterhin ausgesetzt sei. *Im Moment sehe ich in den immer neuen Enttäuschungen und schwersten seelischen Belastungen eine Gefahr für Wilms Gesundheitszustand. Ich weiß, wie unheilvoll sich das bei mir ausgewirkt hat. Als Wilm uns in Orša verließ, war er gesundheitlich erstaunlich auf der Höhe. Abgesehen von leichten Schwindelanfällen, mit denen wir Leute mit hohem Blutdruck immer zu rechnen haben, fühlte er sich ganz wohl. Sein Tag war ausgefüllt mit Lektüre, Studium der russischen Sprache, gelegentlichem Schachspiel, seltener mit politischen Debatten. Da er ein Mensch ist, der ganz gut mit sich selbst auskommen kann, kannte er keine Langeweile.*

In der Umgebung ehemaliger Stabsoffiziere, die in der Gefangenschaft nur auf ihren eigenen Vorteil bedacht gewesen seien, hätten Wilm Hosenfeld und er sich nicht beliebt gemacht. Es habe bissige Bemerkungen über die *Schulmeister* gegeben, *aber das haben wir nur als unfreiwillig gegebene Anerkennung aufgefasst.* Dass der Hauptmann polnischen Juden das Leben gerettet hatte, konnten einige Offiziere nicht verstehen.

Die restlichen Monate des Jahres 1948 vergingen, ohne dass sich am Zustand des Gefangenen im Lager Bobrujsk Wesentliches änderte. Nach Phasen relativer Stabilität musste Wilm Hosenfeld einige Male wegen akuter Schwindelanfälle und zu hohen Blutdrucks wieder ins Lazarett. Der Aufforderung seiner Frau, ihr ehrlich zu schreiben, wie es ihm gehe, kam er inzwischen weitgehend nach. Über Mitgefangene, die nach und nach entlassen wurden, erfuhr Annemarie Hosenfeld ohnehin, wie es um ihn stand.

Sie selber kämpfte ebenfalls mit gesundheitlichen Problemen. Der ständige Druck, die Angst, das Warten und die vielen Enttäuschungen – all das setzte auch ihr zu. Seit Kriegsende erlebte sie ihre Umwelt als feindlich und friedlos. Der Kampf um die Wohnung, das fehlende Einkommen, die ungewisse Zukunft – sie hatte das Kriegsende herbeigesehnt und stand jetzt vor noch größeren Problemen als vorher. *Ein Orkan des Hasses und der Friedlosigkeit übertönt all jene zaghaften Rufe nach Verständigung und Brüderlichkeit,* heißt es in ihrem Brief vom 7. September 1948. Am 28. Oktober 1948 schilderte sie ihren Alltag mit den Kindern und die Vorkehrungen für den bevorstehenden Winter. *Als ich heute mit Detlev aus der Kirche kam, schneite es und die Dalherdaer Kuppe sah weiß verschneit zu uns herüber. Wir fürchten die Kälte. Ich habe*

Feuer im Wohnzimmer gemacht, damit Detlev ungestört arbeiten kann. Der zweitälteste Sohn bereitete sich auf sein Medizinstudium vor.

Als Anfang des Jahres 1949 feststand, dass der sowjetische Diktator Stalin seine Zusage, alle Kriegsgefangenen freizulassen, nicht eingehalten hatte, meldeten sich gleich mehrere Kameraden ihres Mannes bei Annemarie Hosenfeld. Klaus Wagner äußerte die Hoffnung, dass bei den Parteien und den Frauen der Gefangenen ein Sturm der Entrüstung losbreche, weil Russland seinen Verpflichtungen zur Rückführung aller deutschen Kriegsgefangenen nicht nachkomme. Ignaz Fornhammer aus München war kurz vorher entlassen worden und überbrachte Grüße von Wilm Hosenfeld.

Dem Gefangenen blieb nichts anderes übrig, als im Lager auszuharren. Große Hoffnungen auf eine baldige Heimkehr machte er sich inzwischen nicht mehr. Es kostete ihn zu viel Überwindung, jedes Mal von neuem die Enttäuschung zu verkraften, wenn es wieder nicht klappte. Die Feiertage über Weihnachten und Neujahr hatten ihn innerlich so aufgewühlt, dass sein Blutdruck wieder bedrohlich anstieg und er über Unwohlsein klagte. Mitte Januar 1949 musste er sich erneut für mehrere Wochen ins Lazarett begeben. Das nervöse Zittern am rechten Arm und Bein beunruhigte ihn. Am 1. März 1949 schrieb er seiner Frau: *Tage liege ich mit Kopfweh und Übelkeit im Bett, ohne Hunger und geistig unlustig, dann folgt wieder eine Reihe von gesunden Tagen, an denen ich turne und spazieren gehe, Schach spiele und lese. Blutdruck um 170. In Arm und Bein mehr Kraft. Wenn Schwindel, dann datterig wie ein Alter, Klemme im Kiefer, leichte Sprechbehinderung.*

Am 9. Mai 1949 wandte er sich an seine Tochter Jorinde, die weiterhin die höhere Schule in Fulda besuchte.

Lerne nur ja fleißig. Du musst sein wie ein nach Regen dürstendes Ackerfeld. Verachte aber nicht den handarbeitenden Menschen und befleißige Dich selbst jeder Art Handarbeit. Ein Kamerad erzählte, welch großen und guten Einfluss zwei junge Mädchen auf ihn gemacht haben, als er aufs Gymnasium ging. Da freute ich mich bei dem Gedanken, dass ich auch solche lieben Mädels habe.

Seine jüngste Tochter Uta hatte unterdessen ebenfalls die Aufnahmeprüfung für das Gymnasium geschafft. Ihr schrieb er wenige Tage später: *Du hast Dich sehr verändert; auf dem Bild mit Detlev und dem anderen mit dem Hund kannte ich Dich erst nicht. Mir geht es ziemlich gut. Zu sehr loben darf ich's nicht. Ich denke, wir fahren bald heim. Die blauen Anzüge haben wir schon, aber das besagt nichts. Wir wurden schon so oft enttäuscht. Ihr habt mir so viel geholfen! Du weißt, auf welch goldenen Brücken wir uns begegnen. Einmal aber spannt die russische Eisenbahn auch für uns ein!*

Seiner Frau hatte er zwischendurch versichert, sie solle nicht denken, er sei ein frömmelnder Greis oder Pessimist geworden. Trotz allem sei er ein lebenshungriger Mann geblieben, der sehnlichst auf seine Frau warte. In seinen weiteren Briefen bat Wilm Hosenfeld seinen Schwager, den Arzt Dr. Gerhard Krummacher, ihm ein neuartiges blutdrucksenkendes Medikament zu besorgen, das in der Schweiz unter der Bezeichnung »Hydergin« hergestellt wurde. Das Schweizer Rote Kreuz solle es möglichst direkt an das Kriegsgefangenenlager schicken.

Im Juni 1949 musste Hosenfeld erneut zusehen, wie ein weiterer Transport von Gefangenen das Lager verließ, ohne dass er dazugehörte. Daraufhin schrieb er seiner Tochter Anemone, die im Städtischen Krankenhaus St. Antonius in Fulda als Krankenschwester arbeitete. Sie war inzwischen mit Rudhard Enders verlobt, den Wilm Hosenfeld in Bobrujsk unter den Kriegsgefangenen kennengelernt hatte und der sich längst auf freiem Fuß befand: *Vom Heimfahren wollen wir nichts mehr reden. Es ist damit so wie mit dem »In den Himmel kommen«. Aber für beides habe ich gute Hoffnungen. Das ist schon was. Frage den lieben Rudhard, was es mit dem roten Haus auf sich hat. Wer da hineingeht, hat keine Hoffnung mehr, wie die, die der Hades verschlingt.*

Was dieser Hinweis genau bedeutete, bleibt unklar. Wilm Hosenfeld war zwei Wochen nach seiner Entlassung aus dem Lazarett am 29. Mai 1949 erneut zu seiner Tätigkeit in Warschau befragt worden. Wurde im »roten Haus« gefoltert? Manche Hinweise sprechen dafür. War dort das Büro des Militärstaatsanwalts, der seit April 1949 nach neuen Richtlinien vorging? Danach wurden Wehrmachtsoffiziere, die wie Wilm Hosenfeld in Kommandanturen und Stabsabteilungen tätig gewesen waren, mit Angehörigen der Gestapo und des Sicherheitsdienstes gleichgesetzt, das heißt wie Kriegsverbrecher behandelt.

3. Ein Martyrium geht zu Ende – *Sein Tod kam plötzlich.*

Was hinter den Kulissen vor sich ging, konnte Wilm Hosenfeld bestenfalls ahnen. Seine Mitteilungen aus den Sommermonaten des Jahres 1949 ergeben kein einheitliches Bild, eher den Zustand anhaltender Unsicherheit, was angesichts seiner Lage alles andere als verwunderlich war. Denn woran sollte er sich noch klammern, nachdem seit Ende des Krieges bereits über vier Jahre vergangen waren und noch immer keine Aussicht bestand, endlich nach Hause zurückzukehren?

In einem Brief an seinen Bruder Rudolf malte er sich auf anschauliche Weise aus, wie das Zusammentreffen mit ihm im Heimatort Mackenzell sein würde, wenn er heimkäme. Gemeinsam wollten sie Verwandte besuchen und in der Umgebung die Landschaft erkunden, wo sie als Kinder gespielt hatten. Verschiedene Bäume waren ihm *zu Symbolen des Lebens geworden; auf sie freue ich mich wie auf gute Leute.* Seine Gabe, sich in eine ganz andere Welt zu versetzen und ferne Regionen zu vergegenwärtigen, half ihm oft, das scheinbar endlose Dasein als Kriegsgefangener wenigstens vorübergehend zu verdrängen. Sein Lagerleben blieb ein Auf und Ab zwischen Hoffnung und Enttäuschung, zwischen Phasen, in denen Schwindel und Kopfschmerzen ihm zu schaffen machten, und Tagen, an denen er das Gefühl hatte, dass es gesundheitlich wieder bergauf ging.

Als Ende der 1940er Jahre klar war, dass die Sowjetunion ihre Zusage, bis 1948 alle Kriegsgefangenen freizulassen, nicht einlösen würde, geriet Stalin international unter Druck. In der UdSSR wurden zu dieser Zeit noch etwa eine halbe Million Deutsche in Lagern festgehalten. Viele der ehemaligen Soldaten arbeiteten auf Baustellen sowie in der Land- und Forstwirtschaft, leisteten in den Augen von Russen, Ukrainern und Weißrussen Wiedergutmachung für die im Krieg von Deutschen angerichteten Zerstörungen. Mit Hilfe der Kriegsgefangenen entstanden öffentliche Gebäude und ganze Straßenzüge mit Wohnungen.

Die Rückführung der Gefangenen sollte schließlich laut dem Kreml im Laufe des Jahres 1949 erfolgen. Statt diese Zusage einzulösen, wurden hastig Vorbereitungen getroffen, um *deutsche Kriegsverbrecher* in einer Prozessserie aburteilen und sie dann in der Sowjetunion behalten zu können. Die Verfahren liefen überall nach dem gleichen Schema ab und endeten in fast allen Fällen mit ein und demselben Strafmaß: 25 Jahre Lagerhaft. Auch Wilm Hosenfeld, der Retter des Pianisten und anderer Polen, der Helfer der Verfolgten, der Menschenfreund in Uniform, wurde ein Opfer dieser totalen Justizwillkür. Für ihn bedeutete sie letztlich das Todesurteil.

Bis in den Herbst 1949 blieb er noch voller Hoffnung, was seine Entlassung anging, wenngleich er sich letztlich nie sicher sein konnte. Am 16. September 1949 teilte er seiner Frau mit, dass der Briefverkehr wieder streng gehandhabt werde. *Wir dürfen nur noch eine Karte im Monat schreiben. Wundert Euch nicht, wenn Nachricht von mir ausbleibt. Ich denke, es ist auch nicht mehr nötig. Wir sind zwar so oft enttäuscht worden, aber nun muss es ja ernst werden. Spätestens November komme ich. Ich will gar keinen Termin ankündigen, denn den weiß niemand, selbst unsere Gastgeber nicht.*

Dem Gefangenen war klar, dass sein und das Schicksal seiner Kameraden nicht in Bobrujsk entschieden wurde, sondern im Kreml, also von Stalin persönlich. *Hoffentlich hast Du von Deinen Karten Abschriften. Die möchte ich später noch mal lesen. Ich darf sie nicht mitnehmen.* Am 24. September 1949 schrieb Hosenfeld eine weitere Briefkarte, und zwar an seine älteste Tochter Anemone. Auch aus diesen Zeilen ging hervor, dass der frühere Hauptmann inzwischen doch fest mit seiner Entlassung rechnete. *Mutter sollte mit Nr. 45 die letzte Karte von mir aus Russland bekommen haben, aber Du sollst die allerletzte haben. Ich hoffe, mich nicht zu täuschen. Aber fangt nicht an zu zappeln, wenn noch einige Zeit verstreicht, bis ich da bin.* Da er seit zwei Wochen keine Post mehr erhalten hatte, erkundigte er sich nach dem Wohlergehen seiner Frau und jedes seiner Kinder. Es war die letzte Mitteilung aus dem Lager Bobrujsk. Für eine lange Zeit blieb seine Familie wieder ohne eine persönliche Mitteilung von ihm.

Ende Oktober 1949 kehrte Wilm Hosenfeld in das Kriegsgefangenenlager der weißrussischen Hauptstadt Minsk zurück, in das er zu Beginn seiner Gefangenschaft fünf Jahre zuvor eingewiesen worden war. Was diese Maßnahme bedeutete, war ihm nicht klar. Er sah in der Verlegung von Bobrujsk nach Minsk wohl noch ein Anzeichen für eine bevorstehende Entlassung aus der Gefangenschaft. Schließlich hatte er schon so lange gelitten, war gesundheitlich angeschlagen, und man konnte ihm doch nichts vorwerfen! So wird er gedacht haben. Aber es kam ganz anders. Für ihn begann vielmehr ein neues Martyrium – noch schlimmer und grausamer als alles, was ihm in den Jahren zuvor bereits widerfahren war. Denn jetzt geriet er in die Fänge der sowjetischen Militärjustiz, die entschlossen war, ihn zu einem Kriegsverbrecher abzustempeln.

Auf den Haftbefehl, der ihm am 14. Dezember 1949 übermittelt wurde, folgte die Isolationshaft, die er zu Beginn seiner Gefangenschaft schon einmal erlitten hatte und die jetzt mit »Fluchtgefahr« begründet wurde. Wärter durchsuchten alles, was er noch besaß, und fanden nichts. Wilm Hosenfeld reagierte fassungslos. Und doch musste er erkennen, dass er fortan als Schwerstverbrecher galt, dem die Todesstrafe drohte. Jeglicher Briefkontakt blieb untersagt. In einer Reihe von Verhören versuchten die Ermittler, ihm ein Geständnis abzunötigen, was offenkundig nicht gelang.

Über Kameraden ihres Mannes, die aus der Gefangenschaft freigekommen waren, erfuhr Annemarie Hosenfeld, wie sehr sich seine Lage verschlechtert hatte. Sie wusste, dass er sich zusammen mit etwa 400 Mitgefangenen in Isolationshaft befand, dass ihm ferner eine Anklageschrift ausgehändigt worden sei, die er aber nicht unterzeichnet habe, was einem Schuldeingeständnis gleichgekommen wäre. Im Frühjahr 1950 startete sie eine neue verzweifelte Rettungsaktion. Für einen Einsatz des Internationalen Komitees vom Roten Kreuz in Genf holte sie neue Zeugenaussagen ein. Eine entsprechende Bitte richtete sie am 29. März 1950 an Wolfgang Werner in Bomlitz bei Walsrode in Niedersachsen, der als Soldat und Medizinstudent an Vorlesungen im Rahmen der Wehrmachtskurse zur Berufsförderung in Warschau teilgenommen hatte. *Wir brauchen für jenes Gesuch an das Rote Kreuz Aussagen früherer Kameraden, die sachlich die Tätigkeit meines Mannes schildern und hervorheben, dass er sich nie an einem Verbrechen gegen die Menschlichkeit beteiligt hat. Aus Briefen und Tagebuchblättern weiß ich das. Sie waren gewiss mit meinem Mann bei Ic zusammen. Seine Tätigkeit als Vernehmungsoffizier war nur vertretungs-*

weise und ganz kurz. Er hat in Russland angegeben, dass während seiner Tätigkeit kein Todesurteil gefällt wurde. – Ich weiß, dass er froh war, wenn er Polen helfen konnte. – Bitte, antworten Sie mir recht bald …

Bereits wenige Tage später lag die Antwort vor. Darin bestätigte Werner, was zuvor alle bezeugt hatten, denen Wilm Hosenfeld begegnet war. Die Kurse seien rein fachlicher Natur gewesen und hätten mit militärischen und politischen Dingen nichts zu tun gehabt. Hosenfeld sei wegen seiner warmen, menschlichen Art sehr geschätzt worden. Stets habe er betont, dass alle Teilnehmer sich als freie akademische Bürger und als Menschen fühlen sollten. *Es ist zu hoffen und zu wünschen, dass recht viele von den zahlreichen Freunden und Bekannten unter der polnischen Bevölkerung Warschaus sich finden und den Mut aufbringen möchten, sich für einen unschuldigen Menschen und Freund einzusetzen, allein aus Dankbarkeit und Gerechtigkeit. Es dürfte aber auf der ganzen Welt als Unrecht gelten, wenn Unschuldige für Schuldige leiden müssen.*

In einer geheimen Sitzung *in Abwesenheit von Anklage und Verteidigung* verurteilte das Militärtribunal des weißrussischen Innenministeriums unter dem Vorsitz von Hauptmann Zolotarev am 27. Mai 1950 in Minsk den Hauptmann Wilm Hosenfeld zu einer Freiheitsstrafe von 25 Jahren im allgemeinen Strafvollzug. Zur Begründung heißt es in der Urteilsschrift, die sein Sohn Helmut im Jahre 2000 beschaffen konnte: *Hosenfeld hat seit 1939 in der deutschen Armee gedient und im September/Oktober 1939 in den Reihen des Sicherungsbataillons »Francken« ein Kriegsgefangenenlager mit Soldaten und Offizieren der polnischen Armee bewacht. Danach diente er bis 1944 als Offizier bei der Warschauer Kommandantur, wo er im August an Strafaktionen gegen aufständische polnische Bürger beteiligt war, die er persönlich verhörte und ins Gefängnis einwies, womit er zur Festigung des deutschen Faschismus und einer feindlichen Tätigkeit gegen die UdSSR beigetragen hat.*

Das Urteil basierte in keiner Weise auf einem rechtsstaatlichen Verfahren. Vielmehr handelte es sich um einen bürokratischen Akt, wobei das Tribunal die für solche »Verbrechen« ursprünglich vorgesehene Todesstrafe in eine langjährige Freiheitsstrafe verwandelte. Was Wilm Hosenfeld körperlich und seelisch während der Isolationshaft von Dezember 1949 bis zur Urteilsverkündung im Mai 1950 durchgemacht hat, darüber gab im November 1950 der Arzt Christian Meyer-Reicheneck in einem Brief an Helmut Hosenfeld Auskunft. Von Bad Tölz aus schrieb der Mediziner, der mit Wilm Hosenfeld im sogenannten Isolator saß und ihn zeitweise behandelte, man habe seinem Kameraden Hosenfeld so zugesetzt, dass dieser einen schweren Nervenzusammenbruch und ein oder zwei leichte Schlaganfälle erlitten habe. Daraufhin sei er im Lazarett behandelt worden. Welche Verhörmethoden genau angewendet wurden, ob Hosenfeld gefoltert wurde, das geht aus dem Brief nicht hervor. Jedenfalls befand er sich seelisch und körperlich in einer schlimmen Verfassung. *Als ich Hosenfeld in die Hände bekam, war er zeitweise geistig vollkommen gestört, musste oft aus »völliger Abwesenheit« zurückgeholt werden und bemühte sich oft vergebens, Worte auszusprechen, die ihm auf der Zunge lagen; erreichte man es mal, half man ihm, lächelte er glücklich und dankbar.*

Mit Hilfe von Herzstützmitteln, Vitamin-C-Gaben und Lebertran habe sich sein Zustand jedoch wieder gebessert. Das Gleichgewicht beim Gehen sei noch etwas gestört gewesen. Das Zittern der Hände und des Kopfes mache ihm ebenfalls zu schaffen. Offenbar war Hosenfeld schon bald wieder in der Lage, Hilfe von anderen zu erwidern. Meyer-Reicheneck: *Er hat mir, der ich selbst Lungen- und Gliederkrüppel bin, in der Zeit unseres Beisammenseins rührend geholfen, uns Patienten das Essen gebracht, Wäsche gewaschen, Stuben geputzt und die Öfen geheizt, immer ein Trostwort gewusst, wenn ich ihn aber beklagen wollte, flehentlich gebeten, ihn arbeiten zu lassen, sonst werde er wahnsinnig.*

Gegen das Urteil, das ihm ausgehändigt worden war, legte Wilm Hosenfeld fristgerecht beim obersten Militärgericht Weißrusslands Einspruch ein, der umgehend zurückgewiesen wurde. Die Richter machten sich nicht einmal die Mühe, ihre Entscheidung zu begründen, sondern bezogen sich auf den Urteilsspruch des untergeordneten Tribunals, das eine Verlegung in das Lager 362 in Stalingrad angeordnet hatte. Der Transport in die Industrie- und Hafenstadt an der Wolga zusammen mit 250 anderen verurteilten Kriegsgefangenen führte über ein Lager in Brest, das zu Beginn seiner Gefangenschaft bereits als Zwischenstation auf dem Weg nach Minsk gedient hatte. In Brest sah ihn Meyer-Reicheneck zum letzten Mal, bevor der Arzt nach München zurückkehren konnte.

Wie die Weiterreise nach Stalingrad verlief, ist nicht bekannt. Im August 1950 traf Hosenfeld dort ein. Über das Lager 362 schreibt der Historiker Vogel, vorher seien dort gewöhnliche Kriegsgefangene untergebracht worden. Deren Rückführung sei jedoch abgeschlossen gewesen. *So diente das Lager unter verschärfter Bewachung ausschließlich als Haftstätte für verurteilte Kriegsgefangene. Bei Hosenfelds Ankunft im Sommer 1950 war es mit etwa 2000 Insassen überbelegt, die in primitiven Steinhäusern und großteils auch noch in Erdbunkern hausten. Entsprechend spartanische und beschwerliche Lebensverhältnisse herrschten insgesamt.*

Auch die Verpflegung war unzureichend. Das änderte sich erst im Frühjahr 1951. Die Gefangenen durften schließlich nicht nur Post empfangen, sondern auch Pakete mit Lebensmitteln. Tatsächlich meldete sich Wilm Hosenfeld mit einer Karte vom 26. Mai 1951 bei seiner Familie, die seit über einem Jahr nichts mehr von ihm gehört hatte. Er bestätigte den Empfang von 22 Karten, sechs Fotos und zwei Paketen. *Blaues Wams tut mir noch gute Dienste. Über alles sehr gefreut …* Erneut bat er seinen Schwager Gerhard Krummacher, ihm »Hydergin«, das blutdrucksenkende Medikament, zu schicken. Die Angaben über seine gesundheitliche Verfassung klangen vage.

Näheres dazu teilte Dr. Nikolaus Daniel in einem späteren Brief Annemarie Hosenfeld mit. Der Arzt, der ebenfalls nach Stalingrad verlegt worden war, behandelte ihren Mann in den folgenden zwei Jahren. *Herr Hosenfeld litt schon seit längerer Zeit an stark erhöhtem Blutdruck und fortgeschrittener Aderverkalkung, insbesondere auch der Hirngefäße, sowie an Herzmuskelschwäche. Während der Behandlung in Stalingrad hatte Herr Hosenfeld drei Schlaganfälle mit vorübergehender Lähmung zweimal der rechten, einmal der linken Körperhälfte.* Durch entsprechende Maßnahmen sei es gelungen, die drohende Lebensgefahr abzuwenden. Während der Nachbehandlung hätten sich die Lähmungen so weit zurückgebildet, dass Hosenfeld bis zuletzt habe gehen können.

Leon Warm, einer von mehreren polnischen Juden, den Wilm Hosenfeld unter dem Decknamen *Warczyński* beschäftigt und ihm damit das Leben gerettet hatte, wandte sich im November 1950 in einem längeren Brief an

Władysław Szpilman in Warschau, und zwar mit der dringenden Bitte, sich für den Gefangenen einzusetzen. Warm war auf dem Weg in das Vernichtungslager Treblinka aus einem Viehwaggon geflohen und hatte sich dann mit seiner Schwester in Verbindung gesetzt. Diese arbeitete für das Ehepaar von Schoene in Warschau, bei dem Wilm Hosenfeld häufig zu Gast gewesen war. Als der Hauptmann von der Flucht ihres Bruders erfuhr, verschaffte er ihm – wie im Fall von Antoni Cieciora – neue Papiere und beschäftigte ihn unter dem Namen Warczyński an der Sportschule der Wehrmacht.

Nach dem Krieg hatte Leon Warm die Heimatadresse seines Retters ausfindig gemacht und wollte sich am 14. November 1950 vor seiner Auswanderung nach Australien bei ihm in Thalau persönlich bedanken. Zu seiner großen Überraschung erfuhr er dort, dass Wilm Hosenfeld sich noch in sowjetischer Kriegsgefangenschaft befand. Annemarie Hosenfeld zeigte ihm Briefe und Postkarten ihres Mannes aus Weißrussland, auch den Kassiber mit den Namen von Geretteten; sie sagte, Szpilman könne vielleicht jetzt noch etwas für ihn tun.

Sofort machte Warm sich daran, dem Pianisten einen langen Brief zu schreiben, in dem er die bisherigen Rettungsbemühungen schilderte und betonte, die Familie habe seit über einem Jahr kein Lebenszeichen mehr von ihm erhalten. Sein Gesundheitszustand sei sehr schlecht. Lähmungen, Herzanfälle und Depressionen machten ihm zu schaffen. *Tatsache ist, dass Schufte und Übeltäter auf freiem Fuß sind und ein Mensch, der eine Auszeichnung verdient, leiden muss.*

Leon Warm, der wegen seiner bevorstehenden Aussiedlung nach Australien seine inzwischen in Frankfurt lebende Schwester als Kontaktperson vorschlug, benannte im Brief an Szpilman weitere Personen, von denen er annahm, dass sie noch in Warschau bzw. Polen lebten und sich ebenfalls für Wilm Hosenfeld einsetzen würden: *Chamczek, Leon, Kraczyk, Waclaw, Patela, Wacław, Zalegowski, Wiktor, Wiernik-Tokarska, Maria, Pfarrer Cieciora-Cichocki, wohnhaft in Posen ... Gemeinsam mit der Familie von Herrn Hosenfeld, die aus der verzweifelten Ehefrau und fünf Kindern besteht, übergebe ich das Schicksal von Herrn Hosenfeld in Ihre Hände, als einen Menschen, der ihm gegenüber ebenfalls moralisch verpflichtet ist. Ich nehme an, dass Sie sofort den Erhalt meines Briefes meiner Schwester bestätigen werden und ihr Ihre Meinung zu diesem Thema mitteilen, denn diesen Brief übergebe ich Ihnen durch meine Freundin, ohne dass ich Ihre Anschrift genau kenne. Mit dem Ausdruck tiefer Hochachtung und an Ihre Möglichkeiten glaubend verbleibe ich Ihr Leon Warm-Warczyński.*

Für Szpilman kam die Nachricht von der Gefangenschaft Hosenfelds genau so überraschend wie zuvor für Leon Warm. Der Pianist wurde sofort tätig. Im Vertrauen auf sein Ansehen als Komponist und Musiker drang er bis zu Jakub Berman vor, dem Chef des polnischen Sicherheitsdienstes. Über das Zusammentreffen mit Berman hat Szpilman später dem Liedermacher Wolf Biermann Auskunft gegeben. Biermann hatte sich für die deutsche Ausgabe des Buches »Der Pianist – Mein wunderbares Überleben« starkgemacht. Ihm gegenüber räumte Szpilman ein, er habe sich, als er 1950 endlich den Namen des deutschen Offiziers kannte, der ihn gerettet hatte, geschämt, Berman aufzusuchen. *Ich ging als Bittsteller zu einem Verbrecher, mit dem ein anständiger Mensch in Polen nicht spricht.* Dem Sicherheitschef habe er alles erzählt, *auch dass Hosenfeld nicht nur mich, sondern auch jüdische*

Kinder gerettet hat. Viele verdankten diesem Deutschen ihr Leben.

Der schreckliche Berman sei freundlich zu ihm gewesen und habe versprochen, sich Mühe zu geben. Einige Tage später habe der Sicherheitschef ihn im Rundfunk angerufen und erklärt, er könne leider nichts machen. *Er sagte: »Wenn dieser Deutsche noch in Polen wäre, könnten wir ihn rausholen. Aber die Genossen in der Sowjetunion geben ihn nicht frei. Darüber hinaus ist Hosenfeld Bürger von Westdeutschland. Mit einem Ostdeutschen wäre es einfacher, zumal gerade ein hoher Staatsbesuch aus der DDR in Polen bevorsteht.«* Damit war auch dieser letzte Rettungsversuch gescheitert.

Die Mitteilungen, die Wilm Hosenfeld bis Sommer 1952 von Stalingrad aus nach Thalau schickte, spiegeln seinen körperlichen und geistigen Niedergang wider. Mehrfach musste er Kameraden bitten, für ihn einige Zeilen an seine Familie niederzuschreiben. An einer Stelle heißt es: *Sorgt Euch nicht, dass ich diese Karte diktiere; meine Handschrift ist schwer leserlich, sodass ich fürchte, dass sie nicht durchgeht. Mein Befinden ist wechselnd, bin sehr vergesslich.* Wiederholt bestätigte er den Erhalt von Lebensmittelpaketen, Fotos und Gebrauchsartikeln. Allerdings – aus diesen Zeilen sprach nicht mehr der Wilm Hosenfeld, der mit eiserner Disziplin und einem starken Gottvertrauen am Leben hing und die Hoffnung auf ein Wiedersehen mit seinen Lieben nicht aufgeben wollte, sondern ein Mann, dessen Gesundheit durch die jahrelange Haft und das unmenschliche Urteil der Militärjustiz ruiniert war.

Sein letzter Brief vom 25. Juni 1952 an seine Frau endete mit den Worten: *Allen Kindern die besten Glückwünsche, besonders den Mädels zu den guten Zeugnissen. Die Kopfschmerzen haben nachgelassen. Dem Großvater nachträglich die besten Wünsche zu seinem Geburtstag. Grüße vielmals die Konstanzer! Über mich mache Dir keine Sorge, es geht mir den Verhältnissen entsprechend. Ich grüße Euch alle recht herzlich, alles Gute.* Bis dahin hatte ein Mitgefangener die Zeilen geschrieben. In ungelenker, zittriger Schrift fügte er selber hinzu: *Euer Wilm*

Wilm Hosenfeld ist am 13. August 1952 um 21.50 Uhr verstorben. Er war 57 Jahre alt. Dr. Daniel, sein Kamerad und behandelnder Arzt, wurde während der Abendvisite zu ihm gerufen, als sich sein Zustand plötzlich verschlechterte. *Im ersten Augenblick konnte ich nur eine höchstgradige Herz- und Kreislaufschwäche feststellen, und da ich zufällig sterile Spritzen im Dienstzimmer hatte, habe ich unverzüglich Strophanthin-Glucose sowie Kampfer injiziert. Doch ist Herr Hosenfeld während der Spritze gestorben, ohne sein Bewusstsein zu erlangen.* Er sei innerhalb von zwei bis drei Minuten nach einem Riss in der hochgradig sklerotischen Brustaorta innerlich verblutet. *Sein Tod kam plötzlich und völlig schmerzlos.* Der Gefangene wurde auf dem La-

Ende 1952: Detlev, Annemarie und Helmut Hosenfeld

gerfriedhof in Stalingrad beerdigt. Die Gräberanlage gibt es nicht mehr.

Wochen vergingen, bevor Annemarie Hosenfeld vom Tod ihres Mannes erfuhr. Noch am 21. Oktober 1952 schickte sie ihm einige Zeilen: *Mein herzlieber Wilm! Heute wieder ein Amt* (Gottesdienst) *für Dich, außer mir nahmen die drei Jüngsten teil. Lange hörten wir nichts von Dir, in großer Sorge. Bei uns geht alles seinen gewohnten Gang. Ich bin wieder gesund. Ursache der Krankheit waren schadhafte Zähne. Helmut war Sonntag zu Hause, er lernt viel an der Frankfurter Klinik. Detlev macht sich zu Hause nützlich bis zum Semesterbeginn. An der Ähnlichkeit mit Dir wurde er im Heilig-Geist-Hospital von einer Patientin erkannt, die in Rudolphshan Deine Schülerin war …*

Ein Brief, der ins Leere ging. Als sie die Todesnachricht schließlich in den Händen hielt, verlor sie den Boden unter den Füßen. Sechs Jahre Krieg, sieben Jahre Gefangenschaft. Immer nur warten, hoffen und warten! Und am Ende alles vergebens! Das war zu viel. Annemarie Hosenfeld besaß noch die Kraft, ihre Tochter Jorinde in der Schule anzurufen. Sie und Uta müssten sofort nach Hause kommen. *Als wir ankamen, hatte die Mutter alles mit schwarzen Tüchern verhängt. Sie schrie und war nicht ansprechbar. Sie beruhigte sich erst langsam, als schließlich auch Helmut und Detlev eintrafen.*

Epilog

Späte Ehrung – *Gerechter unter den Völkern*

Die Dienstwohnung in der Schule Thalau durfte Annemarie Hosenfeld noch bis 1954 nutzen, allerdings mit Einschränkungen, was Garten und Wirtschaftsgebäude anging. 1955 mietete sie im Ortsteil Stöckels in Petersberg östlich von Fulda ein kleines Einfamilienhaus. An einem Sonntagvormittag im November 1957 erhielt die Witwe Wilm Hosenfelds einen ungewöhnlichen Besuch, den sie in einer längeren Notiz festhielt. *Ein eisiger Wind fegt über die gefrorenen Felder, eilenden Schrittes hasten einige verspätete Kirchgänger ihren warmen Wohnungen zu. – Plötzlich hält ein eleganter französischer Wagen vor unserer Tür, und wenige Augenblicke später stehen zwei Herren vor der Tür, die in gebrochenem Deutsch nach Herrn Hosenfeld fragen. Der Ältere stellt sich als Władysław Szpilman aus Warschau vor. Er macht uns bekannt mit seinem Freund, einem polnisch-amerikanischen Musiker.*

Die Besucher – neben Władysław Szpilman der 1937 in die USA emigrierte polnische Geiger Bronisław Gimpel – wussten offenbar nicht, dass Wilm Hosenfeld bereits fünf Jahre zuvor verstorben war. *Ja, mein Mann starb 1952 in russischer Gefangenschaft. Ganz bestürzt sieht Herr Szpilman mich an, und nachdem wir uns eine*

Weile schweigend gegenübersaßen, erfasse ich die Geschichte jenes unerwarteten Besuches. Aus dem Munde von Szpilman erfuhr Annemarie Hosenfeld, unter welchen Umständen Wilm Hosenfeld dem Pianisten das Überleben ermöglicht hatte. *Er sagte: »Es war am 17. November 1944, als Ihr Gatte mir das Leben rettete. Obwohl er als deutscher Offizier in Warschau stationiert war, hatte er ein Herz für den Jammer des gequälten Volkes im Getto, und er hat vielen Menschen – Polen und Juden – das Leben gerettet.«* Die Verbindung zwischen Władysław Szpilman und der Familie Hosenfeld blieb über die Jahre bestehen und wurde vor allem auch von den Kindern aufrechterhalten.

Ende der 1950er Jahre erkrankte Annemarie Hosenfeld an Darmkrebs, der bereits so weit fortgeschritten war, dass die Universitätsklinik Würzburg Bedenken gegen eine Operation äußerte. Ein junger Chirurg, den Helmut Hosenfeld persönlich kannte und bei dem seine Schwester Jorinde während ihres Medizinstudiums in Frankfurt Vorlesungen belegt hatte, wagte den Eingriff – mit Erfolg. Nach Auskunft von Detlev Hosenfeld lebte die Mutter noch zehn Jahre fast beschwerdefrei. 1971 starb sie im Alter von 73 Jah-

Wilm Hosenfeld und Władysław Szpilman

ren. Ihre Krankheit führte dazu, dass die fünf Geschwister noch enger zusammenrückten. Unvergleichlich sei die aufopfernde Hilfe der älteren, unverheirateten Schwester Anemone für die Mutter gewesen, sagt Detlev Hosenfeld. Anemone Hosenfeld war eine Reihe von Jahren als Krankenschwester in einem Krankenhaus und dann in der Kinderarztpraxis ihres Bruders Helmut in Fulda tätig. Detlev Hosenfeld würdigt auch, was sein ältester Bruder für die Familie getan hat. *Unbeschreiblich ist die Stellvertreterfunktion meines Bruders für den Vater bei der Sorge um die beiden jüngeren Schwestern. Kaum vorstellbar ist auch alles, was mein Bruder für mich getan hat während meines Medizinstudiums und danach bei meiner Ausbildung in München, Bern und Heidelberg.*

Am Anfang war es vor allem Helmut Hosenfeld, der sich darum bemühte, die Erinnerung an den in Gefangenschaft verstorbenen Vater wachzuhalten. Es gelang ihm, das handschriftliche Vernehmungsprotokoll von Wilm Hosenfeld und die Dokumente zum Prozess im Jahre 1950 in Minsk zu beschaffen. Über das Auswärtige Amt richtete der Arzt an die Republik Belarus einen Antrag auf Rehabilitierung seines Vaters, der jedoch abgelehnt wurde mit der Begründung, die Frist dafür sei abgelaufen. Auch der Vorstoß, die jüdische Gedenkstätte Yad Vashem zu bewegen, Wilm Hosenfeld zum »Gerechten unter den Völkern« zu erklären, scheiterte im ersten Anlauf. Dieser Titel ist die höchste Auszeichnung, die das jüdische Volk an Nichtjuden vergibt, die unter Einsatz ihres Lebens Juden gerettet haben.

In seiner Ablehnung bezog Yad Vashem sich ausdrücklich auf die Verurteilung von Wilm Hosenfeld zu 25 Jahren Lagerhaft. In einem Brief des zuständigen Direktors Mordecai Paldiel an Andrzej Szpilman, den in Deutschland lebenden Sohn des Pianisten, heißt es: *Ich bin sicher, Sie werden zustimmen, dass bei der Bewertung eines deutschen Offiziers, der in Warschau während einer Zeit stationiert war, als deutsches Militär an der jüdischen Bevölkerung dieser Stadt die schlimmsten Verbrechen verübte, die Kommission und die Yad-Vashem-Institution mit äußerster Vorsicht handeln, bevor sie die höchste Auszeichnung des jüdischen Volkes einer Person verleihen, die in dieser Stadt eine wichtige militärische Position innehatte und dann wegen Kriegsverbrechen vor Gericht kam.*

Auf Betreiben insbesondere von Andrzej Szpilman erschien 1998 die deutsche Ausgabe des Buches »Der Pianist – Mein wunderbares Überleben«, ergänzt durch einige Briefe aus dem Warschauer Tagebuch von Wilm Hosenfeld und einen längeren Essay von Wolf Biermann. Der Sohn hatte das Buch mit 13 Jahren heimlich gelesen und zum ersten Mal begriffen, weshalb es in seiner Familie keine Großeltern väterlicherseits gab. Bis dahin wusste er nichts über seine jüdische Abstammung, riss antisemitische Witze wie seine polnischen Klassenkameraden. Der Gedanke, mehr über den Leidensweg seines Vaters und das Schicksal seiner Großeltern zu erfahren, ließ ihn nicht mehr los. Doch Władysław Szpilman schwieg. Er wollte über die schwerste und schlimmste Zeit seines Lebens nicht reden, und er konnte es wohl auch nicht. Wann immer er daran dachte, schien diese Vergangenheit ihn wie eine schwarze Wand zu erdrücken.

Der Plan, das Buch »Tod einer Stadt«, wie der ursprüngliche Titel 1946 hieß, neu herauszubringen, nahm erst dann konkrete Gestalt an, als Andrzej Szpilman bereits nach Deutschland emigriert und in zwei Berufen tätig war, als Zahnarzt und Musiker. Bei einem Treffen in seiner Hamburger Wohnung, an dem Wolf Biermann sowie Helmut und Detlev Hosenfeld teilnahmen, wurde das Projekt schließlich auf den Weg gebracht.

Das Buch entwickelte sich schnell zu einem Bestseller und wurde in viele Sprachen übersetzt. Władysław Szpilman, der am 6. Juli 2000 im Alter von 88 Jahren verstarb, hat sein Erscheinen noch miterlebt, obwohl er sich immer dagegengestemmt hatte. Seine Erinnerungen bereiteten ihm jedes Mal neue seelische Qualen. *Bis zu seinem Lebensende fühlte mein Vater sich schuldig, dass er überlebt hatte und dass sein Bruder, die Schwestern und die Eltern umgekommen waren, dass er sie nicht habe retten können. Mit diesem unablässigen Schmerz hat er gelebt. Jedes Mal, wenn es im Sommer in Warschau heiß wurde, konnte er kein Wasser trinken. Auf dem Umschlagplatz, auf dem sie für immer getrennt wurden, hatte man den Menschen kein Wasser zum Trinken gegeben, und der entsetzliche Durst verschlimmerte ihre Leiden. Der Alptraum der letzten Begegnung war im Bewusstsein meines Vaters untrennbar mit dieser Qual verbunden. Er ist an einem Schlaganfall in eben solch einer Augusthitze gestorben, weil er sich weigerte zu trinken.*

Die neu erschienenen Erinnerungen des Pianisten bildeten dann die Grundlage für den 2002 entstandenen Film »Der Pianist« von Roman Polański, der selber zu den Überlebenden des Holocaust zählt. In dem mit vielen Preisen, darunter drei Oscars der amerikanischen Filmakademie, ausgezeichneten Spielfilm steht Władysław Szpilman im Vordergrund, nicht Wilm Hosenfeld, der erst am Schluss in einer kurzen Sequenz vorkommt. Dennoch rückte mit diesem Film erstmals die Rettung des Pianisten durch einen deutschen Offizier weltweit ins Blickfeld eines breiten Publikums. Die Verknüpfung Szpilman – Hosenfeld bot zudem den Schlüssel für das Verständnis einer Form von Widerstand, die unter dem Begriff »Rettungswiderstand« Eingang in die Geschichtsbücher fand.

Bei Andrzej Wrzesiński weckte der Film »Der Pianist« Erinnerungen an seinen Vater, der ihn auf dem Sterbebett gebeten habe, den deutschen Offizier zu finden, dem er und seine Familie ihr Leben verdankten. Der Name »Wilm Hosenfeld« war wie eine Entdeckung für ihn. Wrzesiński setzte sich mit den Kindern von Hosenfeld in Verbindung und ließ in der Feldkathedrale der Polnischen Armee in Warschau einmal im Jahr eine Messe für den Retter lesen.

Das polnische Fernsehen produzierte 2005 ein Feature mit dem Titel »Dzięki niemu żyjemy« – »Dank ihm leben wir«. Der Autor Marek Drążewski ließ einige der Geretteten sowie deren Angehörige und die Kinder von Wilm Hosenfeld zu Wort kommen. Vor dem Hintergrund der monströsen Verbrechen, die Deutsche in Polen verübt hatten, wirkte gerade in dieser Dokumentation der Einsatz von Wilm Hosenfeld für die Verfolgten besonders eindrucksvoll.

Roman Polański im Kreis der Töchter und Söhne von Wilm Hosenfeld

Da die Beschäftigung mit Wilm Hosenfeld an Intensität gewann und die Eingaben sich häuften, befasste sich Yad Vashem ein zweites Mal mit dem Deutschen und entschloss sich, die eigene Entscheidung zu revidieren. Zwischen der Ablehnung im Jahre 2000 und der Zuerkennung der hohen Auszeichnung 2008 – die Urkunde selbst wurde im Januar 2009 ausgestellt – hatten sich namhafte Persönlichkeiten für den Hauptmann der Wehrmacht eingesetzt. Dirk Heinrichs, Wolfram Wette, Carl-Peter von Mansberg, Gert Weisskirchen, Witold Kulesza, Maria Malina, die Schwester des inzwischen verstorbenen Leon Warm, die ebenfalls nach Australien ausgewandert war – die Liste der Unterstützer war immer länger geworden. Insbesondere Andrzej Szpilman mochte sich mit der Ablehnung nicht abfinden. In israelischen wie in internationalen Zeitungen drückte er sein Unverständnis aus und setzte sich 2007 bei einer Begegnung mit dem Direktor von Yad Vashem in Warschau persönlich für Hosenfeld ein.

Mit dem von Thomas Vogel 2004 herausgegebenen Buch »Wilm Hosenfeld – ›Ich versuche jeden zu retten‹« lagen alle wichtigen Dokumente schwarz auf weiß vor, sodass jeder sich ein Bild machen konnte. Der Anstoß dazu war ursprünglich von Wolf Biermann ausgegangen. Der Liedermacher hatte den damaligen deutschen Verteidigungsminister Volker Rühe aufgefordert, Hosenfeld aus der Vergessenheit zu befreien und ihn als Vorbild für die deutschen Soldaten hinzustellen. Daraufhin beauftragte Rühe das Militärgeschichtliche Forschungsamt in Potsdam mit den Nachforschungen zur Lebensgeschichte des hessischen Hauptmanns. Vier Jahre lang sichtete und ordnete Helmut Hosenfeld zusammen mit Vogel die Originaldokumente und bereitete sie für die Veröffentlichung vor. Mit der fast 1200 Seiten umfassenden Darstellung wurde klar, dass die Rettung des Pianisten in Warschau nicht der zufällige Schlusspunkt in der militärischen Laufbahn eines deutschen Offiziers war, sondern Ausdruck einer Haltung, die Hosenfeld von Kriegsbeginn an praktiziert und womit er immer wieder sein eigenes Leben aufs Spiel gesetzt hatte.

Den Ausschlag für die Neubewertung Hosenfelds durch Yad Vashem gaben möglicherweise die Besprechungen des Buches »Ich versuche jeden zu retten« durch zwei israelische Historiker: Benjamin Z. Kedar würdigte das Buch in der Ausgabe der Zeitung »Haaretz« vom 6. August 2004. Dem Buch gelinge es, schreibt Kedar, *dem faszinierenden Charakter Hosenfelds zu folgen, der eine Biographie auf der Basis seiner Aufzeichnungen absolut verdient hätte.* Die Briefe und das Tagebuch zeugten von der analytischen Fähigkeit des Dorflehrers Hosenfeld.

Die Besprechung von Steven E. Aschheim erschien am 11. März 2005 in der Literaturbeilage der »Times«. In seiner sehr ausgewogenen Analyse ging Aschheim auf die Widersprüche ein, die Hosenfelds Entwicklung kennzeichnen. Dieser sei ein begeisterter Anhänger der deutschen Jugendbewegung gewesen und habe ihre merkwürdige Mischung aus progressiver und völkischer Stimmung propagiert. *Er wurde verwundet und dekoriert im Ersten Weltkrieg, in dem er mit ungezügeltem Patriotismus kämpfte und sich der Sinnlosigkeit der Gemetzel bewusst wurde. Er war ein engagierter Lehrer mit Bedacht auf die Anwendung aufgeklärter Lehrmethoden, doch immer auch innerhalb eines im Wesentlichen »germanischen« Rahmens. Er teilte den Unmut vieler in der Zeit nach dem Ersten Weltkrieg und erlag ungeachtet seines religiösen Konservatismus frühzeitig den revolutionären Versuchungen des Nazismus.*

תעודת כבוד

Certificate of Honour

THIS IS TO CERTIFY THAT IN ITS SESSION OF NOVEMBER 25, 2008 THE COMMISSION FOR THE DESIGNATION OF THE RIGHTEOUS, ESTABLISHED BY YAD VASHEM, THE HOLOCAUST HEROES & MARTYRS' REMEMBRANCE AUTHORITY, ON THE BASIS OF EVIDENCE PRESENTED BEFORE IT, HAS DECIDED TO HONOUR

Wilhelm Hosenfeld

וילהלם הוזנפלד

WHO, DURING THE HOLOCAUST PERIOD IN EUROPE RISKED HIS LIFE TO SAVE PERSECUTED JEWS.
THE COMMISSION, THEREFORE HAS ACCORDED HIM THE MEDAL OF THE RIGHTEOUS AMONG THE NATIONS.
HIS NAME SHALL BE FOREVER ENGRAVED ON THE HONOUR WALL IN THE GARDEN OF THE RIGHTEOUS, AT YAD VASHEM, JERUSALEM.

Jerusalem, Israel
JANUARY 11, 2009

AVNER SHALEV

JACOB TURKEL

Urkunde Yad Vashem

Hosenfeld sei sich dieser Widersprüche bewusst gewesen, gerade auch während des Zweiten Weltkrieges. Nur allmählich habe der Offizier sich vom Hitler-Mythos abgewendet. Der Gedenkstätte Yad Vashem empfahl der Historiker, ihre ablehnende Haltung noch einmal zu überdenken, *denn in der trüben Mischung aus Mittäterschaft und Gewissen, die einen zentralen Raum in der Geschichte Wilm Hosenfelds einnimmt, gab es einige entscheidende lebensrettende Momente, in denen das Gewissen über die Mittäterschaft siegte.*

Seit 2008 zählt Wilm Hosenfeld also zu den »Gerechten unter den Völkern« – eine außergewöhnliche Auszeichnung, die seinem außergewöhnlichen Leben entspricht. Bei einer Gedenkfeier am 19. Juni 2009 im Jüdischen Museum Berlin nahmen seine Kinder Anemone, Jorinde und Detlev die Urkunde entgegen und die Medaille mit dem Talmud-Spruch: *Wer immer ein Menschenleben rettet, hat gleichsam die ganze Welt gerettet.* Aus gesundheitlichen Gründen konnte Helmut Hosenfeld an der Gedenkfeier nicht teilnehmen. Uta Hosenfeld, die jüngste Tochter, war drei Jahre zuvor verstorben.

Der Historiker Wolfram Wette, der 2001 das Buch »Retter in Uniform« herausgegeben hatte, sagte in seiner Festrede: *Die Retter praktizierten Humanität und Zivilcourage unter äußerst schwierigen Bedingungen. Darin besteht ihr Vorbildcharakter für unsere demokratische Gesellschaft.*

Im Jahr 2007 hatte der damalige polnische Präsident Lech Kaczyński Hosenfeld posthum mit dem Orden »Polonia restituta«, einer der höchsten Auszeichnungen des Landes, geehrt. Das Gebäude, in dem Władysław Szpilman und Wilm Hosenfeld sich im November 1944 erstmals begegneten, trägt seit Dezember 2011 eine bronzene Gedenktafel, die an dieses denkwürdige Zusammentreffen erinnert. Ein zentraler Platz der Jugendbegegnungsstätte Golm auf Usedom nahe der polnischen Grenze wurde nach Wilm Hosenfeld benannt.

Die ehemalige Sportschule der Wehrmacht in Warschau ist heute eine Kultur- und Begegnungsstätte für Jugendliche aus schwierigen sozialen Verhältnissen. Den Heranwachsenden wird ein breiter Fächer von Entwicklungsmöglichkeiten geboten: von Sport über Musik, Theater, Malerei, Videokunst bis zu handwerklichen Arbeiten. Die Direktorin, Honorata Waszkiewicz, fühlt sich den Leitgedanken von Wilm Hosenfeld verpflichtet. *Für mich als Pädagogin ist es wichtig, bestimmte Werte weiterzuvermitteln. Wilm Hosenfeld war als Mensch glaubwürdig. Sein Wertesystem hat er schon vor dem Krieg als Lehrer vertreten und während des Krieges beibehalten, obwohl die Bedingungen ungleich schwieriger waren.* Deswegen fühle sie sich ihm besonders verpflichtet, sagt die Leiterin der Jugendbildungsstätte. *Die ursprünglichen Gedanken, die Hosenfeld mit diesem Haus verbunden hat, nehmen wir wieder auf.*

Die Leuphana-Universität in Lüneburg schließlich verleiht seit 2005 den Hosenfeld-Szpilman-Gedenkpreis. Die Auszeichnung, benannt also nach dem Retter und dem Geretteten, soll dazu dienen, vor allem bei jungen Menschen die Erinnerung an die Opfer des Nationalsozialismus wachzuhalten und herausragende Beispiele für Zivilcourage und Menschlichkeit zu würdigen. Anlässlich der ersten Preisverleihung sagte Detlev Hosenfeld: *Wir Kinder von Wilm Hosenfeld können nicht das Grab unseres Vaters besuchen, weil es nicht mehr existiert. Sein Andenken lebt jedoch am sinnvollsten weiter, wenn seine Vision von Menschlichkeit und Versöhnung, die ihn zum Retter werden ließen, weitergetragen werden.*

Preisträger im Jahre 2015 war der polnische Professor Witold Kulesza, der an der Universität Łódź Rechtswissenschaften lehrt. Als Juraprofessor bemüht sich Kulesza seit langem, Verbrechen gegen das polnische Volk aufzuklären, die während der NS-Zeit und nach 1945 unter der kommunistischen Herrschaft begangen wurden. *Kulesza entschuldigte sich als polnischer Generalstaatsanwalt dafür, dass in der Nachkriegszeit Polen nicht alles Menschenmögliche unternommen habe, Wilm Hosenfeld zu retten, das heißt, ihn aus sowjetischem Gewahrsam zu befreien.* Mit diesen Worten würdigte der Kriminologe und Autor Dieter Schenk in seiner Laudatio den Preisträger.

Der Komponist Dietrich Lohff, der nach Texten von Opfern des Faschismus das »Requiem für einen polnischen Jungen« schrieb, widmete das Werk der Familie Hosenfeld mit den von Hand geschriebenen Zeilen: *Es gibt Menschen, für die muss es ein Weiterleben nach ihrem Tode geben. Nicht im Himmel, sondern unter uns. Wir brauchen sie, damit sie uns erinnern, dass sie möglich ist, diese lebensrettende Mischung aus Mut und Menschenliebe. Für ihre Auferstehung mögen andere zuständig sein, für ihr Weiterleben auf der Erde sind wir es ganz allein.*

Bis ins hohe Alter ist Halina Szpilman unterwegs, um die Erinnerung an ihren Mann und Wilm Hosenfeld wachzuhalten. Zusammen mit Professor Eugeniusz Cesary Król reist sie von Ort zu Ort, von Stadt zu Stadt. Im Februar 2014, als wir uns zum zweiten Mal trafen, klagte die 87-Jährige über den Schnee und die glatten Straßen. Da falle ihr das Autofahren doch ziemlich schwer. Der Film »Der Pianist« hat das Interesse der Polen beflügelt, sodass die Säle zumeist gefüllt sind, wenn Halina Szpilman und Professor Król auftreten. Der Name ihres Mannes ist vielen, vor allem älteren Menschen ein Begriff. Über 300 Schlager hat er komponiert, dazu Chansons, symphonische Werke und Filmmusiken. Manchmal wird eines seiner populären Lieder gespielt, bevor das Gespräch beginnt. *Das Werk meines Mannes, seine Kompositionen, seine Lieder, die die Leute lieben, das soll bleiben und ist mir noch wichtiger, als wenn zum Beispiel eine Straße oder ein Platz nach ihm benannt wird. Diese Anfragen kommen jetzt gerade wieder.* Aber auch der Name Wilm Hosenfeld hat in Polen einen besonderen Klang. Sein Bekanntheitsgrad als Retter des Pianisten dürfte dort größer sein als in Deutschland, zumal das Geschichtsbewusstsein im Nachbarland deutlich ausgeprägter ist als in der Bundesrepublik.

Halina Szpilman wohnt in derselben Wohnung an der Ulica Gimnastyczna in Warschau, in der sie länger als ein halbes Jahrhundert mit ihrem Mann gelebt hat. An den Wänden hängt eine Vielzahl von Fotos – Aufnahmen von Freunden, Angehörigen und Weggefährten sowie Bilder von Tourneen und Reisen in Europa, den USA und Südamerika. Die einzigen Fotos von seinen im KZ ermordeten Angehörigen konnte Władysław Szpilman über eine Tante besorgen, die rechtzeitig nach Argentinien ausgewandert war. Er selber besaß keinerlei Erinnerungsstücke mehr. Im Wohnzimmer steht auch der Flügel, an dem der Pianist zu Hause gespielt und komponiert hat. Das Musikinstrument war der natürliche Mittelpunkt, um den sich alles drehte.

Die Ärztin zeigt Fotos, wie ihr Mann und Helmut Hosenfeld das Versteck aufgesucht haben, wo der Pianist sich 1944 zuletzt aufgehalten hatte. Mit einer Leiter sei er noch einmal hochgeklettert, um dem Sohn seines Retters das Verlies unter dem Dach zu zeigen. Halina Szpilman ist in den 1930er Jahren in Radom aufgewachsen, wo ihr Vater Józef Grzecznarowski Bürgermeister war. Als Mitglied der Polnischen Sozialistischen Partei gehörte er nach dem Überfall auf Polen 1939 zu den Ersten, die die Gestapo verhaftete und wenige Monate später ins KZ Sachsenhausen verschleppte, wo er bis Kriegsende inhaftiert war. Seine Frau lebte die folgenden Jahre in ständiger Angst, zusammen mit ihrer Tochter Halina als Zwangsarbeiterinnen nach Deutschland geschickt zu werden. Władysław Szpilman hat Halina Grzecznarowski erst nach dem Krieg kennengelernt. *Zusammen mit einer Freundin besuchte ich im Sommer 1948 den Kurort Krynica im Süden nahe der slowakischen Grenze. Władysław war auch dort. Wir sahen uns, und ich merkte, dass er mich ansprechen wollte. Aber das ging irgendwie nicht. Im darauffolgenden Jahr 1949 sah ich ihn wieder. Jetzt kamen wir in Kontakt und konnten miteinander reden. Schon nach drei Tagen wollte er mich heiraten. Aber das ging nicht. Ich studierte damals Medizin in Krakau. Er lebte in Warschau.*

Halina Szpilman gehört zu den wenigen Menschen, mit denen der Pianist über seine Zeit im Getto gesprochen hat. Anlass waren seine Erinnerungen, von denen sie Kenntnis besaß. *Władysław hatte 1946 das Buch »Tod einer Stadt« geschrieben. In dieser ersten Ausgabe seiner Erinnerungen wird Wilm Hosenfeld noch als ein österreichischer Offizier dargestellt. Gute Deutsche durfte es damals im kommunistischen Polen nicht geben. Zeitungen brachten Ausschnitte aus dem Buch. Nicht nur als Pianist, sondern auch durch das Buch war er schon sehr bekannt. Meine Mutter bekam es Weihnachten 1947 geschenkt, und ich habe es anschließend gelesen.*

Die Witwe beschreibt seine seelische und körperliche Verfassung zu der Zeit, als sie sich kennenlernten, als gut. Offensichtlich wollte Szpilman die verlorenen Jahre schnell nachholen. Er stürzte sich in die Arbeit, wobei er schon bald die Chance bekam, im Ausland aufzutreten. Den Verlust seiner Angehörigen, die Jahre im Getto, die Flucht – das alles versuchte er, wie so viele Holocaust-Überlebende, zu verdrängen. Diese schrecklichen Erfahrungen sollten seiner weiteren Karriere nicht im Wege stehen. Als seine Erinnerungen 1946 herauskamen, verbrachte er mehrere Monate in Skandinavien.

Er gab Konzerte in Dänemark, Norwegen, Finnland und Schweden, produzierte Schallplatten und trat im Radio auf. Als er anschließend nach Polen zurückkehrte, war er wieder ein vielbeschäftigter Musiker und Komponist, schrieb wie vor dem Krieg Filmmusiken und populäre Stücke, die im Radio gespielt wurden. Als ich ihn kennenlernte, steckte er voller Energie. Er besaß Humor, liebte das gesellige Beisammensein und natürlich vor allem seine Musik. Ob der lange Leidensweg seine künstlerische Ausdrucksweise verändert hat, seine Art zu spielen – nein, ich denke nicht. Natürlich hat ihm die Musik viel gegeben. Sie bedeutete ihm sehr viel – sie gab ihm die Möglichkeit, in eine andere Welt zu wechseln. Musik, das war eine Art Medizin für seine Seele.

Als Ärztin hat Halina Szpilman an einem Institut zur Erforschung von Bluterkrankungen und Blutzirkulation gearbeitet und Ursachen für Rheumabeschwerden erforscht. Bei der Frage, ob ihr Mann in den Nachkriegsjahrzehnten aufgrund seiner Vergangenheit unter einem Trauma gelitten habe, ob seelische Belastungen und Depressionen ihn niedergedrückt hätten, denkt die Ärztin einen Moment lang nach. *Vielleicht gegen Ende seines Lebens*, antwortet sie. *Da spielte er nicht mehr so oft und hatte mehr Muße zum Nachdenken über die Zeit bis 1945. Er sagte einmal zu mir: »Ich kann machen, was ich will – die Erinnerung an meine Familie, die im geschlossenen Waggon abgeführt wurde, lässt mich nicht los.« Da war er schon älter. Vorher war er viel zu beschäftigt gewesen. Wir besaßen einen großen Freundes- und Bekanntenkreis. Neben der Musik war ihm die Familie wichtig, unsere beiden Söhne Krzysztof und Andrzej. Um in Übung zu bleiben, spielte er täglich drei Stunden, von 8 bis 11 Uhr, am Piano. Als unser ältester Sohn, der eine Zeitlang nicht in Warschau lebte, eines Tages zurückkehrte und mein Mann nicht am Klavier saß, war Krzysztof ganz überrascht und fragte, was denn los sei.*

In den 1960er Jahren begann die kommunistische Führung in Polen eine antisemitische Kampagne, die zahlreiche Juden zum Verlassen des Landes und zur Ausreise nach Israel bewog. Nach Angaben seiner Witwe blieb Władysław Szpilman davon weitgehend verschont. Das lag vermutlich an dem hohen Ansehen, das er im Polnischen Rundfunk und in der Öffentlichkeit genoss. Musikerkollegen, die judenfeindlich eingestellt waren, ließen ihn dies nicht spüren. *Er war geachtet und hat sich nie über mangelnde Anerkennung beklagt.* Allerdings gingen die Kompositionsaufträge deutlich zurück. *Denkbar ist, dass er gelegentlich die Komposition eines Kollegen kritisiert hat und dann seinerseits angegriffen wurde. Aber davon drang nie etwas nach draußen. Im Jahre 1963 geriet er selber einmal in die Kritik. Insgesamt 24 Komponisten und Musiker schwärzten ihn beim Zentralkomitee der Arbeiterpartei an und behaupteten, Szpilman propagiere westliche, das heißt vor allem amerikanische Musik. Seine Arbeit im Rundfunk wurde daraufhin eingeschränkt.*

Zusammen mit dem Geiger Bronisław Gimpel, mit dem Szpilman schon vor dem Krieg zusammengearbeitet hatte, gründete er das »Warschauer Klavierquintett«, das in den folgenden Jahren große Berühmtheit erlangte. Die Musiker absolvierten weltweit über 2000 Konzerte und wurden immer wieder begeistert gefeiert. Gimpel, der als Jude von seinem Heimatland zeitweise mit einem Einreiseverbot belegt wurde, lebte bereits seit langem in den USA. Bis zum Tode Gimpels, der 1979 in Los Angeles verstarb, arbeiteten sie künstlerisch zusammen und blieben freundschaftlich verbunden. Das Warschauer Klavierquintett habe ihrem Mann viel bedeutet, betont Halina Szpilman. Auf die Frage, wie der Film »Der Pianist« auf sie gewirkt habe, als sie ihn zum ersten Mal auf der Leinwand sah – ihren Mann, dargestellt von Adrien Brody, einem professionellen Schauspieler –, meinte sie:

Der Film ist sehr gut gemacht und ist sehr wichtig. Ich kann nur sagen: Gott sei Dank, dass Polański ihn gemacht hat. Spielberg hat »Schindlers Liste« gedreht, Roman Polański »Der Pianist«. Polański hat uns im Jahre 2000 besucht und sich mit meinem Mann ausgetauscht. Beide kannten sich. Polański hatte das Buch »Der Pianist« in englischer Übersetzung gelesen; durch einen Freund war er zufällig darauf aufmerksam geworden, und er war von dem Stoff sofort sehr angetan. Welch ein Zufall! Vielleicht hätte Polański den Film sonst gar nicht gemacht! Ein Zufall war auch die Begegnung zwischen Wilm Hosenfeld und Władysław. Irgendwie ist das ganze Leben ein Zufall oder (lacht)*? Im Ernst, für Deutschland und Polen ist die Geschichte von Wilm Hosenfeld und Władysław Szpilman außerordentlich wichtig.* Die Lebensgeschichte der beiden ist für sie das Symbol der Versöhnung zwischen beiden Ländern. *Die ganzen Kriegsjahre – ich hatte immer Angst, dass die Deutschen kommen und uns holen. Ich versteckte meine Bücher vor ihnen. Wir gingen nicht zur Schule, sondern wurden privat unterrichtet – nicht in unserem Haus, denn das stand ständig unter Beobachtung der Gestapo. Und heute haben wir das alles überwunden … Wenn ich am Film »Der Pianist« etwas auszusetzen habe, dann nur dies, und zwar, dass Wilm Hosenfeld darin zu kurz kommt. Ach, und noch etwas. Hosenfeld hat Szpilman niemals geduzt, wie im Film, sondern immer mit »Sie« angesprochen.*

Dr. Halina Szpilman ist am 3. Mai 2020 im Alter von 92 Jahren in Warschau verstorben.

Anhang

Literatur- und Quellenverzeichnis

Władysław Bartoszewski: »Das Warschauer Ghetto – wie es wirklich war – Zeitzeugenbericht eines Christen«, Frankfurt/Main 1983

Hans-Jürgen Bömelburg, Eugeniusz Cesary Król, Michael Thomae (Hg.): »Der Warschauer Aufstand 1944 – Ereignis und Wahrnehmung in Polen und Deutschland«, Paderborn 2011

Włodzimierz Borodziej: »Der Warschauer Aufstand 1944«, Frankfurt/Main 2001

›Es gibt keinen jüdischen Wohnbezirk in Warschau mehr‹ – Faksimile des sogenannten »Stroop-Berichts« über die Vernichtung des Warschauer Gettos, Neuwied 1960

Marek Drążewski: »Dzięki niemu żyjemy« – »Dank ihm leben wir«, Fernsehdokumentation, Warschau 2008

Helge Grabitz, Wolfgang Scheffler: »Letzte Spuren«, Berlin 1988

Dirk Heinrichs: »Was besagt Vergessen und Erinnern des Guten«, Bremen 2007

Wilm Hosenfeld – »›Ich versuche jeden zu retten‹ – Das Leben eines deutschen Offiziers in Briefen und Tagebüchern«; im Auftrag des Militärgeschichtlichen Forschungsamts herausgegeben von Thomas Vogel, München 2004

Gertrud Hosenfeld-Krummacher: »Damals in Worpswede ... Jugenderinnerungen«, Fischerhude 1988
Dietrich Lohff: »Requiem für einen polnischen Jungen«, CD, Bonn 1997
Arno Lustiger: »Rettungswiderstand – Über die Judenretter in Europa während der NS-Zeit«, Göttingen 2011
Winfried Mogge: »›Ihr Wandervögel in der Luft ...‹ – Fundstücke zur Wandlung eines romantischen Bildes und zur Selbstinszenierung einer Jugendbewegung«, Würzburg 2009
Gregor Papsch: »›Ich versuche jeden zu retten!‹ – Das Leben des Wehrmachtsoffiziers Wilm Hosenfeld«, SWR2 Wissen, 2012
Monika Pelz: »›Nicht mich will ich retten!‹ – Die Lebensgeschichte des Janusz Korczak«, Weinheim 1985
Roman Polański: »Der Pianist« – Spielfilm, GB / F / D / PL / NL 2002
Władysław Szpilman: »Der Pianist – Mein wunderbares Überleben«, Berlin 2012
Hermann Vinke: »Das Dritte Reich – Eine Dokumentation mit zahlreichen Biographien und Abbildungen«, Ravensburg 2005
Wolfram Wette (Hg.): »Retter in Uniform – Handlungsspielräume im Vernichtungskrieg der Wehrmacht«, Frankfurt/Main 2002

Interviews

Dr. Halina Szpilman, Lüneburg, 27. Januar 2013
Dr. Jorinde Krejci, geb. Hosenfeld, München, 13. April 2013
Dr. Detlev Hosenfeld, Kiel, 2. Februar 2014
Prof. Dr. Eugeniusz Cesary Król, 3. Februar 2014
Prof. Dr. Tomasz Szarota, Warschau, 3. Februar 2014
Jan Jagielski, Warschau, 4. Februar 2014
Dr. Halina Szpilman, Warschau, 4. Februar 2014
Honorata Waszkiewicz, Warschau, 4. Februar 2014

Personenregister

Kursive Seitenangaben beziehen sich auf Abbildungen

Dank

Das von dem Historiker Thomas Vogel in Zusammenwirken mit Helmut Hosenfeld herausgegebene Buch »Wilm Hosenfeld – ›Ich versuche jeden zu retten‹ – Das Leben eines deutschen Offiziers in Briefen und Tagebüchern« stellt für die Biographie über den Retter des Pianisten eine wichtige Quelle dar. Dr. Vogel verdanke ich darüber hinaus Informationen und zeithistorische Einordnungen. Die inhaltlichen Angaben über den Leidensweg von Władysław Szpilman stammen überwiegend aus dessen Buch »Der Pianist – Mein wunderbares Überleben«. Den Ullstein-Buchverlagen danke ich für die Erlaubnis zum Abdruck einiger Zitate aus dem Buch.

Mein besonderer Dank gilt Dr. Detlev Hosenfeld (1927–2016) und Dr. Jorinde Krejci, geborene Hosenfeld. Vor allem Detlev Hosenfeld hat die Entstehung der Biographie von Beginn an begleitet. Er stellte den Briefwechsel der Eltern zur Verfügung, ferner Notizen, Aufsätze, das wichtige Warschauer Tagebuch usw. Die vielen Gespräche, die wir über einen Zeitraum von fast vier Jahren geführt haben, empfinde ich als eine große Bereicherung. Auch mit Jorinde Krejci gab es einen lebhaften Gedankenaustausch. Aus dem umfangreichen Familienarchiv stammen die in das Buch aufgenommenen Fotos.

Ferner möchte ich der Lektorin Manuela Runge danken für Anregungen, Ideen und ihr besonderes Einfühlungsvermögen in die Lebensgeschichte von Wilm Hosenfeld.